|정부혁신에 관한 신제도주의적 접근|

정부혁신과 제도

정부혁신과 제도

김연수 지음

ADMINISTRATIVE REFORM

행정개혁은 "행정체제를 어떤 하나의 상태에서 그보다 나은 다른 하나의 상태로 변동시키는 활동"이다. 즉, 행정개혁은 행정체제의 "바람직한 변동"을 추구하는 것이고, "가치기준의 인도를 받는 계획적 변동"이며, "동태적이고 연관적 특성을 지니는 변동"이다. 또한 행정개혁은 "의식적으로 설정한 목표를 추구"하는 활동이며, "의식적·계획적 유도적 활동"이고, "가치 개입적 활동"이다.

한국학술정보[주]

머리말

세계화(Globalization)의 물결이 한국을 기습한 이후, 1990년대 중후반부터 분야를 막론하고 가장 핵심적인 키워드로 떠오른 것 중 하나는 단연 '혁신(Innovation)'이다. 현대 사회는 이미 생존을 위한 필수요건으로 혁신을 요구하고 있으며, 정보통신기술(ICT)의 발달과 지식정보사회로의 전환은 우리의 삶 속에서 혁신을 더욱 가속화시키고 있다.

혁신(革新)이라는 말의 어원은 중국 후한(後漢)의 허신(許愼)이 지은 책에서 그 유래를 찾을 수 있다. 원래 '혁(革)'은 짐승의 가죽에서 털을 뽑아 다듬은 것을 말하며, 편한 것을 뜻한다. 혁신은 가죽 혁(革)과 새 신(新)의 합성어인데, 짐승의 몸에서 갓 벗겨낸 가죽(革)에서 털과 기름을 제거하고 무두질로 부드럽게 잘 다듬어 가죽을 새롭게 한다는 의미로 우리나라에 정착되었다. 즉, 동물의 가죽을 다듬고 고쳐서 새로운 재료를 만든다는 뜻으로, '고쳐서 새롭게 하는 것'이란 의미이며, 보다 직설적인 해석으로는 '살가죽을 벗기는 고통이 따르는 근본적인 변화'라는 의미를 담고 있다.(한국행정연구원, 2005: 38)

현대 사회에서 혁신의 개념이 처음 등장한 것은 1942년 Joseph A. Schumpeter의 저서 『Capitalism, Socialism, and Democracy』가 발표되면서부터이다. J. A. Schumpeter에 의하면 혁신은 경제발전론의 중심 개념으로, 생산을 확대하기 위하여 노동·토지 등의 생산요소의 편성을 변화시키거나 새로운 생산요소를 도입하는 기업가의 행위를 말한다.

그는 이전의 관점과 달리 경제발전을 구조의 수준이 아닌 기업의 수준에서 파악하였는데, 혁신 기업가가 이윤 획득을 위하여 경영혁신을 도입하고, 주변의 다른 경영자들이 그 혁신을 모방함으로써 자본주의 경제가 발전된다고 보았다. 혁신을 영어로 표현하면 innovation이 가장 가깝지만, innovation의 원래 의미는 '시장이 원하는 새로운 상품, 서비스, 방법론을 제공하는 것'을 뜻한다. 이러한 맥락에서 혁신은 '나'를 위한 자생적 필요를 의미한다. 즉, 시장에서 고객의 요구(need)와 욕구(want)에 보다 신속하고 정확하게 대응할 수 있는 역량을 구축하는 것이라 할 수 있다.(한국행정연구원, 2005: 39-43)

근래에는 사적 부문뿐만 아니라 공공부문에서도 생존을 위한 혁신의 요구가 거세지고 있다. 1970년대 후반 신자유주의 사상에 근거해 과도한 복지정책의 추진으로 누적된 재정적자를 극복하고자 혁신의 칼을 뽑아든 대처정부를 필두로 미국과 유럽 각지에서 정부혁신운동이 추진되었다. 정부혁신의 공통적인 목표는 공공부문의 효율성 증대에 있다. 즉 정부혁신의 목표는 공공조직 내의 개인, 집단, 그리고 기관 등이 행정목표를 효율적으로 달성할 수 있도록 구조, 절차, 행태 등을 개선하는 데 있으며, 궁극적으로는 효율적인 행정체제의 구축을 통해 정부에 대한 국민의 신뢰를 높이고자 하는 것이다. 이것은 비단 어제오늘의 문제는 아닐 것이다. 행정의 역사가 시작된 이래로 공공부문의 능률성과 효율성 확보를 위한 개혁의 노력은 처음은 물론 지금도 여전히 계속되고 있다. 정부혁신(government innovation) 또는 행정개혁(administration reform)이란 행정체제와 정책기조를 바람직한 상태로 변화시켜서, 궁극적으로 현재보다 더 나은 상태로 개선시키려는 의식적인 노력으로 볼 수 있다. 한국의 역대 정권별로 행정개혁(노태우 정부까지), 행정쇄신(김영삼 정부), 공공부문개혁(김대중 정부), 정부혁신(노무현 정부) 등과 같이 개혁을 지칭하는 다양한 용어들이 존재해왔지만, 중심축을 이루는 관심의 영역이 다를 뿐 이것은 결국 효율적인 정부체계의 구축을 위한 공통의 목적을 갖는다는 점에서 같은 의미이다. 본서는 이러한 관점에서 정부혁신과 행정개혁을 같은 의미로 이해하며(따라서 본서에서는 행정개혁과 정부혁신을 같은 의미로 혼용하여 사용하기로 한다), 신제도주의적 관점에서 한국 역대 정부의 행정개혁추진 과정을 살펴본다. 즉 역사적 신제도주의 접근방법을 통하여 역대 정부의 행정개혁추진체계 및 관리개혁의 내용을 분석한다.

이 책은 2006년에 발표된 필자의 박사학위 논문을 수정·보완한 것이다. 역대 정부에서 추진해 온 행정개혁에 관한 기존의 제도적 특성이 최근 3개 정부의 행정개혁에 어떤 영향을 미치고 있는가에 대한 논의를 중심으로 하고 있다. 즉 기존의 제도적 특성이 현재의 제도적 변화를 제약하는 경로의존성(path-dependency)에 초점을 두고, 대한민국정부 수립이후 수십 번의 행정개혁이 단행되어 왔음에도 불구하고 정부는 변화되지 못하였으며, 그 근본적인 제도적 속성은 여전히 지속되고 있음을 혁신의 관점에서 조명하고 있다.

돌이켜 보면 대학교 졸업 이후, 진정한 '앎'에 대한 학문적 목마름으로 시작된 학문의 길이 이미 예정된 필자의 길이었음을 깨닫게 된다. 필자가 이 길을 걸어오기까지 수없이 많은 분들의 지대한 관심과 도움의 손길이 있었기에 그 모든 것이 가능했으리라 여겨진다. 필자가 감사한 마음을 전해야 할 분들이 너무도 많다. 먼저, 대학원 진학 이후 학문에 대한 지적 자극과 인성(humanity)의 중요성을 깨우쳐 주신 허범 교수님과 유민봉 교수님, 겉으로는 엄하시지만 마음은 너무도 자상하셨던 윤우곤 교수님, 그리고 자신의 한계를 넘어서 연구에 대한 책임감을 고취시켜 주셨던 김근세 교수님께 감사드린다. 또한 학문의 길을 갈 수 있도록 용기를 주신 청주대 손희준 교수님, 강의의 경험을 열어 주신 서울여대 배인명 교수님, 그리고 다양한 연구 경험의 기회를 주신 경기개발연구원의 신원득 박사님, 이용환 박사님, 박충훈 박사님께 감사드린다. 특히, 신제도주의에 대한 필자의 학문적 관심을 불러일으키고, 함께 연구할 수 있는 기회를 주셨던 충남대 김종성 교수님께도 감사드린다.

지도교수이신 이명석 교수님은 필자가 학자의 길을 갈 수 있도록 이끌어 주신 등불과 같은 분이다. R.A.와 T.A.로 지내온 지난 3년 반의 시간 동안 교수님께서는 풍부한 이론적 지식의 전달뿐만 아니라 생활을 통해서 진정한 학자와 스승의 삶을 가르쳐 주셨다. 필자가 막바지 논문심사를 준비하던 기간 동안 부득이하게 해외출장을 가셔야 했던 교수님께서는 해외에서 국제특급우편을 통해 comments를 전달하며 논문을 지도해 주시는 자상함과 세심함을 보여 주셨다. 필자의 우둔함으로 아직도 배우고, 가야 할 길이 너무도 멀게 느껴지지만, 학자로 사는 동안 필자가 평생 배우고 닮아가야 할 멘토(mentor)이시다. 이 외에도 선배로서 늘 충실한 학문적 조언을 아끼지 않고 도와주신 한국디지털대 오수길 교수님, 동기와 같은 편안함으로 도와주고 늘 진심어린 응원을 해준 방준용 박사님, 김태훈 박사님, 박성용 박사님에게도 감사한 마음을 전한다.

무엇보다도 날마다, 순간순간마다 더 없는 축복과 은혜로 이끌어 주신 하나님께 감사드리며, 학문의 길에서 어려운 순간마다 든든한 후원자가 되고 힘이 되어 주신 부모님과 사랑하는 남편에게 감사한 마음을 전한다. 특히, 열 달 동안 함께 밤새워 공부하고, 논문심사 준비기간 동안 그 큰 스트레스를 이겨내고 건강하게 태어나준 사랑하는 딸 혜인이에게 사랑한다는 말과 고맙다는 말을 전하고 싶다. 끝으로 이 책을 발굴해 주시고 출판에 도움을 주신 한국학술정보(주)의 채종준 사장님과 출판기획팀장께 감사한 마음을 전한다.

2007년 9월

김연수

차 례

제4장 김영삼 정부의 정부혁신 / 113

제5장 김대중 정부의 정부혁신 / 155

제8장 결론 / 339

참고문헌 / 351

제 1 장 서 론

제1절 연구목적

현대 국가의 행정개혁[1]은 세방화(世方化, glocalization)라는 역동적 환경 속에서 행정조직의 경쟁력을 증대시키고 더불어 국가의 경쟁력을 제고시키는 방향으로 진행되고 있다. 국외적으로는 지식기반 사회로의 신속한 변화 속에 국경 없는 사회로의 무한경쟁 시대가 도래하였는데, 이러한 현상을 세계화(globalization)라고 한다. 또한 국내적으로는 지방자치단체의 역할 증대와 지방분권화 패러다임의 형성, 시민사회의 성장, 행정환경 및 정책문제의 복잡성과 같은 행정여건의 변화로 중앙정부의 역할과 기능의 변화가 요구되는 지방화(localization)가 진행되었다. 이러한 변화로 인해 과거와는 다른 행정 패러다임에 기반을 둔 행정개혁의 시도가 요구되고 있다.

지금까지 세계 각국에서는 다양한 이론과 접근방법에 기초한 행정개혁이 추진되어 왔다. 즉, 전통적인 행정학에서부터 근래에 등장한

---

1) 이 책은 한국의 역대 정부에서부터 최근 정부까지 한국 행정개혁의 전반적인 흐름 및 경향성을 분석하고, 이를 근거로 최근 3개 정부의 행정개혁을 신제도주의 접근방법을 통하여 분석한 것이다. 과거에는 행정개혁이라는 용어가 가장 일반적으로 사용되어왔으나 현 노무현 정부에서는 정부혁신이라는 용어를 보다 보편적으로 사용하는 경향이 있다. 정부혁신(government reform)이라는 개념은 '행정체제 내부의 합리화를 의미하는 좁은 의미의 행정개혁(administrative reform)'과 구분하여 사용하기도 하지만 행정개혁과 동의어로 사용하는 것이 보다 일반적이다(이종수, 2005). 따라서 본 서는 행정개혁과 정부혁신을 동의어로 사용하고 있다. (용어에 대한 구체적인 개념구분은 '제2장 제2절 행정개혁의 개념'부분 참조)

신공공관리론(New Public Management: NPM)이나 신거버넌스론과 같은 새로운 이론에 이르기까지 행정개혁에 관한 이론들에 있어 논의의 초점은 보다 더 효율적인 방법을 통해 행정의 목표를 달성함으로써 민주성, 대응성, 투명성, 능률성 등을 고루 갖춘 '좋은 행정'을 구현하는 데 있었다(John et al., 1994: Kickert, 1997: 이명석, 2002). 하지만 행정개혁은 미래의 시간과 결부되어 있고 개혁의 과정에는 불확실성과 위험이 따르기 마련이다(오석홍, 2003). 지금까지 수많은 학자들이 이러한 행정개혁의 문제점을 극복하기 위해 노력해 왔지만 개혁과 관련되는 변수와 조건을 통제하고 정확하게 미래를 예측한다는 것은 여전히 어려운 문제이다.

한국에서는 1948년 대한민국정부 수립 이후 약 50여 차례 이상 되는 크고 작은 행정개혁들이 단행되어 왔다. 그러나 과거 정부에서 추진되어 온 행정개혁들은 궁극적인 행정개혁의 방향을 명확하게 제시하지 못했으며, 행정개혁의 대상을 종합적으로 상정하기보다는 조직 및 구조 개편에만 치중함으로써 개혁의 대상을 축소·한정하는 경향이 있었다. 또한 공무원들은 늘 개혁의 주체가 아닌 개혁의 대상이었으며 이로 인해 행정개혁은 공직자들의 자율적인 의지와 동력을 확보하지 못한 채 늘 수동적이고 하향적인 방식으로 추진되어 왔다(정용덕, 2005).

특히 많은 경우의 개혁들이 지속적이고 일관성 있는 개혁으로 이어지기보다는 정권획득·유지를 목표로 주로 정권교체를 전후하여 주기적으로 단행되는 경향을 보여 왔다. 정권수립 초기에 반복적으로 대대적인 행정개혁이 시도되는 이유는 행정개혁이 정치지도자가 단기간 내에 가시적인 성과를 보여줄 수 있는 손쉬운 방법이며, 또한 행정개혁이 정권 초기에 견고한 권력기반을 확립하기 위한 대국민적 명분으로서 가장 큰 상징적 효과를 갖기 때문이다. 따라서 이때의 행정개혁은 주로 조직개편과 공무원 감축 위주로 나타나게 되며 행정개혁의 공식적인 목표와 실질적인 목표 간에 차이를 발생시키게 된다. 이처럼 지금까지의 행정개혁들은 행정개혁을 하나의 사회현상으로서 인식하지 못하였으며 행정이념에 입각한 논리적이고 과학적인 분석에 의해 진행되지 못한 것으로 평가된다(정승건, 2000).

지난 수십 년 동안 '정부의 효율성 증대'는 행정개혁에 관한 핵심 목표였으며, 특히 신자유주의·신보수주의적 사고의 확산으로 인해 세계 각국에서는 세계화(globalization), 탈규제(dereglulation), 민영화(privatization), 정부 재창조를 통한 경쟁력 확보(marketization by reinventing government) 등의 행정이념이 구체화되는 경향을 보였다(박수경, 1999: 193). 우리나라도 예외는 아니어서 1980년대 초부터 정부는 '작은 정부(small government)'의 논리를 채택하고, 제5공화국 시절 '작고 능률적인 정부'를 지향하면서 조직관리 측면에서 대국대과주의(大局大課主義), 인력관리 측면에서 총정원제(總定員制), 예산 분야에서 ZBB(영기준예산제도) 등과 같은 제도들을 본격적으로 도입하기 시작하였다. 우리나라에서 이러한 작은 정부의 논리를 채택하게 된 것은 당시 영미를 비롯한 선진국들을 중심으로 추진되었던 감축관리 운동의 파급효과로 볼 수 있다(박동서, 1992). 전두환 정부에서부터 도입되기 시작한 작은 정부 이데올로기는 이후 노태우 정부는 물론 김영삼 정부와 김대중 정부까지도 계속되었다.

여기서 중요한 한 가지 문제는 우리나라가 서구사회에서 추진된 '작은 정부'의 논리를 제대로 이해하지 못한 채, 작은 정부를 향한 행정개혁을 추진해 왔다는 것이다. 서구사회의 행정개혁이 근거하고 있는 '작은 정부'의 개념은 반복지국가정책을 근간으로 하는 신우익론적 이데올로기를 반영한 것이다. 즉 행정개혁, 자유시장제도의 확산, 통화질서의 확립 등을 통해 능률적인 작은 정부의 실현을 목표로 하는 신자유주의(new liberalism) 사상에 기초한 것으로, 작은 정부의 실현을 위한 추진방향은 주로, Savas(1987)의 분권화(decentralization), 규제완화(deregulation), 민영화(privatization)와 같은 개념에 기초한다.

복지국가를 경험한 서구 선진국들이 과도한 복지부문에 대한 투자로 인해 정부재정이 악화되자 이를 극복하기 위해 작은 정부의 논리를 표방하며 행정개혁을 단행하였던 것이다. 하지만 우리나라의 경우 복지국가를 경험하지 못한 것은 물론 당시까지 복지부문에 대한 투자는 극히 미약했다. 더욱이 당시 한국정부는 '작은 정부'를 표방하면서 동시에 '복지국가'의 구현과 '사회정의의 실현'이라는 상호 모순적인 정책노선을 제시하였다(박동서, 1992). 즉, '작은 정부' 논리에 의한 서구 선진국들의 행정개혁의 초점은 '복지부문의 감축'에 있었으나 한국정부가 추진한 행정개혁의 초점은 감축관리에 의한 '정부부처의 효율성 제고'에 있었다. 이처럼 지금까지 우리나라에서 단행되어 온 행정개혁은 우리나라의 환경과 실정에 맞는 행정이념에 의한 개혁이었다기보다는 세계적인 조류에 휩쓸려, 우리나라의 행정환경과는 맞지 않는 행정 패러다임에 근거하여 상호 모순적인 이념과 정책을 표방하는 미완의 개혁이었다고 볼 수 있다. 또한 바람직한 행정이념의 구현을 위한 안목을 가지고 철저한 사전준비와 계획을 통해 신중하게 추진된 개혁이 아니었으므로, 개혁의 일관성 및 지속성이 결여되고 내실이 없는 이름뿐인 개혁을 반복해 온 경향이 있다.

행정개혁은 다분히 의도적이고 목표지향적이며 특정한 결과로의 바람직한 변화(preferred change)를 추구하는 행위이다(오석홍, 2002). 하지만 대개의 경우 행정개혁의 결과가 목적한 바를 만족시키기보다는 늘 목적과 결과 간에 괴리를 가져오기 마련이다. 이러한 차이를 발생시키는 원인은 무척 다양하다. 하지만 제도적 관점에서 볼 때 이러한 차이를 발생시키는 보다 근본적인 원인은 제도 자체가 가지는 특수성에서 기인한 것으로 볼 수 있다. 즉, 신제도주의의 관점에서 보면 제도의 형성과정에 정치적 상황, 사회적·문화적 맥락, 역사적 사건들이 지대한 영향을 미치게 된다. 이러한 이유로 한 나라의 행정개혁은 기존의 국가기구가 지닌 제도적 특성 때문에 당초에 제기되었던 개혁의 필요성 및 의도와는 다른 결과를 가져오게 된다. 즉 행정개혁의 과정에서 기존 국가기구가 가지는 제도적 지속성 및 제약 또는 경로의존성(path-dependency)으로 인해 개혁의 목적과 추진결과 간에 차이를 발생시키게 된다(정용덕, 1998).

우리나라는 현재까지 매우 빈번한 행정개혁을 단행하여 왔으며 행정개혁에 관한 수없이 많은 연구들이 진행되어 왔다. 하지만 이전까지의 연구들은 행정개혁의 내용적 측면, 즉 행정개혁의 전개과정, 개혁평가, 접근방법 및 전략적 측면에 치중하여 연구되었을 뿐, 조직 및 제도적 관점에서 행정개혁을 모형화하고 행정개혁이 어떠한 규칙성에 의하여 전개되는가에 대한 연구는 거의 이루어지지 않았다. 따라서 본 논문은 신제도주의적 관점에서 행정개혁추진체계2)에 대한 규칙성을 찾고 행정부의 운영적 차원에서 각 정권에 대한 개혁내용을 분석하여, 각 정권에서 단행되어 온 행정개혁이 기존 제도의 제약으로 인해 경로의존적 특성을 가지는지에 대해 연구하고자 한다. 특히 본 연구는 김영삼 정부, 김대중 정부, 그리고 노무현 정부의 행정개혁을 중심으로 정부혁신 패러다임의 차이가 행정개혁 접근방법의 변화를 야기하는지 그리고 그러한 행정개혁들이 경로의존적 특성을 보이는지에 대해 역점을 두고 연구하려 한다.3)

---

2) 행정개혁추진체계란 '행정개혁을 어떻게 추진할 것인가?'에 관한 것으로 행정개혁의 추진방법에 관한 개념이다. 즉 행정개혁의 수단 혹은 도구에 관한 것으로 협의의 의미에서는 행정개혁을 담당하는 기구 또는 조직을 말하며, 광의의 의미에서는 행정개혁의 집행과 관련한 제반 기술 또는 제도까지도 포함하는 개념을 말한다(임도빈, 2000). 본 논문은 협의의 의미에서 행정개혁추진체계란 개념을 사용하고자 한다.

3) 김영삼 정부가 갖는 행정개혁사적 의미는 크다. 김영삼 정부는 역사적·정치적으로 과거의 정부와는 다른 새로운 체제임을 표방한다. 김영삼 정부를 문민정부(文民政府)라고 부르는 것에서도 알 수 있듯이, 김영삼 정부의 행정개혁이 갖는 성격은 문민적 속성에서 찾을 수 있다. 즉, 문민적 속성이란 정치적인 기득권을 포기하는 것이요, 솔선수범하고 제도를 통한 개혁을 주창하는 것(안문석, 1995)이라 할 수 있다. 이러한 이

이를 위해 본 논문은 첫째, 김영삼 정부, 김대중 정부, 노무현 정부의 행정환경, 행정이념 및 개혁 패러다임을 심층적으로 분석할 것이다.

둘째, 김영삼 정부, 김대중 정부, 노무현 정부 각각에서 시도되었던 행정개혁들에 관해 비교 분석한다. 분석은 두 가지 관점에서 이루어진다. 하나는 행정개혁 담당기구들을 중심으로 한 행정개혁추진체계에 관한 것이고, 다른 하나는 정권별 개혁과제와 개혁추진 현황을 중심으로 한 개혁내용에 관한 것이다. 개혁과제 분석은 행정부의 운영적 차원에 중점을 두어 조직·인력·재정·관리에 관한 관리개혁내용을 심층적으로 비교 분석하려 한다.

셋째, 정부혁신 패러다임과 행정개혁과의 관계를 분석하고, 각 정권별 행정개혁의 경로의존성에 대해 분석하고자 한다. 우리나라는 지금까지 수없이 많은 개혁들을 단행하여 왔지만 조직개편과 같은 외형적인 변화 외에 실질적인 내용의 변화는 많지 않았던 것으로 평가된다. 당초의 개혁 의도 및 목표를 성취하지 못하고 개혁이 흐지부지되는 중요한 원인 중 하나로 경로의존성을 들 수 있는데 본 논문에서는 이러한 제도적 제약에 초점을 두고 개혁의 특성을 분석하고자 한다.

본 논문의 구성은 제1장에서부터 제8장까지로 구성되어 있다. 먼저 제1장에서는 본 연구의 목적 및 의의, 필요성, 연구의 범위와 방법, 최근의 연구동향에 대해서 설명한다. 제2장에서는 이론적 배경으로 신제도주의의 세 가지 접근방법과 역사적 제도주의 및 경로의존성 이론에 대해 살펴본다. 첫째, 신제도주의 접근방법에서는 제도주의의 기원과 신제도주의의 등장, 세 가지 신제도주의의 접근방법, 그리고 역사적 제도주의와 경로의존성 이론에 대해 논의한다. 둘째, 행정개

유로 본 연구는 과거의 군부체제와 구별되는 김영삼 정부 이후부터의 행정개혁에 의미를 두고 김영삼 정부부터 현 정부까지의 행정개혁을 중점적으로 분석하려 한다.

혁의 기본논리에서는 행정개혁의 의의, 행정환경, 그리고 행정개혁과 관련된 패러다임의 변화 등에 대해 살펴본다. 구체적으로 행정개혁의 개념과 일반적 특징, 행정개혁의 발생에 영향을 주는 정치적·경제적· 사회적인 행정환경, 그리고 행정개혁의 접근방법에 영향을 미치는 이념적·이론적 패러다임 등에 대해 논의한다. 더불어 경로의존성과 관련이 있는 행정개혁의 제도적 특징에 대해 살펴본다. 제3장에서는 한국행정개혁과 관련된 기존의 제도적 특성을 파악하기 위해 대한민 국정부 수립 이후 우리나라 역대 정부들의 행정환경 변화와 주요한 행정이념 및 가치 변화, 그리고 각 정부 행정개혁의 추진 과정에 대 해 살펴본다. 이를 토대로 제4장, 제5장, 제6장에서는 김영삼 정부, 김대중 정부, 노무현 정부 각각에 대한 행정개혁을 행정환경, 개혁 패러다임, 개혁추진체계, 그리고 개혁과제를 중심으로 전반적인 개혁 추진 현황 및 내용에 대해 분석한다. 제7장에서는 행정개혁에 관한 개혁추진체계와 개혁내용들의 경로의존성을 분석하고 분석내용을 토 대로 우리나라 행정개혁의 패턴을 분석하고자 한다. 마지막으로 제8 장에서는 본 연구가 갖는 함의와 연구의 한계를 제시한다.

제2절 연구범위와 방법

1. 연구범위

본 연구는 각 정권에서 단행되어 온 행정개혁의 일반적 경향성을 찾고 행정개혁의 경로의존적 특성을 분석하기 위해 다음과 같이 연구범위를 설정한다.

먼저 시간적 범위는 김영삼 정부부터 현 노무현 정부까지, 즉 1993년부터 2005년까지로 하여 각 정권별 행정개혁이 어떠한 경로를 따라서 변화되어 왔는지에 대해 분석하고자 한다. 행정개혁사적 관점에서 볼 때, 국가형성 및 정부형성 시기라고 할 수 있는 제1공화국 시절은 대체로 미군정기와 일제하 총독행정체제를 그대로 모방한 행정체제로 행정개혁의 의미를 찾기 어렵다. 또한 제2공화국은 4·19로 인해 발족한 과도정부로서 행정개혁을 주관할 만한 능력을 갖추지 못한 정부였다(송영신, 1999). 이후 박정희 정부에서부터 노태우 정부까지는 군부에 의한 통치기간으로 과거로부터의 멍에와 기득권층의 완력(腕力)으로부터 자유롭지 못한 행정환경이었으며, 행정개혁추진체계가 미흡했고, 행정개혁추진체계에 의한 개혁이 이루어지지 못했던 시기였다. 하지만 김영삼 정부 이후부터는 문민정부(文民政府) 시대로서 역사적·정치적으로 의미가 있으며, 행정개혁의 추진과정에서도 문민적 속성을 드러내게 된다(안문석, 1995). 또한 세계의 행정개혁사적 관점에서 볼 때도 이 시기는 전세계적으로 신자유주의 사상과 신공공관리론에 의한 개혁의 바람이 거세게 일었던 시기로, 우리나라에서도 공공부문의 영역축소와 민간이양, 그리고 '세계화를 위한 개혁' 등을 표방하며 대폭적인 개혁이 시작되었던 시점이다. 이런 의미에서 김영삼 정부 이후의 행정개혁이 갖는 함의는 매우 중요하다. 이러한 이유로 본 연구는 김영삼 정부 이후의 행정개혁에 의미를 두고 김영삼 정부에서 현 정부까지 13년의 기간을 본 연구의 시간적 범위로 설정한다.

다음으로 분석대상에 있어서는 3개 정권의 행정환경, 행정개혁 패러다임, 행정개혁추진체계, 행정개혁과제 및 내용 등을 중심으로 살펴보기로 한다. 분석의 범위는 첫째, 행정환경의 경우 개혁발생을 전후로 개혁과 관련이 있는 정치적, 사회적, 경제적 상황을 중심으로 행정개혁의 배경을 살펴본다. 둘째, 행정개혁 패러다임의 경우에는 행정이념, 국가목표 또는 국정목표, 행정가치 등을 중심으로 행정개혁의 기본이념을 분석하고, 정권별로 개혁의 기초를 두고 있는 행정학 이론에 대해 분석하여 실질적으로 행정개혁에 영향을 준 개혁 패러다임을 분석하려 한다. 셋째, 행정개혁추진체계의 경우에는 행정개혁 추진을 담당했던 기구와 개혁에 동참했던 기구들에 대해 조직적 측면을 중점적으로 살펴본다. 넷째, 행정개혁과제 및 내용의 경우에는 중앙정부의 '관리개혁' 부분에 중심을 두어 분석하려 한다. 즉 정부관료제의 조직과 운영시스템에 대한 개혁에 관한 것으로, 행정부의 운영적 차원에 관한 조직·인사·재정·관리에 관한 변화 및 개혁로드맵, 개혁과제, 그리고 변화내용에 대해 중점적으로 분석하고자 한다.4)

2. 연구방법

본 연구는 주로 문헌분석을 통한 비교연구 방법을 사용한다. 또한 부분적으로 역사적 접근방법과 행정체제론적 접근방법을 적절히 활용할 것이다. 역사적 접근방법은 행정의 변화를 설명·예측함에 있어서 행정의 환경, 조직, 이념, 관료의 변동 등을 공화국별, 대통령 재임기간별, 연대기별 등의 역사적 시기를 기준으로 기술 또는 설명하고 예측하는 방법이며, 행정체제론적 접근방법은 행정체제의 변화

---

4) 본 절에서 의미하는 행정개혁은 공공부문에서 입법부와 사법부를 제외한 범위 내에서의 개혁, 즉 정부개혁(government reform)을 의미하며, 이것은 다시 '정책개혁(policy reform)'과 '관리개혁(management reform)'으로 구분할 수 있다. 정책개혁은 '정부가 하는 일, 즉 정부와 경제·사회와의 관계를 변화시키는 경제·사회정책의 개혁'을 의미하며, 관리개혁은 '정부가 일하는 방법, 즉 정부관료제의 조직과 운영시스템에 대한 개혁'을 의미한다(이명석, 2001: 14-15).

및 행정체제를 구성하는 요소들 각각에 대한 변화의 내용을 체계적으로 기술하는 방법으로 주로 각 공화국별 성립배경, 성립 당시의 환경적 여건, 체제의 목표와 중앙행정기구, 행정과정, 통제체제와 환경 간의 갈등 등을 중심으로 행정체제의 변동 상황을 기술하는 방법이다(김광웅, 2003).

특히 본 논문은 역사적 제도주의(historical Institutionalism)의 관점에서 행정개혁의 과정과 제도변화를 경로의존성(path-dependency)에 따라 분석하고자 한다. 경로의존성은 제도나 정책에서 발견되는 속성으로 과거의 제도나 정책적 제약이 현재뿐만 아니라 미래의 제도나 정책까지도 지속적으로 영향을 미치게 되는 속성이다. 본 연구에서는 김영삼 정부, 김대중 정부, 그리고 노무현 정부의 행정개혁을 중심으로 정부개혁 패러다임의 차이가 행정개혁 추진방식의 변화를 야기하는지 또한 그러한 행정개혁들이 경로의존성에 의해 구속받고 있는지에 대해 중점적으로 분석하고자 한다.

본 연구는 지금까지 연구된 행정개혁 관련 자료들을 포괄적으로 검토한다. 행정학 교과서 및 행정개혁 관련 단행본 자료집, 학위논문 및 학술논문, 정부간행물, 정부문서, 인터넷을 통한 관련 사이트의 데이터 활용, 신문 및 방송매체의 데이터 활용 등 가능한 모든 자료들을 수집하고 관련 내용들을 검토·분석한다.

제3절 연구동향

행정개혁은 끊임없이 변화하는 사회수요(social needs)에 대한 대응

방법이며, 행정의 목표를 보다 효율적이고 충실하게 성취하려는 변개(變改)과정이다. 즉 행정수요에 따라서 새로운 구조와 방법을 개발하고 적용시켜 나가는 과정인 것이다. 이러한 행정개혁은 사실상 국가행정이 시작되는 순간부터 수반되어 온 현상이라고 해도 과언이 아닐 것이다. 우리나라에서는 1960년대를 전후로 행정개혁에 관한 논의가 시작된 이후 오늘날까지 꾸준히 계속되고 있으며, 1980년대 이후에는 세계의 각 나라에서 급변하는 환경과 다양한 행정수요에 효과적으로 대처하기 위해 강력한 정부개혁이 추진(황윤원 외, 2003)되고 있다. 특히 한국에서는 1990년대에 들어서면서 행정개혁에 관한 연구가 본격화·구체화되고 있다.

행정개혁에 관한 연구는 크게 네 가지 경향으로 구분할 수 있다. 첫째, 행정개혁에 관한 이론적 고찰을 중심으로 행정개혁의 이념, 배경, 목표, 접근방법, 전략, 전개과정 등과 같은 개혁의 내용과 과정적 측면에 중점을 두고 행정개혁의 문제점 및 해결방안을 모색하려는 이론적 연구가 있다. 이러한 유형으로 최철화(1985)는 한국행정개혁의 전개과정 분석과 개선방향에 관한 연구를 통해 행정개혁의 접근방법, 동기 및 과정, 행정개혁의 전략에 관한 이론을 제시하고, 역사적 접근방법을 통해 제1공화국부터 제5공화국까지 한국행정개혁의 전개과정을 분석하였다. 이 연구는 시대별 행정개혁의 대상을 규명함으로써 효율적인 행정개혁의 방향을 모색하고 행정개혁을 위한 이론적 틀을 제시하고자 하였다. 또한 안해균(1986)은 행정개혁에 관한 학자들의 인식이 지나치게 추상적이거나 관념적이어서 연구방향에 따라 자의적인 개념정의를 내리는 경향이 많고, 구체적인 접근전략과 접목되지 못한다고 지적하고, 행정개혁의 이론화를 위한 개념정립과 접근방법의 유형화를 시도함으로써 행정개혁에 관한 이론연구에 박차를 가하였다.

조병선(1992)은 한국행정개혁의 논리구조에 관한 연구에서 행정개혁의 접근방법 및 전략을 소개하고, 한국행정개혁의 특수성을 설명하기 위해 행정개혁의 환경변수로서 정치적 요인을 중시한 Caiden의 이론을 원용하여 한국행정개혁의 전개과정에 관한 논리구조 분석을 시도하였다. 특히 이 연구는 한국행정개혁의 논리를 분석·평가할 수 있는 이론적 '틀'을 정립하고자 노력하였다는 점에서 의미가 있다. 이 외에 행정개혁에 관한 최근의 연구로 박용우(2000)는 1990년대를 중심으로 한 한국의 행정개혁에 관한 연구에서 김영삼 정부와 김대중 정부의 행정개혁 사례를 개혁의 환경 및 목표, 과정, 내용 및 성과, 특징적 측면에서 각각 분석한 뒤, 개혁환경을 투입요인으로, 행정개혁 체제를 전환과정으로, 그리고 개혁성과를 산출로서 비교 분석하였다.

둘째, 법률적·제도적 측면에서 행정개혁의 체계를 분석하고 국내외 사례분석을 통해 한국행정개혁의 문제점 및 개선방안을 제시하는 사례연구가 있다. 이와 같은 유형의 대표적인 연구로 이연택(1997)은 미국, 영국, 일본의 행정개혁 사례를 토대로 한국의 행정개혁에 관한 연구를 하였다. 이 연구는 체계모형에 입각한 행정개혁의 체계분석과 행정개혁의 구조, 절차, 행정활동에 관한 접근방법에 의해 미국, 영국, 일본의 행정개혁 사례를 분석하고 이를 통해 행정개혁의 성공요인들을 추출·적용하여 한국행정개혁의 방향성을 제시하고 있다.

송영신(1999)은 한국행정개혁에 관한 연구에서 미군정기의 행정개혁부터 김영삼 정부의 행정개혁까지 행정개혁의 전개과정을 체계적으로 비교 분석하였다. 이 연구는 한국적 상황에 적실한 새로운 행정개혁 이론을 모색함에 있어서 이전의 분석들보다 총괄적이고 종합적인 관점에서 연구대상을 확대하려는 시도를 하였다. 그리고 법률적·제도적 분석방법을 원용하여 역대 한국행정개혁의 변천과정을 폭넓게 탐색하고 각 정권별 행정개혁 사례를 분석·평가하였다. 이 논문은 미군정기부터 최근까지 우리나라 행정개혁의 사례를 포괄적으로 검토하였으며, 각 정권별 행정개혁 사례를 종합적으로 비교 분석하고 있다는 점에서 의미가 있다. 하지만 시간적 연구범위가 너무 넓고 분석대상과 범위가 너무 방대하여 분석결과를 도출하는 과정에서 논리적 연계성이 떨어지며 제시된 개혁방안도 지나치게 거시적이라는 점이 연구의 한계로 작용하고 있다.

셋째, 행정개혁의 산출물 및 성과 평가에 중점을 두고 행정개혁의 결과를 분석하는 실증적 연구가 있다. 이와 관련한 연구로 안병용(1994)은 한국행정개혁의 변천과정과 전략에 관한 연구에서 행정개혁의 구성요소, 이념, 대상과 범위, 저항과 장애, 전략에 대한 이론적 배경을 토대로 1945년 이후부터 1994년 김영삼 정부 출범 1년까지의 행정개혁 실태를 체제적, 행태적 접근방법으로 분석하고, 중앙 및 지방 공무원, 그리고 경기지역 시민을 대상으로 한 인식조사를 통해 김영삼 정부의 행정개혁에 관한 종합적 평가를 실증적으로 분석하였다. 또한 김현석(2003)은 행정개혁의 효과적 추진전략에 관한 연구에서 행정개혁 및 정책평가에 대한 이론적 고찰을 토대로 행정개혁의 성과 및 추진 과정에 대한 종합적인 평가모형을 구축하고, 국민과 공무원들로부터 행정개혁의 성과에 대한 평가를 도출하는 실증적 연구를 하였다. 이 연구는 행정개혁의 성과요인을 분석하고, 행정개혁의 성과와 만족도와의 관계를 분석함으로써 행정개혁의 결과를 실증적·경험적으로 분석하였다는 점에서 의미가 있다.

넷째, 각 시대별 주류 행정 패러다임의 영향과 행정개혁의 적실성 및 타당성 분석을 통해 행정개혁의 함의와 방향성을 제시하려는 정책적 연구가 있다. 이와 같은 유형의 연구로 정승건(2000)은 한국행정개혁 이론의 모색에 관한 연구에서 최근 한국의 행정학이 직면한 위기는 영미식 행정개혁에 기반을 둔 신자유주의국가의 행정논리와 발전주의 국가의 행정논리 사이에서 행정개혁과 행정학의 적절한 위상정립을 하지 못한 데서 기인한 것이라고 보고, 발전주의 국가의 행정학과 행정개혁을 비판적으로 검토하고 발전주의 국가의 위기를 극복하기 위해 등장한 신자유주의 이념에 대한 한국적 적실성을 비판함으로써 궁극적으로 한국행정개혁 이론이 추구해야 할 바는 정치권력의 민주화와 시민사회의 성장과 같은 정치사회의 변화를 담아내는 사회과학으로서의 한국행정학의 위상을 재정립하는 것이라고 주장한다.

이와 유사한 유형의 연구로 이명석(2001)은 행정개혁을 신자유주의와 신공공관리론을 통해 새롭게 조명하고, 김대중 정부의 행정개혁 평가를 통해 한국행정개혁의 정치적 논리와 행정의 정치성을 논의하고 있다. 이 연구에서는 한국행정개혁에 관한 논의들이 신자유주의와 신공공관리론을 동일시함으로써 행정개혁에 대한 보다 정확한 이해와 분석이 내려지지 못한 것으로 보고, 두 가지 이론의 개념적 구분을 통해서 한국정부의 행정개혁을 비판적으로 고찰하고 있다. 즉 신자유주의는 행정개혁의 '이념'이고 신공공관리론은 행정개혁의 '이론'이라고 할 수 있다. 한국정부의 개혁은 시장에 대한 발전국가적 기득권을 포기하지 않음으로써 신자유주의의 이념을 받아들이기보다는 신자유주의의 '이름'을 정치적으로 빌려왔을 뿐이며, 신공공관리론을 내세워 행정조직의 운영원리를 개혁하였지만 결국 중앙집권적 통제라는 기득권은 포기하지 않은 채 신공공관리론의 피상적인 참신성과 목적의 당위성만을 모방하였다는 주장이다. 따라서 한국 행정의 근본적인 개혁을 위해서는 행정의 역할, 국가와 사회 간의 관계 등에 관한 근본적인 인식의 전환이 필요하며, 국민들의 적극적인 관심과 참여, 그리고 이를 뒷받침할 수 있는 제도 개선이 필요하다는 주장이다.

한편, 행정개혁에 관한 논문은 아니지만 본 연구가 한국행정개혁의 경로의존성을 분석하는 연구이므로 행정학 분야에서 연구되었던 경로의존성 관련 선행연구들을 검토해 볼 필요가 있다. 현재까지 행정학 분야에서 경로의존성에 관한 연구는 아직까지 미흡한 실정이며, 특히 행정개혁의 경로의존성을 분석한 연구는 찾아보기 어렵다.

경로의존성에 관한 선행연구들을 살펴보면, 첫째, 정부조직에 관한 경로의존성 분석에 관한 연구로, 김종성(2000)은 신제도주의적 접근을 통해 미군정 행정조직 개편과정에서 나타난 경로의존성을 분석하였다. 김정해(2004)는 미국의 카터, 레이건, 클린턴 대통령의 정권인수기 조직화 과정에서 나타나는 경로의존성을 분석하였다. 염재호(2004)는 역사적 제도주의의 관점에서 정부관료제(중앙행정조직) 조직시스템의 역사적 형성과정과 제도적 기제의 변화과정을 분석하였다.

둘째, 제도 및 정책에 관한 경로의존성 분석 연구로, 방민석·김정해(2003)는 역사적 제도주의에 입각하여 대기업규제정책의 형성 및 변화과정에 나타난 경로의존성을 분석하였으며, 조성택(2002)은 신제도적 관점에서 경로의존성을 따르는 경제제도의 특징을 분석하였다. 또한 김선명(2000)은 한국 금융제도의 시기별 비교·고찰을 통해 경로의존 관계를 분석하고, 제도와 행위의 상호 제약성을 규명하는 연구를 하였다.

셋째, 체제적 관점에서 경로의존성을 분석한 연구로, 정해용(1999)은 중국의 시장체제 전환과정에서 진행된 일련의 제도선택을 중심으로 제도선택의 경로의존성을 분석하고 있으며, 김미나(2002)는 국가혁신체제의 경로의존성이나 관성적 특성이 게임산업정책을 제약함으로 인해서 게임산업의 경쟁력이 취약하다는 관점에서 논리를 전개하고 있다. 이 외에도 온라인게임 시장의 신규 제품 및 서비스 형성과 관련하여 사용자군의 속성 및 경로를 분석한 위정현(2003)의 연구가 있으며, 역사적 제도주의 관점에서 정보화의 전개과정을 제도모형의 변수에 초점을 두고 접근함으로써 정보화의 변화패턴과 요인을 분석한 한세억(2002)의 연구가 있다.

   행정개혁에 관한 이상의 논의들을 종합해 보면, 지금까지의 행정개혁에 관한 연구들은 주로 행정개혁의 이념, 배경, 목표, 접근방법, 전략, 전개과정, 그리고 산출물 및 성과 등을 부분별 또는 사례별로 분석하는 연구가 대부분이며, 개혁의 과정이나 사실들을 나열하는 데 치중하여 기술하는 경향이 있었다. 하지만 행정개혁이 국정운영체계 속에서 단행되며 국정운영체계가 제도적 속성에 의해서 제약을 받게 된다는 점에 착안할 때 행정개혁에 대한 제도적 영향력을 고려하지 않을 수 없다. 따라서 본 연구는 국정운영체계 및 제도적 관점에서 행정개혁의 양상을 분석할 필요가 있다고 본다. 특히 현대사회의 복잡성과 다양성을 감안할 때 제도가 사회에 미치는 영향 및 제도변화의 중요성을 인식할 필요가 있으며, 조직적·제도적 관점에서 행정개혁의 체계를 분석해야 할 필요성이 제기된다. 따라서 본 연구는 신제도주의적 접근방법을 통해 행정개혁의 규칙성 및 경로의존적인 속성을 밝히고, 행정개혁의 방향성을 예측할 수 있는 이론적 모형을 제시하려고 하며, 본 연구가 향후에 단행될 행정개혁의 방향설정에 도움이 될 수 있을 것으로 기대한다.

제 2 장 정부혁신과 신제도주의 이론

제1절 신제도주의와 경로의존성

1. 신제도주의 접근방법

시대의 흐름에 따라 사회과학 연구의 중심 개념도 점차 변화하고 있다. 1960~1970년대까지 사회과학 연구의 중심 개념이 집단(group)에 있었다면, 1980년대에는 국가(state)에 있었고, 최근에는 제도(institution)가 사회과학 연구의 중심 개념이 되고 있다(정용덕 외, 1999: 9).

최근 정치, 경제, 사회현상을 설명함에 있어서 '제도'를 중심 개념으로 하는 학파를 지칭해 신제도주의(new institutionalism)라고 부른다. 신제도주의는 행태주의(behavioralism)의 한계를 극복하기 위한 대안으로서 1980년대 이후 구미 학계를 중심으로 발전된 사회과학의 새로운 패러다임(paradigm) 중 하나이다(정용덕 외, 1999). 즉, 인간의 행위를 설명함에 있어서 사회적인 맥락과 완전히 유리되어 존재하는 '원자화된 개인'으로부터 사회현상을 설명하려는 행태주의와 같은 기존의 지배적인 사회과학 이론에 대한 비판으로부터 시작된다(하연섭, 2003: 6). 1950~60년대의 행정이론은 행태주의적 접근방법을 바탕으로 정치현상의 보편성과 객관성을 강조하는 일반법칙을 발견하는 데 주력하였다. 특히 국가 간의 특성을 확인하기보다는 서구의 보편적 특성을 일반화하기 위해 노력하였다. 하지만 행태주의 이론은 국가별 또는 시기별 정책의 다양성 및 남미·아시아 지역의 발전 현상을 설명하는 데 있어서 한계에 봉착하게 되었고, 이후 정책의 국가별 차이에 대한 비교논의에 관심을 가지게 되면서 제도주의적 접근이 나타나게 되었다(염재호, 1994). 즉, 모든 국가들이 동일한 경로를 거쳐 유사한 형태로 발전하기보다는 점점 더 다양화되는 현상을 보였기 때문에, 국가 내의 정책의 지속성이나 국가 간의 정책의 다양성을 설명하기 위해서는 제도의 영향과 중요성을 강조하는 신제도주의적 접근이 필요했던 것이다.

신제도주의는 제도를 중시한다는 점에서 구제도주의와 동일선상에 있지만, 사회현상에 대한 인과관계를 밝히려는 분석적 접근이라는 점에서 행태주의와 방법론적 시각을 공유하고 있다(염재호, 1994). 신제도주의의 특징은 정치·경제·사회현상을 설명함에 있어서 '맥락(context)'의 중요성을 강조한다는 것이며, 이러한 맥락 자체가 곧 제도를 의미하게 된다. 즉, 제도란 개인의 행위에 영향을 미치는 '구조적 제약'을 의미한다(하연섭, 2003: 6-7). 또한 신제도주의는 원자화된 개인을 상정하고 이러한 개인들의 도구적 행위(instrumental actions)로부터 모든 사회현상을 설명하려는 기존의 주류 사회과학 이론들과는 다르게 개인의 행위에 대한 공식적·비공식적 제도의 영향력을 강조한다는 특징을 가진다(Ross, 1995). 즉, 개인의 행위와 개인 간의 상호작용을 설명하기 위해서 이들을 둘러싼 맥락에 초점을 둔다는 것이다. 이러한 신제도주의는 크게 세 가지 분석적 접근방법으로 나누어지는데, 역사적 제도주의(historical institutionalism), 합리적 선택 제도주의(rational choice institutionalism), 그리고 사회학적 제도주의(sociological institutionalism)로 구분이 가능하다. 이 세 가지 접근방법은 모두 사회적·정치적 결과에 대한 결정론적 시각으로서 제도의 역할을 설명하는 데 그 목적이 있다(Hall & Taylor, 1996).

신제도주의의 세 가지 접근방법은 제도를 하나의 매개로 하여 행위와 구조 간의 상호작용을 밝히는 데 주로 관심이 있다(정해용,

1999). 하지만 이들 각 분파는 제도의 의미와 역할에 대해 각각 다른 설명을 제시한다. 즉, 세 가지 접근방법은 제도와 행위의 관계, 제도존속의 원리, 제도변화의 주체, 그리고 의도와 결과 간의 관계를 규명하는 데 있어서 각기 다른 원리와 논점을 가지고 접근한다. 다음은 신제도주의의 세 가지 접근방법에 관한 각각의 원리와 논점에 대해 정리한 것이다.

<표 2-1> 신제도주의의 세 가지 접근방법과 원리

분 류	제도존속의 원리	제도-행위 관계	제도변화의 주체	의도-결과 간 관계
역사적 제도주의	역사적 의존성	제도는 행위에 정당성 부여함	적응지체의 누적	불확실, 역사의존적
합리선택 제도주의	주로 효율성	제도는 불확실성, 거래비용 감소시킴	개인 또는 조직	다소 불일치, 경로의존적
사회학적 제도주의	사회 내 배태성	행위는 제도에 종속됨	주로 조직	다소 불일치

출처: 김성철(1999: 186).

신제도주의는 제도를 주요 관심대상으로 간주한다는 점에서 기존의 제도 연구와 유사점을 지니고 있다. 하지만 제도의 형성, 속성, 역할 등을 다루는 데 있어서 방법론적으로 많은 차이점을 보인다. 신제도주의의 세 가지 접근방법에 대한 보다 구체적인 논의를 위해서 각각의 접근방법이 가지는 제도적 의미, 제도의 역할, 제도의 특징 등을 중심으로 살펴보기로 한다.

1) 역사적 제도주의

역사적 제도주의는 1960~70년대 집단갈등 이론과 구조 기능주의로부터 발전된 이론이다. 즉, 집단갈등 이론으로부터 정치적 희소자원에 대한 경쟁집단 간의 갈등개념을 원용하여 정치적 산출의 특성과 이것을 초래한 권력구조의 불평등에 대해 설명하면서, 어떤 제도가 왜 중요한지에 대한 폭넓은 설명을 시도하였다. 또한 구조 기능주의로부터 정체(polity)를 상호 작용하는 하나의 체제로 보는 시각을 받아들여서, 정치적 산출을 체제의 필요에 대한 반응으로 보기보다는 제도 속에 함축된 것으로 간주함으로써 '구조주의'를 더욱 강조하게 된다(Hall & Taylor, 1996). 역사적 제도주의에서의 제도란 '장기간에 걸친 인간 행동의 정형화된 패턴'을 의미하며, 개인과 집단의 행위에 대한 외적 제약 요인으로 작용하는 거의 모든 것을 의미한다고 할 수 있다(하연섭, 1999: 16). 즉, 역사적 제도주의자들은 제도를 정체(polity) 또는 정치경제의 조직구조에 포함되는 공식적 또는 비공식적 절차, 일상의 과정(routines), 규범, 관습으로 정의한다. 여기에는 헌법적 질서의 규칙 또는 관료제의 표준운영 절차로부터 노조의 행태 또는 은행-기업 관계를 규제하는 관습까지 포함될 수 있다(Hall & Taylor, 1996: 938).

역사적 제도주의에서는 제도가 다음과 같은 역할을 수행하는 것으로 보고 있다. 첫째, 제도는 정책을 형성하고 집행하는 정부의 능력을 제약한다. 둘째, 제도는 정치경제적 행위자들에게 기회를 제공할 뿐만 아니라 그들의 행위를 제약하는 역할까지도 수행하기 때문에, 그들의 전략을 결정한다. 셋째, 제도는 정치경제적 행위자들 간의 권력 배분에 영향을 미침으로써 궁극적으로 정책결과에 대한 행위자들의 영향력을 좌우하게 된다. 넷째, 제도는 행위자들이 그들의 이익 혹은 선호를 어떻게 정의할 것인가에 영향을 미침으로써 행위자들이 추구하는 목적을 구체화하는 역할을 담당한다(Hall, 1986: 19, Pontusson, 1995: 18-119, 하연섭, 1999: 18). 이러한 네 가지 특징 중 역사적 제도주의의 가장 중요한 특징은 바로 네 번째 정의에서 발견할 수 있다. 즉,

행위자들의 이익 혹은 선호가 제도에 의해 형성된다고 보는 것이다. 부연하면, 역사적 제도주의에서는 주어진 선호를 논의의 출발점으로 삼는 합리적 선택이론이나 행위가 선호를 나타내는 것으로 해석하는 행태주의와는 다르게 선호나 이익이 제도적 맥락 속에서 형성된다고 보고 있다(Katznelson, 1992: 104).

Hall & Taylor(1996)에 의하면 역사적 제도주의는 다른 학파와 구별된 네 가지 특징을 가지고 있다. 첫째, 역사적 제도주의자들은 광범한 기간 동안의 제도와 개인의 행태 간의 관계를 개념화하려는 경향이 있다. 둘째, 역사적 제도주의자들은 제도의 개발과 운영에 관한 '권력의 비대칭성'이나 '사회집단 간 권력의 불균등한 배분' 등과 같은 '권력의 불균형'을 강조한다. 셋째, 역사적 제도주의자들은 제도 발전에 있어서 경로의존(path-dependence)과 비의도적인 결과를 강조한다. 즉 과거로부터 유래하는 주어진 상황의 맥락적 특징을 중시하며, 제도가 기존 제도에 의해 만들어진다는 의도되지 않은 결과를 강조한다. 또한 제도가 목적에 더욱 합치되고 효율적이라기보다는 현존하는 제도에 의해 일반화되는 제도의 비효율성을 강조한다. 넷째, 제도적 분석들을 집적하기 위해서 사상(ideas)과 같은 다른 종류의 요인들이 정치적 산출에 기여하는 것에 관심을 가진다.

요약하면, 역사적 제도주의에서 말하는 제도는 조직의 행동규칙, 일상적 과정, 절차 목록 등을 가리킨다. 역사적 제도주의에서는 제도의 역사적 의존성을 강조하며, 제도가 개인의 행동을 구체화시키는 데 있어서 중요한 역할을 하는 것으로 본다. 또한 한정적 합리성(bounded rationality)에 기초해서 개인이 자신의 이익을 계산하여 행동한다는 점을 부인하지는 않지만, 결국 그 동기를 역사적 산물이라고 주장한다(March & Olsen, 1989, Thelen & Steinmo, 1992, 김성철, 1999).

본 항에서는 신제도주의의 세 가지 접근방법 중 하나인 역사적 제도주의에 대하여 제도의 기원, 제도적 의미 또는 정의, 역할, 특징 등에 대하여 살펴보았다. 본 연구에서 행정개혁을 분석하기 위하여 원용하고 있는 접근방법인 경로의존성 이론은 바로 이 역사적 제도주의로부터 나온 개념이다. 역사적 제도주의와 경로의존성에 대한 보다 상세한 제도적 특징들은 다음 항에서 살펴보기로 한다.

2) 합리적 선택 제도주의

합리적 선택 제도주의는 그 뿌리를 신고전경제학에 두고 있다. 신고전경제학은 사유재산권을 인정하는 자유경제 체제가 가장 큰 국부를 보장할 수 있는 제도라는 Adam Smith의 기본 가정에 근거하여 대안적인 사회·경제 제도에 대한 구체적인 연구 없이 주어진 제도하에서의 경제현상을 연구해 왔다. 하지만 1960년대 후반에 들어서 이러한 기존의 연구가 가정한 제도가 현실과 거리가 있다는 반성이 일어나기 시작하면서 제도적 제약이나 제도적 유형이 개인에게 미치는 영향에 대해 관심을 가지기 시작했다. 합리적 선택 접근은 인간의 선택을 틀 짓는 여러 가지 제약들에 관심을 갖는다. 즉 개인의 행동을 틀 짓는 사회제도가 합리적인 개인의 행동에 영향을 미치고, 나아가서 사회적·정치적 산출에 영향을 끼친다고 본다. 초기의 합리적 선택 이론은 사회제도를 초월하는 일반적인 이론의 도출에 관심을 두고 제도적 진공상태(institution-free situation), 즉 완벽한 정보와 거래비용의 부재 등과 같은 가정하에서 개인의 행동을 연구하는 데 초점을 두었다. 하지만 초기의 이러한 합리적 선택이론이 현실 적용성에 대해 많은 비판을 받게 되면서 구체적인 가정을 포함한 제도의 구조와 제도의 영향을 연구하는 합리적 선택 신제도주의가 등장하게 된 것이다(이명석, 1999: 16-18). 보다 구체적으로 합리적 선택 제도주의는 미국의 의회 내의 행태연구로부터 기인하며, 제도의 운영과 발전에 대한 재산권, 지대추구, 거래비용의 중요성을 강조하는 신조직경제학으로부터 분석적 도구를 원용하고 있다(Hall & Taylor, 1996).

합리적 선택 제도주의에서 의미하는 제도는 '균형점을 이루는 공유되는 전략, 규칙, 그리고 규범에 의해서 구조화되는 상황에서 나타나는 인간 행태의 지속적인 규칙성'이라고 정의될 수 있다. 이러한 정의가 가능한 것은 합리적 선택 제도주의가 방법론적 개체주의(methodological individualism)에 근거하여 인간을 사회현상을 만들어 내는 존재로 인식하고 있기 때문이다. 즉, 합리적 선택 제도주의에서는 규칙이나 제약이 개인의 선택을 결정하는 것이 아니라 개인의 선택에 영향을 미친다고 본다(이명석, 1999: 20).

이러한 합리적 선택 제도주의는 다른 학파와 뚜렷하게 구별되는 네 가지 특징을 가진다(Hall & Taylor, 1996). 첫째, 합리적 선택 제도주의는 행태적 가정에 대한 특정한 전제를 수용한다. 즉, 개인의 선호에 대한 가정, 선호 성취의 극대화를 위한 수단적 행동, 그리고 계산에 의한 전략적 행동방식 등을 전제하고 있다. 둘째, 합리적 선택 제도주의에서는 정치를 집합적 행동에 대한 딜레마의 연속으로서 보려는 경향이 있다. 셋째, 합리적 선택 제도주의는 정치적 결과에 대한 결정에 관해서 전략적 상호작용의 역할을 강조한다. 넷째, 합리적 선택 제도주의는 제도의 기원에 대해 설명할 수 있는 접근방법의 개발에 주력해 왔으며, 제도의 발생은 협력을 통해 이익을 추구하는 관련 행위자들 간의 자발적인 합의에 의한 것이라고 보고 있다.

요약하면, 합리적 선택 제도주의는 엄격하고 간략하지만 비현실적이라고 비난받는 합리적 선택이론의 '합리성 가정'들을 완화하고, 보다 현실적인 가정에 근거한 연역을 통하여 사회현상의 본질을 분석하려는 시도라고 할 수 있다(이명석, 2004: 56). 합리적 선택 제도주의는 '합리적인 개인'에 바탕을 두고, 합리적 선택의 기본 가정을 수용하며, 제도가 개인의 선택과 행동을 제한한다는 제도의 영향은 받아들이지만, 제도가 그것을 결정한다고 보지는 않는다. 즉 합리적 선택 제도주의자들은 제도가 효용 극대화를 추구하는 개인들에 의해서 형성되고 변화된다고 보고 있으며, 점진주의 입장에서 제도의 변화를 이해하는 경향이 있다(김성철, 1999).

3) 사회학적 제도주의

사회학적 제도주의는 1970년대 후반에 주로 조직이론의 하위영역에서 발전된 이론이다. 이것은 각종 관료제 조직이 공식적 목표-수단의 합리성을 반영한다는 기존 이론에 대하여 반론을 제기하며 '문화'와 관련된 관습의 중요성을 강조하였다. 즉 막스 베버 이후 많은 사회학자들은 정부부처, 기업, 학교, 이익집단 등과 같은 조직들이 효율성 증진을 위해 관료제적인 구조를 가지게 된다고 주장해 왔으며, 문화는 조직의 효율성과 무관한 것으로 간주해 왔다(Hall & Taylor, 1996). 이에 대해 스탠퍼드의 사회학자들을 중심으로 한 신제도주의자들은 현대조직에서의 제도와 절차들은 단순히 합리적이고 효율적이기 때문에 채택된 것은 아니며, 많은 경우 그 사회의 신화 및 의식과 같은 맥락에서 출발하여 조직에 동화된 것으로, 문화적인 특정 관습으로 이해되어야 한다고 주장하였다(DiMaggio & Powell, 1991, Hall & Taylor, 1996). 이후 사회학적 신제도주의자들은 왜 조직들이 특정한 형태의 제도, 절차 또는 상징을 가지게 되었는지, 그리고 어떤 방식으로 그러한 관습들이 다양한 조직이나 국가로 확산되었는지에 대한 연구를 확대해 나간다(김종성, 2002).

사회학적 제도주의의 특징은 제도의 인지적·문화적·상징적 측면에 초점을 둔다는 것이다. 즉, 사회학적 제도주의에서는 문화, 상징,

의미 등이 제도를 의미하게 된다. 따라서 사회학적 제도주의에서는 선택보다는 당연시되는 인지 대상에 관심을 갖는다. 또한 사회학적 제도주의에서 정의하는 제도는 앞서 설명한 다른 두 접근방법과 비교해 볼 때, 그 폭이 매우 넓다는 것이 특징이다. 즉, 사회학적 제도주의에서 의미하는 제도란 공식적·비공식적 규칙뿐만 아니라 인간 행위에 의미를 부여하는 상징과 인지 등을 모두 포함하는 개념이다. 이러한 이유로 사회학적 제도주의에서는 문화와 제도를 구분하기가 매우 어렵다(하연섭, 2003: 110−111).

Hall & Taylor(1996)에 의하면 사회학적 제도주의는 다른 두 신제도주의와 구별되는 세 가지 특징을 가지고 있다. 첫째, 사회학적 제도주의자들은 정치학자들보다 더 광의로 제도를 정의하는 경향이 있다. 그들은 단지 공식적인 규칙, 절차 또는 규범뿐만 아니라 상징적 체계, 인지력(cognitive scripts), 그리고 도덕적 기준 등과 같이 인간의 행동을 유발하게 하는 '의미의 틀(frame of meaning)'을 제도화한다. 이 때문에 제도와 문화의 개념적 구분이 어렵게 된다. 둘째, 사회학적 제도주의자들은 개인의 행동과 제도를 구분하여 이해하는 경향이 있다. 셋째, 사회학적 제도주의자들은 제도의 실제적 기원과 변화를 설명하는 데 있어서 두 분파와 다른 관점을 가진다. 즉, 조직의 목표−수단의 효율성을 증진시키기 때문에 제도가 받아들여지는 것이 아니고, 조직 또는 구성원들에 대한 사회적 정당성을 향상시키기 때문에 조직에서 새로운 제도가 수용되는 것이라고 주장한다.

요약하면, 사회학적 제도주의에서는 정치적, 사회적, 문화적 관계 등과 같은 거시적 수준의 변수들에 의해 제도가 종속되는 것으로 보기 때문에 개인과 같은 변수에는 관심을 두지 않는다. 사회학적 제도주의에서는 배태성(embeddedness)의 개념을 확장시켜서, 대부분의 사람들은 일단 제도가 형성되면 대안적인 제도를 생각하지 않게 되며 그것이 안착되기를 원한다고 보고 있다. 사회학적 제도주의에서는 규칙, 절차, 조직의 기준뿐만 아니라 인습이나 관습 등도 제도로 간주된다(김성철, 1999).

이상에서 살펴본 세 가지 신제도주의 접근방법들은 제도를 하나의 매개로 하는 공통점을 가지고 있지만, 제도와 인간행위의 관계에 대해 각기 다른 관점과 논리를 가지고 설명한다. Hall & Taylor(1996)는 지금까지 각각 독립적으로 연구되어 온 이러한 세 가지 접근방법이 향후 통합적으로 연구되어야 할 필요가 있음을 강조한다. 아래의 표는 지금까지 살펴본 신제도주의의 세 가지 접근방법에 대한 강점과 약점을 정리해 놓은 것이다.

〈표 2-2〉 세 가지 신제도주의의 강점과 약점 비교

구 분	역사적 제도주의	합리적 선택 제도주의	사회학적 제도주의
제도-행태 간 관계	산술적·문화적 접근법의 절충주의	행위자들의 상호작용에 의해 제도 생성	신제도를 만드는 행위자는 기존 제도로부터 원형을 빌려옴
강 점	귀납적 설명방식. 분석의 현실성 높음.	정교한 이론적 기반, 체계적 이론구축을 가능하게 하는 일반화 개념을 발전시킴. 정치적 분석에 유용한 분석도구 제공.	제도의 비효율성에 대한 설명가능
약 점	제도-행태 간 영향의 인과관계 설명 미흡	인간 동기부여를 단순화시킨 가정으로 중요한 부분 간과	제도형성 및 개혁은 권력투쟁의 과정이라는 점 간과

출처: Hall & Taylor. (1996). 토대로 작성.

2. 역사적 제도주의와 경로의존성

본 연구의 분석적 관점에서 주로 관심을 가지는 경로의존성(path

- dependency)은 바로 역사적 제도주의로부터 발생된 개념이다. 역사적 제도주의는 다양한 사회적·정치적 제도들이 독특한 국가의 궤적(trajectory)을 형성함에 있어서 서로 어떻게 상호 작용하는지를 설명하기 위한 연구에서 시작되었다. 즉 역사적 제도주의는 국가와 사회의 관계를 구조화하는 제도를 중심 개념으로 하여, 이들 간의 관계를 구조화하는 제도적 배열을 관찰함으로써 정치·행정현상을 설명하는 데 초점이 있다(한세억, 2002: 3-4).

대표적인 역사적 제도주의자들 중 Ikenberry와 Hall은 제도의 개념을 다음과 같이 정의하고 있다. 먼저 Ikenberry(1988)는 제도의 개념을 협의의 정의, 좀더 포괄적인 정의, 가장 포괄적인 정의 등 세 가지 수준으로 나누어 정의하고 있는데 첫째, 협의의 수준에서 볼 때 제도란 '갈등을 중재하는 행정적·법적·규제적 규정을 의미하는 정부제도'를 말한다. 둘째, 좀더 포괄적인 정의에서 볼 때 제도란 '국가 내부에서의 권력의 집중과 분산을 의미'한다. 즉, 행정부와 의회의 관계, 관료제의 집권화와 응집성 정도, 관료제가 활용할 수 있는 자원과 정책도구의 범위 등을 포함하는 개념으로 국가를 구성하는 다양한 조직들의 능력과 자원에 초점을 맞추어 정의하고 있다. 끝으로 가장 포괄적인 정의 수준에서 볼 때 제도란 '국가와 사회의 관계를 정의하는 규범'을 의미한다. 이것은 국가와 사회의 관계를 정의하는 규범적 경계에 초점이 있으며, 여기서 규범은 경제와 사회에 대한 국가 개입의 수준과 정도 그리고 형태를 어느 수준까지 정당하다고 인정할 것인가 하는 신념체계와 관련이 있다. Hall은 제도의 개념을 보다 포괄적으로 정의하고 있는데, Hall(1986)에 의하면 제도란 '다양한 정치경제 현상에서 개인들 간의 관계를 구조화시키는 공식적 규칙, 순응절차, 표준화된 운영절차 또는 관행'이라고 정의할 수 있다.

제도의 가장 본질적인 특징 중의 하나는 제도의 지속성이며, 신제도주의자들의 기존 연구는 대체로 제도의 내용, 제도와 개인 간의 관계, 그리고 제도의 확산 등에 초점이 맞추어져 있다(하태수, 2000: 114). 이러한 이유로 제도의 변화가 큰 주목을 받지 못할 수도 있지만 제도는 불변하는 고정 상태의 것이 아니며, 대부분의 제도는 생성, 변화, 소멸의 과정에 있는 진행형이다. 제도는 신축적인 가치와 규범의 체제로 인식되며 환경과 구성원들의 요구에 대응하기 위해 변화되는데, 이때 제도는 제도 내 구성원들에게 영향을 주는 동시에 제도 내 행위자들에 의해 영향을 받기도 한다(김윤권, 2005: 304).

역사적 제도주의의 초기 연구에서는 주로 외적인 충격(external shock)에 의한 제도변화의 논리를 강조한다. 제도는 매우 급격하고 간헐적으로 변화되며, 위기상황에 대응하기 위해서 취해진 행위들에 의해 새로운 제도의 모습이 형성된다고 본다(심상용, 2005: 225). 따라서 제도의 변화5)를 설명함에 있어서 정치적·경제적인 위기로 인해 사회관계와 제도가 재형성되는 역사적 전환점(historical junctures) 또는 중대한 전환점(critical junctures)에 주목하며, 이러한 제도변화의 계기를 통해 단절되었던 제도가 위기극복 이후 다시 제도적인 균형상태에 돌입하게 되는 단절적 균형(punctuational equilibrium)의 원리에 중심을 둔다.

하지만 모든 제도가 항상 급격한 변화를 거치면서 변화하는 것만

---

5) 하태수(2000)는 역사적 제도주의를 중심으로 제도변화의 형태를 분류하고 있는데, '변화의 폭'과 '빈도'를 기준으로 ① 유형2: 급진적·단절적 변화, ② 유형3: 점진적·지속적 변화, ③ 유형4: 점진적·단절적 변화 등의 세 가지 유형으로 나누고 있다. 유형2에서는 Stinchcombe(1968)과 Krasner(1984, 1988)를 중심으로 권력자의 역할과 단절적 균형 원리를 들어 제도의 유지와 급진적 변화에 대해 설명하고 있으며, 유형3에서는 North(1990)를 중심으로 점진적인 변화와 경로의존적인 변화에 대해 설명하고 있다. 또한 유형4에서는 Skowronek(1982)을 중심으로 미국의 기업규제 제도 변화를 사례로 들어 점진적이고 단절적인 제도변화에 대해 논의하고 있다.

은 아니며 오히려 점진적으로 변하는 경우가 더 많다는 단절된 균형 모델에 대한 비판이 제기되자, 그 논리를 보완하는 과정에서 역동적 제약(dynamic constrains)의 개념이 등장한다. Thelen & Steinmo(1992)에 의하면 제도의 붕괴가 제도변화의 유일한 근원이 되는 것은 아니며, 제도 내부의 정치적 행위자들에 의한 전략적 행위와 그들 사이의 갈등이 제도적 지표에 영향을 끼친다. 따라서 외적인 충격이 제도변화의 중요한 요인이긴 하지만 제도 내의 행위자들도 환경의 변화를 단순히 관찰하는 것만은 아니며, 제도 내부의 제약 속에서 자신의 지위를 방어 혹은 증대시키기 위해 환경의 변화에 전략적으로 행동한다는 것이다.

또한 Orren과 Skowroneck(1994)에 의하면 제도는 단일하지 않고 병렬적이며 형성될 당시의 맥락이나 상황에 의거하므로, 이질적인 제도들 간의 갈등이나 균열이 내부에서 발생할 때도 제도가 변화될 수 있다. 그래서 제도가 특정한 경로를 따르고 있는 상황이라 하더라도 그것을 구성하는 일부 요소들은 변화될 수 있으며, 반대로 외부의 급격한 변화로 인해 제도가 단절되어 새롭게 형성된다 하더라도 이전 제도의 속성이 완전히 사라지지 않고 상당부분 존재할 수도 있다는 것이다. 이러한 관점에서 볼 때, 경로의존 개념은 제도의 단절만을 의미하는 것은 아니며, 제도적 요소의 변형과 지속이라는 의미를 동시에 갖는 것이라고 볼 수 있다(하연섭, 2003).

역사적 제도주의에서는 제도변화를 초래하는 변화의 원천으로, 외생적 요인에 의한 제도적 역동성이나 역동적 제약, 이념에 관심을 갖는다. 특히, 정책 패러다임이나 정책사고 등과 같은 이념은 비공식적인 제도로 이해되거나 넓은 의미의 제도 안에 포함되며, 이념은 제도의 중요한 성분이자 제도변화를 설명하는 중요한 요소로 인정된다. 따라서 이념 영역을 제외하거나 비상관변수로 취급하기보다는, 특수한 제도적 맥락에서 이념과 실체적 관심이 어떻게 상호 작용하는지에 대해 탐색할 것을 강조한다(김윤권, 2005: 308-309). 이념은 정치적 과정과 정책결정 과정에서 핵심적인 역할을 수행하며, 역사적 제도주의자들은 이념(ideas), 이해관계(interests), 그리고 제도(institutions) 간의 상호작용을 설명함으로써 정책성과(policy outcomes)에 대한 보다 구조적인 설명이 가능해진다(Béland, 2005: 30). Hall(1989, 1992)의 연구들은 정책 형성과정에서 이념(ideas)의 역할이 얼마나 중요한지에 대해 논의하고 있으며, 이후 이념의 독립적인 역할은 역사적 제도주의자들에게 더욱 보편적인 주요 연구영역이 되었다(Peters, 2001: 64).

국가의 제도 및 정책을 연구하는 데 있어서 역사적 제도주의 접근방법이 가지는 장점은 국가 간 정책의 상이성과 국가 내 정책패턴의 지속성에 대해 높은 설명력을 갖는다는 것이다. 환경의 변화에 따라서 정책패턴이 변화될 것으로 간주하는 기존의 체제이론이나 행태론적 접근방법과는 달리, 환경의 변화에도 불구하고 제도의 경로의존성으로 인하여 정책패턴의 지속성이 계속 유지될 것이라는 점에 주목한다. 그래서 이전 시점의 제도적 특성이 환경변화 이후에도 지속적으로 정책의 선택과 결정을 제약하면서 영향을 미치는 것으로 본다(한세억, 2002: 4, 김선명, 2000: 190-191).

역사적 제도주의에서 강조하는 '역사'란 단순히 '과거'를 의미하는 것이 아니라, 과거의 특정 시점에서 나타난 원인이 현재까지도 영향을 미친다는 역사적 인과관계(historical causation), 특정 시점에서의 선택이 미래의 선택을 지속적으로 제약한다는 경로의존(path dependence), 그리고 사건의 발생 시점과 순서(timing and sequence)가 사회적 결과에 중대한 영향을 미친다는 역사적 과정에 대한 강조를 의미한다(하연섭, 2003: 56).

역사적 제도주의에서 강조하는 경로의존에 대한 개념은 기존의 제도가 엄연히 존재하고 있는 상태에서 새로운 제도가 형성되며, 뿐만 아니라 기존의 제도가 새로운 제도가 취하게 될 모습까지도 제약하게 된다는 것을 뜻한다. 즉, 기존의 제도적 틀 속에서 새로운 제도가 형성되고 제도가 변화하기 때문에, 기존 제도의 모습에 따라서 제도가 변해 가는 과정이 영향을 받고, 이에 따라서 궁극적으로 새롭게 형성된 제도의 모습도 제약된다는 특징을 말한다(하연섭, 2003).[6] 역사적 제도주의자들은 제도를 역사적 환경의 지속적인 특징으로 간주하며, 또한 역사의 발전이 특정한 '경로(path)'에 따라 진행되도록 하는 핵심 요체의 하나로 간주한다(Collier & Collier, 1991, Krasner, 1988: 66−94, 김종성, 2002: 72).

역사적 제도주의자들은 제도의 산출 경로 즉, '새로운 도전에 대한 국가의 반응을 제도가 어떻게 구조화 시키는가'(김종성, 2002: 73)를 설명하기 위해 많은 노력을 기울여 왔다. 역사적 제도주의자들이 주장하는 '제도 변천의 틀'은 경로의존성 개념으로 보다 쉽게 이해할 수 있다. 즉 역사적 제도주의자들은 제도의 형성 및 지속 과정을 다음과 같이 이해한다. T시점에서 어떤 기능적 필요에 의해 형성된 제도는 사회적 환경의 변화로 인해 완전히 새로운 기능이 요구되는 시점에도 그 자체로 지속되는 경향이 있으며, T시점에서 형성된 제도는 T+1시점의 선택과 변화의 방향을 제약하고, T+1시점에 형성된 제도는 다시 T+2시점의 변화방향과 범위를 제약하게 된다. 즉 T+1시점의 제도는 T시점의 제도에서 볼 때 종속변수가 되지만, T+2시점의 제도에서 볼 때는 독립변수가 되는 것이다. 물론 각 시점의 제도형성에 영향을 미치는 요인이 비단 제도 하나뿐만은 아니며, 다른 독립변수들도 존재하게 된다. 즉 제도와 제도형성에 영향을 미치는 다른 변수들이 제도변화의 맥락(context)을 형성하게 되고, 바로 이 때

---

6) 제도의 변화라는 측면에서 볼 때, 역사적 제도주의자들의 관점은 초기의 패턴을 완벽하게 따라간다기보다는 오히려 진화의 과정(a course of evolution)을 의미한다. 이러한 관점에서 경로의존성은 제도와 정책에 관한 지배적인 과거의 영향(mortmain)이라기보다는 오히려 틀림없이 따라가게 될 경로를 의미한다(Peters, 2001: 65).

문에 신제도의 형태가 제약을 받게 된다는 논리이다(Krasner, 1988: 66-72). 이처럼 경로의존성 이론에 따르면 특정 시점에서의 선택이 미래의 선택을 지속적으로 제약하기 때문에, 결국 새로운 제도의 모습은 기존 제도의 제약을 받을 수밖에 없다.[7]

이러한 경로의존의 개념은 많은 제도이론 연구가들에 의해 주장되어 왔는데, March & Olsen(1984)은 현재의 제도적 구조를 과거의 산물로서 파악하고 과거의 선택이 역사발전의 경로를 제약한다고 보았다. 즉 현재의 제도적 구조는 현재의 요인에 의해서 결정되는 것이 아닌 역사적 요인에 의한 산물이며, 나아가 역사적 선택이 이루어질 경우에 미래의 선택을 특정한 경로로 제약하게 된다는 것이다. 또한 Ikenberry(1988)는 제도적 구조가 일단 한번 형성되면 사회적 환경이 변화한다 할지라도 쉽게 변화하지 않는다는 점을 강조함으로써 제도의 경로의존성을 강조하고 있다. 한편, Hall(1993)은 제도의 경로의존성을 Kuhn의 '과학혁명의 구조'와 대비시켜서 설명하고 있는데, 제도의 모습이 근본적으로 변화하는 시기인 '중대한 전환점(critical junctures)'은 '패러다임 변화시기'로, 변화된 제도에 의해 정책이 수행되는 시기는 '정상과학(normal science)의 진행시기'로 대비될 수 있으며, 제도가 일상적인 정치가 수행되는 맥락을 제공한다고 주장함으로써 제도의 경로의존을 강조하고 있다. 이와 유사한 관점으로 Krasner(1984)는 '단절된 균형(punctuated equilibrium)[8]'이라는

---

7) 여기서 한 가지 유의해야 할 점은, 경로의존성이 역사적 제도주의의 기본적 전제이기는 하지만, 기존의 제도 또는 정책이 완전히 동일한 형태로 지속된다는 의미는 아니며, 전혀 변하지 않았다는 의미도 아니다. 즉 경로의존성은 제도가 새로운 제도 또는 정책이 취할 방향을 제약한다는 것이지 변화 그 자체를 제약한다는 의미는 아니다(김종성, 2002: 79).

8) 단절된 균형(punctuated equilibrium)이란 제도의 모습이 안정된 상태를 지속하다가 중대한 전환점과 같은 외적인 충격에 의해서 그 근본적인 모습이 변화되고 다시 또 그것이 지속되는 형태를 반복하게 되는 제도변화의 패턴을 말한다.

개념을 통해 경로의존 현상을 설명하고 있다. 즉, 제도는 중대한 전환점(critical junctures)과 같은 계기를 통해 그 모습이 결정적 또는 근본적으로 변화하게 되며, 이러한 변화를 통해 새롭게 형성된 제도는 역사적 발전과정의 새로운 경로에 영향을 주게 되고 또 그것이 지속되는 시기가 나타난다고 본다.

경로의존성의 개념은 역사적 제도주의자들 외에 합리적 선택 제도주의에 의해서도 발견된다. 완벽한 정보가 존재하지 않는 현실에 있어서 개인의 행동과 선택은 각 개인이 자신의 환경을 어떻게 해석하느냐에 따라서 달라질 수 있는데, North(1998: 251)는 개개인의 환경 해석 기제라고 할 수 있는 심리모형(mental model) 또는 인지구조(cognitive structure)의 개념을 사용하여 경로의존 현상을 설명하고 있다. North에 의하면 인지구조란 "각 개인의 인지체계가 환경을 해석하기 위하여 만들어 낸 내적인 기제"이며, 제도란 "사람들이 환경에 질서를 부여하기 위하여 만든 외적인 기제"라고 할 수 있다. 이러한 인지구조는 사람들의 세상에 대한 해석기반이 되는 신념체계(belief systems)에 영향을 주게 되고, 신념체계는 하나의 사회 속에서 오랜 시간의 누적과정을 통해 집합적 학습을 가능하게 하는 문화(culture)를 형성하게 된다. 그런데 바로 이러한 문화와 학습과정은 한 사회의 현재와 미래의 발전패턴에 영향을 미치는 경로의존성을 가지게 된다는 것이다.

North(1990: 6-7)는 제도변화의 과정을 점진적·지속적인 변화의 과정으로 보았다. 물론 전쟁, 혁명, 정복, 그리고 자연재해 등은 단절적인 제도변화의 원천이 될 수 있지만, 제도는 압도적으로 점진적이며 계속적인 변화를 한다고 주장한다. 왜냐하면 공식적인 제도는 하룻밤 사이에 변할 수 있지만 비공식적인 제도는 관습, 전통, 행위코드 등에 구체화되어 있어서 의도적인 정책들이 영향력을 발휘하기가 매우 어렵기 때문이다. 또한 제도는 일정한 경로를 따라서 변한다고 주장하고 있는데, 이러한 경로는 '제도와 행위자들 간의 공생적인 관계로부터 생기는 잠금'과 '인간들이 기회집합에서의 변화를 인지하고 그것에 반응하는 환류과정'에 의해 형성되는 것으로 본다. 따라서 기존 제도의 틀 내에서 생각하고 정보를 처리하기 때문에 완전히 새로운 제도로 이동하는 것은 어렵다는 견해이다(하태수, 2000: 120-121).

제도의 경로의존적 변화라는 관점에서 볼 때, 일단 특정한 경로가 선택되면 과거에 배제된 대안이 더욱 능률적일지라도 채택된 경로가 계속 유지되는 속성을 보이는데, 이는 시간이 지나면 지날수록 다른 경로로 전환하는데 소요되는 비용이 점점 더 커지기 때문에 다른 경로로의 이탈이 점점 더 어려워진다는 것을 의미한다. 즉 수확체증(increasing returns)[9]과 무시 못 할 수준의 거래비용이 이러한 제도적 변화 경로를 형성하게 되는 것이다(하태수, 2000: 122, 하연섭, 2003: 169).

제도의 형성과 변화과정에서 주목해야 할 사실은 기존의 제도가 존재하고 있는 상태에서 제도가 형성되고 변화한다는 사실(Ostrom, 1990)이며, 이러한 이유로 제도를 설계하는 사람과 새롭게 만들어지는 제도는 과거의 영향으로부터 자유로울 수 없다는 것이다(하연섭, 2003). 따라서 기존 제도의 요소들은 현재 만들어지는 제도에 지대한 영향을 미치게 되며, 이것은 행위자의 현재와 미래의 선택을 제

---

9) 수확체증의 과정은 다른 말로 자기강화의 과정(self-reinforcing process) 또는 긍정적 환류의 과정(positive feedback process)으로 표현되며, 고정비용(fixed costs), 학습효과(learning effects), 연계효과(coordination effects), 적응적 기대(adaptive expectations) 등과 같은 원인에 의해 나타난다. ① 고정비용은 제도의 창설 때 상당한 초기비용이 들어가는 것을 말하며, ② 학습효과는 일단 창설된 제도들은 무시할 수 없을 정도의 학습효과를 가지게 되는 것을 의미한다. ③ 연계효과는 다른 조직과의 계약 등으로 나타나게 되는 네트워크 외부효과(network externalities)와 같은 효과를 의미하며, ④ 적응적 기대는 구체적인 제도가 영속성에 대한 의구심을 감소시켜줌으로써 적응적 기대를 형성하는 것을 말한다(North, 1990: 95, 하태수, 2000: 122에서 재인용).

약하게 되므로 새롭게 형성되는 제도는 경로의존적일 수밖에 없다는 것이다(Pierson, 2000).

제도의 형성과 변천과정에서 경로의존의 개념을 사용할 때 한 가지 유념해야 할 사항은 '시간' 개념에 대한 이해이다. Sewell(1996)에 의하면 경로의존이란 시간적으로 앞서 발생한 사건이 이후에 발생하는 일련의 사건의 결과에 영향을 미치는 특성으로 정의할 수 있다. 즉, 넓은 의미에서 경로의존 개념을 사용할 때에는 사전적(事前的)인 단계가 그 다음 단계에 인과론적인 영향을 끼치게 된다는 의미를 포함하게 된다. 또한 시간적으로 먼저 발생한 사건이 자기강화의 과정을 거치게 되면 이후에는 당초의 사건발생 원인이 없어지게 되더라도 그 과정이 지속되는 경향을 보인다(Stinchcombe, 1968).

경로의존성 분석도 여타의 다른 이론들의 적용에서처럼 한계를 가지는 것은 사실이다. 제도변화를 위한 설명에서 '단절된 균형'과 같은 개념을 사용할 때 내부적 요인에 의한 제도변화를 설명하기가 어렵고, 대부분의 제도변화가 경로의존 모형에서 말하는 것처럼 급격한 변화를 보이기보다는 점진적인 변화과정을 보인다고 비판받기도 한다. 그럼에도 불구하고 경로의존성 분석은 제도의 형성 또는 제도의 변화과정, 나아가 제도의 지속과정을 역사적인 관점에서 논리적으로 설명할 수 있는 유용하고 가장 적합한 방법이기 때문에 본 연구에서는 경로의존성 분석을 통해 행정개혁에 관한 제도의 변화들을 논의하고자 한다.

제2절 정부혁신의 기본논리

1. 정부혁신의 의의

1) 행정개혁의 개념

행정개혁(administrative reform)은 '행정체제를 어떤 하나의 상태에서 그보다 나은 다른 하나의 상태로 변동시키는 활동'(오석홍, 2002: 401) 이다. 즉, 행정개혁은 행정체제의 '바람직한 변동(preferred change)'을 추구하는 것이고, '가치기준의 인도를 받는 계획적 변동'이며, '동태적이고 연관적 특성을 지니는 변동'이다. 또한 행정개혁은 '의식적으로 설정한 목표를 추구'하는 활동이며, '의식적·계획적·유도적 활동'이고, '가치 개입적 활동'이다. 이러한 행정개혁은 목표지향성 및 행동지향성이라는 특징과 더불어 지속적으로 추진되어야 하는 과정이며, 반드시 저항이 따르고, 공적 상황 또는 정치적 상황에서 이루어진다는 특징을 갖는다(오석홍, 2002: 401-403). 지금까지 수많은 학자들에 의해서 행정개혁에 대한 연구가 진행되어 왔으며, 행정개혁에 대한 정의도 무척 다양하다. 따라서 연구를 위해 먼저 행정개혁이 무엇인가 하는 것에 대해 알아볼 필요가 있으며, 본 연구에서의 행정개혁의 개념을 정의할 필요가 있다고 판단된다.

일반적으로 말할 때, 행정개혁의 사전적 정의는 '행정을 현재보다 더 나은 상태로 개선하기 위해 새로운 방법을 고안하여 적용하려는 의식적·인위적 노력'(이종수, 2000: 358)으로 정의된다. 과거 정부에서 사용한 개혁관련 용어들을 살펴보면, 가장 일반적으로 사용된 용어가

'행정개혁(administrative reform)'이며, 박정희, 노태우, 김대중 정부의 경우 행정개혁 추진기구로 '행정개혁위원회'를 설치·운영한 바 있다. 김영삼 정부는 행정쇄신(行政刷新)이란 용어를 공식적으로 사용하였는데, '쇄신(刷新)'이란 영어로는 reform, renovation, innovation으로 표현되며, '나쁜 폐단이나 묵은 것을 버리고 새롭게 하는 것'이라는 의미를 가진다. 김영삼 정부는 행정개혁을 통해 권위주의적인 행정편의주의를 탈피하고 국민을 위한 행정서비스를 제공하기 위해 행정절차를 간소화하는 개혁사업에 주력하려는 목적으로 행정쇄신위원회를 설치하였다. 김대중 정부는 공식적으로 공공부문 개혁(public sector reform)이란 용어를 사용하였으며, 그 의미는 '공공부문의 조직구조 혁신, 공공부문의 운영체제와 일하는 방식 개선, 공공부문의 의식·문화 개혁, 정보기술을 활용한 공공부문의 민주성·투명성·생산성 제고, 그리고 공공부문의 재정 및 예산회계제도 개혁 등(정부혁신추진위원회규정 제2조 제2항)'을 뜻한다. 김대중 정부는 과거 정부에서 일반적으로 사용해 온 '행정개혁'이란 용어가 갖는 함의가 극히 한정적이고 미시적이라는 지적을 고려하여 공공분야의 여러 영역을 대상으로 하는 보다 광범위한 개혁을 추진하겠다는 구상에 따라 공공부문 개혁이라는 용어를 사용한 것으로 볼 수 있다(김판석, 2000: 218). 현정부인 노무현 정부는 행정개혁과 관련하여 행정개혁보다 포괄적인 의미로 '정부혁신(政府革新)'이란 용어를 주로 사용하고 있다. 노무현 정부의 개혁은 자유주의에 부합하는 경제정책을 추구하고 동시에 대중에 영합하려는 신자유주의적 포퓰리즘(neo-liberal populism)의 성격을 가지고 있으며, 주요 개혁내용은 행정개혁, 인사개혁, 재정개혁, 분권개혁, 전자정부개혁 등 다섯 가지 범주로 구성 및 진행되고 있다. 이처럼 지금까지 각각의 정권에서는 각 정권의 행정개혁이 과거의 행정개혁과는 다르다는 차별성을 강하게 호소하기 위해 행정개혁과 관련된 다양한 용어들을 사용해 온 것으로 해석된다. 그러면 다음에서 국외 및 국내학자들의 행정개혁에 관한 정의들을 통해 보다 구체적인 행정개혁의 개념을 살펴보기로 한다.

먼저 행정개혁에 관한 국외학자들의 정의를 살펴보면, Mosher(1965)는 개혁을 '보다 나은 방향으로의 변화(change for the better)'라는 규범적 의미로 규정하고, 행정개혁이란 '행정부가 변화하는 주위환경에 효율적으로 대처하기 위하여 의식적으로 추구하는 변화활동'이라고 정의하고 있으며, John D. Montgomery(1967)는 행정개혁을 관료제와 사회의 관계 속에서 바라보았는데, '관료제와 일반적 사회 구성요소들 간의 관계, 그리고 관료제 내부의 관계를 조정하기 위한 정치적 과정'이라고 정의하고 있다.

Gerald E. Caiden(1969)에 의하면 '행정개혁은 저항을 무릅쓰고 행정적 변형을 인위적으로 유도하는 것'으로 정의되고 있는데, 즉 행정개혁은 자연적, 우연적, 자발적인 것이 아니고 인공적, 의도적, 계획적인 것이며 설득, 논증, 제재의 위협에 의해 유도된(induced)것이라고 정의한다. Caiden은 행정개혁이 사회개혁의 일부라는 인식과 정치적 속성을 내포한다는 것을 강조한다. 그리고 Laurence J. O'Toole(1984)는 '개혁'을 '개선하고자 하는 방향으로 나아가고자 하는 움직임'이라고 정의하면서 '필요성과 실현가능성 사이의 조화를 모색하는 경험적 관념론'이라고 설명하면서, 좋은 삶에 대한 일반적 상(像)의 모색, 불필요하거나 비현실적인 이데올로기의 속박을 배격하는 것, 교정해야 할 문제에 대한 탐색 등의 개념으로 부연하고 있다. 한편, Peter Wilenski(1986)는 행정개혁은 의사결정 과정상에서 영향력 있는 개인과 집단의 변화 그리고 의사결정 자체의 변화를 의미하므로 상당히 정치적인 과정이라고 주장하면서, 개혁의 전제조건으로 정치적 의지, 시간, 자원의 할당, 변화를 촉진시키는 바람직한 제도의 끊임없는 지원, 저항이 가장 강력하게 나타나는 집행단계에 중점을 두는 전략 등을 제시하고 있다.

다음으로 행정개혁에 관한 국내학자들의 정의를 살펴보고자 한다. 먼저 이한빈(1969)은 행정개혁을 '국가발전의 적극적인 목표를 향해 행정체계를 개선하고자 하는 명백한 의도를 가지고 새로운 아이디어나 그 아이디어의 결합을 행정체계에 적용하려는 노력'으로 정의하고 있다.

안해균(1986)은 행정개혁을 '행정환경으로서의 사회상황의 변화하는 수요에 대응하고, 모든 계층의 국민들의 균형 있는 생활의 질(Quality of life) 향상이라는 행정의 궁극적 목표를 보다 더 효과적으로 실현하기 위해서 행정체제의 여러 가지 비합리성과 비민주성이 제거된 새로운 조직, 정책, 행정절차 등을 모색하고 실현하는 인위적이고 계획적인 과정'이라고 정의하고 있다. 안해균(1986)은 이러한 정의에 따라 행정개혁이 가지는 일반적 속성으로 다음과 같은 다섯 가지를 제시하고 있다. 첫째, 행정개혁은 행정조직 내부의 생산성 향상을 위한 수단적 방법들을 설계하고 집행하는 것 외에 행정과 의미 있는 상호작용을 하는 행정환경들의 변화에 능동적으로 대처하고 문제를 해결하는 개방적 속성을 가진다. 둘째, 환경변화에 대한 대응과 동시에 목표달성에 긍정적으로 작용할 수 있어야 한다. 셋째, 조직개혁뿐 아니라 정책 및 절차 등의 개혁까지 포함해야 한다. 넷째, 인위적이고 계획적인 과정이다. 다섯째, 항상 저항세력이 수반되는 과정이다.

김만기(1990)는 행정개혁을 '행정환경의 변화하는 수요에 대응하고 행정목표를 보다 효율적으로 실현하기 위하여 행정체제에 있어서의 조직구조, 또는 관리기술·절차·방법, 그리고 경우에 따라서는 공무원의 가치관·행태 등을 바꾸어 놓기 위한 의도적이며 계획적인 과정'으로 개념 범위를 한층 더 확대하여 정의하고 있다. 학자에 따라서 행정개혁의 의미를 사실상 조직개편과 동의어로 보는 협의의 개념정의와 조직구조의 개편·개혁 및 행정절차·방법 등의 개변을 포함하는 중간적 범위의 개념정의가 이루어지기도 한다. 하지만 김만기(1990)는 공무원의 가치관 및 행태의 변개까지 두루 포함하는 최광의(最廣義)의 의미로써 행정개혁을 정의하고 있다.

박동서(1993)는 행정개혁이란 '행정의 성과향상을 위한 새로운 방법의 의식적 고안 및 적용'이라고 정의하고 있다. 또한 박명수(1995)는 행정개혁을 '행정조직의 구조, 기능, 기술, 절차, 방법, 그리고 행정인의 가치, 신념, 태도 등의 새로운 아이디어 창출과 그 적용을 통하여 보다 나은 상태와 방향으로 발전시키려는 의도적이며 계획적인 노력'으로 정의하고 있다.

<표 2-3> 국내학자들의 행정개혁에 관한 개념정의

학 자	행정개혁에 관한 정의
김규정	조직구조 변동, 새로운 정책과 기술의 채택, 가치관과 태도변화, 개인발전과 조직발전 통합
김만기	조직구조, 관리기술·절차·방법, 공무원의 가치관·행태변화를 위한 의도적 노력
김석준	행정의 제도·조직·정책·관행·의식·문화의 개변. 행정환경과의 조화
김수영	국가발전을 위한 정치적 이념의 실현, 행정체계의 효율성 제고
김영종	제도적 변화, 가치의식과 행태의 변화, 행정환경과 구조의 개선
김영평	바람직한 귀결을 얻기 위해 인위적 변화를 꾀하는 노력
노정현	새로운 이념·제도의 창출, 기존 이념·제도의 활성화, 합법적인 방법과 점진적 개선
박동서	목표지향성, 새로운 방법의 고안 및 적용, 의식적·인위적 노력, 정치발전과 책임정치 선행, 민의 정치참여, 권력자의 실천의식
박명수	행정조직의 구조, 기능, 기술, 절차, 방법 그리고 행정인의 가치, 신념, 태도 등의 새로운 아이디어 창출과 그 적용을 통하여 행정을 보다 나은 상태와 방향으로 발전시키려는 의도적이며 계획적인 노력
박연호	국가발전목표 실현, 정치과정, 계획적인 행정변혁 추구활동
백완기	거시적·정치적·전면적 현상, 행정고위층의 정치적 결당 내포
안해균	행정체제의 비합리성과 비민주성이 제거된 새로운 조직·정책·절차의 모색 실현

학 자	행정개혁에 관한 정의
오석홍	목표지향성, 동태성, 포괄적 관련성, 지속성, 저항의 수반
유종해	변화와 발전, 행정과정, 미래지향성, 포괄적 연계성, 계획된 변화
유 훈	행정에 있어 생기는 모든 변혁 중 현재보다 개선된 상태를 지향하는 계획된 변혁
이종수	환경변화에 대한 대응과 유인, 행정에 초래되는 의도적 변개
이한빈	의식된 국가발전 목적의 추구, 소망된 변화의 도입, 새로운 아이디어의 적용, 사려 깊은 노력
최창호	행정기구 개편, 관리기술 개선, 가치관과 행태변화

출처: 박용우. (2000: 11). 수정보완.

지금까지 살펴본 것처럼, 그동안 많은 학자들에 의해 행정개혁에 관한 연구와 정의(定義)가 이루어졌다. 하지만 대체로 개혁이 의도하는 방향과 개혁의 내용들을 부분적으로 설명하는 경향이 있다. 이것은 바꾸어 생각하면 그만큼 행정의 관여 범위와 역할이 크고, 행정개혁의 범위가 넓다는 것을 의미한다. 따라서 본 논문에서 주요 연구의 대상으로 삼고자 하는 것들을 중심으로 행정개혁의 범위를 한정해야 할 필요가 있다고 본다.

일반적으로 '행정개혁(government reform)'과 관련이 있는 의미로 '공공부문 개혁(public sector reform)', '정부개혁(government reform)', 그리고 '관리개혁(management reform)' 등과 같은 용어가 있다(이명석, 2001). 이와 관련하여 김판석(2000)은 행정부, 입법부, 사법부 및 기타 헌법기관의 개혁을 '공공부문 개혁'으로, 공공부문에서 입법부와 사법부를 제외한 범위 내에서의 개혁을 '정부개혁'으로, 행정의 하드웨어와 소프트웨어에 관련된 개혁을 '행정개혁'으로, 그리고 행정기관 운영시스템에 관한 관리혁신을 '관리개혁'으로 구분하고 있다. 임도빈(1998)은 행정개혁을 국가개혁 혹은 사회개혁을 의미하는 광의의 개념과 행정조직 내부에 한정되는 협의의 개념으로 구분하고 있다. 앞의 개념정의와 관련하여 이명석(2001)은 정부개혁과 행정개혁을 같은 개념으로 정의하고, 공공부문 개혁을 중앙·지방정부 개혁, 공기업 개혁 및 정부산하 단체 개혁을 의미하는 광범위한 개념으로 정의하고 있다. 또한 이명석(2001)에서는 행정개혁을 다시 '정책개혁(policy reform)'과 '관리개혁(management reform)'으로 구분하고 있는데, 정책개혁은 '정부가 하는 일, 즉 정부와 경제·사회와의 관계를 변화시키는 경제·사회정책의 개혁'을 의미하며, 관리개혁은 '정부가 일하는 방법, 즉 정부관료제의 조직과 운영시스템에 대한 개혁'을 의미한다. 본 논문은 이명석(2001)의 개념정의에 기초하여 정부개혁과 행정개혁을 같은 의미로 사용할 것이며, 주로 중앙정부의 '관리개혁' 부분에 초점을 두어 정부관료제의 조직·인사·재정·관리기술 등과 관련된 운영방식의 측면을 중점적으로 연구하려 한다.

2) 행정개혁의 특성

상호작용적 측면에서 볼 때, '행정개혁이란 선출된 정치가와 관료들 간에 새로 쓰는 계약과정이다'(a process of rewriting to contract between elected politicians and bureaucratic officials)(김광웅, 1998: 102). 즉 행정개혁은 다양한 개인, 집단, 제도, 기관들 사이에 이익과 손해를 초래하기 때문에, 불가피하게 기득권층의 저항을 초래하게 된다. 때문에 개혁에서 정치적인 반대 및 관료적 저항을 극복하는 일은 상당히 중요한 과제가 되며, 이것이 개혁의 성패를 좌우하는 핵심적인 요인이 될 수도 있다(김현석, 2000).

행정개혁에 관한 학자들의 논의를 종합해 볼 때, 행정개혁은 일반적으로 목표지향성, 동태성 및 행동지향성, 총제적 변화, 개방성 및 포괄적 연관성, 지속성, 저항의 수반, 비혁명적 변동, 공적 상황하의 개혁, 높은 실패가능성, 정치적 과정 등과 같은 속성을 갖는다(송영신, 1999: 21-26).

첫째, 행정개혁은 목표지향적인 활동이다. 즉, 의식적인 목표설정을 통해 의도적으로 행해지는 계획된 변화이다. 둘째, 행정개혁은 동태성 및 행동지향성을 갖는다. 개혁은 미래의 시간과 결부되어 있기 때문에 동태적 속성을 가지며, 목표성취를 위한 사람들의 의식적인 행동이 전개되기 때문에 행동지향성을 갖게 된다. 또한 개혁의 이러한 동태적 속성과 관련해 개혁의 과정에는 반드시 불확실성과 위험이 수반된다. 셋째, 행정개혁은 총체적인 변화의 과정이다. 즉 행정개혁의 과정은 단순히 행정조직과 정책, 행정절차만을 바꾸는 것이 아니라 공무원과 일반국민 모두의 의식, 가치관, 그리고 태도 등의 변화까지 포함한다. 넷째, 행정개혁은 행정환경의 변화에 능동적으로 대응한다는 측면에서 개방적 속성을 가지며, 환경적 변화와 순환적으로 연결된다는 측면에서 포괄적 연관성을 가진다. 다섯째, 행정개혁은 지속적인 변화의 과정이다. 즉, 한 번의 개혁으로 끝나는 것이 아니라 행정 내외의 여건 변화 및 개혁 자체의 문제로 인해 개혁의 필요성이 지속적으로 발생하게 된다. 여섯째, 행정개혁은 현재의 상태를 인위적·계획적으로 변화시키려는 활동이기 때문에 기존 관료집단 및 기득권 세력으로부터의 저항을 수반하게 된다. 일곱째, 행정개혁은 비혁명적 변동이다. 즉, 개혁이란 모든 사회적 관계와 삶의 영역들, 그리고 사회제도들이 평화적이고 진화적으로 변화한다고 보는 것으로 폭력과 급진적 변동 수단을 동원하지 않는 것을 원칙으로 한다. 여덟째, 행정개혁은 공공의 감시와 통제 그리고 법적·정치적 제약 등과 같은 공적·정치적 상황 속에서 이루어진다. 아홉째, 개혁론은 '보다 나은 상태로의 변화'가 가능하다고 믿는 낙관론에 기초하고 있지만 개혁은 항상 실패의 가능성을 배제할 수 없다. 행정개혁의 역사를 '과장과 미사여구의 역사(A history of rhetoric)'라고 말한 March와 Olsen의 말처럼 행정개혁에 관한 많은 연구와 노력들이 반드시 개혁의 성공을 장담하지는 못한다. 마지막으로 행정개혁은 권력과 권위가 끝없이 재분배되는 정치적 과정이다. 정치적으로 중립적인 행정개혁이란 있을 수 없으며, 정치적 성격이 드러나지 않을 뿐 반드시 정치적 가치와 이익을 반영하게 된다.

현대의 국가를 '행정국가'라고 부르는 것에서도 알 수 있듯이, 현대사회에서 행정의 역할과 영향력은 실로 엄청나다. 이러한 행정국가에서 행정활동의 주체이자 국민들에게 제공되는 공공서비스의 대부분을 책임지고 있는 행정부는 국가환경이 다변화 될수록 그 역할의 중요성이 더욱 크다고 하겠다.

2. 정부혁신과 행정환경

김만기(1990: 7-8)에 의하면 행정개혁의 배경이란 '행정개혁을 낳게 한 상황적 제반 여건'을 뜻한다. 행정개혁의 배경은 각 나라와 시대에 따라 각기 다를 수 있지만, 일반적으로 행정의 3대 변수인 환경, 인간, 구조를 통해 세 가지 형태로 구분이 가능하다. 즉 (i) 환경(생태)적 요인, (ii) 인적 요인, (iii) 구조적 요인으로 나눌 수 있다.

첫째, '환경적 요인'은 다시 정치·행정적 환경과 사회적 환경으로 구분할 수 있는데, 먼저 정치·행정적 환경에 영향을 끼치는 요인으로는 국가목표, 집행자의 정치·행정이념과 같은 이념적인 것과 전쟁, 혁명, 그리고 권력경쟁 등의 사태발생 등과 같은 현실적인 영향요인이 있다. 다음으로 사회적 환경에 영향을 끼치는 요인으로는 인구구조 및 행정에 대한 구조변화, 민간부문의 성숙에 따른 시민참여 욕구 변화, 그리고 과학·기술발전의 추이 등과 같은 요인이 있다.

둘째, '인적 요인'이 있는데 여기에는 정치인 및 행정인의 현실적인 이해관계, 그들의 사회적 배경, 인적 특성 및 가치관 등과 같은 요소들이 영향을 미치게 된다. 정치인들은 그들의 가치관이나 사상(doctrine)을 고위관료들에게 주입시킴으로써 그들의 영향력을 강력하게 행사하려는 경향이 있다.

셋째, 구조적 요인이 있다. 이것은 행정체제 자체의 문제, 즉 내부적 요인을 가리키는 것으로, 행정개혁을 위한 공식적인 목표로서 구조·기능상의 중복현상 제거 및 행정의 능률화·전문화 제고 등과 같은 것이 제시될 수 있다.

또한 안해균(1986: 7−8)은 행정개혁의 배경으로 (ⅰ) 정치적·행정적 환경에의 대응, (ⅱ) 사회적 환경에의 대응, (ⅲ) 행정체제 자체의 문제 등을 제시하고 있다. 이는 김만기(1990)의 행정개혁의 배경보다 좀더 협의의 관점에서 행정개혁의 배경을 구분하고 있는데, 안해균(1986)의 정치적·행정적 환경에의 대응 및 사회적 환경에의 대응은 김만기(1990)의 환경적 요인과 같은 맥락이고, 안해균(1986)의 '행정체제 자체의 문제'는 김만기(1990)의 구조적 요인과 같은 맥락이라고 볼 수 있다.

첫째, '정치적·행정적 환경에의 대응'적 측면은 정치·행정의 담당자들이 새로운 정치·행정이념 및 철학을 추구함으로써 정치 및 사업의 내용과 추진방식 등이 달라질 수 있다는 것을 뜻한다. 따라서 주체세력의 다른 정치·행정이념 및 철학을 충족시킬 수 있는 새로운 추진방식이 요구됨에 따라 개혁이 발생하게 된다는 것이다. 즉, 집권자의 정책이념 변화가 합목표지향적으로 정책이념을 달성하기 위해 행정기구 및 절차, 정책, 사업의 개혁을 발생시키게 된다. 권력경쟁, 전쟁, 그리고 혁명 등에 의해 행정체제의 개혁이 초래되는데, 한국의 경우 특히 행정체제의 기본 목표 및 국정이념을 포함하는 집권자의 통치이념 등이 각 공화국마다 달랐고 이것은 행정기구의 개혁이라는 결과로 나타났다.

둘째, 사회적 환경에의 대응적 측면에서 보면 민간부문 성숙에 따른 시민참여의 욕구증대 그리고 정부의 민간부문에 대한 규제와 간섭 축소 등으로 말미암아 행정서비스에 대한 요구 및 수혜대상 집단에 변화가 생김으로써 행정개혁을 초래하게 된다. 또한 컴퓨터 기술의 발달로 인해서 행정의 전산화 및 전자정부의 실현 등이 이루어지는 등 과학·기술의 발전이 행정운영 및 행정조직에 변화를 초래하게 되어 개혁으로 이어지게 된다.

마지막으로 행정체제 자체의 문제가 행정개혁의 원인이 될 수 있다. 즉 불필요한 기능을 제거하거나 행정기능의 효율성 증대가 요구될 때 행정개혁이 발생하게 된다. 또한 기구의 확대 및 분화, 인원의 증가, 그리고 관료제의 지대추구 행위 등과 같은 구조적 문제가 행정개혁을 야기시킬 수 있다.

한편 오석홍(1995: 135-143)은 우리나라 행정의 환경적 조건과 변화추세에 대한 논의를 통해, 고도의 산업화 및 정보화와 같은 행정환경의 급속한 변동이 행정개혁의 필요성을 초래할 수 있음을 시사하고 있다. 오석홍(1995)은 우리나라 행정환경을 (i) 경제적 환경, (ii) 사회적 환경, (iii) 정치적 환경으로 범주화하고 이 세 가지 환경적 변화요인이 행정환경과 어떠한 관련성을 가지게 되는지에 대해 논의한다.

첫째, 경제적 환경의 측면에서 우리나라 행정환경은 급속히 변화하고 있다. 즉 고도산업화의 수준에 접근하고 있으며 동시에 정보화 시대를 열어 가고 있다. 사회에 잉여자원(system reserve)이 많아지고 정보화가 촉진되면 개혁의 중요성이 커지게 되고 따라서 개혁의 가능성도 커진다. 또한 개발된 기술정보와 관리지식들이 사회 전반에 커다란 파급효과를 일으키게 되어 연쇄적인 변동을 초래하게 된다.

둘째, 사회적 환경의 측면에서 우리나라는 사회적 여건들이 급속히 변동하고 있으며 산업사회적·정보사회적 생활양식들이 빠르게 확산되어 가고 있다. 다원화사회가 촉진됨에 따라 다원화사회 및 다양화사회의 모습들이 심화되고, 사회 구성요소들은 계속적으로 분화되고 있으며, 사회계층 구조가 점점 더 다원화되고 있다. 이에 따라 사회적 유동을 요구하는 동인들이 많아지게 되고, 교통 전기통신의 발달, 고령화, 고학력화, 여성의 사회참여 확대, 정보유통 및 정보개방화 촉진으로 인한 지적 창조생활의 기회확대, 조직사회의 복잡화 등 끝도 없는 사회적 변동이 지속되고 있다. 이와 같은 사회환경의 급격한 변동이 행정서비스에 대한 기대수준 및 수요, 역할 등에 영향을 주어 행정기능의 변화와 개혁을 촉진하게 된다.

셋째, 정치적 환경의 측면에서 우리나라는 기본적으로 삼권분립과 복수정당제에 기반을 둔 의회민주정체(政體)에 기반하고 있다. 정치제도를 둘러싼 정치문화는 아직까지는 미성숙한 상태이며, 전통적인 요인과 서구적인 요인이 불안정하게 결합된 양상을 보이고 있다. 또한 정치체제는 오랜 정치부패의 뿌리를 가지고 있으며, 정치과정의 형식주의가 심한 편이다. 이러한 우리의 정치적 환경은 고도산업화와 정보화로 인한 경제적·사회적 환경의 변화와 맞물려 행정에 대한 변화 요구에 박차를 가하고 있다. 즉 민주화의 촉진 및 지방자치의 확대 실시 등과 같은 정치적 범위확장에 대한 요구 증대로 중앙과 지방정부의 관계를 재조정해야 할 필요성이 높아졌다. 또한 국민의 정치의식 및 정치참여 능력의 향상으로 인한 국민참여의 욕구 충족을 위한 제도적 장치를 정비해야 할 필요성이 제기된다. 더불어 민간화와 정치화의 영역확대로 인해 행정에 대한 역할기대가 변화하고 있어서 행정의 간여범위는 축소하면서 행정서비스를 고도화할 수 있는 '작은 정부'의 역량이 요구된다. 따라서 이러한 정치적 환경의 변화들로 인해 행정개혁이 촉진되고 있다.

위에서 살펴본 바와 같이, 행정개혁은 행정환경에 의해 지대한 영향을 받게 된다. 집권자의 정치적 지지기반 및 정치적 입지, 집권여당의 규모, 그리고 집권자를 둘러싼 정치적 이해관계 등과 같은 정치적 환경은 행정개혁의 추진에 힘을 실어 주거나 걸림돌이 되기도 한다. 특히, 혁명과 같은 방법으로 정권을 획득한 경우 정통성 확보를 위한 수단으로 행정개혁이 이용되기도 하며, 관료통제를 위해 무리한 기구축소 및 인원감축이 이루어지기도 한다. 또한 경제적·사회적인 환경 역시 행정개혁에 많은 영향을 미치게 된다. 경제적 발전 및 교육수준의 향상으로 민간부문이 성숙해짐에 따라서 시민참여의 욕구가 증대하게 되고, 정부의 규제 및 간섭이 축소되어야 할 필요성이 생겨나게 된다. 더욱이 이러한 변화는 행정서비스에 대한 요구와 수혜대상 집단의 변화를 유발함으로써 행정개혁을 초래하게 된다. 일례로 1997년 말에 발생한 외환위기는 김대중 정부의 개혁방향을 완전히 바뀌게 하는 환경적 요인으로 작용했다. 따라서 본 연구는 행정을 둘러싼 정치적, 경제적, 사회적 환경이 행정개혁에 지대한 영향을 주고 있다고 보고, 김영삼, 김대중, 노무현 정부의 정치적·경제적·사회적 행정환경을 분석해 봄으로써 행정환경이 행정개혁에 미치는 영향정도를 알아보고자 한다.

3. 정부혁신과 패러다임

Arnold Toynbee가 문명의 성장과 발전을 '도전과 응전의 반복적인 과정'이라고 말한 것처럼, 행정학 역시 여타의 다른 학문들의 발달과정처럼 수없이 많은 도전과 응전의 세월을 겪어 왔다(박우순, 2002). 1887년 미국의 Woodrow Wilson에 의해 처음으로 주창된 행정학은 이후 정치학, 경영학, 사회학, 심리학, 사회심리학 등과 같은

다른 학문들의 수많은 비판과 위협을 통해 성장·발전해 왔다. 정치
행정일원론, 정치행정이원론, 과학적 관리론, 행정관리론, 관료제론
등과 같은 행정원리의 변화를 일일이 언급하지 않더라도 각각의 시
대적 상황과 환경에 적합한 행정이론들이 학문적 주류를 형성해 왔
다는 것을 알 수 있으며 그러한 행정 패러다임의 제시 방향에 따라
개혁과 변화가 야기되어 왔음을 알 수 있다.

패러다임(paradigm)이란 용어는 과학사학자인 T. Kuhn에 의해 처음
으로 사용된 것으로 오늘날에는 자연과학뿐만 아니라 거의 모든 학문분
야에서 유용한 개념으로 사용되고 있다. 패러다임이란 일반적으로 인식
되는 과학적 성취를 이르며, 어느 기간 동안 전문가 집단에게 모형문제
와 해답을 제공하는 연구과정의 체계를 지칭한다. 즉, 연구자가 그 분야
의 세계를 보는 렌즈이며, 세계를 보는 방식으로써 공유된 준거의 틀,
본질적인 모형, 원리를 조직화하는 개념적 틀이라고 설정할 수 있다.

Kuhn은 과학의 역사적 발전과정을 설명하면서 패러다임의 개념을
사용하고 있는데, 즉 '과학의 발전은 누적적인 과정을 거치는 것이 아
니라 불연속적인 패러다임이 교체되면서 진행되는 과정'이라는 것이
다. 여기서 패러다임의 의미는 '특정한 공동체의 구성원들이 공유하고
있는 신념, 가치, 기술 등의 총체'를 뜻하는 것으로서 '특정한 문제해
결을 위한 모형이나 범례로서 사용되는 구체적인 문제해결의 예(例)'
라고 정의하고 있다. 현대에서 패러다임이란 용어는 '한 시대의 사람
들의 견해와 사고를 근본적으로 규정하는 인식체계 또는 사물을 인식
하고 처리하는 방법'이란 의미로 통용된다(박우순, 2002: 55).

지금까지 행정학은 이론적으로 점점 더 다원화되어 왔고, '정설과
도전'이라는 많은 이론들의 출현과 더불어 다양한 패러다임들을 경험
해 왔다(제갈돈, 1994). 학자들에 의한 행정이론 패러다임 분석에 있어
서 아직까지는 완전한 합의나 결론이 형성되는 못했다. 하지만 비록
총제적인 패러다임의 개발은 아니더라도 V. Ostrom, R. Golembiewski,

N. Henry, M. Harmon 등과 같은 많은 저명한 학자들에 의해서 전통적인 행정학 패러다임에 대한 논의와 행정학의 정체성 위기극복을 위한 새로운 패러다임 개발에 관한 연구가 있어 왔다(제갈돈, 1994).

1975년 Nicholas Henry는 행정학의 정체성을 탐색하기 위한 그의 논문 「행정학의 패러다임」에서 행정학을 제도적인 영역(locus)과 전문성(focus)의 차원에 따라 5가지 패러다임으로 구분하고 있다. 즉 정치행정이원론, 행정의 원리, 정치행정일원론, 행정과학, 독자적인 행정학 등으로 나누고 있다(박우순, 2002: 55, 박영기, 2004: 258).

<표 2-4> N. Henry의 패러다임 구분

시대구분	주요 패러다임
1900～1926	정치행정이원론
1927～1950	행정의 원리
1950～1970	정치행정일원론
1956～1970	행정과학
1970～	독자적인 행정학

Henry에 의하면 각각의 패러다임 간의 관계는 상호 배타적인 관계가 아닌 중복적(overlapping)인 것으로 이해할 수 있다. 때문에 각 패러다임의 고유한 성격을 정확히 구별하는 데에는 한계가 있으나 행정학의 이론적 발달과정을 이해하고 행정환경으로서 패러다임이 끼친 영향관계를 이해하는 데는 충분히 의미가 있을 것으로 본다.

1970년대에 접어들면서 행정학계에는 큰 변화가 나타나기 시작한다. 즉, 정부의 실패를 이끈 일련의 사건들로 인해서 기존의 행정학을 뒤돌아보고 행정학의 새로운 패러다임을 추구하려는 움직임이 나타나기 시작한다. 특히, 1970년대 후반부터 시작된 주요 선진국들의 행정개혁에서는 '작은 정부론(small government theory)'이나 '신공공관리론(new public management)'과 같은 이론들이 개혁 패러다임으로서 세계적으로 확산되기 시작한다. 그중 신공공관리론은 1980년대 이후 OECD국가들을 중심으로 여러 나라에서 추진된 정부개혁을 포괄하여 이론화한 틀로, 우리나라 역시 1990년대부터 영향을 받게 된다.

민주적 제도들에 대한 책임성 확보를 위해 진보주의 시대에 도입되었던 관료적 패러다임은 약 한 세기에 걸쳐 행정학에서 지배적인 패러다임으로 자리매김해 왔지만, 1970년대 후반부터 대두되기 시작한 반정부·반관료주의·반조세로 특징지어지는 신관리주의, 후기 관료적 패러다임, 기업가적 패러다임 등에 의해 심각한 도전을 받게 된다(김태룡, 2000). 신자유주의에 기반을 두고 있는 이러한 새로운 조류의 이론은 신관리주의, 미국식 기업가적 행정, 정부 재창조론 등 다양한 용어로 설명되고 있는데, OECD(1996: 17−24) 보고서에서는 이와 같은 조류들을 묶어서 신공공관리(New Public Management: NPM)라는 용어로 사용하고 있다(윤태범 외, 2002).

신공공관리를 통한 정부개혁의 근본적인 목적은 정부의 과부하 문제를 해결하고 효율적으로 정부관료를 작동시켜서, 정부의 성과를 높이고 재정위기를 극복하는 것에 의해 국민의 신뢰를 회복함으로써 정부의 정통성(legitimacy)을 확보하려는 데 있다. 여기에는 민간부문이 공공부문보다 우월하다는 가정이 깔려 있으며, 정부관료의 효율성을 높이기 위해 시장기재를 관료조직에 도입하고, 공공재 공급에 대한 규제완화나 민영화 등과 같은 시장의 운영원리를 공공부문에 적용하여 정부의 과부하 문제를 해결하려는 개혁방식을 사용한다. Osborne과 Gaebler(1992)는 신공공관리에 관한 주요 내용을 다음과 같이 정리하고 있다. 첫째, 서비스의 효율, 효과, 그리고 질제고 측면에서의 과정(processes)이 아닌 결과(results)를 강조한다. 둘째, 공공부문과 민간부문 간의 경쟁적 환경을 조성한다. 셋째, 정부의 고도로 집권화된 관리환경을 분권적 의사결정 구조로 만들어 관료에게 융통성과 자율권한을 부여한다. 넷째, 정부의 '노젓기'보다는 '방향잡기' 역할을 중시하여 정부의 전략기획의 능력을 강조한다(한종희, 2005: 139-140).

신공공관리론은 크게 영연방을 중심으로 한 '신관리주의(new managerialism)'와 '미국의 기업가적 정부모형' 두 가지로 대별된다. 먼저 신관리주의는 '신우파의 사고에 기초해 시장적 개인주의가 내재된 기업모형을 공공부문의 핵심적 가치에 이식시키거나 이와 일치시키려는 조류'로 민영화, 인력감축, 재정지출 억제, 책임운영기관, 규제완화, 권한위임, 고위직 근무평정 및 성과급제도, 임용권한의 위임 및 사무차관 등을 포함한 고위직 임용계약제, 운영예산제, 연도 말 이월, 다년도 예산, 발생주의 회계, 서비스기준제도, 성과협약, 전략계획 등을 개혁수단으로서 활용한다. 다음으로 미국의 기업가적 정부모형은 정치적 이념과 전략적 차이에 따라서 최소국가이론(the minimal state theory), 규제완화 학파(deregulation government), 정부 재창조 모형(reinventing government)으로 나누어지는데, 첫째, 최소국가이론은 정부의 목적을 공공재의 공급이라는 측면에 한정해야 한다는 입장과 행정의 성격에 대해 부정적인 입장을 취하며, 행정을 시장과 같은 경쟁적인 조직으로 탈바꿈시킬 것과 비용 최소화 전략 및 소비자 중심적인 관리방식으로 전환할 것을 제안한다. 둘째, 규제완화 학파는 정부의 가장 주된 목적을 공공문제의 해결에 두고, 느슨한 계층제의 조직형태와 중재자 입장에서 통제와 유연성 간의 균형을 강조하는 관리방향을 강조한다. 마지막으로 정부 재창조 모형은 이론보다 실무자의 경험을 통해 살아 있는 개혁방안을 제시하고 있다는 장점을 지니며, 조직의 유형으로는 적합한 조직형태를 추구하며, 관리양태로는 조장적인 것을 강조한다(김태룡, 2000: 2-3).

신공공관리주의적 가치 아래서 추진된 각국의 공공부문 개혁방안들을 살펴보면, 대표적으로 민영화, 재정지출 감소, 책임운영기관제, 개방임용제, 성과관리제 등이 있는데, 이러한 정책들은 영국, 미국, 뉴질랜드, 호주 등 공공부문 개혁을 추진하고 있는 국가들에서 공통적으로 활용되고 있는 것들이다. 각국마다 다소 차이가 있기는 하지만 공통적으로 성과주의, 고객지향성, 경쟁지향성 등의 가치를 강조한다(윤태범 외, 2002). 다음의 <표 2-5>는 각국에서 추진된 신공공관리 방식에 의한 개혁정책들을 정리한 것이다.

<표 2-5> 각국의 신공공관리주의적 개혁정책 추진 현황

내 용		영 국	뉴질랜드	미 국	호 주
정부규모 축소	부처통폐합	○	○	○	○
	인력감축	○	○	○	○
	공기업 민영화	○	○	○	○
성과중심 운영시스템	성과주의 예산제도	○	○	○	○
	목표관리제도	○	○	○	○
	성과급 보수제도	○	○	○	○
	사무차관 계약제	○	○	-	○
비용개념 및 경쟁요소 도입	외부위탁	○	○	○	○
	발생주의 회계	○	○	○	○
	개방형 직위제	○	○	○	○
권한위임과 책임성 강화	인사·예산권 하부위임	○	○	○	○
	책임운영기관제도	○	○	○	○
	총액보수예산제	○	○	○	○
	중앙정부권한의 지방이양	○	○	○	○
	집행기능·정책기능의 분리	○	○	○	○
고객지향 서비스	고객만족도 조사	○	○	○	○
	민원서류 감축	○	○	○	○
	시민헌장제	○	○	○	○
정보기술 활용	정부 내 정보공유	○	○	○	○
	On-line 민원처리	○	○	○	○
	전자결재	○	○	○	○
정부규제개혁	기존규제 재검토	○	○	○	○
	규제관리기관 설치	○	○	○	○

출처: 기획예산처. (2001), 윤태범 외. (2002: 2)에서 재인용.

우리나라의 경우 개혁수단들로 구조개혁에서 조직개편을 강력한 수단으로 활용하였다는 점, 재정개혁에서 별 수단을 도입하지 않았다는 점, 그리고 성과관리적 측면에서 수단들이 별로 개발되지 않았다는 점을 제외하고는 대체로 이들 나라들과 유사한 측면을 보여주고 있다(김태룡, 2000: 3).

신공공관리론은 현재까지도 정부의 효율성과 성과를 중요시하는 공공개혁의 논리적 근거로 영향을 미치고 있다. 하지만 신공공관리론의 긍정적인 평가에 대한 행정학자들의 비판도 만만치 않다. 최근에는 참여, 분권, 자율, 공개, 시민과 같은 가치들이 중요시되면서 거버넌스 이론이 새로운 개혁 패러다임으로 등장하고 있다. 최근 서유럽을 중심으로 신공공관리모형을 보완하기 위해서 '굿 거버넌스 모형(good governance model)'이 개발·사용되고 있으며, 우리나라의 노무현 정부 역시 정부개혁에서 거버넌스 모형에 속하는 요소들이 속속 강조되고 있음을 알 수 있다.

행정학 이론의 발달과 행정학 패러다임의 변화는 정부의 개혁 패러다임과 깊은 관련성을 가질 수밖에 없다. 다음은 시대별로 국가성격의 변화와 행정이론의 변화를 정리한 것이다. 이것은 시대적인 특징에 따라서 국가기능의 변화에 의해 행정이론이 어떻게 변화해 왔는지를 잘 보여주고 있다. <표 2-6>은 서기 1700년대부터 현재까지 시대별 사상적 특징과 서구 국가 및 한국의 국가 재편성기 행정이론에 대해 요약하고 있다. 여기에서 정부가 수행하는 역할 및 기능을 통해서 행정현상을 둘러싸고 있는 환경변화에 의해 형성되는 새로운 패러다임의 단편들을 엿볼 수 있다. 서론에서도 언급한 바와 같이 신정부 수립 초기에 대대적인 행정개혁이 단행되는 경향이 있는데, 여기에는 개혁에 관한 정치적·사회적·행정적 논리가 존재하게 된다(오석홍, 1997). 즉, 첫째 정치적 논리의 측면에서 신정부 수립과 함께 정치적인 미묘한 거래(계약)관계에 의한 조직편제가 이루어지게 되고, 집권정부가 처한 정치적 곤경을 돌파하기 위한 하나의 충격요법으로서 상징정치(symbolic politics)를 활용하기도 한다. 둘째, 사회적 논리의 측면에서 신정부의 성립을 알리는 선포수단으로서 조직개혁 및 행정개혁을 단행하게 된다. 셋째, 행정적 논리의 측면에서 행정부 내적인 요인으로서 신행정 수반을 주축으로 한 주도권 장악을 위하여 조직편제 및 내부시스템에 대한 개혁을 단행하게 된다.

역사적 관점에서 행정학의 발전과정을 살펴볼 때, 사회적 현실과 문제해결에 관한 각기 다른 근본적인 가정하에 다양한 이론적 지향이나 견해들이 제시되어 왔다. 이는 두 가지 측면으로 정리될 수 있는데, 하나는 전통적인 원리와 관료적 합리성에 근거한 계량적 가치에 중심을 두어 행정의 능률성과 생산성을 확보하려는 견해에 관한 것이며, 다른 하나는 정치적 과정에 근거한 질적 가치들에 중심을 두어 민주적 가치와 민주사회를 확보하려는 견해에 관한 것이었다. 이로써 미루어 볼 때, 오늘날의 많은 이론가들은 행정연구에 관한 자기 자신의 인식론적 근거를 정당화하고 정체성 또는 경계를 분명히 하기 위하여 패러다임이라는 용어를 사용하는 경향이 있는 것으로 보인다(제갈돈, 1994: 159).

전술한 바와 같이 아직까지 행정학 패러다임에 대한 뚜렷한 구분과 그 범위나 시간적 경계에 대한 일반적 합의 및 동의가 형성되지는 못한 것으로 보인다. 하지만 패러다임에 관한 많은 연구들에서 보는 것처럼, 시대적 상황과 환경적 영향에 따라 주류 이론들이 개혁 패러다임으로서 한 국가의 국정운영 및 행정개혁에 상당한 영향을 미쳐왔음을 알 수 있다. 그러므로 본 논문에서는 보다 협의의 의미에서 패러다임을 정의하고자 한다. 즉 특정시대, 특정국가의 행정개혁에 영향을 주었던 주류사상 및 행정학 이론을 행정개혁 패러다임으로 규정하고 이러한 패러다임과 행정개혁의 관계에 대해 분석하고자 한다. 따라서 본 논문은 행정이론을 중심으로 개혁이론이 우리나라의 국정운영 및 정부개혁에 어떠한 영향을 끼쳤는지 알아보기 위해 김영삼, 김대중, 노무현 정부의 행정개혁에 관한 이론을 경험적으로 분석하고자 한다.

<표 2-6> 국가 재편성기의 행정이론

시대별	시대별 특징	서구의 국가와 행정이론	한국의 국가와 행정이론
서기 1700년대	모더니티: 인간의 이성에 대한 신념 – 합리주의: 과학주의, 기술주의, 비정의적, 계산적	국가개념의 성립: 가신과 귀족 및 신사에 의한 행정: 중농주의, 중상주의 자유방임주의 시대 국가: 국가 개입의 최소화	왕도정치: 과거시험을 통한 관료 임용
19세기 1900년대 초		(광의의) 복지국가시대: 정부기능의 확대: 사회보장과 복지행정 합리성에 근거한 행정이론: 부정방지, 책임성, 반응성, 능률성, 효과성, 계층제, 규정과 문서, 경력과 규정된 보수, 전문성과 실적제, 공무원의 정치적 중립 등	국가주권의 상실: 개화 노력의 좌절일제의 식민지 통치: 전통의 단절과 왜곡, 지성사의 단절
1945년 1948년			해방과 국토분단정부 수립: 법과 질서를 위한 행정
1960년대	포스트 모더니티:	재정의 팽창	근대화 (민주주의와 경제발전)
1970년대	합리주의의 한계: 상상, 미학적, 해체, 영역해체, 타자성	민주주의·관료제·자본주의 – 긴장과 갈등(일부국가: 사회민주주의) 합리주의 행정에 대한 비판	합리적 행정이론 (발전행정론)
1980년대		(축소 지향적 정부의)국가 재편성기 정부기능의 축소, 감축관리, 민영화의 경쟁, 시장, 경제의 원리와 관료제의 해체(脫, 解, 反, 再, 新)	민주주의(참여와 합의) ● 관료제(집권화와 분권화) ● 자본주의(축적과 배분) 간의 갈등과 정치적 위기: 참여와 분배가 억제된 집권화에 의한 축적, 급진적 이론의 성행

시대별	시대별 특징	서구의 국가와 행정이론	한국의 국가와 행정이론
1990년대		사회주의 국가의 해체, 유럽연합의 형성, 국제질서의 재구성, 미국주도의 세계화	5·6공화국: '작은 정부 지향', 시장개방, 경제 자유화
21세기			세계화: 신한국, 신경제, 민주주의와 시장경제, 구조조정, 관료제의 '해체', 책임운영기관, 민간위탁, 민영화, 개방형 임용제, 팀제, 목표관리와 성과급

출처: 강신택. (2002: 190).

4. 정부혁신과 경로의존성

행정개혁은 '행정체제의 보다 나은 상태로의 변동을 추구하는 활동'으로, 행정의 제도, 조직구조, 관리기술·절차·방법, 관행·의식·문화 등에 상당한 변화를 초래하게 된다. 특히, 제도적인 관점에서 보았을 때, 행정개혁은 그 나라가 가지는 공직제도의 특성을 변화시키게 되는 근본적인 원인이 될 수 있다. 이와 관련하여 행정개혁과 관련된 제도에 관한 논의가 선행되어야 할 것으로 여겨진다. 본 항에서는 행정개혁과 관련된 제도를 두 가지 측면에서 살펴보고자 한다. 첫째, 행정개혁을 추진하는 제도로서 개혁추진체계에 대해 살펴보고, 둘째, 행정이 이루어지는 제도의 개혁으로서 관리개혁에 대해 살펴보기로 한다.

1) 개혁추진체계와 제도

행정개혁추진체계란 바람직한 행정개혁의 집행을 실행하는 체계라고 할 수 있으며, 본 연구에서 행정개혁을 추진하는 제도로 간주하고 있는 개혁추진체계는 좁은 의미에서의 행정개혁추진체계에 해당하는 개념이라고 볼 수 있다. 즉 행정개혁추진체계란 행정개혁을 어떻게 추진하느냐에 관계되는 개념으로 좁은 의미에서는 행정개혁을 담당하는 기구 또는 조직을 의미하며, 넓은 의미에서는 효과적인 개혁집행을 위한 제반 기술 또는 제도를 포함하는 의미로 쓰인다(임도빈, 2000).

각 정부의 개혁추진체계는 크게 네 가지 요소들에 의해서 제도적 틀을 형성하게 되는데, 개혁추진기구, 개혁추진체계의 운영방식, 개혁추진방식, 개혁추진체계의 구성방식 등으로 이루어진다.

첫째, 개혁추진기구는 실질적으로 행정개혁을 주도한 실무담당 조직을 말하며, 각 정부의 정부 출범을 기준으로 정부 출범 이전에는 개혁준비위원회가 존재하고, 정부 출범 이후에는 행정개혁을 담당할 주체적인 개혁기구가 설립된다. 개혁준비위원회의 경우 별도의 조직이 구성되지 않는 한 대통령직인수위원회에서 그 역할을 맡게 되며, 주체적 개혁기구의 경우 대개 대통령 직속의 위원회 형태로 조직이 구성된다.

둘째, 개혁추진체계의 운영방식은 집권형 또는 분권형의 방식을 취하게 된다. 즉, 조직의 권위구조 및 의사결정 방식을 중심으로 보았을 때 집권형의 경우 권한이 조직의 상층부에 집중되어 있으며, 분권형의 경우 하위조직 및 하위 담당자에게 권한이 위임되는 형태를 띠게 된다.

셋째, 개혁추진방식의 경우는 하향식(top-down) 또는 상향식(bottom

-up)의 접근방식을 취하게 된다. 하향식 접근방법의 경우 수직적인 의사전달의 형태로 커뮤니케이션의 방향이 위로부터 아래로 향하며, 상층부의 지시 및 전달에 의해 개혁이 추진된다. 이에 반해 상향식 접근방법은 수평적인 의사전달의 형태로 커뮤니케이션의 방향이 아래로부터 위로 향하며, 의견의 수렴·조정·통합 과정을 거쳐 개혁을 추진하게 된다.

넷째, 개혁추진체계의 구성방식은 계층제 방식 또는 팀방식으로 나뉘게 된다. 계층제 방식은 조직 내의 명령체계가 단일화되어 있고 위계적인 통합 기제를 가진다는 것이 특징이다. 또한 상층부를 중심으로 권한과 통제권이 집중된다. 이에 반해, 팀방식의 경우 명령체계가 다원화되어 있고 병렬적인 구조를 가진다는 것이 특징이다. 또한 권한과 통제권이 분권화된다(김정해, 2004: 30).

이러한 개혁추진체계를 구성하는 각 요소들 중 개혁추진체계의 운영방식과 개혁추진방식 사이에서는 일정한 규칙성을 보이게 되는데, 즉 개혁추진체계의 운영방식이 집권형일 때 개혁추진방식은 하향식 추진방식을 취하며, 개혁추진체계의 운영방식이 분권형일 때 개혁추진방식은 상향식 추진방식을 취하게 된다.

2) 관리개혁과 제도

일반적으로 사용되는 행정개혁(government reform)이라는 용어는 사용자의 정의와 그것을 구분하는 기준에 따라서 다양한 의미를 가질 수 있다. 앞서 행정개혁의 개념에서도 살펴본 바와 같이 행정개혁과 관련이 있는 의미에는 공공부문 개혁(public sector reform), 정부개혁(government reform), 관리개혁(management reform) 등과 같은 용어가 있다. 본 연구에서는 정부개혁과 행정개혁을 같은 개념으로 정의하고 있으며, 그 범주는 공공부문에서 입법부와 사법부를 제외한 범위 내에서의 개혁에 해당한다. 그리고 행정개혁을 다시 정책개혁(policy reform)과 관리개혁(management reform)으로 구분하여, 정부관료제의 조직과 운영시스템에 대한 개혁, 즉 관리개혁을 중심으로 논의한다(이명석, 2001: 14－15).

본 연구에서는 이러한 관리개혁을 '행정이 이루어지는 제도의 개혁'으로 간주한다. 이는 다양한 제도의 도입과 정책의 시행을 통해서 개혁의 목표를 성취해 가는 수단이 되기 때문이다. 행정이 이루어지는 제도라는 측면에서 보았을 때, 관리개혁은 일반적으로 조직변화, 인사제도, 재정운용, 행정관리 등과 같은 네 가지 범주로 구분할 수 있다. 관리개혁은 결국 이들 각각의 요소들에 해당하는 구체적인 제도의 개혁을 의미한다고 볼 수 있다. 관리개혁에 있어서 각각의 요소들에 대한 구체적인 제도의 변화를 유형화하기는 어렵지만, 각각의 요소들은 몇 가지 제도적 특성으로 범주화할 수 있다.

첫째, 조직변화의 경우, 정부조직개편에 따른 조직의 축소 및 확대, 인력규모의 변화, 그리고 조직기능의 강화 혹은 축소 등과 같은 변화를 나타내며, 이를 통해 제도의 지속성 및 자기강화 과정(self-reinforcing process)과 같은 특성을 발견할 수 있다.

둘째, 인사제도의 경우, 집권적 인사기구의 존재 유무, 인사권한의 집권화 혹은 분권화, 충원방식(개방형 / 폐쇄형), 공직의 개방성(확대 / 축소), 성과급제도의 도입과 보수체계의 변화, 그리고 교육·훈련·평가 등에 관한 인사관리의 기준(연공서열 중심 / 능력·실적 중심) 등과 같은 제도적 변화를 보이게 된다.

셋째, 재정운용의 경우, 기금제도의 정비(확대 / 축소), 재정운용방식(일원적－부처통합형 / 이원적－부처분리형), 재정운용체계(성과중심의 재정운용체계 도입 여부), 세제개편(지방재원의 확대 / 축소), 지방채 제도의 운영방식(중앙집권적 / 지방분권적) 등과 관련된 제도적 변화로 재정의 효율성 및 재정분권 등과 같은 제도적 특성을 찾을 수 있다.

넷째, 행정관리의 경우, 규제의 완화 / 강화, 민영화의 확대 / 축소, 성과중심의 관리체계 구축 유무, 기업경영방식의 도입 유무, 정부운영방식과 권한구조(분권 / 집권) 등과 같은 변화를 통해 제도적 특성의 변화를 발견할 수 있다.

이렇게 범주화된 제도적 특성과 기존의 제도적 특성을 비교해 봄으로써 제도의 변화 정도를 분석할 수 있으며, 이를 통해 관리개혁에 속하는 제도들이 제도적 제약 또는 경로의존성에 의해 구속받고 있는지를 판단하게 된다.

제3절 분석의 틀

1. 분석의 틀 구성

현대는 개혁의 시대이다. 지속적인 개혁이 추진되고 있고, 안정보다는 변동을 추구하는 과도기적인 시대라 할 수 있다. 가장 고전적인 행정개혁의 접근방법 중 하나는 바로 구조적 접근방법이며, 지금도 개혁의 현장에서는 행정기구를 조정 또는 통폐합하는 구조적 접근방법에 의한 개혁이 가장 큰 세력을 떨치고 있다(오석홍, 1998: 99).

하지만 구조적 접근방법에 의한 개혁은 자칫 과시주의적 개혁이나 국면전환용 개혁과 같이 보이기 위한 개혁으로 흐르기 쉽기 때문에 개혁을 위한 적절한 균형감각이 필요하며 개혁의 외형적 측면뿐 아니라 내용적 측면도 꼼꼼히 살펴볼 필요가 있다. 이러한 점을 유념하여 본 논문은 행정개혁의 외형적·내용적 측면을 균형 있게 살펴보고자 한다.

본 논문은 행정개혁의 경로의존성 분석을 위하여 [그림 2-1]과 같이 분석모형을 설계하였다. 먼저 각 정부의 행정개혁에 영향을 미치는 요소로, 행정환경과 개혁 패러다임의 영향관계를 보고자 한다. 첫째, 행정환경은 행정개혁을 낳게 한 상황적 제반 여건으로서 행정개혁의 배경이 되는 요인이라고 할 수 있다. 행정환경에 대한 범주는 학자마다 견해가 다르고 그 유형도 조금씩 차이가 있다. 본 논문에서는 학자들의 논의를 종합하여 가장 일반적인 분류로서 정치적 환경, 경제적 환경, 사회적 환경으로 나누어 분석하고자 한다. 정치적 환경의 경우 이념적 요인, 현실적 요인, 구조적 요인, 그리고 인적 요인 이렇게 네 가지 기준을 가지고 살펴본다. 여기서 이념적 요인은 국가목표, 집행자의 정치·행정이념 등에 관한 것이며, 현실적 요인은 전쟁, 혁명, 권력경쟁 등의 현실적 상황에 대한 것을 말한다.

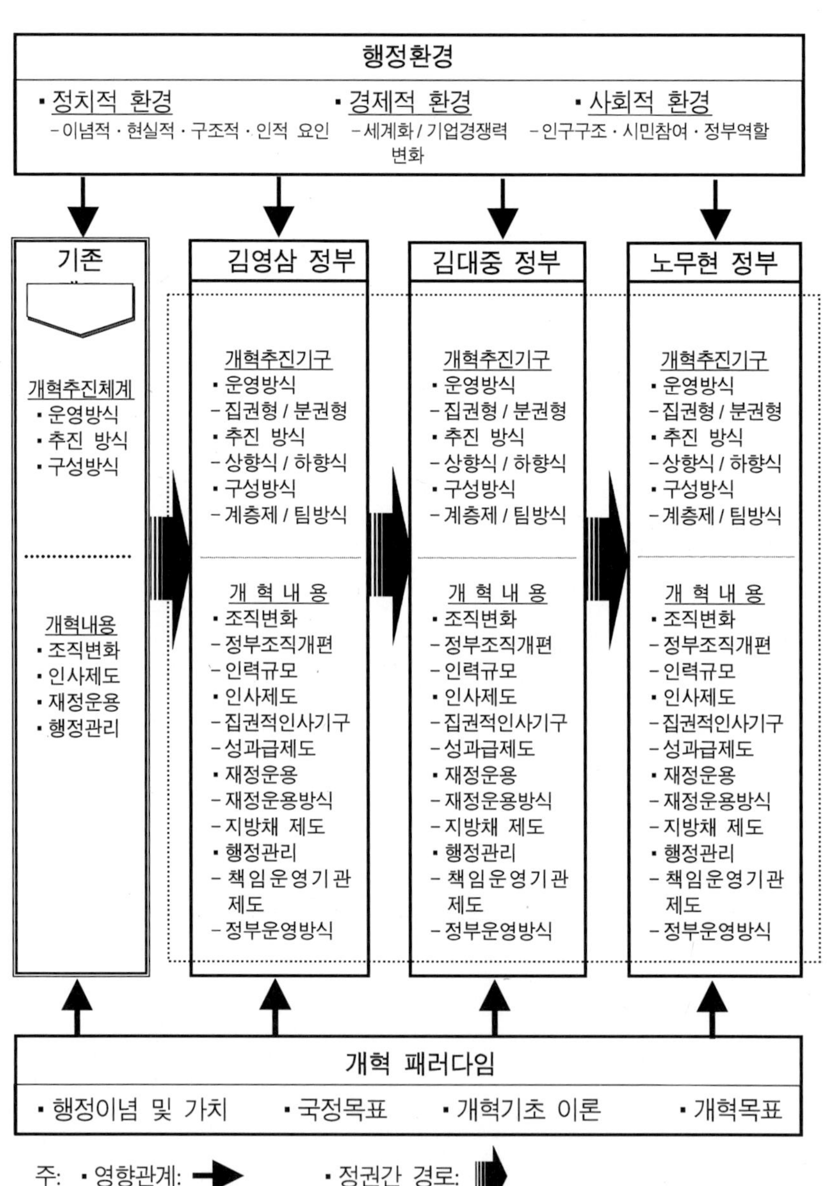

[그림 2-1] 행정개혁의 경로의존성 분석 모형

인적 요인은 정치·행정인의 현실적인 이해관계, 사회적 배경, 인적 특성 및 가치관에 관한 것이며, 구조적 요인은 체제 자체에 관한 문제로 목표 및 기능의 변화에 관한 것을 말한다. 다음으로 경제적 환경의 경우는 세계화, 기업경쟁력 및 국가경쟁력과 같은 기준을 가지고 살펴본다. 현대사회는 고도의 산업화·정보화 시대로 사회에 잉여자원이 증가하게 됨으로써 경제적인 환경에 변화를 가져온다. 특히, 세계화로 인한 시장개방의 압력과 국제무역기구의 가입에 따른 국내외 무역환경의 변화, 그리고 기업경쟁력의 변화 등은 사회 전반에 미치는 파급효과가 상당히 크다. 마지막으로 사회적 환경에서는 인구구조의 변화, 시민참여 욕구의 변화, 정부역할의 변화 등과 같은 기준을 가지고 살펴본다. 고령화, 고학력화, 여성의 사회참여 확대에 따른 인구구조의 변화와 민간부문 성숙에 따른 시민참여 욕구의 증대, 정부의 민간부문에 대한 규제와 간섭축소 등은 사회적 환경의 변화와 깊은 관련이 있다.

둘째, 개혁 패러다임은 보다 나은 국가의 발전을 위해서 한 국가의 시대적 상황과 환경적 여건에 따라 사람들이 지향하고 공유하게 되는 인식체계라고 할 수 있다. 본 논문은 한 국가의 국정운영에 영향을 주는 개혁 패러다임의 세부 영향요인을 행정이념 및 가치, 국정목표, 개혁기초 이론, 그리고 개혁목표 등 네 가지 요소로 구분하고 각각의 요소들이 행정개혁에 미치는 영향관계를 분석하고자 한다.

다음으로 본 연구는 행정개혁의 경로의존성 분석을 위해 분석대상으로 3개 정권 즉, 김영삼 정부, 김대중 정부, 노무현 정부의 행정개혁 사례를 선정하였다. 각 정권별 행정개혁에 관한 분석은 개혁추진체계와 개혁내용 두 가지 범주로 구분하여 분석한다. 먼저, 여기에서 말하는 개혁추진체계는 행정개혁추진체계에 대한 협의의 개념정의에 해당되는 개념으로 개혁추진기구에 관한 것이다. 개혁추진기구는 실질적으로 개혁사업을 주도한 실무담당 조직으로서 여기에서는 개혁준비위원회나 실제 개혁추진 기관들을 중심으로 분석한다. 개혁추진 체계에 대한 분석기준은 운영방식, 추진방식, 구성방식이며, 각각을 집권형-분권형, 상향식-하향식, 계층제-팀방식과 같은 세부기준에 의해 분석한다.[10] 더불어 각 정권별 개혁추진기구의 구성을 살펴봄 으로써 개혁추진 주체들의 참여정도와 방법, 조직구조, 조직형태 등 을 구체적으로 분석한다.

개혁내용에 관한 분석에서는 행정부의 운영적 차원에서 조직·인 력·재정·관리방식을 중심으로 관리개혁 부문의 전반적인 내용을 분 석한다. 우선 개혁로드맵, 개혁과제, 그리고 개혁추진 현황을 중심으 로 각 정권의 전반적인 개혁흐름을 분석하게 되는데, 첫째, 개혁로드 맵에서는 개혁의 필요성과 비전, 개혁추진전략, 개혁 아젠다 등을 중 심으로 분석한다. 둘째, 개혁과제와 관련해서는 대통령 후보시절 내 세웠던 선거공약 사항과 이후 실제로 수립된 개혁과제, 그리고 개혁 의 성과 등을 중심으로 비교 분석한다. 셋째, 개혁추진 현황에서는 전반적인 개혁추진의 방향과 각 정부의 정부조직개편에 따른 조직의 변화, 인력규모의 변화, 기능의 변화, 재정운용 방식, 행정관리 방식 등에 대하여 분석한다. 이후 각 정권의 개혁내용들은 조직변화, 인사 제도, 재정운용, 행정관리의 네 가지 분석수준에서 제도적인 특성을 중심으로 분석된다.

이러한 개혁현황을 토대로 정권 간 경로의존성 분석이 이루어지게

---

10) 김정해(2004)는 카터, 레이건, 클린턴 정부의 정권인수기 조직화 방식 에 관한 경로의존성 분석을 시도하였는데, 이 연구를 통해 정권인수조 직의 조직화 과정을 '사전준비시기 → 정권인수시기 → 새정부시기'로 구 분하고 각각의 시기에 따른 조직화 방식을 유형화하였다. 즉 정권인수 조직의 조직화 방식은 세 가지 시기별로 '통합형 → 계층적 방식 → 비서 실 중심'의 경로를 밟게 되는 '경로A'와 '분리형 → 팀방식 → 내각중심' 의 경로로 이어지는 '경로B'로 유형화하였다. 본 연구는 이러한 기준을 원용하여 행정개혁추진체계를 분석할 때 '집권형-분권형', '하향식-상 향식', '계층제-팀방식'과 같은 3가지 기준을 근거로 유형화한다.

되는데, 경로의존성 분석에서는 기존의 제도적 특성 및 영향이 '김영삼 정부→김대중 정부→노무현 정부'의 행정개혁에 어떠한 작용을 하는지에 대해 제도적 관점에서 분석한다. 그리고 조직변화, 인사제도, 재정운용, 행정관리의 4가지 분석단위를 기준으로 각각 두 개의 제도적 성분을 추출하고, 구체적인 제도적 성분들이 나타내는 경로의존적 속성에 대해 분석한다. 즉, 각 정부가 가지는 기존의 제도적 특성과 행정개혁으로 인한 제도적 변화를 조직변화, 인사제도, 재정운용, 행정관리의 네 가지 분석수준에서 비교분석하여 경로의존성에 따른 제도적 제약을 밝혀낸다.

본 연구는 각 정부의 행정환경 및 개혁 패러다임이 행정개혁에 어떤 영향을 주고 있는가와 기존의 제도적 특성이 각 정부의 행정개혁에 어떠한 제도적 제약으로 작용하는가를 밝혀냄으로써, 제도적 관점에서 우리나라 행정개혁의 경로의존적 성격을 규명하는 데 중심을 두어 연구모형을 설계하였다.

2. 자료수집 및 분석방법

먼저, 각 정권의 행정환경을 분석하기 위한 자료들은 개혁 관련 학술 및 학위논문, 개혁에 관한 평가보고서, 당시의 신문기사 등을 중심으로 수집하였다. 그리고 개혁 패러다임 분석을 위한 자료들은 정부간행물, 학술논문, 행정학 교과서, 청와대 홈페이지와 같은 인터넷 사이트 등을 활용하였다. 특히, 정부간행물의 경우에는 국정비전 및 국정목표와 원리, 국정과제 등과 관련된 자료를 중심으로 수집하고, 각 정권의 이념지향성, 목표지향성, 그리고 가치지향성 등에 대한 분석 자료로 활용하였다.

다음으로, 각 정권별 개혁추진체계 및 개혁의 내용적 측면을 분석하기 위해서 개혁관련 학술논문, 정부간행물, 정부 내부문서 등의 자료를 중심으로 수집하였다. 정부간행물의 경우에는 각 정권별 대통령직인수위원회 자료(1993, 1998, 2003)와 각 정권별 개혁추진기구의 간행물 즉, 행정쇄신위원회 자료(1993~1997), 기획예산위원회 및 행정개혁위원회 자료(1998~2000), 정부혁신추진위원회(2000~2002), 정부혁신지방분권위원회(2003~2005) 발간 자료들을 중심으로 수집하였다. 이 외에도 각 정권별로 공공개혁백서, 대통령 공약 사항 및 개혁 청사진 관련 자료, 대통령 지시사항(1993~2005), 대통령 업무보고 자료집, 정부조직 변천사, 대통령 공약 실천사업 관련 자료 등을 중심으로 수집하여 심층적인 내용분석을 수행하였다. 특히, 개혁과제와 관련된 정부 내부문서의 자료수집의 경우 정부의 해당 부처나 국가기록원 등을 활용하였다. 또한 발행되지 않고 보관되어 있는 개혁관련 비공개 자료와 각종 회의록 자료 등을 수집하여 개혁의제의 수립 이전 단계부터 실행단계까지 보다 심층적으로 분석하였다. 끝으로 행정부의 조직·인력·재정 변화에 대한 분석 자료는 관련 연구논문과 행정자치부 정부조직 관리정보 시스템을 이용하여 연도별 데이터를 수집하고, 불충분한 데이터는 담당사무관을 통해 직접 요청하여 수집하였다.

본 연구의 목적은 각 정권에서 이루어진 행정개혁에 대한 경로의존성을 분석하여 행정개혁의 변화패턴을 찾는 데 있다. 따라서 본 연구는 실제개혁 자료들을 토대로 실질적인 개혁의 내용을 보다 심층적으로 분석하는 것이 무엇보다 중요하다. 그러므로 본 연구는 전체적으로 문헌분석을 통한 비교연구 방법을 사용하려 한다. 세부적인 연구방법을 보면 첫째, 행정환경 및 개혁 패러다임의 영향관계를 분석하는 데 있어서는 주로 역사적 접근방법의 관점에서 정치적·경제적·사회적 환경의 변화를 분석하고자 한다. 둘째, 각 정권별 개혁

추진체계의 분석은 행정체제론적 접근을 통해 조직의 성립배경, 성립 당시의 환경적 여건, 그리고 체제의 목표와 중앙행정기구의 변화 등을 중심으로 분석한다. 셋째, 개혁내용의 분석은 제도의 결합양식 및 관계적 측면에 초점을 두는 역사적 제도주의 접근방법에 의거해 분석한다.

제3장 한국 역대 정부의 정부혁신

제1절 행정환경

본 절에서는 역대 정권의 행정개혁 과정에서 기존 제도의 변화에 영향을 줄 수 있는 행정환경을 고찰하기 위해, 행정개혁과 관련하여 제1공화국부터 제6공화국까지의 행정환경에 대하여 제도, 개혁환경, 역사적 사건 등을 중심으로 살펴보고자 한다.[11]

최초의 한국정부인 이승만 정부는 일제 치하의 조선총독부체제와 미군정기를 거친 후 1948년 7월 17일에 수립되었다. 때문에 한국정부조직의 제도형성은 조선총독부와 미군정청의 행정체제에 의해 지대한 영향을 받게 된다. 해방과 함께 독립적인 정부관료제 조직의 태동기를 맞이하게 된 한국은 미군정의 기본방침을 통해 통치이념의 근간을 형성하게 되었으며, 맥아더 장군의 포고 제1호(1945. 9. 7.)와 하지(Hodge) 중장의 미군정 시정사(1945. 9. 9.)는 그 형성을 틀 짓는 준거로 작용하게 된다(염재호 외, 2004: 14).[12]

제1공화국의 행정환경은 국가형성 및 정부형성 시기에 놓여 있었다. 대통령은 친일 관료집단 등을 흡수하여 세력기반을 구축하려 하

---

11) 행정환경에 관한 정리를 위해 오석홍(1997: 78−96), 오석홍(2002: 407 −417), 송영신(1999: 312−319), 염재호 외(2004: 16−36) 참조.
12) '맥아더 장군의 포고 제1호'의 주 내용은 군정실시의 선포, 통치권한의 소유 천명, 공공기관 종사자의 정상적 업무실행 및 기록과 재산보존의 명시, 명령복종과 그의 위반 등에 관한 엄벌, 주민의 재산소유권의 인정, 공용어로서의 영어사용 등이었으며, '미군정 시정사'에서는 당면과제로 군정기구의 구성, 법과 질서의 유지, 경제의 안정, 당분간 현 총독부 행정기구의 사용 등에 대한 사항을 밝히고 있다(염재호 외, 2004: 14).

였고, 행정체제는 대체로 전례답습 지향성을 보였다. 구미제국의 제도를 참작하였다고는 하지만 이때의 행정기구 설계는 선례답습적인 모습을 역력히 드러내 보였고, 대체로 미군정기와 일제하 총독행정 체제의 기본 골격을 그대로 승계한 정도에 지나지 않았다. 1950년 6월 25일에 발발한 한국전쟁으로 인해 정국은 매우 혼란스러운 상황이었으며, 정상적인 국정운영이 불가능한 시기였다.

제2공화국 때의 정부는 4·19로 인해 발족한 과도정부로서 본격적인 행정개혁 작업을 주관할 능력을 갖지 못한 정부였다. 자유당 정부의 3·15 부정선거를 계기로 4·19혁명이 일어나자 1960년 4월 26일 제4대 국회에서 이승만 대통령의 하야요구가 결의되고, 내각책임제, 헌법개정, 국회해산, 그리고 총선거에 의한 새로운 정부 수립 등의 결정이 이루어진다.

당시의 행정환경은 사회적 기강이 해이해진 가운데 한꺼번에 증폭된 국민의 기대에 부응해야 하는 상황이었기 때문에 개혁의 과정과 내용에서 민주화의 가치기준을 전면에 부각시켰던 시기였다. 민주주의의 구현이라는 명분 아래 주로 제도개혁과 인사쇄신에 관한 개혁이 이루어 졌고, 기구개편 과정에서 민간대표들을 참여시키고 위원회형의 기구안을 강조하는 경향을 보였다. 이 시기는 이승만 정권이 마감되고 윤보선 대통령이 취임하기 전인 과도정부기로 내각책임제 도입에 필요한 부분만을 개정 대상으로 하였기 때문에 개혁에 대한 참여자들의 이해갈등은 크지 않았을 것으로 보인다.

제3공화국에서는 발전행정적, 집권적, 정보통제적 경향을 띠는 행정환경이 형성되었다. 즉, 수출제일주의적인 경제성장에 초점이 맞추어지면서 발전행정의 본격화로 행정기구와 기능이 팽창되고, 정부간여의 범위가 확대되었으며, 짜깁기식의 행정개편이 단행되었다. 많은 기구들이 확대·개편되었고, 관리 작용의 개선작업들이 활기를 띠었다. 그 당시 행정관리 개선의 기준가치로 능률성의 제고가 가장 중요시됨으로써 행정의 양적 확대에는 상당한 성과를 가져왔으나 반면 행정의 질적 개혁은 상당히 부진한 시대였다.

유신체제[13)]로 시작된 제4공화국 시절에는 집권적·권위주의적 방법에 의해 개혁이 추진되었으며, 총화의 정치, 집권적·권위주의적 행정의 테두리 안에서 국정능률의 극대화가 지향되었다. 이때의 개혁관은 상위가치로 민주성을, 그리고 하위가치로 능률성을 제시하였지만 능률성의 극대화를 위해 민주적 과정이 희생되는 경우가 많았다.

제5공화국은 12·12사태에 의해 쿠데타적 방법으로 정권을 획득한 전두환 정부에 의한 강압적 체제였다. 이 시기에는 정권이 가지는 근본적인 한계 때문에 민주행정 및 신뢰행정의 구현과 같은 행정개혁목표는 성취되지 못했다. 또한 민주주의의 토착화, 신뢰사회의 건설과 같은 국정지표도 성취되지 못하였으며, 사회정화 운동과 같은 개혁사업은 권위주의적 추진방법과 졸속한 내용으로 인해 오히려 부작용만 초래하였다.

제6공화국의 행정환경은 제5공화국에서 빚어진 상처 치유라는 문제와 여소야대의 정치상황에 놓여 있었고, 올림픽 개최와 같은 선결과제들로 인해 정치·행정의 투입이 상대적으로 위축되어 있던 시기였다. 이 시기에는 지방자치제도의 부활 같은 행정의 민주화를 위한 시도가 있었고, 강압적 지배의 틀을 완화하려는 노력이 있었다. 또한 권위주의 타파라는 용어의 사용과 함께 각종 해금·규제완화에 역점을 두었다. 이 시기에는 정권에 대한 비판 허용 범위가 확대되어 민주적인 분위기 조성에 도움을 주게 된다.

지금까지 살펴본, 이러한 행정환경의 변화는 각 정부가 행정개혁의 방향을 설정하는 데 있어서 중요한 기준 및 영향요인으로 작용할 수 있다.

---

13) 3선 개헌 이후 박정희 대통령에 의해 전국에 비상계엄이 선포됨에 따라 국회는 해산하고 모든 정치활동은 중단되었으며, 헌법개정안을 국민투표에 부쳐 유신헌법이 성립된다.

제2절 정부혁신 패러다임

1. 역대 정부의 이념 및 가치 변화

행정이념 및 가치는 시대와 정권에 따라서 변동하여 왔으며, 시대적 사조에 의해서 영향을 받기도 했다. 또한 행정이념은 시대와 국가형태, 최고통치권자 및 통치집단들의 변화에 따라 달라지기도 한다(김광웅·강성남, 2003).[14] 행정이념의 개념적 실체에 대한 학자들의 견해는 무척 다양하지만, 행정이념은 대체로 행정의 지도이념, 행정이 따라야 할 규범과 원리, 행정의 기본이념, 행정업무 처리를 위한 일련의 기준 등과 같은 개념들을 포함하게 된다.

대부분의 학자들은 행정이념이 시공간적·문화적 속성을 띤다는 사실에 공감한다. 즉, 행정이념은 항구성이나 동시성과 같은 특성을 갖지 않는다. 일반적으로 행정이념은 시대와 국가에 따라서 국가사회의 지배적인 가치관을 반영하며, 문화적·상황적·역사적 제약성을 초월할 수 없다(민진, 1988: 265). 시대적 흐름이나 학자들의 개인적인 시각에 따라서 행정이념의 유형은 각기 다를 수 있으나, 일반적으로 대부분의 학자들로부터 지지를 받는 행정이념의 유형에는 능률성, 민주성, 합법성, 효과성 등이 있다. 이와 같은 행정이념 유형들 간에는 항상 우선순위 문제가 존재하게 되며, 각 국가의 행정이 처한 구체적인 상황에 따라서 이념들 간의 우선순위가 달라질 수 있다(김항규, 2003: 157).

---

14) 반면 헌정이념상의 변화, 국가목표와 국정목표상의 변화, 행정학연구 경향상의 변화에 의해 행정이념이 달라지기도 한다(김만기, 1994).

우리나라 역대 정부의 행정개혁도 행정환경의 변화에 따른 행정이념에 의해 지대한 영향을 받았을 것으로 여겨진다. 다음의 <표 3-1>은 우리나라 역대 정권별 강조이념을 비교하기 위해서 각 정권별 주요 이념적 범주의 분포와 강조 비율을 취임사에 대한 내용분석을 통해 분석한 것이다. 즉 분석대상으로 도출한 936개의 가치어 중에서 정권을 기준으로 취임대별로 등장하는 가치어를 통합하고 가장 빈도가 높게 나온 가치어를 큰 범주로 하여 가치어 빈도분석을 한 것이다. 우리나라 역대 정부의 취임사에서는 민주가치와 통일·안보 가치가 한결같이 높은 비중으로 강조된 이념이라는 것을 알 수 있다.

〈표 3-1〉 역대 정부의 주요 이념적 범주의 분포와 강조비율

(단위: %)

구분	제1공화국 (이승만)	제2공화국 (윤보선)	제3공화국 (박정희)	제4공화국 (최규하)	제5공화국 (전두환)	제6공화국 (노태우)	김영삼 정부	김대중 정부
민주	국민의 역할과 책임 / 민주적 제도확립 (14)	민주 / 김대중 정부 / 정치적 자유 (37.8)	민주(9.2)	민주 / 정치 발전(13.6)	민주(15.8)	민주 (25.3)	민주주의(9.7)	김대중 정부 / 민주주의(20)
발전	경제, 농업(16)		발전(15.4)	발전(7.4)	경제발전 (9.2)	경제발전 국가성장 (8.0)	경제성장발전 (6.5)	
복지					복지(11.2)	복지(8.0)		
부패			부패(7.2)		부패(8.6)		부정부패(12.9)	
통일 안보	외교, 안보, 통일, 반공(19)	외교정책의 혁신 (10.3)	평화통일 (10.6)	통일과 남북교류 (17.2)	안보, 남북교류와 평화통일 (17.8)	통일남북교류(10.7)	평화통일(9.7)	남북교류(6.7)
개혁		혁신행정 (10.3)					개혁, 정치개혁(8.1)	개혁, 경쟁과 시장경제(15.2)

출처: 김광웅·강성남 공저. (2003: 68). 재구성.

2. 개혁이념 및 목표

행정환경의 변화는 행정이념의 변화를 초래하게 되고, 행정이념은 행정이론의 형성에 영향을 끼치기도 하며, 행정이념의 변화는 행정개혁의 대상에 변화를 가져오게 된다(박영기, 1989: 60−61, 정정길, 2003: 361−362).

본 항에서는 역대 정권별 개혁이념 및 목표에 대해 보다 구체적으로 살펴봄으로써 각 정권의 행정개혁에 영향을 주었던 개혁 패러다임의 변화에 대해 살펴보고자 한다. 특히, 이번 항에서는 제1공화국부터 제6공화국까지의 개혁이념, 목표, 이론, 그리고 국정목표 등을 중심으로 고찰하고, 김영삼 정부에서부터 현 노무현 정부의 구체적인 개혁 패러다임은 각 장에서 논의하기로 한다.

제1공화국은 제헌국회의 헌법절차에 따라 이승만이 대통령에 당선됨으로써 수립되었다. 제헌헌법의 이념은 주로 정의, 인도주의, 민주주의 및 평등성, 자유, 사회정의의 실현과 균형 있는 경제의 발전 등에 관한 것이었다(제헌헌법 전문, 1948. 7. 17.). 이승만 정부의 개혁 가치기준으로는 낭비배제와 간소화 등이 제시(송영신, 1999)되었으며, 한국전쟁 이후 남북통일, 경제안정, 전쟁복구 등이 주요한 국정목표로 제시되었다(염재호 외, 2004).

제2공화국에서는 통치이념 및 목표로 민주주의의 주체적 실현이 강조되었다. 구체적인 내용으로는 첫째, 자유민주주의의 구현이라는 측면에서 서구 민주주의식의 의원내각제 채택, 국민의 기본권 보장, 정치적 자유를 보장한 정당조항의 신설, 사법권의 독립과 공정한 재판을 위한 법관 선출제 등과 같은 것들이 개혁의 목표가 되었다. 둘째, 경제개발 우선주의를 추구하였다(안해균, 1980). 즉 행정개혁의 논리로 집권화의 논리 및 능률화·규격화의 논리를 앞세우고, 행정목표로 경제 제1주의를 내세워 경제발전을 위한 정부의 적극적인 역할을 강조함으로써 발전행정분야의 확장을 가져오는 계기를 마련하게 된다.

제3공화국에서는 자유·평등·창의라는 이념 및 가치 대신 경제조항에 대한 가치가 강조되었다. 헌법상에 나타난 이념의 변화를 보면, '대한민국의 경제질서는 개인의 경제상의 자유와 창의를 존중함을 기본으로 한다'(111조)는 표현(김만기, 1990)이 등장한다. 또한 1963년 12월 17일 박정희 대통령의 취임사에서는 '조국근대화'를 집권의 궁극적인 목표로 삼고, 정치적인 독립, 경제적 자립, 사회적 안정 등을 천명하였다(유영준, 1981, 염재호 외, 2004: 24에서 재인용).

제4공화국의 헌법상에 나타난 헌정이념은 조국의 평화적 통일, 새로운 민주공화국 건설, 국민생활의 향상, 세계평화 등으로 요약될 수 있으며, 대통령의 취임사에서는 유신이념의 구현과 함께 국력배양의 가속화, 번영된 통일조국의 구현, 총화전진, 세계평화와 인류공영에의 이바지 등의 목표가 강조되었다(염재호 외, 2004: 26).

제5공화국에서는 국정지표로 민주주의 토착화, 복지사회의 건설, 정의사회 구현, 교육개혁과 문화 창달 등이 제시되었으며, 전두환 정부는 이러한 국정지표를 바탕으로 국정방향을 체계화하게 된다. 이러한 국정지표는 재임기간 중 대통령의 연두교서나 국정연설, 그리고 시정목표 등에서 국정의 기본이념으로 제시되었으며, 특히, 안보와 경제발전에 관한 것들이 강조되었다(공병천, 1999). 다분히 선언적인 슬로건에 불과했다는 평가도 있으나, 10·15행정개혁과 5차 경제개발 등이 시도되면서 그 영향력을 나타내게 된다. 또한 개혁의 기본논리로 '작은 정부'의 원리를 주장하며 축소지향적인 정부조직 개편을 개혁의 기본 방향으로 삼는다.

제6공화국의 주요 통치이념은 노태우 대통령이 취임사를 통해 밝힌 3대 국정목표에 잘 나타나 있다. 첫째, 정치발전의 추진, 둘째,

국민화합의 달성, 셋째, 국제적 위상 선양이 바로 그것이다. 또한 1988년 5월 9일 개최된 국무회의에서는 '보통사람들의 위대한 시대를 연다'를 국정지표로 정하고, 정책기조로 민족자존, 민주화합, 균형발전, 통일번영의 4대 방침을 설정함으로써 개혁의 목표와 방향을 제시하게 된다(염재호 외, 2004: 30).

이와 같은 각 정권의 개혁이념 및 목표, 국정목표 등은 행정환경과 더불어 각 정권의 행정개혁의 방향에 지대한 영향을 주었을 것으로 사료되며, 행정개혁의 방향 및 제도적 틀을 변화시키는 영향요인으로 작용하였을 가능성이 높다. 하지만 이러한 영향요인들이 기존의 제도를 변화시키는 단절적인 계기가 되었는지는 알 수 없다. 이와 관련한 영향관계들은 분석부분에서 보다 심층적으로 논의하기로 한다.

제3절 개혁추진 과정

1948년 대한민국정부가 수립된 이후 우리나라의 행정체제는 끊임없이 행정개혁 사업을 전개해 왔다. 정부조직의 변천사를 한눈에 알 수 있는 정부조직법만 하더라도 2004년 12월 현재까지 약 60회 정도 개정된 것으로 보고되고 있다[15]. 제1공화국에서부터 노무현 정권에 이르기까지 각각의 정부에서는 각 정권이 내세우는 이념좌표와

---

15) 총무처(1988)의 「대한민국정부조직 변천사」에 의하면 1998년 2월까지 약 47회의 정부조직법 개정이 이루어졌으며, 이후 2004년 12월까지 13여 차례의 정부조직법개정이 더 있었던 것으로 보고되고 있다(법제처 정부조직법 연혁법령 참고).

정부개혁 로드맵에 따라서 지속적인 행정개혁을 추진해 왔다. 김영삼 정부까지 행정개혁의 대상 범위에는 주로 중앙정부와 지방자치단체까지가 포함되었지만, 김대중 정부에서부터는 공공부문으로 개혁 대상 범위가 확대되고, 공식적으로 공공부문 개혁이라는 용어를 사용하기도 하였다. 특히 1997년 말 외환위기 이후 행정개혁의 범위가 더욱 확대되는 경향을 보였으며, 이것은 행정학 연구의 외연 확장과 더불어 행정개혁의 대상을 중앙정부와 지방자치단체, 그리고 정부산하 단체로 확대시키는 계기를 가져왔다(김판석, 2003).

사실 한국 행정에 행정개혁이 본격적으로 시도되기 시작한 것은 박정희 정부가 1963년 12월 14일 정부조직법 개정을 통해 대통령 직속의 행정개혁조사위원회를 설치하면서부터이다. 하지만 주로 광범위한 행정개혁 사업의 입안에 주력하였고 발전행정론적인 시각이 지배적이었다는 점에서 한계를 보였다(임도빈, 2000). 이후 박정희 정부는 제4공화국에서도 국무총리 소속하에 행정개혁위원회를 설치하여 지속적인 행정개혁을 추진하였다. 제5공화국 시절 전두환 정부는 사회정화위원회를 설치하였고, 노태우 정부 때에는 행정개혁위원회를, 김영삼 정부 때에는 행정쇄신위원회를 통하여 행정개혁을 추진하였다. 김대중 정부의 경우에는 초반부에는 기획예산위원회를 주축으로 개혁을 시도하였으나, 정권 후반부부터는 정부혁신추진위원회를 통해 개혁을 추진하였다. 현 정권인 노무현 정부의 행정개혁 추진은 정부혁신지방분권위원회를 중심으로 이루어지고 있다.

〈표 3-2〉 정권별 행정개혁 추진기구

정권 구분	행정개혁 추진기구
박정희 정부	행정개혁조사위원회(3공화국) 또는 행정개혁위원회(4공화국)
전두환 정부	사회정화위원회
노태우 정부	행정개혁위원회
김영삼 정부	행정쇄신위원회
김대중 정부	기획예산위원회(초반부), 정부혁신추진위원회(후반부)
노무현 정부	정부혁신지방분권위원회

본 논문이 분석대상 기간으로 정하고 있는 김영삼 정부에서부터 노무현 정부까지의 행정개혁을 분석하기에 앞서 우리나라 행정개혁의 역사적 흐름과 전개과정을 정리해 볼 필요가 있을 것으로 여겨진다. 따라서 다음에서는 역대 정부의 개혁과정을 중앙정부의 기구개편을 중심으로 정권별로 행정개혁의 내용을 정리[16]해 보고자 한다.

1. 제1공화국

1948년 7월 17일 정부조직법이 법률 제1호로 공포됨으로써 11부 4처 3위원회의 중앙행정기구가 탄생하였다. 중앙행정기관의 종류와 명칭은 원·부·처·청 또는 비서실·국·과로 체계화되었으며, 중앙행정기관으로는 대통령·국무원·행정 각 부를 두고, 대통령 직속하에 고시위원회·감찰위원회를, 그리고 국무총리 직속하에 국무처·공보처·법제처·기획처의 4처와 경제위원회의 1위원회를 두었다. 또한 행정

---

16) 정권별 행정개혁 내용 정리를 위해 행정자치부(1998: 120-176), 오석홍 (1997: 78-96), 오석홍(2002: 407-417), 송영신(1999: 312-319), 박대식(2004: 249-256), 염재호 외(2004: 16-36) 참조.

각 부는 내무부·외무부·국방부·재무부·법무부·문교부·농림부·상
공부·사회부·교통부·체신부 등 11부를 두었다. 정부조직법의 제정으
로 정부관료제의 제도적 기제의 근간을 형성하는 계기가 마련되었으
며, 이는 많은 기제 변화에 있어서 제도적 맥락으로 작용한다는 점에
서 경로의존적인 제약과 제도적 지속성을 부여하는 성격을 띤다.

전후 복구를 위한 행정개혁의 착수로 1955년 2월 7일 정부조직법
전문이 개정되었는데, 이때의 개혁은 주로 기구개편과 인원조정에
관한 것이었다. 특기할 만한 것은 6·25 전후 복구를 위해 부흥부와
외자청을 설치 운용하였다는 점과 개혁이 전담기구 없이 정부여당의
합동작업으로 이루어졌다는 점이다. 당시 정부조직개편은 헌정개정
에 의해 국무총리제를 폐지하면서 후속조치로서 이루어진 개편이었
는데, 조직개편의 주요한 내용은 국무총리 산하기구를 해체하는 데
초점이 맞추어져 있었다. 조직개편안은 당시 집권정당인 자유당에
의해 준비된 것으로, 입법과정에서 반대정당 의원들의 심한 비난을
받기도 하였다. 왜냐하면 대통령에 대한 권력집중을 목적으로 하는
정치적 동기에서 개편안이 만들어졌기 때문이다. 하지만 입법과정에
서 반대정당 의원들의 수정안들은 모두 부결되고, 국무총리산하 공
보처가 대통령 직속 공보실로 편입되는 등 집권정당의 의도대로 정
부조직개편이 단행되었다.

정부규모의 변화와 관련하여 이 시기에도 인원감축과 같은 감축개
혁이 한때 시도되기도 했었다.[17] 하지만 집권 후기로 갈수록 규모는

---

17) 당시는 해방 후에 심각한 타격을 입은 경제가 전쟁으로 완전히 붕괴된
    상태였기 때문에 식량난조차 해결할 수 없는 절박한 상황이었으므로
    경비절감을 위한 인원감축은 정당성을 얻기에 충분했다. 하지만 이 시
    기의 개혁이 진정한 의미의 감축개혁이었다기보다는 한국 실정을 잘
    모르는 대통령의 등 뒤에서 관료들을 장악한 자유당 고위간부들이 자
    유당의 정권유지와 부조리를 위한 수단으로 감축개혁을 활용하였을 가
    능성이 높다(정승건, 1994: 64, 정정길, 2003: 375-377).

점차 확대되었으며, 집권 말기를 기준으로 제1공화국의 중앙행정기구 형태는 12부, 3청, 2실, 1위원회의 모습을 갖추게 된다.

2. 제2공화국

이때의 정부는 4·19로 인해 발족한 과도정부로서 본격적인 행정개혁 작업을 주관할 만한 능력을 갖지 못한 정부였다. 이러한 이유로 내각책임제 채택에 따른 새 정부 구성에 필요한 준비작업 위주로 개혁이 진행되었다. 즉 국무회의 운영에 필요한 규정을 마련하기 위해 최소범위 내에서 권력구조와 행정체제의 구성과 관련된 헌법과 정부조직법의 개정이 이루어졌다.

내각책임제 도입과 더불어 1960년 7월 1일 정부조직법 전문이 개정됨에 따라, 국무총리와 국무원(내각)의 지위가 크게 강화되었다. 조직개편의 주요한 내용은 국무총리 산하기구를 복원하는 것과 관련이 있다. 즉, 국무총리 지위강화를 위해 국무원 사무국을 사무처로 승격하고 공보실과 법제처를 흡수하도록 하였으며, 경찰중립화라는 목적으로 공안위원회를 국무총리 소속으로 설치하는 등의 개편을 단행하였다. 당시 조직개편안은 헌법개정기초위원회의 위원들에 의해 작성되었으며, 입법과정에서 의원들의 저항은 거의 없었다. 개편결과 중앙행정조직은 대통령과 국무원, 국무총리, 12부 1처 3청 3위원회로 구성되었다.

이와 관련된 행정권의 변화를 살펴보면, 국무원이 국가 최고 행정기관이 되었고, 국무총리는 행정권의 귀속체인 국무원을 대표하며, 행정 각 부를 지휘, 감독하게 되었다. 그리고 행정 각 부의 장관은 국무위원이 겸임하도록 하였으며, 국무총리에게 임면권이 있었다.[18]

한편, 4·19 혁명으로 권력구조 개편과 그에 따른 책임행정을 지향하는 통치이념 추구의 한 모습으로 정무차관제가 신설되었는데, 이는 전에 없던 새로운 제도적 기제로서 역사적 사건이 제도변화에 커다란 영향을 주고 있음을 보여준다. 또한 이 시기에는 민간을 비롯한 외부 참여가 확대되어 기구개편 과정에서 민주성이 많이 고려되었는데, 이와 관련하여 감찰위원회와 공안위원회가 신설되어 위원회 직제가 1개에서 3개로 증가하였다.

이처럼 제2공화국에서는 헌법과 정부조직법 개정을 통해 정부조직 체제에 변화가 나타났으나, 그 규모나 기능 면에서 전 정권의 제도적 특성이 상당부분 유지되었으며, 권력구조상에 커다란 변화가 있었음에도 불구하고 정부조직법이 제도적 맥락으로 작용하면서 그 근간이 지속되었다.

3. 5·16 군사정권

군사정권의 행정개혁은 강압적인 방법으로 시행되었으며, 기구와 인력의 팽창경향이 현저하게 나타난 시기였다. 행정기구의 개편은 인사행정제도, 기획제도, 행정관리제도 등에서 광범하고 빈번하게 단행되었으며, 각종 제도 개편에서 정부의 적극적인 개입이 이루어졌다. 특히 발전행정을 위한 개입에서는 기구와 인원을 대폭 확대하였다. 군정기간 중 행정개혁을 입안하는 데 참여한 계층으로는 공무원, 군인, 행정학자, 정치학자, 경제학자 등이 있으며, 이들은 대체로 미국에서 교육을 받았거나 미국식 훈련을 받은 사람들이었다.

---

18) 국무위원과 행정 각 부 장관은 겸임하는 것이 원칙이지만, 겸임하지 않는 무임소 국무위원도 있었다(염재호 외, 2004: 19).

1961년 10월 2일 정부조직법 전문이 개정되었는데, 개편의 기준을 살펴보면, ① 현대적 국가기구의 조직원칙과 우리나라 실정을 감안하여 행정의 민주화와 능률성을 향상. ② 기획과 집행의 양 기능을 분리하여 정책과 기획의 원활한 순환을 도모. ③ 존속의 필요가 희소한 것은 직능에 따라 폐합. ④ 행정의 분산관리로 인하여 발생하였던 중복과 비능률성을 지양하고 동질적인 사무를 통합. ⑤ 중앙에 집중되었던 권한을 지방에 대폭 이양함으로써 지방행정기관의 강화를 도모. ⑥ 국토개발사업을 강력히 추진할 수 있는 체제 마련. ⑦ 사업관청들로 하여금 기업관리체제를 구축하도록 하는 기준이 적용되었다. 「10·2개편」의 주요 내용은 다음과 같다.

〈표 3-3〉 10·2개편의 주요 내용

「10 · 2개편」의 주요 내용
① 내각사무처에서 법제국을 분리하여 법제처로 승격.
② 조달청을 경제기획원 소속으로 신설하고 외자청을 폐지. 해무청은 교통부에 폐합.
③ 국토건설청에 내무부의 토목국과 해무청의 시설국을 흡수.
④ 문화재관리국(문교부소속), 전파관리국(체신부소속)을 신설.
⑤ 국립공무원훈련원을 중앙공무원교육원으로 개편·강화.

10·2개편은 규모에 있어서는 전면적인 것이었지만 군부는 군사쿠데타 직후 통치자에게 권한을 집중시키는 조직개편을 이미 단행한 후였으므로, 당시의 개혁은 정부기능을 합리적으로 조정하는 차원에서 그쳤다.

4. 제3공화국

　제3공화국 시기에는 헌법개정으로 정부형태가 내각책임제에서 대통령중심제로 변경됨에 따라서 또 한번 정부조직법 전문이 개정되는 계기를 맞이하게 된다. 1963년 12월 14일에 있었던 정부조직개편은 대통령중심제를 채택함으로써 이루어진 후속조치로, 개편의 초점은 대통령의 참모기능을 강화하는 데 있었으며, 대통령비서실의 신설과 국가재건최고회의에 소속되어 있던 중앙정보부와 감사원, 국민재건운동본부 등을 대통령 소속으로 이관하는 개편을 단행하였다. 그리고 이 기간 중의 기구개혁의 특징은 강한 목표지향성을 띠었다는 것이다. 즉 국가안전보장회의, 중앙정보부, 경제기획원, 국민재건운동본부, 행정관리국 등은 강한 합목적성을 띤 기구들이었다.

　또한 미국식 행정관리 방식의 도입과 더불어 정책기획 입안과 계획수립을 위한 기획기구의 설치 및 기능강화가 이루어졌다. 이는 경제개발이라는 국정목표를 효율적으로 수행하기 위해서 경제부처를 중심으로 기획정책기능과 집행기능을 유기적으로 분리한 것이며, 이러한 기능상의 제도변화는 관세행정이나 과학기술행정 등과 같은 타 분야로 확대되었다. 특히, 경제기획원은 집행기능을 경제 각 부처로 이관하고 기획 및 조정기능만을 담당하게 하였으며, 부총리제를 두어 경제기획원 장관이 겸임하도록 하였다. 그리고 경제우선주의에 입각하여 막료기능을 수행하는 담당관제도가 크게 확대되는데, 1963년 12월 24개에서 1968년 7월 250개로 10배 이상 증가하였다. 여기에는 경제자립과 조국근대화라는 통치이념의 영향이 작용하고 있는 것으로 보인다.

　특기할 점은 행정관리국과 함께 행정개혁을 전담하는 기구가 설치·운영되었다는 것인데, 1964년 6월 1일 대통령령으로 대통력직속기관인 '행정개혁조사위원회'를 설치하여 행정개혁의 전문화 및 제도화의 기틀을 마련하게 되었다. 이 시기의 정부조직개편은 군정기간 동안 최고의 권력을 담당했던 국가재건최고회의에 의해서 이루어졌기 때문에 통치자에게 권한을 집중시켜 왔던 제도적 속성은 그대로 유지되었을 가능성이 높다.

5. 유신체제

유신으로 시작된 제4공화국에 들어서서도 행정기구, 인력, 그리고 예산의 증가는 계속되었다. 그 결과 강력한 중앙집권화, 기획기능의 강화, 각종 규제의 설치 및 시장개입, 지방행정의 무력화 등과 같은 현상이 나타났다.

1973년 1월 15일에 있었던 정부조직개편은 유신헌법의 채택에 따른 후속조치로 이루어진 개편이었다. 이 시기의 개편은 유신체제 속에서 이루어졌으며, 정부조직법 전문이 개정되어 중앙행정기구는 2원 13부 4처 13청 5외국의 골격으로 구성되었다. 개편의 초점은 대통령의 계선기능 강화에 있었으며, 대통령의 조직권을 강화함으로써 대통령령에 의해 중앙행정기관의 위원회, 실, 국 및 지방행정기관을 설치할 수 있도록 하였다. 이러한 개편의 취지는 정부조직의 경직성을 완화하여 정부기구를 행정수요에 알맞게 조정하는 데 있었다. 또한 국무총리 산하에 행정조정실을 신설하여 국무총리의 정부감독권이 효율적으로 수행될 수 있도록 하였다.

한편, 제4공화국 시절에는 경제정책과 관련하여 중화학공업 육성정책이 우선시되면서 중화학공업개발과 관련된 중앙행정기관들이 확대된다. 이와 관련하여 1975년 교통부 산하에 항만청을 신설하고,

1976년에는 상공부 산하의 특허국을 특허청으로 승격하였으며, 1977년에는 에너지를 비롯한 자원행정의 전문화와 효율적 집행을 위하여 동력자원부를 신설하였다.

이 시기에는 정부조직에 대한 입법부의 통제기능이 약화되면서 청(廳)을 비롯한 국(局)의 수가 대폭 증가되었고, 행정기구의 융통성 및 전문성 제고를 위해 도입된 담당관제도와 차관보제도가 점차 계선기관화되는 경향을 나타냈다. 행정개혁과 관련하여 특기할 만한 사항은 행정개혁위원회가 정식 정부기구로 설치되면서 행정개혁의 구체화·과학화·제도화에 기여하였다는 점이다.

6. 제5공화국

제5공화국은 정권이 가지는 근본적인 한계 때문에 행정개혁목표의 성취도 어려웠을뿐더러 강압적인 체제에 의해 개혁이 진행되던 시기였다. 다만 이 기간의 기구개혁은 역대 정부 이래로 계속 팽창되어 온 기구와 정원을 처음으로 축소·정비시켰다는 점에서 중요한 의미를 갖는다.

전두환 정부는 1981년 10월 15일, (i) 행정목표의 변동, (ii) 행정환경의 변화, (iii) 기구와 기능의 중복, (iv) 구조의 고층화, (v) 기구·인력의 증가로 인한 행정경비의 과다 등과 같은 개혁의 필요성을 들어서 정부조직 및 인력의 조정 작업을 단행하였다. 「10.15행정개혁」의 기본 방향은 다음과 같다.

〈표 3-4〉 10·15행정개혁의 기본 방향

「10·15행정개혁」의 기본 방향
① 정부관여 범위를 축소하여 자율적이고 민주적인 행정을 구현함
② 행정절차를 간소화함으로써 행정의 능률화를 도모함
③ 불요불급한 상위기구를 축소·조정함으로써 예산의 낭비적 요소를 제거하여 국민부담을 경감시킴
④ 대국대과제(大局大課制)의 구현으로 조직규모를 적정화함으로써 결재단계를 축소함
⑤ 인력의 소수정예화로 행정의 전문화를 지향

이러한 개혁의 기본 방향 아래 1981년 12월 31일 정부조직법이 개정되면서 국무총리실의 기획조정실을 폐지하는 것을 비롯하여 34개 중앙행정기관과 그 소속기관 및 기타 7개 기관의 조직과 인력을 정비하였다. 전두환 정부는 10·15행정개혁을 계기로 전 정권인 군정기와 유신정권 속에서 대통령의 권한 집중을 위해 지나치게 팽창되었던 비서실기구를 축소하고, 부처들의 행정권을 강화시키려는 의도로 3개 경제수석비서를 하나로 통합하고, 9개나 되었던 장관대우 특별보좌관을 모두 없앴다.

10·15행정개혁은 정부기구 축소라는 점에서 작은 정부 이념에 부합되는 개혁이었다. 하지만 이러한 개혁을 단행하게 된 배후에는 또 다른 이유가 있었다. 첫 번째 배경은 1970년대 지나치게 권력을 행사한 대통령 비서실의 횡포가 비난의 대상이었기 때문이기도 하지만, 본안사령부를 담당했었던 전두환 대통령 본인이 비서실의 부패와 횡포에 대해 누구보다도 더 잘 알고 있었기 때문에 개혁에 대한 의지가 강했다. 게다가 비서실의 규모축소와 권한약화는 국민들에게 큰 인기를 얻을 수 있었기 때문에 빈약했던 정통성 확보를 위해 도움이 될 수 있었다.

두 번째 배경은 1980년대 초의 경제상황과 관련이 깊다. 1970년대 말부터 가속화된 중화학공업화로 엄청난 자금소모가 발생했고 이로 인해 인플레이션이 유발됐다. 게다가 활발한 중동건설로부터 송금된 돈들이 부동산으로 몰리면서 심각한 물가상승이 일어났고, 1974년에 이어 1979년 말에 다시 발생한 석유파동이 세계경제를 강타하면서 한국 경제 또한 30% 이상의 물가상승률을 보이는 등 심각한 경제난에 시달리게 되었다. 이러한 이유로 전두환 정권은 성장위주의 경제정책보다는 안정위주의 경제정책을 정책기조로 삼고, 정부 또한 경비의 대폭적인 축소, 예산동결을 통한 재정지출 억제, 대국대과주의를 통한 국과 과의 대폭적인 감축, 행정부의 기능 축소 등과 같은 개혁을 단행하였던 것이다. 이러한 이유로 전두환 정권에서는 정통성 획득을 위한 정권이익의 창출, 그리고 피해 갈 수 없었던 어려운 경제적 요인이 맞물려 실무부처를 축소하는 쪽으로 정부조직개편이 이루어졌던 것이다.

제5공화국 집권 말기의 중앙행정기구의 형태는 2원, 4처, 16부, 13청, 3외국, 1위원회로 구성되었다. 그리고 역할은 미미했지만 전두환 정부 역시 행정개혁 추진기구로 1980년 10월 28일 사회정화위원회 설치령(대통령령 제10054호)에 근거하여 국무총리 산하에 사회정화위원회를 신설하였다.

이상의 개혁 작업을 종합해 볼 때, 이 시기의 행정개혁은 기구축소·상위직 축소·저층구조화 등을 추구하는 것으로 행정농도를 낮추고 행정경비를 줄이는 데 상당한 기여를 하였을 것이며, 분권화의 촉진과 행정절차의 간소화에도 어느 정도 긍정적인 기여를 하였을 것으로 보인다.

7. 제6공화국

　노태우 정부에서는 과거청산과 민주화 그리고 노폐기구의 정비 차원에서 행정개혁이 이루어졌다. 이에 따라 사회정화위원회와 국가원로자문회의가 폐지되었고, 경찰의 정치적 중립을 강화하기 위해 경찰청과 경찰위원회가 설치되었다. 또한 통일, 환경, 그리고 체육 관련 부처들이 승격 및 강화되었다. 보다 구체적으로 살펴보면, 제6공화국에서는 두 차례에 걸친 전면적인 정부조직개편이 있었다. 먼저, 1989년 12월 30일에 있었던 정부조직개편에서는 환경청을 국무총리 소속하의 환경처로 승격시키고, 문화공보부를 문화부와 공보처로 분리하였다. 이후 1990년 12월 27일에 있었던 조직개편에서는 국토통일원을 통일원으로 명칭을 바꾸고 통일원장관의 지위를 부총리로 격상시켰으며, 조사통계국은 통계청으로, 중앙기상대는 기상청으로, 치안본부는 내무장관 소속하의 경찰청으로 승격하였다. 노태우 정부의 조직개편의 취지는 민주적 환경을 위한 조직개편에 있었으며, 실무부처를 확대하는 쪽으로 개편이 단행되었다. 개편결과 정권 후기의 중앙행정기구는 2원, 16부, 6처, 15청, 2외국의 형태로 구성되었다.

　노태우 정부에서도 이전 정부에서처럼 대통령령에 의해 행정개혁을 위한 전담기구로 행정개혁위원회를 설치·운영하였다. 행정개혁위원회의 임무는 민간부문의 자율화·개방화·국제화와 관련하여 행정여건의 변화에 효율적으로 대처할 수 있는 행정조직으로의 개편과 행정제도 및 행정행태의 개선에 관한 사항을 연구·검토하여 대통령에게 건의하는 것이었다. 행정개혁위원회의 문제인지와 개혁방안 제시의 영역은 상당히 광범하였고 어떤 의미에서는 분산적이었다. 다음은 행정개혁위원회의 개혁방향에 관한 주요 내용을 정리한 것이다.

<표 3-5> 행정개혁위원회의 개혁방향

「행정개혁위원회」의 개혁방향
① 지방자치에 대비하여 중앙의 행정기능을 지방정부에 대폭 이양하도록 권고
② 3계층으로 되어 있는 지방행정계층구조를 2계층으로 개편하는 방안 제시
③ 지방행정계층구조 변경에 관한 제안(채택되지 않음)
④ 몇몇 정부투자기관의 민영화 촉구
⑤ 인허가제도에 의한 정부규제 축소 등 민원행정 개선방안 제시

이 시기에는 전 정권인 전두환 정권의 초기 공포정치가 감소되면서 후반기에 등장한 민주화의 거센 요구와 노동자·농민들의 대대적인 파업과 시위로 인한 복지향상에 대한 정책적 요구로 인해 행정개혁의 지도이념으로 민주성과 형평성이 강하게 요구되었다. 하지만 이러한 요구는 환경처의 승격 이외에는 행정관리상의 개혁으로 이어지지 않았으며, 앞서 소개된 주요한 개편들 역시 관료들의 요구를 대폭 수용하는 확대개편에 불과했다. 또한 민간전문가들의 집합체인 행정개혁위원회에서 작성된 개편안들은 대통령의 무관심으로 대부분 채택되지 못했고, 환경처의 승격과 통일원장관의 부총리 승격 등과 같이 채택된 개혁안도 알고 보면, 확대개편이 부처의 이익과 부합하였기 때문에 행정개혁위원회의 권고를 명분으로 하여 부처가 로비한 결과에 불과했다(정정길, 2003: 389-390).

노태우 정권의 개혁은 뚜렷한 개혁이념에 기반을 두고 단행된 개혁이 아니었으며, 직선제에 의해 당선되었기 때문에 정권적 이익을 위한 개혁의 필요성도 크지 않았다. 게다가 민주화의 바람을 타고 에너지 전문가집단, 임학자들, 마사회 등과 같은 이익집단들의 개입이 나타나게 되었으며, 건설교통부의 기구축소에 대한 관료들의 집단항명 파동과 같은 관료들의 집단행동이 새로운 세력으로 등장하게 되었다(정정길, 2003: 391).

Stinchombe(1968)의 지적처럼 권력자는 제도변화를 어느 정도 완충시킬 수 있는 능력을 가지고 있으며, 관료들의 내부저항은 기존 제도를 유지하는 데 기여하게 된다(Krasner, 1984). 이러한 관점에서 보았을 때 노태우 정부의 조직개편은 대통령의 개혁의지 결여와 관료들의 내부저항으로 인해 지속적으로 확대지향적인 조직개편이 단행되었던 것으로 볼 수 있다.

8. 김영삼 정부

김영삼 정부는 신한국건설이라는 기치(旗幟) 아래 과거청산, 부패척결, 권위주의 타파와 민주화 지향이라는 개혁의 방향을 제시했다. 이를 위해서 강압통치 수단이 되었던 기관 축소와 기능제한, 행정기구 감축, 행정규제 완화와 국민편의 위주의 행정개선, 부패추방 등과 같은 가시적인 노력을 선보였다. 하지만 참여가 배제된 상태에서 대통령의 독주가 이어졌기 때문에 新권위주의라는 비판을 받았다.

김영삼 정부기구개혁의 특징은 정권출범 초기가 아닌 정부 출범 2차 연도 말부터 '세계화를 위한 개혁'을 표방하며 대폭적인 행정기구 개편을 추진하였다는 것이다. '작은 정부' 구현을 정책기조로 채택하고 일부 행정부처의 통폐합, 기구축소, 고위직 감축 등을 추진하였다. 문화부와 체육청소년부를 통합하여 문화체육부로 개편하였고, 상공부와 동력자원부를 통합하여 상공자원부로 개편하였다. 김영삼 정부에서는 중앙행정기구의 조정을 통해 1실 3국 11심의관 35개과의 기구와 538명의 인원을 감축하였다. 또한 행정쇄신위원회를 설치하여 정부의 모든 조직들도 행정의 민주화, 낭비배제, 규제완화, 간소화, 그리고 국민에 대한 봉사강화를 위한 쇄신에 앞장서도록 독려

하였다. '행정쇄신'의 기본 방향으로는 ① 국민편의 위주의 제도·관행의 쇄신, ② 민주적이며 효율적인 행정의 구현, ③ 깨끗하며 작고 강한 정부의 구축 등이 제시되었다.

9. 김대중 정부

김대중 정부는 IMF(국제통화기금)사태라는 외환위기 속에서 정권이 출범하였고, 새천년국민회의와 자유민주연합 두 정당의 연합관계에 의한 공동정부로 출범하였다는 점이 역대 정부와 다르다. 또한 평화적 방법에 의한 집권세력의 교체라는 점도 특징으로 들 수 있다. 김대중 정부는 김대중 정부, 제2의 건국운동 등과 같은 사회개혁운동을 활발히 추진하였고, 경제위기 극복, 민주적 시장경제 구축, 정치선진화, 그리고 남·북한 간의 평화정착(햇볕정책) 등과 같은 정책에 역점을 두었다. 국가인권위원회의 설치, 여성부 신설 등을 통해 인권보호와 여성권익 신장을 위한 사업에 주력하였고, 저비용 정치구조의 구축을 위해 힘썼다.

이 시기에는 정부조직적 측면에서 작은 정부 구현을 위한 기구개편과 공기업 민영화와 구조개선이 촉진되었으며, 책임운영기관 제도가 도입되었다. 또한 행정서비스를 위한 시민헌장제도가 채택되었고, 임용의 개방화가 촉진되었으며, 성과급적 보수결정 기준이 강화되었다. 이 시기의 개혁은 민주화, 효율화, 부패방지 제도개혁에서 긍정적인 평가를 받기도 하지만, 여러 개혁영역에서 실효를 거두지 못하고 형식주의·과시주의로 흐르는 경향 때문에 비판받기도 한다.

10. 노무현 정부

노무현 정부는 여소야대라는 취약한 정치적 지지기반을 가지고 출범하였다. 정부 출범 초기에 대내적으로는 국론의 분열, 역대 정부에서부터 지속되어 온 국민들의 개혁피로감 가중, 공직사회의 부패, 빈부격차의 심화, 이데올로기의 갈등문제 등과 같은 복잡한 문제들에 대해 개혁이 요구되는 상황이었으며, 대외적으로는 북핵문제, 미국 부시행정부의 '악의 축' 발언과 강경한 대북관계, 이라크전쟁의 발발 등과 같은 문제 때문에 국제적으로 한국정부의 입지가 불안한 상황이었다.

노무현 정부는 '국민과 함께 일 잘하는 정부'를 행정개혁의 정책기조로 삼고, 효율적인 행정, 봉사하는 행정, 투명한 행정, 함께하는 행정, 그리고 깨끗한 행정을 정부혁신의 5대 목표로 제시하며, 대대적인 정부조직개편과 같은 하드웨어적인 개혁보다는 운영체계의 개선이나 성과중심의 체제 구축과 같은 소프트웨어적인 개혁에 초점을 두고 개혁을 진행하고 있다. 노무현 정부는 고위직공무원의 역량강화를 위해 고위공무원단제도를 도입하고, 국무총리 소속의 국민고충처리위원회를 대통령 소속기관으로 변경하여 그 기능을 강화시켰다. 또한 행정서비스 민간위탁제도를 통해 정부-민간의 협업체제를 구축하였고, 총액인건비제도나 소속장관에게로 보수결정권을 위임함으로써 기관의 자율성을 강화시키는 개혁을 단행하였다.

지금까지 제1공화국부터 현 정권까지 우리나라 행정개혁의 추진과정과 제도적인 변화에 대해 개괄적으로 살펴보았다. 그리고 김영삼 정부부터 현 정부의 개혁현황은 다음의 장에서 보다 구체적으로 살펴보기로 한다. 다음은 정부조직법에 근거한 우리나라 중앙행정기구의 형태 변화를 정리한 것이다.

<표 3-6> 시기별 중앙행정기구 형태

시기구분	기구의 형태	
제1공화국	12부 3청 2실 1위원회	
제2공화국	1원 1처 12부 3청 3위원회	
제3공화국	2원 4처 13부 12청 7외국	행정개혁조사위원회 설치
제4공화국	2원 4처 14부 14청 4외국 3위원회	행정개혁위원회 설치
제5공화국	2원 4처 16부 13청 3외국 1위원회	사회정화위원회설치
제6공화국	2원 6처 16부 15청 2외국	행정개혁위원회 설치
김영삼 정부	2원 5처 14부 14청 1외국	행정쇄신위원회 설치
김대중 정부	4처 18부 16청	행정개혁위원회 설치 정부혁신추진위원회 설치
노무현 정부	4처 18부 17청 (2006.12.기준)	정부혁신지방분권위원회설치

주: 각 정권의 집권 말기 기준.

제 4 장 김영삼 정부의 정부혁신

제1절 행정환경

1. 정치적 환경

우리나라는 김영삼 정부에 들어서면서 정치문화의 전환기로 접어들게 된다. 이때부터 권위주의적이고 편향된 정치문화를 탈피하여 다양한 주장과 의견을 수렴하고 대립과 갈등을 조정할 수 있는 행정능력에 대한 요구가 차츰 증가하게 된다(김판석, 1994). 김영삼 정부의 행정개혁에 관한 정치적 환경에서는 현실적 요인, 이념적 요인, 구조적 요인의 영향들을 모두 발견할 수 있다.

첫째, 현실적 요인의 측면에서, 민정당과의 통합 이후, 당내 경선에서 여당의 대통령 후보로 선출된 김영삼이 대통령에 당선됨에 따라서 행정개혁의 정치적 환경은 이전 정권들과는 사뭇 다른 국면을 맞이하게 된다. 즉 이전까지의 정권들이 군부정권이라는 정치적 특수성 속에서 시작되었다면, 김영삼 정부는 민간인 대통령이라는 보다 유리한 정치적 환경에서 출발한다. 특히, 박정희부터 노태우로 이어지는 전임 정권의 경우 군부정권이라는 정치적 약점을 극복하기 위해 관료제를 통해서 강압적으로 정통성을 획득해야만 했다. 따라서 이는 행정관료제를 개편함에 있어서 관료제의 질적인 향상과 양적인 팽창을 부추기는 요인으로 작용하게 되었고, 권력의 정통성 유지를 위한 기술적 관료제에 대한 정치권력의 요구와 관료제의 제도적 자율성 추구라는 측면이 점차 증대되는 결과를 초래하였다.

반면 문민정부라는 정치적 정통성을 기반으로 출발한 김영삼 정부는 행정개혁을 통해 그간에 비대해진 행정관료제를 개혁하고 정부조직을 재구조화해야 할 이유가 있었으며, 시대사적 조류에 따라 민주적 엘리트에 의한 관료통제가 요구되었다. 따라서 개혁을 통해 비대화되고 제도화된 관료제의 편익을 변화시키는 것과 민주화를 공고히 하는 것이 김영삼 정부의 우선적인 과제가 되어야 했다(강명구, 1998).

둘째, 이념적 요인과 구조적 요인의 측면에서 볼 때, 김영삼 정부의 개혁환경에는 과거 유신정권 때부터 내려온 고질적인 문제[19]들과 전임정권의 부채까지 더해지는 열악한 환경도 공존했다. 때문에 이전 정권들과 차별화될 수 있는 정책이 필요했고, 그러한 이유로 정치개혁에 우선순위를 둘 수밖에 없는 실정이었다(안문석, 1995). 즉 권위주의체제에서 벗어날 수 있는 좋은 기회이면서도, 사정과 정치개혁에 뒤따르는 행정개혁의 부작용을 우려해야 했고, 또한 행정개혁을 행정조직 개편으로 이해하는 입장에서 조직축소와 감원에 뒤따르는 관료사회의 동요와 불안요인들을 고려해야 했다(행정쇄신위원

---

19) 과거 정권들로부터 물려받은 고질적인 문제들로는 개발기에 형성된 군사문화적 속성과 관주도의 행정관행 및 공급 위주의 행정에 관한 문제들을 지적할 수 있다(안문석, 1995). 구체적인 증상들을 살펴보면, 첫째, 6공화국을 통해서 나타난 전반적인 민주화 추세와 정권담당자의 조정력 결여 등으로 공무원의 기강이 해이해졌다는 점. 둘째, 가까운 사람 중심의 인사정책이나 원칙 없는 인사정책 등으로 공무원의 사기가 저하되었다는 점. 셋째, 공직을 빙자하여 사리(私利)를 도모하는 잘못된 관행이 중하위 직까지 확대되었다는 점. 넷째, 감사원 등 사정당국의 사정의지와 범위가 극도로 축소되었다는 점. 다섯째, 여소야대라는 국회상황에서, 행정부의 위상이 극도로 위축되었다는 점. 여섯째, 논의와 논쟁은 많았으나 산출은 적은 정부였다는 점. 일곱째, 성수대교 붕괴사건과 같이 과거의 고지점령식 브리핑 행정이 가져다주는 피해가 본격적으로 나타나기 시작했다는 점. 여덟째, 금과옥조라고 생각되어 온 국산품애용과 국내시장 보호가 '301조'와 'WTO'라는 새로운 외교국면으로 인해 전면 재검토되어야 할 위기였다는 점 등을 들 수 있다.

회, 1994). 그러므로 김영삼 정부 출범 초기인 1993년의 개혁내용을 보면 주로 정치개혁에 관한 것이 대부분이었다(김판석, 1994).

비록 3당 합당이라는 태생적 한계를 가지고 출발하였으나 민주주의를 공고화하는 과정에서 정치적 정당성을 확보할 수 있었고, 이는 결과적으로 행정개혁에서 엄청난 추진력으로 작용하게 되었다. 김영삼 정부의 행정개혁은 크게 국가 재구조화 작업과 작고 강력한 정부 만들기에 초점이 있었다(강명구, 1998).

먼저, 수평적 국가 재구조화(horizontal state restructuring) 작업은 '국가의 기능을 시장과 어떻게 나눌 것인가에 관한 것'으로 규제완화와 민영화를 통해 가능하다. 김영삼 정부에서는 정부의 시장간섭을 최소화하기 위한 규제완화 조치가 분명히 있었지만, 김영삼 행정부가 취한 일련의 정책적 조치들이 결코 강한 정부의 역할을 포기한 것은 아니었다. 또한 김영삼 정부의 행정개혁은 작고 강력한 정부 구현을 통해 국가경쟁력을 강화하자는 것이었지만, 김영삼 정부의 개혁에서 '국제적 경쟁력 강화'는 강조된 반면 '내부적 경쟁력 증진'은 소홀하게 다뤄진 경향이 짙다. 즉 '작고 강력한 정부'라는 용어가 정치적 슬로건으로는 유효했을지 몰라도 정책으로서 구체화시키기에는 난제가 많은 목표였으므로, 결국 이것이 행정개혁을 상징정치(symbolic politics)[20]와 관료정치(bureaucratic politics)[21]의 늪에 빠지게 만든 원인으로 작용했을 가능성이 높다.

군부정체의 종식을 알리는 민간인 대통령의 선출이라는 이유로 온 국민의 기대와 지지 속에서 신한국 건설을 위한 각종 개혁을 단행할

---

20) 상징정치(symbolic politics)란 집권정부에서 정치적 곤경을 돌파하기 위한 하나의 충격요법으로 사용하는 정치적인 개혁논리를 말하며, 대표적인 예로 김영삼 정부의 12·3 기구개편이 이에 해당된다(오석홍, 1997).
21) 관료정치(bureaucratic politics)란 의회나 정당에 기초를 두지 않고 관료세력이 행하는 정치를 말하며, 독선적·비밀적·형식적·비민주적·권위주의적 정치를 통틀어 관료정치라고 이른다.

수 있었던 김영삼 정부는 정권 초기에는 한국병 치유, 부정부패 척결, 군부문화의 제거 등 도덕성 회복에 큰 관심을 보였고, 지역감정 및 계층 간 갈등 해소, 과거 정부의 유산인 고질적인 문제 해결 등에 강한 개혁의지[22]를 보여줌으로써 국민들에게 기대와 희망을 안겨주었다. 하지만 1993년부터 연속적으로 발생된 안전사고와 인재(人災)[23]에 대한 정부대응력의 부재로 인해 국민정서는 급격히 정치체제에 불신감을 나타나게 되었고, 특히 노동관계법과 안기부법 개정안에 대한 기습처리 사태[24]나 기아사태 및 한보사태, 김현철 비리사건 등으로 인해 국민들의 지지를 상실하는 것은 물론 대외 신인도에도 큰 타격을 입혔다(이성복, 2004: 394－395).

결국, 김영삼 정부는 과거 군부권위주의의 유제(遺制)를 청산하고 민주화 및 세계화를 지향해야 한다는 개혁적 요구와 정통성 및 정치적 정당성을 확보한 정권이라는 개혁적 기반과 그에 따른 노력에도 불구하고, 문민독재라고 불리는 신권위주의 정부로 남게 된다(강명구, 1998).

2. 경제적 환경

김영삼 정부 5년간의 개혁환경에 있어서 핵심적 위치를 차지한 2

---

22) 김영삼 정부 초기에 개혁의지를 보여준 일련의 조치들로는 대통령을 선두로 진행된 공무원 재산등록, 군대 내 사조직 근절, 금융실명제 단행, 역사 바로세우기의 일환인 5.18 특별법 제정, 노태우, 전두환 두 전직 대통령에 대한 비리 조사 등을 들 수 있다.

23) 대표적인 안전사고와 인재로는 아시아나기의 해남 야산 추락, 서해 훼리호 침몰, 충주 유람선 화재, 지존파 살인사건, 성수대교 붕괴, 삼풍백화점 붕괴 등의 사건을 꼽을 수 있다.

24) 1996년 12월 26일 오전 6시 신한국당은 단독으로 노동관계법과 안기부법 개정안 등 11개 법안을 7분여 만에 기습 처리하게 되고, 이는 97년 초 노동법 파동을 초래하는 원인으로 작용한다(강명구, 1998).

가지 화두는 바로 개혁과 세계화였다. 이와 관련하여 국내 경제적 환경에 중대한 영향을 끼친 요인 중 하나로 시장개방과 OECD 가입 등과 같은 세계화를 들 수 있다(강명구, 1998). 또한 국제사회에서의 기업경쟁력은 국가경제의 성장 및 성과에 지대한 영향을 끼칠 수 있다.

정부 출범 당시의 경제상황을 보면, 1980년대 말 경기과열에 따른 후유증으로 인해 경제성장이 둔화되고, 임금 및 부동산 가격이 급등하였으며, 사회간접자본의 부족 등으로 제조업 분야의 경쟁력이 약화되는 현상이 두드러졌다. 또한 대내적으로 1980년대 후반 이후 등장한 노사 간 갈등구조가 첨예화되어 있었고, 대외적으로 지역별 블록화가 진행됨과 동시에 UR(우루과이 라운드)등 새로운 국제통상관계가 등장하게 되었다. 이에 따라 1993년 12월 5일 UR협상이 타결되었고, 우리나라의 쌀 시장 개방이 초래되었다(송영신, 1999).

1994년에는 정부의 적극적인 제도개혁과 성장잠재력 강화시책으로 경기가 상승세를 타면서 극심한 경기침체에서 벗어나게 되었고, 1994~1995년에는 수출 1200억 달러에, 국민소득이 1만 불을 넘어서는 경제성과를 거두기도 하였다. 이에 1995년 WTO(세계무역기구)의 출범과 1996년 OECD 가입 등 경제세계화에 대비하기 위한 제도정비가 이루어졌다. 그러나 1996년 반도체가격이 급락하고 경기순환적인 요인으로 경기가 악화되었으며, 1996년 12월 26일부터 1997년 1월 20일까지 '민주노총' 주도의 대규모 파업사태가 확산되었다. 게다가 한보비리와 대통령의 차남 '김현철 사건'이 터지고, 이어서 '진로그룹', '대농그룹', '기아그룹' 등 많은 대기업들이 부도로 도산하게 되면서 국내 은행의 해외신용도 추락으로 외화조달이 어렵게 되고 경제적인 불안을 가중 시키다가, 결국 우리나라는 1997년 12월 3일 외환위기(IMF) 사태라는 경제위기에 직면하게 되었다.

3. 사회적 환경

행정개혁의 방향은 행정의 사회적 환경의 변화와 밀접한 관계가 있다. 과거의 국가발전 목표가 경제성장 및 국가안보에 있었다면, 현대사회에서는 복지에 대한 비중과 관심이 보다 더 커지고 있다. 또한 무한경쟁 시대에서 살아남기 위해서는 정부 역시 생산성과 경쟁력을 갖춘 효율성 높은 조직으로 거듭나야만 한다. 즉 인구구조의 변화, 시민참여 욕구의 증대, 정부역할의 변화, 그리고 사회의 분화 및 다원화 등과 같은 사회적 환경의 변화가 행정개혁의 방향을 바꾸는 영향요인으로 작용하기도 한다.

우리나라는 김영삼 정부에 들어서면서 정부의 역할 변화에 대한 사회적 요구가 점차 커지게 되었다. 즉, '관(官)이 민(民)을 간섭·지도하던 시대'로부터 '민(民)이 관(官)을 앞서가는 시대'로 바뀌고, 중앙통제 위주의 행정에서 지방화, 분권화, 민주화의 시대로 변화하고 있었다.

20세기에는 세계사적으로 두 번의 세계대전이 있었고, 한국사적으로도 그 전반은 식민지시대로, 그 후반은 전세계의 유일한 분단국으로 남게 되는 불행한 세기였다. 이에 국민들은 분단시대적 역사인식과 정치관의 한계를 뛰어넘는 역사 인식상의 변화를 기대했었지만, 분화되는 사회와 다양해진 국민들의 요구를 수용하기 위한 정부의 정책관리 능력은 미흡하기만 했다(이성복, 2004: 396).

당시 한국의 행정문화는 유교주의적 전통의 행정문화에 군사문화적 색채가 가미되어 형성된 권위주의적 행정문화였다. 김영삼 정부는 이를 '고객지향적' 행정문화로 바꾸려는 행정개혁을 시도하면서 행정쇄신과 규제완화에 초점을 둔 개혁을 시도했었다(강명구, 1998). 하지만 김영삼 정부의 쇄신 노력에도 불구하고, 당시 일부 공무원들은 개혁의 필요성이나 시급성을 심각하게 인식하지 못하고 있었다.

정부는 이들을 움직이기 위해 사정(司正)을 통해 면직과 해직 등의 중징계 방법을 사용하고 예산을 조정하는 등 다양한 채찍을 사용하기도 하였으며, 또한 부분적인 조직개편을 통해 새로운 구조변화를 시도하기도 하였다. 하지만 결과는 오히려 새 정부가 직업관료를 무시한다는 오해와 반발을 사게 되었고, 이러한 공직사회 상하 간 개혁마인드의 차이로 복지부동(伏地不動)[25]이라는 풍자어까지 생겨나게 되었다(김판석, 1994).

김영삼 정부로 들어서면서 과거 민주화 과정에서 분출되어 온 노사 간의 갈등이 진정국면에 접어들고 학생시위가 다소 감소되긴 했지만, 1993년 한약분쟁, 1994년 인천 북구청, 부천시, 서울시 일선구청 등지에서 발생한 지방세 도세(盜稅)사건, 그리고 1996년 8월 진보-보수의 대결 논리에서 통일운동의 양상을 띠면서 급진성이 격화된 한총련사태 등으로 말미암아 사회혼란이 급속히 가중되던 시기(송영신, 1999)였으므로 정부의 난항이 계속되던 시기였다.

제2절 개혁 패러다임

1. 행정이념 및 가치

1990년대는 이념적으로 사회주의가 무너지면서 우익으로 회귀하

---

25) 1993년 10월 21일자 국정신문에는 "공직사회에서 상하 간에 개혁마인드가 달라 복지부동(伏地不動)이란 속어가 생겼다"는 기사가 실렸었다 (김판석, 1994).

고 있으며, 시장경제 원리를 신봉하는 신우익 혹은 신보수주의가 사회주의 국가로까지 확산되고 있다. 또한 행정수요의 측면에서도 권위주의적이고 단편적인 정치문화를 탈피하여 다양한 주장을 수렴하고 대립과 갈등을 조정하는 행정능력을 요구하는 시대로 바뀌고 있다(김판석, 1994).

새 정부 출범에 따라 1993년 3월 11일 신한국 창조를 위한 4대 국정지표를 확정·발표하였는데, 깨끗한 정부, 튼튼한 경제, 건강한 사회, 통일된 조국이 바로 그것이다(공보처, 1996). 정정길(1994)은 김영삼 정부의 행정개혁의 성격을 '문민화', '민주화', '작은 정부', '깨끗한 정부' 등 네 가지로 규명하고 있다. 그중 '깨끗한 정부'를 위한 노력으로 공직자 재산공개, 공직자윤리법, 금융실명제, 감사강화 등의 개혁을 추진하였으며, 문민화를 위해서 율곡사업 감사나 군 인사비리 사정 등과 같은 개혁을 시도하였다. 또한 민주화를 위한 노력으로는 공공서비스의 질적 개선 및 규제완화, 인권유린 억제책 등을 시행하였다. 그리고 개혁정책의 기조가 되는 작은 정부를 위해서는 동력자원부를 상공자원부로 편입하고 체육청소년부를 통합하는 등의 정부기구 축소를 시도하였다. 하지만 개혁의 성격이 종합적인 계획하에 이루어졌다기보다는 소수의 의견에 지나치게 의존하고 있고 과거 정권의 부조리 청산에 편중되어 있다는 문제점이 지적되기도 하였다(김판석, 1994).

2. 국정목표

김영삼 정부는 '신한국 창조'를 새 정부의 상징적 구호로 제시하면서, 민주화를 위한 3대 당면과제로 ① 부정부패 척결, ② 경제회생, ③ 국가기강 확립 등의 과제를 꼽았다. 김영삼 정부가 말하는 '신한국'이란 '살 맛 나는 자유민주사회, 일한 만큼 잘살 수 있는 신바람 나는 정의사회, 개인의 발전과 나라의 발전이 함께 이루어지는 더불어 사는 공동체, 인간이 인간다움을 유지할 수 있는 문명사회, 그리고 온 민족이 다 이와 같은 행복을 누릴 수 있는 통일된 조국'을 의미한다. 즉 신한국은 인간다운 삶, 건강한 삶, 더불어 사는 삶, 풍요로운 문화의 삶, 그리고 세계화된 삶을 추구하는 것이라고 볼 수 있다(이성복, 2004: 398).

신한국 창조를 위한 4대 국정지표로 ① 깨끗한 정부, ② 튼튼한 경제, ③ 건강한 사회, ④ 통일된 조국을 목표로 삼고, 개혁을 위한 4대 기조와 목표로 ① 부정부패의 척결, ② 부정적 유산의 청산, ③ 민주화의 실질적인 정착, ④ 21세기 조류에 적응하기 위한 창조적 개혁을 제시하였다. 또한 신한국 건설을 위한 3대 개혁노선으로 ① 정상화를 위한 개혁, ② 21세기 준비를 위한 개혁, ③ 살기 좋은 사회를 위한 개혁 등을 제시하고 있다(송영신, 1997: 280). 또한 '국가발전 목표'와 '행정개혁 방향'의 상관관계가 크다는 측면에서 연도별로 각기 다른 국정목표를 강조하고 있는데, 먼저 1993년에는 국정목표로 '부정부패 척결을 통한 깨끗한 정부구현'을 강조하였다. 이후 1994년 1월에는 연두기자회견에서 '국가경쟁력 강화'를 국정지표로 선언하고, 이해를 국제화의 원년으로 삼아 국제화 및 세계화에 따르는 국가경쟁력 강화에 힘쓸 것을 다짐하였으며, 또한 '94년 11월에는 호주 시드니에서 세계화 구상을 천명하고, 이어 1995년 1월 연두기자회견에서는 21세기를 위한 국가발전 목표로서 '세계화'를 국정목표로 제시하였다(김판석, 1994).

특히, 1994년 12월 3일에 있었던 제3차 정부조직개편에서는 '세계화, 지방화, 그리고 통일시대에 대비한 정부의 생산성 제고'를 기본목표로 제시하고, 이에 대한 구체적인 개혁목표들을 명시하고 있다

(국무총리 행정조정실, 1995: 제4장, 이종수, 1996). 첫째, 과거 60～70년대 정부주도 성장 시대하에서 비대하고 다기화된 조직과 기능을 과감히 통·폐합, 감축하여 민간부문의 자율성과 창의성을 확대하는 동시에 정부규제를 획기적으로 완화하고자 한다. 둘째, 급변하는 세계경제 여건에 능동적으로 대처하기 위하여 각 분야의 정부기능을 보다 체계적·효율적으로 재정립하고자 한다. 셋째, 국가정책에 대한 종합·조정기능을 강화함으로써 부처할거주의를 타파하고 기관 간 협조를 증진하며 경쟁을 촉진하고자 한다. 넷째, 국민의 '삶의 질' 향상을 위하여 환경보존 및 국민복지 기능을 대폭 보강하고자 한다. 다섯째, 유사·중복기능 등 비대하고 불합리한 조직을 과감히 정비·축소하고자 한다.

3. 개혁기초 이론

김영삼 정부의 행정개혁의 목표는 '작고 강력한 정부' 만들기에 있었다. 이는 전 정권인 노태우 정부의 행정개혁위원회가 작성한 개혁보고서에서 권고한 내용을 기초로 하여 추진된 것으로, 실제로 1993년에서 1994년까지 있었던 정부조직개편에서 경제부처를 중심으로 한 부처 통폐합과 조직 및 직위 감축이 이루어졌다.26) 이러한 김영삼 정부의 개혁원리는 이론적으로 '작은 정부론(small government theory)'에 기초한다. 작은 정부론은 1970년대부터 도입된 이론으로 공공선택이론이나 제도주의 경제학과 같은 학문의 번영과 관련이 있다. 경제학자들의 공공부문 해석에 대한 논리들이 힘을 받으면서 미국, 영국, 호주,

---

26) 하지만 1996년 이후에는 해양수산부가 신설되는 등 정부조직이 차츰 확대되는 양상을 보인다.

뉴질랜드, 캐나다 등과 같은 서구 선진국들에서 작고 효율적인 정부를 지향하는 일련의 정부혁신 작업들이 진행되었다. 이에 따라 기존 행정학의 지배적인 패러다임이었던 다원주의와 엘리트주의 대신 신우익주의(New Rightism)[27]가 새로운 지배원리로 등장하게 되었다. 작은 정부론은 행정의 주요한 가치로서 효율성을 추구하며 대표적인 모형으로는 시장모형이 있다. 시장모형은 기존의 계층적·집권적 관료제 정부조직을 지양하고 탈규제화·분권적·다원적 정부조직을 지향한다(김근세·권순정, 1997).

하지만 정부규모 축소를 주요 수단으로 하는 작은 정부론은 한국적 상황과 발전단계를 고려하지 않은 서구 중심적 처방이었다. 즉 작은 정부론은 서구 공공복지 프로그램의 팽창에 따른 정부지출 확대로 인한 '과부하 정부'를 해소하기 위한 방안이었던 것이다. 1970~80년대 초 서구사회가 당면한 경제적 위기는 과도한 공공복지 프로그램과 이에 따른 공공부문의 역할확대에 기인한 것으로, 이를 해결하기 위해 복지프로그램의 축소와 정부부문의 감축이 필요했다(한종희, 2005: 162). 반면, 한국의 경우는 정부실패의 원인이 복지국가의 문제에 있었다기보다는 권력자의 권력남용과 부패에 있었다고 볼 수 있다(박동서, 1998). 따라서 작은 정부 구현을 정부개혁의 핵심목표로 삼았던 김영삼 정부의 개혁근거는 잘못된 판단에서 기인한 선택이라고 할 수 있다.

---

27) 신우익주의(New Rightism)는 작은 정부론의 기본논리(Gamble, 1994)로 자유주의적 속성과 보수주의적 속성으로 구성된다. 첫째, 자유주의적 속성(liberal tendency)은 보다 자유롭고 개방적인 것을 추구하는 속성으로, 경쟁적인 시장경제를 가져오기 위한 공공부문의 개혁으로서 민영화, 규제완화, 복지감축 등과 같은 전략을 추구한다. 둘째, 보수주의적 속성(conservative tendency)은 보다 강한 국가의 권위를 회복하기 위한 공공부문의 개혁으로서 제도적 대통령론(institutional presidency), 신관리주의(new managerialism) 등에 기초한 전략 등을 추구한다(김근세·권순정, 1997).

한편, 공식적인 개혁목표로 '민간중심의 행정'이나 '경쟁체제의 도입'을 표방하는 것에서 김영삼 정부의 개혁이 1980년대 이후 영·미계를 중심으로 한 서구사회의 행정개혁에 지대한 영향을 주었던 신공공관리론(new public management: NPM)에 의해 영향을 받고 있음을 알 수 있다. 신공공관리는 시장주의적 경쟁원리의 도입과 관리의 자율성 강화로 기업가적 정부운영을 시하는 것(정정길, 2002: 110)으로 민간에 의한 서비스 제공의 효율성과 내부시장(internal market)의 원리를 강조하며, 관리적 측면에서도 성과급과 같은 민간부문의 시장유인을 정부부문에 도입할 것을 제안한다. 하지만 김영삼 정부의 행정개혁에서 신공공관리론에 기초한 개혁이 크게 구체화되지는 못했던 것으로 보인다.

4. 개혁목표

작은 정부의 구현을 정책기조로 하고 있는 김영삼 정부의 정부조직 개혁은 임기의 중반기인 1994년 12월에 본격적으로 추진된다. 이 시기에 발표된 중앙행정기구 개편계획은 각계의 자율성 및 창의성 신장, 통상·정보통신·사회간접자본 부문 등의 정부기능 체계화 및 효율화, 국가정책에 대한 종합조정 및 평가기능 강화, 환경정책과 복지관련 기능 보강, 불합리한 조직정비 등과 같은 내용을 담고 있다(김권집·박수경, 2005: 431).

김영삼 정부가 내세우고 있는 공식적·표면적 행정개혁의 목표는 다음과 같다(국무총리 행정조정실, 1995: 4장, 이종수, 1996: 13, 강명구, 1998, 김광웅, 1995: 140−141, 김권집·박수경, 2005: 431). 첫째, 정부규제를 획기적으로 완화하기 위하여 과거 60~70년대 정부

주도 성장시대의 방만한 조직과 기능을 과감히 단축함으로써 민간부문의 자율성과 창의성을 최대한 신장시킨다. 둘째, 급변하는 세계정세와 새로운 행정수요에 능동적으로 대처하기 위하여 통상, 정보통신, 사회간접자본 부분 등 각 분야의 정부기능을 보다 체계화, 효율화시킨다. 셋째, 국가정책에 대한 종합조정 및 평가기능을 강화함으로써 정부기관 간의 통합, 조정기능을 강화하여 부처 할거주의를 타파하고 기관 내부의 경쟁을 촉진한다. 넷째, 국민의 삶의 질 향상을 위하여 환경정책과 복지관련 기능을 보강한다. 다섯째, 이외에 유사 또는 중복 기능을 과감히 정비·축소하여 작지만 강력한 정부를 구현한다.

제3절 개혁추진체계

1. 개혁추진기구

김영삼 정부에서 행정개혁을 주도한 개혁추진기구는 행정쇄신위원회였다[28]. 행정쇄신위위회는 1993년 4월 20일 행정쇄신위위회규정

---

[28] 김영삼 정부의 행정개혁은 행정쇄신위원회 외에도 경제행정규제 완화위원회('경제행정규제 완화 점검단' 조직을 신설, 점검사항을 검토하기 위한 대통령 소속의 별도의 점검단으로 운영)나 교육개혁위원회(1994년 2월 5일 25인의 위원으로 발족된 기구), 감사원과 검찰(1993년 4월 8일 교수 및 변호사 등을 중심으로 한 17인의 민간인으로 구성된 '부정방지 대책위원회'를 설치하여 감사원장을 자문하도록 함) 등을 통하여서도 추진된 바 있지만 본 논문에서는 오직 행정개혁을 위해 개혁추진기

(대통령령 제13878호)에 의거하여 대통령 직속기관으로 설치되었으며, 대통령자문기구로서 당초 1년(1993년 4월 20일~1995년 4월 30일까지) 동안 한시적인 운영을 목표로 발족된 기구였다. 하지만 시한 만료 후에 활동기한이 1년 연장되었고, 이후 1995년 2월 국무회의에서 활동기한이 대통령 임기 말까지로 연장됨으로써, 결국 김영삼 정부 내내 행정개혁의 주도적인 역할을 담당한 기구가 되었다.

행정쇄신위원회의 구성은 위원 15인 모두 민간인으로서 학계, 정부산하 연구기관, 민간기업, 노동계, 사회단체 등의 인사들로 구성되었다. 행정쇄신위위회의 임무는 크게 여섯 가지로 압축되는데, ① 행정규제 완화 등 불합리한 법령과 제도의 개선, ② 국민편의 증진을 위한 행정행태의 관행 개선, ③ 인·허가 사무 등 민원행정 쇄신, ④ 중앙과 지방 및 정부와 민간부문 간의 기능과 역할의 재정립, ⑤ 정부조직 및 행정수행체제의 합리적 개편, ⑥ 기타 대통령이 필요하다고 인정하는 위원회에 부의하는 사항을 연구·심의하고 대통령에게 건의하는 임무 등을 부여받았다(이연택, 1997: 111－113).

행정쇄신위원회의 행정쇄신을 위한 기본 방향은 3차 시기별로 다소 차이가 있는데, 먼저 1993년 4월~1994년 4월까지인 제1기에는 ① 깨끗하고 작고 강한 정부의 구축, ② 민주적이고 효율적인 행정체제의 구축, ③ 국민편의 위주로의 각종 행정제도와 관행을 개선하는 데 초점이 있었다. 다음으로 제2기인 1994년 5월~1995년 4월까지의 기간에는 행정쇄신의 방향이 행정의 민주성과 효율성을 향상시키기 위한 체계적이고 포괄적인 접근을 보다 강조하는 방향으로 다소 변화되었다. 끝으로 1995년 5월~1996년 12월까지인 제3기에는 비민주적이며 폐쇄적인 행정제도와 관행·풍토를 개선하여 국가경쟁력을 제고하고 국민의 삶의 질을 높이는 방향으로 그 기본 방향을 바꾸어 나갔

구로 설치된 행정쇄신위원회를 중심으로 살펴보고자 한다.

다. 종합적으로 보면, 행정쇄신위원회의 기본 방향은 행정의 민주화였으며, 종래의 '위로부터의 개혁' 대신 '밑으로부터의 개혁'을 쇄신의 기본 방향으로 삼고자 하였다(송영신, 1999: 281−283).

행정쇄신위원회의 주요 활동은 행정절차와 관행을 개혁하는 것으로, 국민생활을 불편하게 하는 각종 규제를 완화시키고, 권위주의적인 행정관행의 개선을 위한 개혁안들을 제시하는 일이었다. 행정조직 개편 문제는 초기에 그리 심도 있게 다루어지지 않았으나 1994년 10월경부터 조직개편을 적극적으로 건의하였고, 개혁의 성과는 매년 「행정쇄신백서」로 발간되었다. 행정쇄신위원회는 상향식 접근방법을 통해 개혁을 추진하였으며, 행정쇄신 과제들은 개별 과제와 기획연구 과제로 분류하여 처리하였다. 그중 주요 정책분야와 관련하여 쇄신 파급효과가 큰 기획연구 과제는 과제별로 지도위원과 담당과장을 지정하고, 학회, 전문연구기관, 시민단체 등과 함께 전문적인 연구를 통해 근원적이고 체계적인 제도 개선을 추진하려 노력하였다(이연택, 1997).

행정쇄신위원회의 행정쇄신 작업은 3단계의 심의절차를 거쳐 안건을 심의하게 된다. 제1단계, 국민제안 등 외부에서 접수된 안건은 행정실 소속의 연구위원이나 전문위원의 자문을 얻어서 '현황 및 문제점 분석, 대안 마련 그리고 대안별 장단점 분석' 등의 과정을 거친 후 실무위원회에 회부된다. 제2단계, 실무위원회에서는 이해당사자와 관련기관의 관계관을 참석시켜서, 공개적이고 시간제한 없는 토론을 벌이도록 한다. 이때 의견수렴이 이루어진 것은 바로 위원회에 회부하고, 첨예한 안건은 재검토를 지시한다. 또한 의견통일이 이루어지지 않는 것은 투표를 실시하거나, 다수의견에 소수의견을 첨부하여 위원회에 회부하기도 한다. 제3단계, 위원회에서도 관계관을 참석시키고 실무위원회의 심의 사항을 참고하여 난상토론을 거쳐 안건을 심의·의결하고, 그 결과를 대통령 비서실의 행정쇄신비서관과 행정수석 비서관을 통하여 수시로 대통령에게 보고하도록 한다. 이때 대통령의 결재를 얻은 심의안건은 관련기관에 통보되고, 적법한 절차를 거쳐서 시행하도록 한다(안문석, 1995).

행정쇄신위원회는 안건별로 심의된 사안을 즉시 대통령의 재가를 얻어서 시행할 수 있도록 하는 즉시처리시스템(on-line processing)적인 속성을 가지고 있었다. 즉 행정쇄신위원회가 심의·의결한 사항은 바로 대통령에게 건의되고 대통령의 이의제기가 없는 한, 관계 행정기관을 통하여 해당사항을 시행하도록 하거나 법령 개정을 착수하도록 하여서 조속한 행정개혁의 효과를 발생시키고자 하였다(김판석, 1994). 또한 행정쇄신위원회는 위원회의 결정사항에 대한 부처의 반발을 줄이고, 결정사항의 이행을 촉진하기 위한 전략으로서, 개혁의 실시를 해당부처에 위임하고, 개혁과 공과를 모두 해당부처에 귀속되도록 하는 운영방법을 채택하였다(안문석, 1995).

또한 행정쇄신위원회가 이러한 개혁 작업을 추진하는 데 있어서 위원회의 활동을 실무적으로 보좌하기 위해 '행정쇄신실무위원회'가 구성되었다. 이는 국무총리 소속 기구로서, 국무총리행정조정실장(차관급)을 위원장으로 하여 모두 20인의 위원으로 구성되었다. 위원의 절반은 1급 공무원이었고, 나머지는 교수, 기업인, 공인회계사, 사회단체 임원 등의 민간인으로 구성되었다. 또한 실무위원회 산하에는 각 부처의 공무원들로 구성된 '행정실'이 설치·운영되었고, 각 부처와 시·도에는 '행정쇄신대책반'이 설치·운영되어 위원회의 업무를 보좌하도록 하였다(안문석, 1995).

행정쇄신위원회라는 위원회의 명칭에서 알 수 있듯이 개혁(reform)보다는 쇄신(innovation)에 역점을 두고, 행정 전반에 걸친 총체적인 개혁의 시도라기보다는 소규모의 현실적 문제들을 처리하려 노력해 온 것으로 보인다(김판석, 1994). 또한 대국민적 행정서비스의 질적 개선의 측면에서도 종합적인 변화보다는 부분적인 개선에 중점을 두고 공공서비스의 개선을 추구해 온 것으로 볼 수 있다(안문석, 1995).

2. 개혁추진기구의 구성

김영삼 정부의 행정개혁의 특징 중 하나는 개혁추진체계를 설계하는 데 있어서 각 기구들이 기능별로 경쟁하도록 했다는 점이다. 정부는 개혁추진을 위해 감사원 수준의 부정방지대책위원회, 경제행정규제완화위원회, 교육개혁심의위원회 등의 기구를 설치·운영하면서 각 기구가 행정쇄신위원회와 경쟁적으로 개혁을 추진해 갈 수 있도록 하였다. 하지만 위원회 사이의 업무중복 문제로 조정문제가 제기되기도 하였으며, 후에는 세계화추진위원회라는 '연방제 위원회'가 출현하기도 하였다(안문석, 1995).

아래의 [그림 4-1]은 행정쇄신위원회를 포함하는 '행정쇄신 추진체제'의 조직도이다. 행정쇄신위원회는 대통령 소속으로, 그리고 행정쇄신실무위원회는 국무총리 행정조정실에 설치하였으며, 대통령비서실에 행정쇄신비서관을 신설하여 체제의 전체적인 조정업무를 담당하도록 하였다.

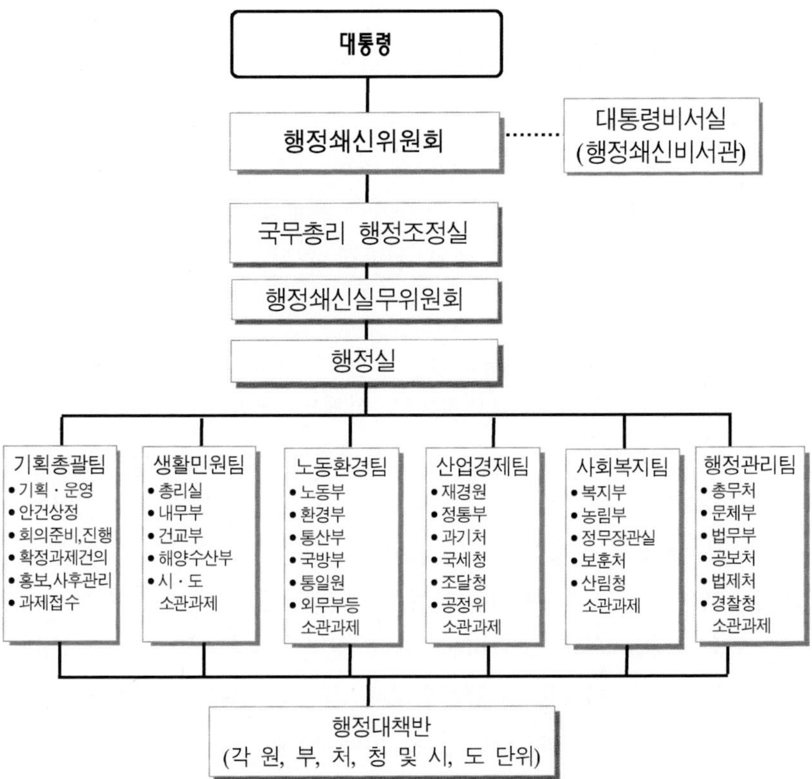

출처: 행정쇄신위원회. (1997: 20).

[그림 4-1] 행정쇄신 추진체계

1) 행정쇄신위원회

　김영삼 정부의 개혁접근방법에서 주목할 만한 점은 개혁안 도출과정에서 특별조직을 구성하여 행정개혁을 위한 문제를 진단하고 개혁방안을 도출하도록 하였다는 점과 폭 넓은 여론수렴을 시도하였다는 점을 들 수 있다. 행정쇄신위위회는 1993년 4월 20일 행정쇄신위위회규정(대통령령 제13878호)에 의해 대통령 직속기관으로 설치된 기구로, 위원들은 학계, 정부산하 연구기관, 민간기업, 노동계, 사회단체 등 15인의 민간인으로 구성되었다. 행정쇄신위위회는 권위주의적인 행정편의주의를 탈피하고 국민을 위한 행정서비스를 펴고자 행정절차의 간소화에 주력하였으며, 매주[29] 정례회의를 갖고 관료의 시각이 아닌 국민의 시각에서 행정 전반의 문제들을 논의하고자 하였다(공보처, 1996: 48－50).

　행정개혁의 입안책임을 맡았던 '행정쇄신위원회'는 민간의 전문가들에 의해 주도되었던 조직으로, 그 실행의 책임은 국무총리실에서 담당하고 있었다. 이러한 점에서 행정개혁의 기관구성 형태는 미국이나 영국보다는 일본과 더 유사하다. 서구 행정개혁의 기본적인 인식은 정부 내에서 문제점을 진단하고 그 해결책을 스스로 도출할 수 있다는 인식을 가지기 때문에 개혁의 목표를 각 기관에서 스스로 정하고 목표달성을 위해 노력하는 것이 일반적이다. 게다가 행정개혁에 '경쟁'이라는 개념을 도입함으로써 공무원 스스로 개혁에 대한 책임감을 느끼도록 유도하고 있다. 이에 반해 일본이나 우리나라의 공무원들은 스스로 개혁하려는 의지보다는 전통적으로 주어진 권한을 지키려는 의지가 더 강하기 때문에, 정부 구성원들의 개혁의지는 개혁을 누가 주도하느냐에 따라 크게 달라질 수 있다. 일본이나 우리나라의 경우 아직까지 공공분야 특히, 정부부문에 대한 경쟁개념이 정착되지 못한 상태이며, 행정개혁에 따른 결과가 불분명하고 공무원들 스스로에게 불리한 결과를 초래할 수도 있기 때문에 행정개혁에 대한 공무원들 스스로의 자발적인 노력을 기대하기 어려운 실정이다(이연택, 1997).

---

29) 1995년 9월부터는 격주로 진행.

2) 행정쇄신실무위원회

행정쇄신실무위원회는 행정쇄신위원회의 활동을 실무적으로 보좌하기 위해 국무총리 소속으로 설치한 실무 집행기관이다. 행정쇄신실무위원회는 국무총리행정조정실장을 위원장으로 하여 모두 20인의 위원으로 구성되었으며, 위원의 절반은 1급 공무원으로 나머지는 교수, 기업인, 공인회계사, 세무사, 사회단체 임원 등의 민간인으로 구성되었다. 실무위원회 산하에는 3개의 분과 위원회와 각 부처의 공무원들로 구성된 행정실을 설치하고 실무작업반을 두었으며, 각 부처와 각 시·도에는 행정쇄신 추진 대책반을 설치하여 위원회의 활동을 실무적으로 보좌하도록 하였다. 개혁안 입안의 실질적인 작업은 실무위원회를 중심으로 이루어졌으며, 그 제안을 행정쇄신위원회가 번복하는 일은 거의 없었다고 한다(오석홍, 1995: 286). 이러한 분위기가 행정쇄신위원회의 권고 개혁안의 채택률을 높이도록 작용하였던 것이다(김권집·박수경, 2005: 431).

3) 경제행정규제위원회

경제행정규제위원회는 1993년 3월 6일 부총리를 위원장으로 하여 10개 경제부처 장관과 총리행정조정실장, 경제5 단체장, 노총위원장, 은행연합회 회장 등을 위원으로 하여 발족된 기구이다.

위원들이 행정부 및 행정부 부근에 있는 사람들로 구성되었다는 것이 행정쇄신위원회와 다르다. 그리고 경제행정규제위원회 역시 경제기획원 차관을 위원장으로 하는 '실무위원회'를 두었으나, 인적 구성이 대부분 관련부처의 공무원들로 이루어져 있다는 점도 행정쇄신위원회와 다르다.

4) 반부패활동기구

김영삼 정부는 반부패활동에 대한 개혁을 위해 부정방지 특별기구를 설치하고 각 기구의 기능을 재정비하였다. 먼저 대통령이 주재하는 '국가기강확립보고회의', 감사원의 '부정방지대책위원회', 검찰청의 '부정부패사범특별수사본부'와 같은 부정방지 특별기구들을 설치·운영하였다. 이러한 부정방지 특별기구들의 활동을 통해 군이나 검찰 등의 권력기관에 대한 사정활동을 추진하였으며, 반부패활동의 중추가 될 통제조직들의 지위와 기능을 정상화하였다. 또한 감사활동의 자율성을 보장하기 위해 감사원의 위상을 높이고, 검찰, 경찰, 국세청 등에도 부패척결을 위한 기능을 강화시켰다(이연택, 1997: 110−111).

제4절 개혁과제

1. 개혁로드맵

김영삼 정부는 '한국병의 치유와 신한국의 창조'라는 개혁목표 아래, 과거의 정부와 다르다는 것을 보여주기 위해 차별화된 개혁노선을 제시하고자 하였다. 과거 정권, 즉 전두환, 노태우 정권과 비슷한 듯 보이나 구체적인 내용면에서 상당히 다르다는 것을 보여주고자 하였는데, 개혁의 기준을 '민간중심의 행정', '경쟁체제의 도입', '작은 정부'로 정하고, 개혁의 본질 면에서 민간중심적이고 경쟁중심적인 개혁을 강조하였다. 과거에 정권개혁의 에너지를 혁명적 분위기와 권력기관의 권력 등으로부터 공급받고자 하였다면, 김영삼 정부는 개혁에 필요한 에너지를 정치개혁으로부터 공급받고자 하였으며, 위로부터의 솔선수범, 정치적 기득권의 포기, 골프 포기로 상징되는 근검절약 등의 의식개혁을 행정개혁의 원동력으로 삼고자 하였다. 또한 실제적으로 초기의 개혁은 금융실명제, 토지실명제, 공직자 재산등록 및 고시제도 등과 같은 정치개혁을 위주로 개혁이 진행되었다.

개혁의 대상에는 행정관행, 제도, 조직 등이 모두 포함되었으며, 숙청적 성격을 갖는 공무원 감축은 행정개혁의 차원이라기보다는 정치개혁의 차원에서 이루어졌다. 특이한 것은 가시적인 개혁 주체가 보이지 않을 정도로 개혁이 제도화되었다는 것이다.

개혁추진방식은 준법적 방식과 국민적 관점에서 국민의 발의를 주축으로 하는 상향식(Bottom-up) 접근방식을 취하고자 하였다. 즉, 행정쇄신 과제 발굴을 위하여 각급 행정기관은 물론 민간단체, 기업 그리고 일반국민 개개인 누구나 필요한 쇄신과제가 있으면 이를 행정쇄신 과제로 제안할 수 있도록 하고자 하였다. 하지만 행정쇄신위원회의 과제선정은 노태우 정부의 행정개혁위원회가 만들어 놓은 시안을 토대로 하여 논의가 진행되었으며, 새로운 의제의 발굴과 의견수렴 과정은 미흡했던 것으로 보인다. 또한 개혁의 추진방법도 정부 주도적이고 집권적인 방식에 의해 추진되었으며, 특히 대통령을 중심으로 비공개적인 개혁이 단행된 경향이 짙다.

2. 행정개혁 추진 현황

김영삼 정부는 '변화와 개혁'이라는 기치를 내걸고 취임 초부터 강력한 개혁정책을 추진해 왔다. 신한국 창조를 위한 4대 국정지표로 깨끗한 정부, 튼튼한 경제, 건강한 사회, 통일된 조국을 목표로 제시하고, 제1차 단계에서는 정상화와 합리화를, 그리고 제2차 단계에서는 세계화를 목표로 개혁을 추진해 나갔다.

<표 4-1> 김영삼 정부 단계별 개혁추진 현황

개혁단계	깨끗한 정부	튼튼한 경제	건강한 사회	통일된 조국
제1단계 정상화 합리화	▪군부 및 권부 개혁 ▪공직자 재산 등록 및 공개 ▪사정개혁 ▪행정쇄신 ▪선거제도 개혁 ▪의회개혁	▪규제완화 ▪공정경쟁 강화 ▪금융실명제 ▪부동산실명제	▪국민대단합과 고통분담 ▪민족사의 복원 ▪윗물맑기운동 ▪의식개혁운동 ▪부정부패 척결 ▪안전문화 정립 ▪노사협력	▪북한핵문제 해결 ▪외교의 대변화 추진 「민족공동체 통일 방안」 수립
제2단계 세계화	▪정부조직개편 ▪지방자치제 실시	▪국가경쟁력 강화 ▪농어촌구조 개선 ▪중소기업 육성 ▪사회간접자본 및 정보화 사회 구축	▪교육개혁 ▪법조개혁 ▪고용보험제 ▪복지개혁	▪대북 선택적 포용정책 추진 ▪남북경협 활성화 ▪세계화외교 추진

출처: 송영신. (1997: 279).

김영삼 정부의 단계별 구체적인 개혁추진 현황을 살펴보면, 먼저 깨끗한 정부를 위해서는 1차적으로 군부개혁, 사정개혁, 행정쇄신 등에 중점을 두고 개혁을 추진하였으며, 2차적으로는 정부조직개편과 지방자치제 등을 실시하였다. 두 번째로, 튼튼한 경제를 위해서는 1차적으로 규제완화와 공정경쟁을 강화하고 금융실명제, 부동산실명제 등의 제도를 도입하였다. 그리고 2차적으로 국가경쟁력 강화, 중소기업 육성, 사회간접자본 및 정보화 사회 구축 등의 사안을 중점으로 개혁을 추진하였다. 세 번째로, 건강한 사회를 위해서는 민족사의 복원, 윗물맑기운동, 의식개혁운동, 부정부패 척결 등에 중점을 두었으며, ·2차적으로는 교육개혁, 법조개혁, 고용보험제 등을 실시하였다.

네 번째로 통일된 조국을 위해서는 1차적으로 북핵문제 해결, 민족공동체 통일 방안 수립 등에 주력하였으며, 2차적으로 대북 선택적 포용정책 추진이나 남북경협 활성화에 중점을 두고 개혁을 추진하였다.

14대 대통령 선거운동 기간 중 김영삼 후보는 '신한국 창조'라는 구호를 표방하고 10개의 주제 아래 77개의 공약을 제시한 바 있다. 또한 김영삼은 대통령 취임사에서도 '신한국 창조'를 내걸고 그에 대한 개혁과제로 (i) 부정부패의 척결, (ii) 경제회생, (iii) 국가기강의 확립 등을 제시하였다. 하지만 '신한국 창조'와 '3대 과제'는 성격상 직접 연결시킬 수 없기 때문에 결과적으로 어떠한 통치이념이나 국가목적체계도 갖지 못하고 있다고 비판받기도 하였다(이정복, 1993: 56−57, 허범, 1993: 21−22, 송영신, 1997: 280). 행정개혁과 관련 있는 구체적인 공약 사항은 다음과 같다.

〈표 4−2〉 김영삼 대통령 공약 사항

구분	대통령 공약 사항 (10개 항목 77개 공약 제시)
핵심 공약 사항	1. 깨끗한 정치, 강력한 정부 2. 도약하는 과학기술, 활기찬 경제 3. 선진화되는 농어업, 살기 좋은 농어촌 4. 산업발전의 주역이 되는 중소기업 5. 더불어 잘사는 건강한 사회 6. 입시지옥해소와 인간중심 교육개혁 7. 일하는 근로자가 대우받는 사회 8. 여성이 존중되는 평등사회의 실현 9. 품위 있는 민족문화와 희망에 찬 청소년 10. 통일을 실현하는 세계속의 신한국
정치	1. 깨끗한 정치구현을 위해 대통령이 앞장섬 2. 지역 간·계층 간 갈등을 해소하여 국민대화합을 이룩하고 대사면 단행
행정	1. 엄정한 법집행으로 민생치안에 주력하는 강력한 정부 실현 2. 지방자치 기반을 지속적으로 확충하고 내실화하여 지방화 시대를 염 3. 획기적인 행정쇄신으로 능률행정을 구현 4. 긍지와 보람을 가지고 공직사회를 만듦

 정부개혁을 위해 추진된 정책들은 외교, 경제, 정치, 통일, 교육, 사회복지, 여성, 과학기술, 환경, 군 개혁 등 다양하지만, 행정개혁과 관련하여 특히, 정부가 하는 일과 관련하여 김영삼 정부가 추진한 개혁은 크게 조직, 인사, 재무, 행정관리의 측면으로 나누어 볼 수 있다(송영신, 1999: 287-295).

1) 조직·인력 변화

(1) 조직변화

 김영삼 정부는 작고 강력한 정부 구현을 위해서 효율적인 정부조직으로 거듭나기 위해 여러 차례의 정부조직개편을 단행하였다. 김영삼 정부는 세계화, 정보화, 전문화로 행정환경이 급격히 변하고 1995년부터 지방자치제가 전면 실시됨에 따라, 중앙과 지방 간의 새로운 관계 정립이 불가피하다는 판단에서 작고 강력한 정부의 구현에 역점을 두고 총 4회에 거쳐 정부조직개편을 시도하였다. 정부조직개편에 따른 조직형태의 변화는 다음과 같다.

<표 4-3> 정부조직개편에 따른 조직형태

개편 회차	중앙정부의 조직형태	
제1차 정부조직개편	2원 14부 6처 15청 2외국	('93. 12)
제2차 정부조직개편	상동 (미시적 조정)	('94. 01~'94. 11)
제3차 정부조직개편	2원 13부 5처 15청 2외국	('94. 12. 03)
제4차 정부조직개편	2원 14부 5처 14청 1외국	('96. 02~'96. 08)

 제1차 정부조직개편은 1993년 3월에 단행되었으며, 정부 출범 이전 취임준비위원회(14대 대통령직인수위원회)에서 계획한 것으로 상공부와 동력자원부를 통합하여 상공자원부로, 문화부와 체육부를 통

합하여 문화체육부로 조정하고 2개의 중앙부처를 폐지하였다. 결과적으로 중앙정부의 조직형태는 2원 14부 6처 15청 2외국으로 변화되었다. 대한민국정부 수립 초기인 1948년 당시 미군정하의 과도정부조직을 인수한 우리나라의 중앙행정기관은 11부 4처였으며, 공무원의 수는 약 20여만 명 정도였다. 이후 1960~1970년대의 고도성장기와 1980년대를 거치면서 중앙정부기구는 2원 16부 6처 15청 2외국의 조직으로 확대되었고 공무원의 수도 무려 90여만 명에 다다르게 되었다. 그동안 군부정권의 정치적 약점으로 인해 계속해서 팽창가도에 있었던 정부조직은 김영삼 정부 출범 초기에 있었던 1차 조직개편을 통해서 '2개 부'를 폐지하고 '3실 7담당관 12과'의 하부조직을 감축하였으며 공무원 정원도 139명 정도 감축하였다(공보처, 1996).

제2차 정부조직개편은 1994년 1월에 단행되었다. 중앙정부 편재에 큰 변화는 없었고, 다만 미시적인 조정이 있었을 뿐이다. 그 이유는 개혁으로 인해 관료조직이 동요하였고, 때문에 행정쇄신위원회는 중앙부처의 통폐합 등 대대적인 구조 개편을 시도하기보다는 행정제도와 관행 등을 쇄신하는 데 역점을 두고, 일부부처의 국과를 축소·조정하는 선에서 2차 개편을 마무리한 것이다. 이 시기의 개편 내용을 보면, 경제기획원, 상공부, 내무부 등 28개 부처가 자율적으로 국·과 등 하부조직을 통·폐합하는 방식으로 하여 1실, 3국, 11심의관, 35개 과의 하부조직을 감축하였고 정원도 212명가량 축소하였다. 2차 개편에서는 김영삼 정부 출범 이후 지속적으로 추진한 규제완화와 민간의 자율성 확대에 역점을 두고 개혁을 추진하였다.

제3차 정부조직개편은 1994년 12월에 단행되었다. 1, 2차 개편이 부분적인 개편이었다면 3차 개편은 가히 혁명적 수준의 개혁이었으며, 건국 후 최대 규모의 조직개편이었다. 여기에는 어수선했던 사회 분위기를 반전시키려는 김영삼 정부의 정치적 의도가 내재되어 있었으며, 김영삼 대통령이 호주 시드니에서 행한 '세계화 선언'도 일부 영향을 미쳤다.

먼저 경제기획원과 재무부를 통합하여 재정경제원이라는 거대 조직을 만들어 냄으로써 정부기능 축소에 역행하는 결과를 야기하였으며, 건설부와 교통부를 건설교통부로 통합하였다. 상공자원부는 대외통상무역 및 교섭기능을 부여하여 통상산업부로 개편하였으며, 체신부는 정보통신부로 개편하였다. 또한 환경처는 환경부로 격상되었으며, WTO체제에 따라서 농수산부의 기능이 보강되었고, 내무부의 지방통제 기능은 축소·조정되었다. 그리고 조직개편으로 인한 부처 간의 혼선을 줄이고 정부부처 간에 상호 업무연계성을 증대시키기 위해서, 국무총리 행정조정실장에게 차관회의 의장역할을 맡김으로써 총리실의 정책조정 기능을 강화하도록 하였다.

결과적으로 중앙행정기관의 수는 1부 1처가 줄어들게 되었고, 2원 13부 5처 15청 2외국의 형태를 갖추게 되었다. 또한 하부조직의 경우 장·차관급 5명, 차관보 5명, 국장 26명, 과장 115명의 직위가 감축되었고, 공무원 정원도 1,002명이 감소되었다(공보처, 1996). 하지만 제3차 조직개편 이후 불과 9개월 만인 1995년 10월에 내무부, 통상산업부, 환경부, 건교부, 법무부, 경찰청, 국세청, 기상청 등의 조직을 대대적으로 확대 개편하였고, 또한 재정경제원의 경우 국제협력실과 경제정책심의관실을 신설하였으며, 세제실 등의 조직은 확대하였다.

종합하면, 12·3 조직개편을 통해서 기획예산과 금융기능의 일원화(재정경제원), 정보통신 행정의 일원화(정보통신부), 사회간접자본 행정의 일원화(건설교통부)가 이루어 졌고, 대외통상 문제의 조정체제와 국무총리 행정조정실의 조정기능을 강화시켰다. 하지만 정부부처의 통괄 조정역할을 맡은 국무총리 행정조정실의 조정기능을 보면 김영삼 정부의 정부조직개편이 기존의 관행에서 크게 개선되지 못한 것으로 나타났다. 또한 국무총리 행정조정실은 3차 개편 이후에도 여전히 큰 힘을 발휘하지 못하였으며, 웬만큼 주요한 사안은 재정경제원 장관에 의해 처리되었고, 더욱 중요한 사안은 청와대에 의해 직접 조정되는 것이 현실이었다(강명구, 1998).

제4차 정부조직개편은 1996년 2월에 단행되었으며, 3차 조직개편 이후 정부조직의 확대 경향이 뚜렷하게 나타났다. 먼저 제4차 개편에 의한 조직변화를 살펴보면, 1996년 2월 중소기업을 정책적으로 지원하기 위해서 공업진흥청을 폐지하고 중소기업청을 신설하였다. 1996년 8월에는 해양정책을 종합적으로 전담시키기 위해서 해양수산부를 발족하고, 동시에 해양경찰청을 해양수산부의 외청으로 승격시켰다. 또한 유통질서를 확립하고 공정거래를 촉진하기 위해서 공정거래위원회 위원장의 직급을 차관급에서 장관급으로 상향 조정하였다. 이로써 4차 개편 후 김영삼 정부의 정부조직체제[30]는 2원 14부 5처 14청 1외국 체제로 변화되었다.

---

30) 제4차 정부조직개편이 끝난 1997년 1월에 김영삼 정부의 조직은 2원 14부 5처 14청 1외국으로 구성되었으며, 대통령 아래의 정부조직은 부와 청으로, 그리고 국무총리 소속의 정부조직은 원과 처로 명명되었다. 대통령 소속의 14부는 외무, 내무, 법무, 국방, 교육, 문체, 농림, 통산, 정통, 환경, 복지, 노동, 건교, 해양수산부였으며, 부에 속한 9개의 청은 경찰, 검찰, 병무, 농촌진흥, 산림, 중소기업, 특허, 철도, 해양경찰청 등이었다. 국무총리 산하에는 재정경제원과 통일원, 그리고 총무처, 과학기술처, 공보처, 법제처, 국가보훈처 등 5개 처가 있고, 원과 처에 속한 5개 청으로 조달, 관세, 국세, 통계, 기상청 등이 있다(이성복, 2004: 407).

〈표 4-4〉 김영삼 행정부의 정부조직 변화

구 분	실/국		과		담당관		비 고
	수	전년대비 증감률(%)	수	전년대비 증감률(%)	수	전년대비 증감률(%)	
1992	235	-	870	-	640	-	12. 31 기준
1993	232	-1.28	865	-0.57	621	-2.97	12. 31 기준
1994	201	-13.36	767	-11.33	611	-1.61	12. 31 기준
1995	201	0.00	755	-1.56	608	-0.49	12. 31 기준
1996	203	1.00	764	1.19	629	3.45	5. 31 기준
'92~'96 증감률	-13.26	-	-12.18	-	-1.72	-	

출처: 총무처, 총무처연보, (1994), 이성복. (2004: 408).

(2) 인력변화

정부조직 및 인력의 변화는 1995년까지 다소 감소하는 것으로 보이나 1996년 이후 정부조직은 다시 확대되었고, 인력은 증가하는 경향을 뚜렷하게 보였다. 김영삼 정부의 인력변화 패턴은 공무원총계, 행정부공무원총계, 행정부국가공무원 모두 정부 출범 초기에는 증가했다가 1994년 '12·3 정부조직개편'을 전후로 감소하는 경향을 보였으며, 이후 1996년부터는 다시 증가하는 경향을 나타냈다.

중앙행정기관의 정무직과 일반직공무원의 규모가 감소한 듯 보이나 감축 정도가 크지 않았고, 그나마 1996년에는 다시 증가하는 추세를 보였다. 또한 고위직 인력의 급격한 증가 양상이 나타났다.

〈표 4-5〉 김영삼 행정부의 정부인력 변화

| 구 분 | 계 | 행정부 국가 공무원 | | | | | | | | | | | | | | 정무직 | 행정부공무원 총계 |
| | | 일반직 | | | | | | | 특정직 | | | | | 생산직 | | | |
		소계	고위직 1-3급	중위직 4-5급	하위직 7-9급	연구직	지도직	기타	교원	경찰	소방	의무	법관/검사	기능직	고용직		
1992	565,115	107,538	1,191	36,022	59,295	3,634	7,302	94	277,608	89,092	1,142	1,446	930	83,630	3,608	121	871,410
1993	568,413	112,088	1,183	35,962	59,521	3,660	7,308	4,454	274,878	90,108	1,141	1,473	970	84,030	3,608	117	884,828
1994	567,435	107,760	1,144	34,368	56,787	3,789	7,216	4,456	278,460	90,558	1,144	1,437	1,011	83,343	3,608	114	892,463
1995	558,589	99,003	1,238	33,561	56,068	3,290	405	441	279,652	90,657	148	1,432	1,051	82,898	3,548	100	889,762
1996	560,645	96,226	1,506	34,369	56,465	3,384	404	98	285,069	91,427	157	1,468	1,101	81,674	3,423	100	909,802
'92~'96 증감률	-0.79	-10.52	26.45	-4.59	-4.77	-6.88	-94.74	4.26	2.69	2.62	-89.25	1.52	18.39	-2.34	-5.13	-17.36	4.41

출처: 총무처, 총무처연보, (1992~1996), 이성복. (2004: 409).

종합적으로 볼 때, 김영삼 정부의 경우 취임 초에는 주로 일반직 공무원의 감축에 초점을 두는 축소개편을 시도하였고, 실제로 집권 말기 일반직공무원의 규모는 취임 초에 비해 10.52%(107,538명→96,226명)가 감소되었다. 하지만 정치적인 고려로 인해서 1~3급 고위직공무원의 경우는 다소 증가하는 경향을 보였으며, 김영삼 정부 집권 5년 동안 행정부 공무원의 총계는 약 4.41%가 증가한 것으로 나타났다(김근세·권순정, 1997: 282-283). 여기에는 3차 정부조직개편 때 다른 곳으로 흡수되지 못하고 연수 또는 파견 등으로 겉도는 무보직공무원의 문제가 상존하고 있는데, 재정경제원의 경우 국내외 파견 연수인원과 본부인원이 5대 5의 비율이었으며, 통상산업부의 경우는 4대 6의 비율에 달하였다(이종수, 1996: 47). 김영삼 정부의 전반적인 정부조직 변화는 실/국, 과, 담당관 등은 감소한 것으로 나타났으나, 인력의 경우 1995년 이후 다시 증가되는 경향을 보였다(김근세·권순정, 1997: 283).

김영삼 정부는 행정개혁에서 작은 정부를 표방하며 4차에 걸친 크고 작은 개혁을 시도하였다. 하지만 과감한 개편 이후에도 세부적인 법령정비와 같은 후속 조처가 이루어지지 않았고, 또한 부처 이기주의에 따른 로비활동 등으로 없애려 했던 기능들이 소속 부처 국과별로 다시 배치됨으로써 결국 정부 출범 초기의 의도와는 달리 전체적인 공무원 인력규모가 약 48,000여 명 정도 증가되는 결과를 낳았다. 이러한 결과를 산출하게 된 데에는 다양한 원인들이 있지만, 특히 행정시스템상의 문제점들이 중요한 원으로 작용했다고 보인다. 먼저 비능률적인 행정풍토를 들 수 있다. 일상적인 업무수행 시 불필요하거나 형식적인 각종 회의 등이 많기 때문에 이로 인해 허비되는 시간이 하루 업무시간의 5분의 1이나 된다고 한다. 두 번째로 정치인 후원회 참여 문제를 들 수 있다. 고위공무원들의 경우 관례적으로 정치인의 후원회에 참여해야 한다는 것에 불만이 있었으며, 이

때 참석회비는 개인 돈이 아니라 접대비나 업무추진비로 감당하고 있다고 한다. 세 번째, 인사제도의 왜곡문제를 들 수 있다. 공직에는 별도정원의 공무원들이 존재하기 때문에 공무원들 사이에서 특별한 보직 없이 떠도는 무보직공무원들이 문제시되고 있다. 1997년 8월 현재 기준으로, 39개 정부기관에서 장기 해외연수자로 파견 나가 있는 공무원의 수는 710여 명이며, 국내교육으로 파견된 이원은 194명 정도, 그리고 직무파견으로 627명이 외부기관으로 파견 나가 있어서 총 1,531명 정도가 별도정원으로 처리되어 있다. 그중 특히 국내외 교육파견자의 50%가 4, 5급 공무원들이다. 김영삼 정부의 한 고위직 인사의 말에 따르면, 작금의 공직사회의 문제점은 일하는 장치가 없고 일 안 하고도 불이익이 없는 것이 문제라고 한다(한정희, 1998). 즉 열심히 일한 만큼 그에 따르는 위험부담도 커지기 때문에 새로운 일을 추진하려 들지 않는다는 것이다.

2) 인사행정개혁

먼저 인사행정분야의 개혁을 위해 1994년 총무처직제를 개정함으로써 고시훈련국을 폐지하고, 고시1과 및 고시2과를 다시 인사국으로 편입시켰다. 깨끗한 정부와 관련하여 공직사회의 투명성 제고를 위하여 공직자윤리법 개정을 통해 공직자의 재산공개 및 등록을 제도화하였는데, 주요 내용은 1급 이상 공직자의 재산공개, 4급 이상 공직자의 재산등록 의무화, 허위등록 시 처벌에 대한 규정을 신설하는 것 등이 주요 골자이다(공직자 윤리법 개정 1993. 5).

공무원들의 처우개선과 관련하여서도 많은 변화가 있었는데, 보수현실화 4개년 계획, 공무원 주택마련 4개년계획, 특별승진제도 확대[31], 소청제도 개선[32], 육아휴직제 및 가사휴직제 도입, 해외훈련제도 개선('93. 9), 특별상여수당 신설('94. 12)[33], 효친휴가제 및 장기 근속휴가제('96. 1) 등의 제도를 도입하였다.

이와 관련하여 연도별 인사제도의 변화를 살펴보면, 1994년 인사적체 완화를 통해 공직사회를 활성화할 목적으로 중앙부처 및 소속기관의 주요 과장/계장 직위에 복수직급제도를 도입하면서 '과장보좌 서기관' 제도를 도입하고, 근속승진제를 확대함으로써 하위직공무원의 자동승진 범위를 확대하였다(이성복, 2004: 409-410). 1995년에는 외국어 능통자 채용문호개방, 민간분야 근무경력 우대, 여성채용목표제 등을 실시하였고, 1996년에는 외부 전문인력 특별채용의 활성화, 여성 및 장애인의 공직진출 확대, 각 부처 인사자율권 확대, 공개경쟁승진시험(6급 공무원 대상) 제도의 부활 등을 추진하였다. 그리고 집권 마지막 해인 1997년 12월에는 국가공무원법을 개정하여 민간전문가의 공직파견제와 공무원임시채용 휴직제 등을 도입하였다. 이 외에도 공무원의 기업연수 실시, 목표관리(management by objectives: MBO)에 입각한 근무성적 평정제도[34] 도입, 국가운영 특수교육기관(육군사관학교, 세무대학, 경찰대학, 철도대학)의 여성입학 제한을 완화하고 지방자치단체에 근무하는 국가공무원 대부분을 단계적으로 지방직화하기로 결정하였다.

---

31) 행정업무 개선에 크게 기여한 공무원과 기피부서 등에서 공적을 남긴 공무원은 하위직(6급 이하)을 중심으로 승진인원의 10% 범위 내에서 특별승진제도를 시행하도록 하였다. 따라서 사무관 승진 시 시험승진 외에도 심사승진이 가능하도록 바뀌게 되었다.
32) 획일적인 처벌위주의 심사결정에서 벗어나 소청공무원의 공적 등을 참작해 종합적인 심사가 이루어지도록 하였다.
33) 공직사회에 경쟁체제를 강화할 목적으로 도입하게 되었다.
34) 공정한 인사체제의 확립을 위해서 개인별 업무목표에 따른 객관적 실적에 근거한 새로운 근무평정제도를 도입하였다.

3) 재무행정개혁

김영삼 정부의 재무행정개혁에서 가장 주목할 만한 변화는 재정경제원의 탄생을 들 수 있다. 당시 중앙예산기관과 수입지출 총괄기관이 통합되면서, 세입과 세출의 통합적 관리와 정책조정 기능을 강조한 결과 1994년 12월 경제기획원과 재무부를 통합하여 재정경제원이 신설되었다. 이로써 조달청, 국세청, 관세청, 통계청 등 4개의 청을 거느린 4실 4국 41과의 거대 공룡조직이 탄생하게 되었다. 법개정과 관련하여서는 1993년과 1995년 2차례에 걸쳐 예산회계법이 개정되었으며, 1993년에는 기금관리기본법이 개정되었다. 1994년에는 민자유치촉진법령이 제정됨으로써 SOC투자 확충을 위한 민자유치제도가 도입되었다. 이 외에도 상호 유사하거나 중복되는 특별회계 및 기금을 통폐합하고, 예산에서 경직성 경비가 차지하는 비중을 축소함으로써 일반회계에서 경직성 경비가 차지하는 비중을 1990년 이후 처음으로 60% 이하로 감축하였다. 또한 세출예산과목을 단순화하여 예산집행의 탄력성과 자율성을 강화하였다. 마지막으로 양곡관리제도의 개선을 위하여 1994년부터는 양곡증권의 신규발행을 중단하고 양곡수매 관리비용을 감축하도록 하였다.

4) 행정관리개혁

행정관리개혁의 내용은 1993년 4월 20일부터 시작된 행정쇄신위원회의 활동에서 찾아볼 수 있으며, 크게 3가지 측면으로 집약될 수 있다. 첫째, 행정사무자동화를 위한 개선책으로, 사무자동화 기기의 활용도 제고, 마이크로필름 및 광파일 시스템 도입, 사무자동화 교육, 행정종합전산망(National Information Systems: NATIS) 구축 및 강화, 통합 OA시스템 구축, 행정정보 공동 활용 및 유통 활성화 도모 등의 조치가 있었다. 둘째, 공직사회의 자율성 및 창의성 제고를 위한 방안으로, 집담회(集談會)의 실시, 제안제도의 활성화를 위한 1인 1제안운동 실시 등이 있었다. 셋째, 민원행정의 개선을 도모하기 위해, 옴부즈만제도의 성격을 갖는 국민고충처리위원회를 설치·운영하고, 주민등록제도의 개선, 행정절차법 및 정보공개법의 제정, 운전면허 행정제도 개선, 행정심판제도 개선, 조세구제제도 개선 등의 조치를 하였다.

한편, 정책기능 조정과 관련한 기능변화의 측면에서 가장 주목할 만한 변화는 차관회의에서 볼 수 있다. 차관회의는 대통령령으로 규정되어 있고, 의장은 경제기획원의 차관이 된다고 규정되어 있다. 하지만 제3조 2항의 수정으로 '의장은 총리 행정조정실장이 된다'로 바뀌었다. 이것은 총리실에서 실질적인 정책조정 기능을 행사함으로써 그동안 기관 간에 문제와 갈등을 빚어 온 부처이기주의를 해소하려는 의도가 내재되어 있다. 총리실의 업무를 내각의 행정조정 기능과 심사평가 기능 수행으로 조정함으로써, 총리실의 수석차관인 행정조정실장이 실질적으로 차관회의를 운영할 수 있게 하였다. 또한 비서실에 있는 국무회의 보좌기능을 행정조정실로 옮겨 확대·개편함으로써 국무회의와 차관회의를 총괄·준비하도록 하였다.[35] 따라서 총리실은 차관회의에 상정될 안건에 대해 부처 간 사전협의를 유도함으로써 실질적인 조정기능을 행사할 수 있었다. 게다가 차관회의에서 각종 법률안과 시행령 등 정부의 모든 안건을 실질적으로 논의하는 역할을 담당한데다가, 국무회의는 차관회의에서 상정한 안건을 수정하는 일이 거의 없었으므로 결국 차관회의를 주재한 행정조정실장이 보다 강력한 조정권을 가질 수 있는 체제로 변화되었던 것이다

---

35) 그동안 차관회의를 주재했던 경제기획원 차관은 보좌기능이 없어서 타 부처 안건의 내용파악과 조정에 한계를 보여 왔다.

(김권집·박수경, 2005: 434).

이 외에도 김영삼 정부는 행정문화의 개선이나 행정절차의 개선, 반부패활동 등에 관심을 가지고 이를 제도화하기 위한 시도를 하였다. 먼저 김영삼 정부는 '고객지향적'인 행정문화로 거듭나기 위해 행정쇄신과 규제완화에 초점을 둔 개혁을 시도하였으며, 그 역할은 주로 행정쇄신위원회가 맡았다. 행정쇄신위원회는 권위주의적인 행정풍토를 개선할 목적으로 주로 행정규제 완화 및 민원행정 쇄신에 대한 문제들을 다루었으며, 1997년 7월까지 총 19,439건의 과제를 접수받아, 이중 1,557건을 확정과제로 선정하여 처리하였다. 하지만 사소한 개선을 의미하는 합리화 건수가 약 70%로 대부분을 차지하였고, 규제완화는 겨우 10%에 불과하여 행정쇄신위원회의 규제완화 조치에 대한 활동은 매우 미흡한 것으로 평가되고 있다(강명구, 1998, 이종수, 1996).

두 번째로 행정절차의 개선을 위한 제도화의 노력들은 행정절차법이나 정보공개법 등에서 찾아볼 수 있다. 김영삼 정부는 행정절차의 투명성을 보장하기 위해 「행정절차법」과 「정보공개법」을 제정하였는데, 먼저 행정절차법은 행정처분의 기준을 정하여 공표하고 불이익처분 시 이를 이해당사자에게 미리 알려 의견을 제출할 기회를 주며, 법령제정 및 개정 시 미리 예고하여 국민의 의견을 수렴하는 절차를 거치도록 하여 행정의 민주성을 향상시키려는 의도로 제정되었다. 다음으로 정보공개법은 공공기관이 보유·관리하는 정보에 대한 공개의무, 국민의 정보공개청구에 관한 사항을 규정하여 국정의 투명성과 국정에의 국민의 참여를 높이고자 하는 취지로 제정되었다. 이 두 법의 경우, 1995년부터 시행되고 있는 「개인정보보호법」과 더불어 김영삼 정부의 3대 개혁입법으로 평가받고 있다(이연택, 1997: 109-110).

세 번째로, 반부패활동으로서 부패억제 장치를 제도화하기 위한 시도로 공직자 재산등록제, 금융실명제, 부동산실명제 등이 도입되었다. 먼저 공직자 재산공개는 대통령의 솔선수범으로 출발하여 고위공직자들의 재산공개로 이어졌는데, 이 과정에서 부정축재의 사례가 노출되는 경우 제재를 받았다. 또한 이러한 활동의 연장선에서 공직자윤리법을 개정하여 재산등록 의무자 가운데서 고위공직자들은 재산을 일반에 공개하도록 하였다. 다음으로 금융실명제는 음성적 자금의 흐름을 차단한다는 측면에서 관(官)·경(經)의 부정적 유착을 방지할 수 있다는 기대 외에도 일반사회의 지하경제 형성도 억제할 수 있다는 측면에서 공명한 경제활동을 추구하는 효과가 있다. 끝으로 명의신탁을 금지한 부동산실명제도 부동산의 실소유주를 밝힘으로써 투기를 방지하여 비정상적 이익추구를 하지 못하도록 하는 효과가 있어 사전에 부패를 차단한다는 의미가 있다.

하지만 정부가 정책적 차원에서 아무리 좋은 개혁안을 준비하고, 제도화를 추진한다고 하더라도, 그것을 현실에 적용하는 공무원들의 실천의지가 결여되어 있다면 그 개혁정책은 효과를 거둘 수 없을 것이다.

제5절 김영삼 정부의 개혁 평가

정부의 공공산출물에 대한 평가는 그 측정이 용이하지 않고, 그 측정 기준에 따라서 다양한 견해가 나타날 수 있으므로 단정적인 개혁의 성패를 평가하기란 쉽지 않다. 하지만 개혁의 긍정적인 측면과 부정적인 측면을 살펴봄으로써 개혁의 결과에 대한 전체적인 비교·평가는 가능하리라고 본다. 따라서 본 연구에서는 행정개혁이 끼친 긍정적인 영향과 부정적인 영향을 중심으로 행정개혁의 결과를 논의해 보고자 한다.

먼저 행정개혁 추진 과정에 대한 긍정적인 측면이다. 첫째, 김영삼 정부는 문민정권의 수립을 통해 과거보다 민주적인 방법으로 행정개혁을 추진하였고, 그동안 국민들에게 별로 부각되지 못하였던 행정개혁의 문제를 정치의제(political agenda)화하였다(정용덕, 1995: 81)는 점에서 다소 긍정적인 평가를 얻고 있다. 즉 전원 모두 민간인으로 구성된 행정쇄신위원회를 발족하여 비민주적이고 폐쇄적인 행정제도 및 관행, 풍토 등을 개선하려 하였고, 행정의 민주화를 추구함으로써 국민들에게 보다 질 높은 행정서비스를 제공하려는 시도를 하였다. 특히, 민원행정의 개선을 위해 국민고충처리위원회를 설치·운영한 것과 행정절차법 및 정보공개법을 제정한 것은 상당히 긍정적인 평가를 얻고 있다.

둘째, 김영삼 정부는 과거의 정권들과는 달리 권위주의를 타파하고, 민주화를 확산하는 데에 개혁의 기본 방향을 두었으며, 이러한 방향성과 일치하는 개혁을 추진하였다는 평가가 있다(이연택, 1997). 즉 개혁의 방향이 고착되지 않도록 개혁의 진행과 시간의 경과 및 환경이 요구하는 대로 방향을 전환하고, 권위주의적인 행정관행의 개선이나 규제완화에 주력하였다는 점에서 좋은 평가를 얻고 있다.

반면, 김영삼 정부의 행정개혁 추진 과정에 대한 부정적인 측면은 다음과 같다. 첫째, 행정개혁의 의도는 순수하고 좋았으나 그 방법이 미숙하였다는 주장이 있다(강명구, 1998). 즉, 1·2차 조직개편에서 관료들의 저항이 시작되고, 사회에 여러 가지 대형사고와 정치적 위기가 닥친 1994년 말에 가서야 갑자기 급격한 개혁을 추진하였기 때문인데, 이것은 정치적인 위기 타개책으로서 개혁이 추진되었다는 오해를 불러일으키기에 충분하다. 즉 가시적이고 대대적인 기구축소 및 인원감축과 같은 개혁을 통해서 사회 분위기를 반전시키려는 정치적인 의도가 내재되어 있었다고 볼 수 있다.

둘째, 개혁조치들이 지나치게 전격적이고 비공개적이었다는 비판이 있다(이연택, 1997). 왜냐하면 김영삼 정부의 개혁안은 밀실작업의 산물이었으며, 개혁의 파급효과를 예측한 후속조치가 상당히 미흡했기 때문이다. 또한 개혁조치들을 시행하기 위한 제도적 기반이 상당히 결여되어 있었다. 예를 들어, 공직자 재산등록 과정에서 초래된 부정축재자가 퇴진하는 경우, 제도적 절차에 의해서 과오를 밝히고 그에 상응하는 정당한 징계를 한 것이 아니라 여론재판식의 압력을 가해서 공직을 사퇴하도록 하는 미숙한 행태를 보였기 때문이다.

셋째, 공직쇄신 유도 과정에서 동기부여나 개혁의 구체적인 방향제시 없이 개혁만을 강조한 결과 공무원들의 복지부동(伏地不動)이라는 부정적 결과를 초래하였다. 즉, 개혁의 목표가 불명확하고 실천지침으로서의 개혁방안들이 구체적으로 제시되지 않은 상태에서 행정개혁의 분위기만 고조되다 보니, 자연스럽게 공무원들에게 불안감을 조성하게 되고 이는 복지부동의 행태로 나타나게 된 것이다.

넷째, 행정쇄신위원회의 활동이 국민의 개혁요구를 충분히 수용하고 있지 못하다는 것이다. 즉, 행정쇄신위원회는 해마다 처리결과를 백서로 발간하여 제도화를 추진하였지만, 이러한 위원회의 활동이 국민들에게 제대로 전달되지 못한 것으로 보인다.

다섯째, 지속적인 개혁추진이 이루어지지 못했다. 이미 발표된 개혁안들도 그 구체적인 실천방안을 마련해 가는 과정에서 현실적인 장벽에 부딪혀 본래의 의도가 상당부문 축소되는 현상이 나타났으며, 개혁의 추진이 지나치게 대통령 의존적이어서 신권위주의라는 비판을 받았다. 즉 개혁의지에 대한 공론화 과정 없이 대통령을 중심으로 독단적인 개혁이 추진되었기 때문에 이것이 오히려 개혁의 저해요인으로 작용했을 가능성이 높다. 또한 총리행정조정실, 청와대 비서실, 재정경제원 등과 같은 핵심적 권력기구들의 경우, 행정개혁의 문제를 공론화하는 과정 없이 즉흥적으로 여론정치에 맡겨버리는 행태를 보이기도 했다.

이처럼 개혁결과에 대한 미진함 또는 부정적인 측면이 보다 강하게 부각되는 이유는 다음과 같은 사실에서 기인했다고 볼 수 있다. 먼저, 김영삼 정부의 행정개혁은 한국이 추구해야 할 발전모델 자체에 대한 인식이 부족했고, 명확한 철학도 부재했다(강명구, 1998). 즉 표면적인 개혁의 기본 방향은 세계화였지만, 김영삼 정부 역시 이전의 정부들과 마찬가지로 '국가경쟁력 강화'라는 국가중심적 발전모델에 집착하고 있었다.

행정쇄신위원회를 내세워 '위로부터의 개혁' 대신 '밑으로부터의 개혁'을 강조하고, 과거와는 다른 상향식 접근방법을 통해 개혁을 추진하겠다고 하였으나, 여전히 집권적이고 하향적인 방식을 벗어나지 못했다. 즉 개혁의 추진 과정이 문민독재라는 질타를 받을 만큼 지나치게 대통령 의존적이었고, 행정개혁의 주체세력이었던 핵심 통치세력들은 행정개혁의 문제를 공론화 과정 없이 즉흥적으로 처리하는 내부적인 비민주적 행태를 보였다. 개혁의 추진방식에서 과거 박정희 정부부터 계속되어 온 집권적·권위주의적 제도적 맥락이 그대로 유지되었고, 민간인 대통령이라는 인적 요소의 변화에도 불구하고 행정의식 및 체제와 같은 기존의 제도적 틀은 변하지 못했다.

결과적으로 김영삼 정부의 행정개혁은 의도된 개혁의 방향과 개혁의 결과가 일치하지 못하는 경우가 많았다. 그리고 행정개혁의 대상이 한 부분에 국한되기보다는 구조적 개혁, 행정절차의 개혁, 그리고 공무원의 인식 및 행태 개혁 등 전 범위에 걸쳐 포괄적으로 시도되었다는 것을 알 수 있다. 특히, 행정개혁의 주된 대상을 조직개편과 행태개선으로 하였으며, 상의하달식 개혁추진 방법으로 공무원들은 수동적인 입장을 취했다. 결국 공직자들의 이러한 행태는 개혁을 적극적으로 추진하기보다는 일시적인 변화로 인식하고 이를 회피하려는 복지부동(伏地不動) 현상으로 나타났으며, 이는 정부개혁의 한계로 작용하게 되었다. 이것은 기존의 제도가 변화의 기회를 제약함으로 인해서 나타난 경로의존적 현상으로 이해할 수 있으며, 이전의 제도 및 관행이 유지되는 원인이 되었다고 볼 수 있다.

제 5 장 김대중 정부의 정부혁신

제1절 행정환경

1. 정치적 환경

대한민국정부 수립 이후 역대 정권들에 의해 행해진 약 50여 차례의 행정개혁들은 대부분 정권교체기에 단행되었다. 개혁의 논리는 관료와 기득권층의 저항을 줄이기 위해서 정권 초기에 개혁을 추진해야 한다는 것이었다. 1997년 말 김대중 대통령 후보는 국난극복을 위한 과감한 개혁추진을 공약으로 제시하며 대통령에 당선되었다. 과거 개혁의 빈번한 실패와 금융대란으로 인해 여당은 국민회의와 자유민주연합의 공동야당에게 패배하게 되었고, 이로써 헌정사상 초유의 여야 간 정권교체 사건이 발생하게 되었다(박용우, 2000). 김대중 정부의 정치적 개혁 환경에서는 현실적 요인과 인적 요인에 의한 영향이 비교적 컸던 것으로 보인다.

정부 출범 초기의 개혁환경은 현실적 요인과 행정개혁을 둘러싼 정치권력과 관료제 간의 갈등적 측면에서의 인적 요인에 의해 과거 정부 특히, 김영삼 정부 때와는 사뭇 다른 양상을 보였다. 김영삼 정부의 경우 김영삼 대통령과 민주계는 집권세력 내부로 진입한 지 얼마 안 되었지만 당 자체는 수십 년간 기존의 관료집단과 교류해 온 구여권세력이었다. 이들은 과거에 관료들과 맺어온 정-관 간 계약을 스스로 파기하고 관료집단의 특권을 회수해야 하는 입장이었다.

정부 출범 초기나 12·3 정부조직개편 당시 이들이 부정적인 반응을 보인 것은 사실이나 김영삼 대통령에 대한 이들의 견제가 소극적이었고, 대통령의 의지에 비토를 가할 정도의 강력한 적은 없었다.

반면, 김대중 정부의 경우 관료집단의 이해를 대변할 조직화된 세력이 당내에 없었기 때문에 개혁에 대한 당의 일관된 성향을 보일 수 있었으나, 집권경험의 부재로 관료에 대한 통제가 서툴고 관료집단의 과도한 경계심을 유발하게 됨으로써 장관들의 관료 장악력이 떨어지게 되었다는 것이다. 더구나 행정개혁의 과정에서도 구여당의 강력한 저항과 공동 여당 내부의 양당 간 마찰이 존재함으로 인해, 집권세력 내부의 이념적 응집성이 떨어지게 되었고 이것은 행정개혁에 대한 의지를 크게 약화시키는 요인으로 작용했다(서제택, 2001: 114-116).

비록, 2000년 6월에 있었던 남북정상회담으로 남북은 55년간 이어져온 반목과 대립에서 벗어나 화해협력의 시대를 열수 있었고 김대중 대통령은 노벨평화상까지 수상하게 되었지만, 집권 이후의 정치는 극한 대치의 연속이었다(이성복, 2004: 445-446).

2. 경제적 환경

지난 30년간의 세월을 뒤돌아볼 때, 우리나라는 관 주도의 경제성장을 추진하여 왔으며 그로 인한 경제구조적인 취약성이 지속적으로 누적되어 왔다. 김대중 정부 출범 당시 우리나라는 자유시장체제가 제대로 정착되지도 못한 상황에서 외환위기를 맞게 되었고, 때문에 국가경쟁력을 높이기 위해서는 정치적·경제적·사회적 환경을 국제적 수준으로 끌어올리는 총체적인 구조조정이 불가피한 상황이었다.36) 사회주의 국가들이 자본주의체제로 전환함에 따라서 세계적으로 사회적 잉여자원이 증가하고 우리나라의 기업경쟁력이 현저하게 떨어진 상태였기 때문에 민관을 불문하고 개혁에 대한 공감대가 크게 형성되었다.

1997년 대기업의 연이은 부도사태와 금융시스템의 낙후, 부실채권의 확대, 동남아 경제위기의 확산 등 복합적인 원인이 작용하면서 한국 경제는 금융위기에 직면하게 되었다(박용우, 2000). 결국 우리나라는 1997년 12월 3일 국제통화기금(IMF)에 긴급자금을 요청하게 되었는데, IMF체제라는 이러한 국가경제적 위기 상황은 오히려 개혁의 외부환경을 더 좋게 만들어 주었다. 즉 외환위기의 위기극복을 위해서는 '개혁하는 길 외에는 다른 대안이 없다'는 국민적 공감대가 형성되었고, 이러한 국민적 공감대는 개혁을 추진하는 데 있어서 매우 유리한 환경으로 작용했기 때문이다. 이전의 정부들이 추진했지만 실패했던 개혁정책들은 'IMF 협약'을 통해서 약정이 가능했고, 협약 이행을 통해 위기를 극복해야 한다는 명분에 반대할 그 어떤 명분도 없었기 때문에 관련 이해집단들의 저항과 갈등을 극복할 수 있었다(김병문, 2004).

김대중 정부는 경제위기를 벗어나기 위한 실천과제로서 ① 민주적 시장경제 정착, ② IMF 협약 충실 이행, ③ 안정 우선정책 실천, ④ 실업 최소화, ⑤ 바르게 사는 사람이 성공하는 사회 건설, ⑥ 국민 대화합, ⑦ 안보강화와 남북관계 개선, ⑧ 외교역량 강화 등 8가지

---

36) 1993~1997년 기간 동안 우리나라의 평균 경제성장률은 7.2%, 실질 GDP 387억 달러로 경제구조상의 큰 문제는 없었다. 단지 평균경상수지율이 −4.8%로 무역거래에 적자를 기록할 뿐이었으며, 1997년 대외 채무규모가 1,210억 달러에 달함으로써 김영삼 정부는 IMF에 지원금융을 요청할 수밖에 없는 상황이었다. 보다 근본적인 문제는 우리나라 경제정책에 있었다. 냉전체제 이후 사회주의 국가들이 자본주의 경제로 편입되어 세계적인 과잉생산이 초래되고 있음에도 불구하고 한국은 국내외 투자를 계속 확대하였고, 이는 고비용·저효율의 문제를 야기하게 됨으로써 수출경쟁력이 크게 저하되는 원인이 되었다(박용우, 2000).

사안을 제시하였다(김병문, 2004: 17). 또한 국제통화기금(IMF)의 요청에 따라서 세계화·국제화·개방화·자유화 등과 같은 국제수준(Global Standard)의 준수를 위해 다음과 같은 사항들을 정책기조 조건으로 수용할 것을 합의하였다. 첫째, 은행·종금사 등의 구조조정을 조속히 추진하고 금융개혁법안을 연내 처리하며 한국은행의 독립성을 보장하는 한편 통합금융감독원을 출범시킬 것, 둘째, 30대 그룹의 계열사 간 상호 지급보증을 조기 해소하고 30대 그룹 결합재무제표 작성을 의무화하는 한편 부실기업에 대한 정부 보조를 중단하고 정책금융을 축소하는 등 재벌의 차입경영과 불투명한 경영관행을 개선할 것, 셋째, 외국 금융기관의 국내 금융자회사 설립과 국내 금융기관에 대한 인수·합병을 허용하고 외국인의 주식투자 한도의 확대를 통한 국내 기업 M&A(mergers and acquisitions) 허용, 3년 미만 회사채·기업어음(Commercial Paper: CP) 등 단기채권 시장의 개방, 무역관련 보조금·수입제한 승인제·수입선 다변화 제도의 조기 폐지 등 과감한 대외개방 정책을 실시할 것, 넷째, 금융실명제의 골격을 유지하고, 정리해고제·근로자 파견제 등 노동시장의 유연성을 높이도록 관련 법을 고칠 것, 이 외에도 98년도의 경제성장률을 3%로 유지할 것, 소비자물가상승률 5% 이내 유지할 것, 경상수지 적자폭은 98년도, 99년도 각각 50억 달러 이내로 할 것 등과 같은 요구조건에 합의하였다(서제택, 2001: 116－117).

이러한 요구사항들은 정도의 차이는 있을지라도 김대중 대통령의 시장주의적 경제철학과 어느 정도 일치하는 것이었으며, 한국 경제에 대한 진단과도 일치하는 것이었다. 이러한 정황에 비추어 봤을 때, IMF 관리체제는 위기임과 동시에 기회였으며, 정치권력의 정책기조를 밀고 나가는 데에도 도움이 되었다. 또한 행정개혁 분야에서도 과감한 조직축소와 시장자율적 정부기구로의 개편, 규제완화 등과 같은 정책을 필수과제로 선택되게 하는 역할을 하였다.

3. 사회적 환경

김대중 정부는 대중적인 지지기반이 상당히 취약한 상태에서 출범하였으나, 재야나 노동운동으로부터 상당한 지지를 받았으며, IMF관리체제라는 국가적 위기상황에 직면하면서 국가적 동원전략에 대한 국민들의 지지를 받게 되었다. 또한 민간부문의 성숙에 따라서 시민의식 및 시민참여의 욕구가 증대하였고, 정부의 민간부문에 대한 규제와 간섭을 축소하도록 하는 사회적 환경이 조성되었다.

정부 출범 초기 외환위기로 인해 사회 전반에 위기의식이 고조되면서, 이는 정부·기업·국민 모두의 책임이라는 인식이 확산되었고, 시민단체들을 중심으로 고통분담 차원에서 자발적인 범국민적 경제 살리기 운동이 전개되기도 하였다. 일례로 1998년 1월 5일부터 3월 15일까지 '전 국민 금 모으기 운동'이 전개되었는데, 이때 349만 명이 참여하여 18억 2천만 달러에 달하는 금 225톤이 수집되기도 하였다(김병문, 2004: 16). 금 모으기 운동은 수집된 금의 경제적 효과보다도 전 국민적 차원에서 외환위기를 극복해야만 한다는 사회적 정당성을 획득한 것이 더 큰 성과였다고 볼 수 있다. 집권 초 국민의식 조사결과에 의하면 국민들은 민주주의(7.5%)보다 경제발전(92.2%)이 더 중요하다고 응답하였으며, 1시간 더 일하기나 휴일 근무하기 등과 같은 근무시간 연장에 대해서도 대다수(93.4%)가 긍정적인 응답을 하였다(세계일보, 1998년 1월 1일). 이러한 사회적 상황은 정부개혁의 당위성에 대한 공감대가 국민은 물론 공직사회에도 확산되는 계기가 되었다.

하지만 고용불안정 등으로 빈곤층이 크게 증가하게 되고, 빈곤율[37]

---

37) 전체가구 평균소득의 40% 이하 빈곤층 비율을 계산한 상대적 개념의 빈곤율을 말한다.

도 2000년부터 점차 낮아지기는 했으나 1997년 수준(6.6%)을 회복하지는 못했다. 또한 정리해고제와 연봉제가 도입되는 등 노동의 유연화가 추진되었고, 외환관리에서 자율변동 환율제로 변화되었으며, 수입선 다변화 제도 및 수입승인제를 폐지하고, 각종 무역관련 보조금도 폐지하였다(이성복, 2004: 447). 이러한 김대중 정부의 능률성 위주의 개혁방향은 경제위기 상황에서는 저항이 약했지만, 차츰 경제위기가 진정되기 시작하면서 이에 대한 비판도 높아지게 되었다. 또한 경제악화의 책임론 제기, 계층 간·지역 간 갈등 심화, 기업의 구조조정, 고실업 등의 문제들이 일반국민들에게 피해의식을 심어 주면서, 이것이 정부에 대한 불신으로 작용하기도 하였다.

제2절 개혁 패러다임

1. 행정이념 및 가치

'작은 정부, 효율화, 민간주도'는 새로운 정권이 출범할 때마다 등장하는 행정개혁의 기본 테마다. 김대중 정부 역시 '작은 정부, 강한 정부, 서비스 정부'를 슬로건으로 제시하면서, 정부 출범 초기인 1998년 2월 17일 정부조직개편을 단행하였다(한정희, 1998). 김대중 정부는 '외환위기'라는 국가 위기상황 속에서 출범한 정부인만큼 '국민이 함께하는 사회', '민주주의와 시장경제의 병행 발전', '21세기 정보화 사회의 준비'를 3대 국정이념으로 설정하고, 그에 따른 구체적인 원칙38)들을 설정함으로써 개혁의 기본 방향을 제시하게 된다.

김대중 대통령은 대통령 취임사에서 김대중 정부가 추진할 총체적 개혁의 첫 번째 과제로 정치개혁을 들고, 국민이 주인대접을 받고 주인 역할을 하는 참여민주주의 실현을 강조하였다. 또한 김대중 정부는 '민주주의와 시장경제의 병행 발전'을 국정운영의 공동선으로 내걸고, 경제회생을 위한 총체적인 개혁의 과제로서 정치개혁의 실현과 공공·금융·노동·기업 등의 4대 분야에 대한 개혁을 단행할 것을 선포하였다(박용우, 2000). 시장과 국가라는 측면에서 볼 때, 민주주의와 시장경제의 병행적 발전이란 시장원리를 중시하되 자유방임형 정부는 아니며, 공정한 시장경쟁을 가능하게 하는 시장질서의 유지자로서 정부의 역할을 의미한다고 볼 수 있다. 이와 같은 정부의 역할에 대한 이해는 독일의 프라이부르크(Freiburg)학파로 대표되는 질서자유주의자들의 인식과 맥락을 같이한다. 즉 시장의 능력39)은 인정하되 시장은 자연적으로 형성·유지되는 것이 아니라 교란요인에 대해 정부가 끊임없이 질서유지자로서의 역할을 할 때 비로소 시장경제가 유지될 수 있다는 것이다. 김대중 정부의 정책기조는 철저한 시장주의에 바탕을 두면서도 정부가 방임자적 위치가 아닌, 공정한 시장규칙의 형성·유지자로서 끊임없이 시장에 참여해야 한다는 것이었으며, 이것은 국제통화기금(IMF)이 한국정부에 요구하는 정책기조와 대체로 일치하는 것이었다(서제택, 2001: 119-120).

김대중 정부의 정치개혁의 방향은 ① 국회의원 및 지방의원의 수

---

38) 김대중 정부의 3대 국정이념에 따른 구체적인 원칙들은 다음과 같다. ① 규제완화와 시장기능의 활성화, ② 공공부문의 품질혁신을 통한 행정서비스의 질 향상, ③ 경쟁의 확대와 개방화 촉진, ④ 수요자 중심의 행정 구현, ⑤ 지방분권 및 민간이양 촉진, ⑥ 경제사회 구조의 유연성과 투명성 제고 등이다(이성복, 2004: 449).

39) 신자유주의자들은 시장만능주의와 시장의 자연발생성을 가정하고 있으며, 질서자유주의자들은 시장의 능력에 대해서 이러한 생각을 공유한다.

감축, ② 지구당 축소 등 정당구조에 관한 개혁, ③ 국회운영 개선, ④ 선거제도 개선 등에 관한 것이었고(문화일보, 1998년 2월 26일자, 3면), 공공부문 개혁의 기본 방향은 '김대중 정부', 즉 '작지만 봉사하는 효율적인 정부'를 지향하는 것으로 고객우선의 성과주의, 기업가적 정부운영, 유연하고 투명한 행정, 조직구성원의 창의성 극대화 등을 개혁목표로 하였다(대한민국정부, 1998: 119−120). 이러한 정부개혁의 방향은 영국의 대처리즘에서 시작되어 Osborne과 Gaebler의 공공관리 혁신론으로 이어지는 시장주의 및 기업가형 정부를 지향하는 전세계적인 정부개혁의 흐름과 그 맥을 같이한다(서제택, 2001: 121).

2. 국정목표

김대중 정부는 외환위기를 조기에 수습해야 한다는 절박한 상황 때문에 다분히 경제적인 시각에서 개혁을 추진했다고 볼 수 있다. 1997년 당시 한국의 경제는 경쟁력 하락으로 경상수지 적자가 큰 폭으로 나타나고 있었으며, 설상가상으로 대외신인도가 급격히 하락하고 금융경색과 경기침체가 이어져 기업의 연쇄적 도산과 실업이 급증하는 엄청난 위기를 맞고 있었다. 따라서 초기의 개혁방향도 능률성 위주의 개혁에 초점이 맞추어져 있었다. 김대중 정부의 개혁방향은 '작지만 봉사하는 효율적인 정부'로 함축될 수 있으며, 시장메커니즘의 중시, 성과중심, 고객지향적 원리, 그리고 정부기구와 인력감축 등이 개혁과정에서 주된 개념들로 등장하게 되었다(김판석, 2000: 220).

김대중 정부는 국가개혁을 위한 5대 국정지표로 ① 국민적 화합정치, ② 민주적 경제발전, ③ 자율적 시민사회, ④ 포괄적 안보체제, ⑤ 창의적 문화국가를 제시하고, 이에 따른 분야별 국정목표로 정치,

경제, 사회복지와 교육, 안보·외교·통일·문화·정보·환경 등 5개 분야에 26개의 목표를 선정하였다(박용우, 2000). 또한 행정개혁을 추진하는 공식적인 목표로 (ⅰ) 고객우선의 성과주의, (ⅱ) 기업가적 정부운영, (ⅲ) 유연하고 투명한 행정, (ⅳ) 조직구성원의 창의성의 극대화 등과 같은 정부개혁 목표를 제시하고, 이러한 개혁목표를 달성하기 위한 10대 추진전략으로, ① 정부역할의 재정립, ② 정부부문의 경쟁촉진, ③ 책임경영기관의 도입, ④ 정보기술의 활용 극대화, ⑤ 능력중심의 경쟁촉진적 인사보수제도 확립, ⑥ 권한과 책임의 하부이양, ⑦ 지방으로 대폭적 권한이양, ⑧ 성과에 바탕을 둔 예산운용, ⑨ 투명한 행정, ⑩ 새로운 조직문화의 창출을 제시하였다(대한민국 정부, 1998: 117-118).

　세계화·개방화·정보화의 급속한 진전으로 공공부문의 개혁은 그 중요성이 점점 더해 가고 있으며, 세계 각국은 생존과 번영의 치열한 경쟁 속에서 보다 기업하기 좋은 국가, 행정서비스가 좋은 국가로 더 많은 자본과 기술을 이동시키고 있다. 때문에 현대 국가에서는 기업과 국민들에게 보다 질 높은 행정서비스를 제공할 것이 요구되고 있으며, 김대중 정부의 공공개혁의 궁극적인 목적도 바로 경쟁력 있는 정부의 구현과 공공서비스의 수혜자인 국민의 만족도를 높이고 신뢰받는 정부로 회복하는 데 있었다.

3. 개혁기초 이론

　김대중 정부는 출범과 동시에 행정의 주된 운영원리와 개혁의 준거모형으로서 신공공관리론을 채택하겠다고 선포하였는데, 김대중 정부의 공공부문 개혁의 중요한 기조인 신공공관리론은 그 당시 이미 많은 국가들에서 공공부문 관리방식을 지배하는 현실적인 흐름으로 자리하고 있었다. 신공공관리론으로 통칭되는 개혁논리들은 공통적으로 '관료적(bureaucratic)'이라고 표현되는 전통적 관리방식의 논리에 반대하고, 특히 시장 중심의 관리방식과 가치를 공공부문에 보다 적극적으로 적용할 것을 강조한다. 이 때문에 신공공관리론은 정부논리에 대한 시장논리의 확대적용으로 해석되기도 한다(윤태범 외, 2002). 부연하면 신공공관리론의 논리는 시장을 더욱 효율화시키자는 것이요, 정부와 시장의 기능배분 문제에 있어서 시장이 효율적이기 때문에 시장의 영역을 더 넓히자는 것이며, 또한 시장의 논리에 의한 관리기법을 정부에도 적용하자는 것이다(권인석, 2004).

신공공관리론은 1980년대 이후 미국과 영국을 비롯한 현대 국가 정부개혁의 중심적 패러다임으로, 한국에서는 1997년 외환위기로 인한 경제위기 극복과정에서 행정개혁에 전면적으로 도입되었다. 서구 복지국가들의 경우 1970년대부터 가시화된 경제위기의 원인을 비대하고 경색화된 '정부관료의 비효율성'으로 보고, 경제위기 타파를 위한 대처방안으로 최소국가(the minimalist)에 연원을 둔 '작은 정부(small government)'가 제기되었다. 이와 같이 변화된 국가상을 구현하는 데 있어서 신공공관리는 정부의 비대화를 막는 방안으로 민영화, 규제완화, 정부운영에 시장적 기제를 활용한 공공부문의 성과관리 등을 도입함으로써 정부의 효율성을 높이는 데 일정부분 성공하였다(한종희, 2005: 137−138).

김대중 정부는 '작지만 봉사하는 효율적인 정부구현'을 정책기조로 하고 있으며, 이에 따른 공식적인 개혁목표로 고객우선의 성과주의, 기업가적 정부운영, 유연하고 투명한 행정 등을 제시하고 있는데, 이것은 시장주의적 경쟁원리의 도입과 관리의 자율성 강화에 의한 기업가적 정부운영 시도라는 신공공관리의 두 가지 기본정신과 일치하는 내용들이다. 시대적 조류와 행정환경, 그리고 개혁의 목표 및 방향 등을 종합적으로 고찰해 볼 때, 김대중 정부의 개혁은 단연 신공공관리론에 기초하고 있다고 볼 수 있다.

4. 개혁목표

김대중 정부의 공공부문 개혁의 기본 방향은 '김대중 정부', 즉 작지만 봉사하는 효율적인 정부 구현에 있다. 김대중 정부는 행정개혁의 공식적인 목표로 (ⅰ) 고객우선의 성과주의, (ⅱ) 기업가적 정부운영, (ⅲ) 유연하고 투명한 행정, (ⅳ) 조직구성원의 창의성 극대화를 제시하고 있으며, 이러한 개혁목표를 달성하기 위한 10대 추진전략으로, ① 정부역할의 재정립, ② 정부부문의 경쟁촉진, ③ 책임경영기관의 도입, ④ 정보기술의 활용 극대화, ⑤ 능력중심의 경쟁촉진적 인사보수제도 확립, ⑥ 권한과 책임의 하부이양, ⑦ 지방으로 대폭적 권한이양, ⑧ 성과에 바탕을 둔 예산운용, ⑨ 투명한 행정, ⑩ 새로운 조직문화의 창출을 명시하고 있다(대한민국정부, 1998: 117－118).

이와 관련하여 정부는 개혁목표의 달성을 위해 구조, 운영시스템, 의식·문화의 세 가지 측면에서 개혁조치를 취하였다(박재완, 1999: 42－43). 첫째, 구조개혁을 위해서는 ① 정부조직의 통폐합 및 간소화, ② 공무원 정원의 감축, ③ 공기업 민영화와 자회사 정리, ④ 정부출연기관의 유사·중복기능 조정 및 연합이사회 설립, ⑤ 정부출연·위탁기관의 통폐합, 민영화와 준조세 정비 등에 관한 경영혁신, ⑥ 교육훈련기관 통폐합, ⑦ 중앙사무의 지방이양 촉진, ⑧ 외부위탁(outsourcing) 사무의 확대, ⑨ 책임운영기관제도 도입, ⑩ 규제사무의 폐지와 완화 등에 대한 조치를 취하였다.

둘째, 운영시스템의 개혁을 위해서는 ① 공무원과 교육공무원의 정년 단축 및 신분보장 완화, ② 고위공직자에 대한 목표관리제·연봉제·성과상여금제 도입, ③ 중앙인사위원회의 설치, ④ 개방형 임용제 및 계약제의 확대, ⑤ 4급 이상 공무원의 근무성적 평정 실시, ⑥ 5급 이하 공무원의 정보제한 기간 연장, ⑦ 교육훈련 바우처(voucher) 도입, ⑧ 예산과목체계의 간소화, 계속비·이월제도의 확대 등 예산편성 및 집행의 신축성·자율성 제고, ⑨ 예비 타당성 조사의 도입 및 단계별 예산요구 의무화 등 예산의 성과관리 강화, ⑩ 예산 절약 인센티브제 실시, ⑪ 공기업의 정부이사제 폐지, 사장경영계약제 도입, 이사의 경영책임 부여, 경영공시제 도입 등 자율·책임경영 강화, ⑫ 공공기관의 퇴직금 지급기준 통일, ⑬ 정부보조금의 통합과 정비, ⑭ 행정기관과 공기업에 대한 민간전문가의 경영진단 실시, ⑮ 공공부문 경영혁신대회 개최 등에 대한 조치를 취하였다.

셋째, 의식·문화의 개혁을 위해서는 ① 행정서비스헌장과 공기업 고객헌장의 제정, ② 공직자 10대 준수사항의 제정, ③ 공공감사기준의 제정, ④ 반부패특별위원회의 설치 등에 대한 조치를 취하였다.

더불어 시장메커니즘, 성과, 그리고 고객지향적 원리를 중시하는 김대중 정부는 고객중심의 서비스 제공을 위해 새 정부의 실천의지를 다음과 같이 공표하였다. 첫째, 불필요한 기능은 줄이되 국민의 수요가 늘어나는 분야는 확충하는 방식으로 정부의 조직과 기능을 재편한다. 둘째, 통제 위주의 정부운영방식을 성과중심으로 변화시켜 나간다. 셋째, 방만하게 운영되고 있는 정부산하 단체와 공기업은 조속히 민영화하되, 민영화가 어려운 기관은 자율성과 책임성을 강화하는 방향으로 강도 높은 경영혁신을 추구한다(대한민국정부, 1998: 119-120).

종합하면, 김대중 정부가 표방하고 있는 행정 및 조직개혁의 목표는 다음과 같이 요약될 수 있다. 첫째, 정부의 개입과 간섭의 축소이다. 김대중 정부는 작은 정부를 지향한다. 따라서 과거의 정권들에서 행해져 온 시민사회에 대한 과도한 개입을 지양하고 국가중심적인 경제운영체제를 벗어나, 정부조직의 민주화를 꾀하고 시장경제를 활성화하는 것이 우선적인 개혁의 목표이다. 둘째, 정부조직의 효율화이다. 즉 행정관리 전반에 시장경쟁의 원리를 도입함으로써 정부의 독점적인 행정운영방식을 지양하고 높은 효율성을 확보하려는 것이다. 셋째, 의사결정권을 지방 및 하부기관에 대폭 위임함으로써 행정조직의 소규모화, 분권화, 계약화 등을 추구하여 민주주의의 발전을 도모하려는 목적을 가진다(김권집·박수경, 2005: 438).

제3절 개혁추진체계

1. 개혁추진기구

김대중 정부는 정권출범 이전에 '정부조직개편심의위원회'라는 기구를 통해 이미 행정개혁에 착수하였다. 정부조직개편심의위원회는 새로이 집권여당이 될 정당 내에서 수립된 비공식 조직으로서 김대중 정부의 '제1차 정부조직 개혁'을 추진했던 기구이다(박용우, 2000).

정부조직개편심의위원회[40]는 김대중 대통령 후보가 대통령에 당선

---

[40] 정부조직개편심의위원회는 법적 근거가 있었던 기구는 아니었다. 다만 대통령 당선자의 요청에 따라서 대통령직인수위원회의 부설기구 정도의 성격으로 조직화된 기구였으며, 소요예산도 인수위에 배정된 예산을 함께 썼다. 하지만 정부조직개편심의위원회의 심의결과가 최종적으로 국무회의의 의안이 되어 정부조직법 개정으로까지 이어졌기 때문에 상당히 의미 있는 조직으로 주목할 만 하다(김광웅, 2003: 88).

된 직후 1998년 1월 7일에 수립되어 대통령 취임 때까지 약 50일 동안 정부개혁 작업을 준비하였다. 정부조직개편심의위원회는 심의위원회와 실행위원회의 이원체제로 구성되어 있는데, 심위원회는 언론인·대학교수·전직 관료·정치인 등 14인으로 구성되었으며, 실행위원회는 대학교수·연구원·전직 관료·현직 관료·대통령의 대선 참모 등 9인으로 구성되었다. 또한 실무지원 조직으로는 총리실, 총무처, 그리고 한국의회발전연구회와 같은 기관들이 지원하였다. 위원회의 심의 방향은 정부의 주인이 국민임을 다시금 확인하는 것이었으며, 정부의 규모는 '시대에 맞으며 작되 효율적인 정부'를 추구하였다. 따라서 기능중복과 낭비로 인해 비능률적이고 국민 위에 군림하는 정부를 지양하면서, 정부의 공공성이 훼손되지 않는 범위 내에서의 개편방안을 모색하였다. 위원회는 상당히 광범위한 개편안을 제시하였는데, 김대중 정부는 실제로 이러한 개편안을 거의 다 반영한 상태에서 새 정부를 출범시켰다(김광웅, 2003: 53－55).

김대중 정부는 정권출범 이후 어느 정도 국가경제위기를 넘기자 정부부처 내에 정부개혁을 전담하는 조직을 설치하게 된다. 기획예산위원회와 경영진단조정위원회가 바로 그것인데, 김대중 정부는 이 두 기관을 주축으로 제2차 정부조직 개혁을 추진해 나간다(박용우, 2000). 기획예산위원회 안에는 정부개혁실이 설치되었으며, 정부개혁실은 자문기구인 행정개혁위원회[41]와 함께 정부개혁 작업을 주도해 나간다(김광웅, 2003: 54).

김대중 정부는 공공부문의 개혁을 가속화시켜 나가기 위해 이미 1998년 3월 3일 정부조직법과 직제개정안을 공포하였다. 제2차 정부

---

41) 행정개혁위원회는 학계, 전문경영인, 언론계, 여성계 등 각계각층의 민간인 전문인사 19명의 위원으로 구성되었다. 또한 이 위원회의 원활한 운영을 위하여 총괄기획, 공기업, 출연기관, 보증지원기관, 기타 정부산하 단체 등 5개의 분과위원회를 두었다. 행정개혁위원회는 2000년 7월 정부혁신추진위원회로 개편된다.

조직 개혁은 1차 정부조직개편의 미비점을 보완하고 21세기 지식·정보화 사회에 대비한 지식창조형 행정체제를 구축하기 위한 것으로, 원활한 국정조정을 통해 정부의 대응역량을 제고하기 위해 단행되었다. 2차 조직개편 작업은 기획예산위원회의 정부 각 부처에 대한 경영진단 결과를 토대로 이루어졌는데, 19개 민간연구기관의 연구팀이 9개 반으로 편성되어 각 부처의 경영진단을 실시하였고, 위원으로는 고위직공무원·교수·기업인 등 모두 11명이 구성되었다. 진단과정에서 기획예산위원회의 팀장들로 구성된 PM(Projector Manager) 협의회가 운영되었으며, 중앙정부 차원에서 청와대와의 업무협조를 위해 추진기관인 기획예산위원장, 행정자치부 장관, 청와대의 정책수석, 정무수석 등으로 구성된 4자 협의체를 통하여 신속한 조정이 이루어지도록 했다. 또한 진단결과의 지속적인 관리를 위해 기획예산위원회 산하 정부개혁실에 재정개혁단, 행정개혁단, 공공관리단을 두어 개방형 인사제도의 도입을 추진하도록 하고, 개혁실천 과제의 책임소재를 명확히 하도록 했으며, 행정개혁의 활동과 그 성과를 정부개혁 백서로 발간하거나 인터넷을 통해 공표하도록 했다(박용우, 2000).

1999년 5월 2차 정부개혁 이후, 기획예산위원회는 예산청을 통합하여 기획예산처로 개편되었으며, 기획예산위원회 정부개혁실의 자문기구였던 행정개혁위원회는 2000년 8월 정부혁신추진위원회로 확대·개편되었다.

김대중 정부에서 공공개혁을 담당한 기구로 앞서 설명한 개혁추진기구들 이외에도 여러 기관이 있는데, 먼저 고위급 공무원들의 효율적인 관리를 위해 대통령 직속으로 합의제 중앙행정기관인 중앙인사위원회를 설치하고 인사정책 및 인사운영의 기본방침 수립, 1~3급 공무원의 채용 및 승진심사, 개방형 직위제도 운영, 인사 감사 및 인사업무의 지도·지원, 공무원 처우개선 등 공무원 인사제도 전반을 아우를 수 있게 하였다.

또한 효율적이고 일관성 있는 규제개혁을 추진하기 위하여 1998년 4월 대통령 직속으로 규제개혁위원회를 설치하였다. 과거 행정쇄신위원회에서도 규제개혁이 추진되기는 하였으나 규제개혁추진기구들이 다원화되어 있고 체계적이지 못해서 큰 실효를 거두지 못했다. 이에 김대중 정부는 체계적이고 일원화된 규제개혁 시스템을 도입하고자「행정규제기본법」을 바탕으로 규제개혁위원회를 설치하고, 규제정책 전반에 대한 개선작업에 착수하였다. 규제개혁위원회는 국무총리와 민간인 공동위원장을 중심으로 학계, 법조계, 언론계, 시민단체 등 각계에서 선정된 민간위원 12인과 재정경제부 장관, 행정자치부 장관, 산업자원부 장관 등 정부위원 6명으로 구성되었으며, 규제정책의 기본 방향과 규제제도의 연구 및 발전, 규제의 신설·강화 등에 대한 심사, 기존 규제의 심사, 규제정비 종합계획의 수립·시행, 규제의 등록·공표, 규제개선에 관한 의견수렴 및 처리, 각급 행정기관의 규제개선 실태에 대한 점검·평가 등에 관한 기능을 수행하였다.

마지막으로 김대중 정부는「김대중 정부 출범 이후 100대 국정과제」의 하나로 중앙과 지방의 기능을 재조정하는 과제를 제시하고, 중앙정부의 권한을 지방으로 이양하는 작업을 추진하게 되는데, 1999년 1월「중앙행정권한의지방이양촉진등에관한법률」을 제정하고 이를 근거로 1999년 7월 대통령 소속기관으로 지방이양추진위원회를 설치한다. 지방이양추진위원회는 국무총리와 민간위원을 공동위원장으로 하여 학계·경제계·여성계·시민단체·관련 연구기관 등의 민간위원과 중앙행정기관의 장 등 총 20명의 위원으로 구성되었으며, 중앙행정권한의 지방이양 및 지방자치단체 간의 사무배분 등에 관한 기본계획의 수립과 시행에 관한 사항, 지방이양 및 사무배분을 위한 대상사무의 조사에 관한 사항과 대상의 결정에 관한 사항, 법령에 규정된 사무의 국가 또는 지방자치단체의 소속 구분에 관한 사항 등을 심의·의결하는 기능을 수행하였다.[42]

2. 개혁추진기구의 구성

김대중 정부는 정부 출범 이전에 비공식 조직으로 발족한 정부조직개편심의위원회에 의해 1차 개혁이 추진되었으며, 정부 출범 이후 정부조직법 개정에 의해 공식적인 행정개혁 추진기구로 기획예산위원회가 출범하게 되었다. 기획예산위원회는 정부개혁실과 그 자문기구인 행정개혁위원회를 발족하여 본격적인 정부개혁을 추진해 나갔으며, 행정개혁위원회는 후에 정부혁신추진위원회로 변경된다. 한편 정부 출범 이후 개혁의 일환으로 정부조직에 대한 경영진단이 실시되었는데 이는 경영진단조정위원회를 통해 추진되었다.

1) 정부조직개편심의위원회

정부조직개편심의위원회는 김대중 정부 출범 이전인 1998년 1월 7일부터 2월 24일까지 약 50일 동안 활동한 비공식 조직이다. 정부조직개편심의위원회는 법적 근거가 있었던 조직이 아니므로, 조직의 특성상 대통령직인수위원회의 부설기구 정도의 성격을 가졌으며, 소요예산도 인수위에 배정된 예산을 함께 썼다. 정부조직개편심의위원회의 활동은 심의위원회와 실행위원회로 나뉘어 진행되었다. 먼저 심위원회는 정치·행정·법조·언론·학계 등의 14인으로 구성되었고, 실행위원회는 주로 학계의 교수·국책연구기관의 연구위원·국민회의 총재특보·관료 등 9인으로 구성되었다. 또한 실무지원 조직으로는 총리실, 총무처, 그리고 한국의회발전연구회와 같은 기관들이 지원하였다. 김영삼 정부는 1997년 10월 행정쇄신위원회와는 별도로 9인으

---

42) 중앙인사위원회, 규제개혁위원회, 지방이양추진위원회의 더 자세한 사항은 기획예산처(2002: 18-21) 참조.

로 구성된 정부구조조정심의위원회를 구성하여 정부조직개편을 위한
정부 측 시안을 작성한 바 있으며, 정개위의 토의 방향은 정부구조
조정심의위원회가 작성한 이 시안을 바탕으로 논의를 진행해 나갔다
(김광웅, 2003: 88). 논의과정은 심의위원회가 매일 열리는 실행위원
회의 토의안건을 심의해 가는 방식으로 진행되었으며, 1998년 1월
16일 제1차 시안에 대한 공청회 개최 후 본격적인 활동이 시작되어
1998년 2월 6일 제2차 시안이 발표된 이후 18일까지 집중적인 심의
가 이루어졌다.

2) 기획예산위원회의 정부개혁실

기획예산위원회는 1998년 2월 28일에 정부조직법과 직제개정안이
공포되면서 김대중 정부의 공식적인 개혁추진기구로 출범하였다. 기
획예산위원회는 정부조직법[전부개정 1998.2.28 법률 제5529호] 제17
조에 의거하여 예산편성 지침의 작성, 재정개혁 및 행정개혁에 관한
사무를 담당하기 위하여 대통령 소속 기구로 신설되었으며, 위원장
은 정무직으로 하였고 조직 및 운영에 필요한 사항은 대통령령으로
정할 수 있도록 하였다. 공식적인 개혁추진기구는 기획예산위원회[43]
의 정부개혁실이었지만, 실질적인 개혁은 정부개혁실의 자문기구인
행정개혁위원회와 함께 주도되었다.
기획예산위원회는 예산청을 하부기관으로 두지는 못했지만, 예산
운영에 관한 기본지침을 위원회가 작성하고, 예산의 기본 방향과 운
영에 관한 사항에 대해 위원회의 지시를 받도록 함으로써 공공개혁

---

43) 당초 공공개혁의 강도 높은 추진을 위하여 기획예산위원회에 예산편성
기능까지 포함한 개편안이 검토되었지만 대통령의 권한 집중의 우려로
예산편성권은 재정경제부에 남겨둔 채 재정기획 및 공공부문 개혁 기
능을 담당하는 조직으로 신설하게 되었다(기획예산처, 2002: 10).

의 주요 정책들이 예산에 반영될 수 있도록 하였다는 것이 특징적이
다. 또한 위원회의 구성에 있어서도 개혁의 전문성을 강화하기 위해
민간분야의 컨설팅 전문가나 회계사, 변호사, 연구원 등 관련 전문가
들을 대거 영입하여 21명을 위부인사로 충원하였다[44]. 이들에게는
획일적인 보수지급이 아니라 성과평가에 따라서 보수가 차등 지급되
도록 하였다.

기획예산위원회는 약 1년가량 공무원 인력감축, 공기업 민영화,
책임운영기관제 도입, 예산회계제도 개혁 등과 같은 공공개혁 작업
을 수행하였으나, 개혁추진에 따른 여러 가지 제약을 이유로 1999년
3월 25일 국무회의를 거쳐 예산청과 통합하여 기획예산처로 개편되
었다. 기획예산처는 예산기능을 갖게 됨으로써 각종 정부개혁 방안
들의 시행이 훨씬 더 큰 추진력을 가질 수 있었다. 하지만 대통령
직속기관에서 일반 중앙행정기관과 같은 위치로 위상이 변화됨에 따
라 과거보다 그 영향력은 줄어들게 되었다. 이로 인해 공공개혁 의
제(agenda)가 부처수준의 과제에 그치게 되거나 대통령 의제가 되지
못하여 개혁추진체계로서의 한계를 드러내게 된다.

---

44) 기획예산위원회의 전체 정원은 99명이었으며, 이 중 중간간부급 이상에
    속하는 52명 중 21명을 외부인사로 충원한 것은 상당히 파격적인 인사
    였다.

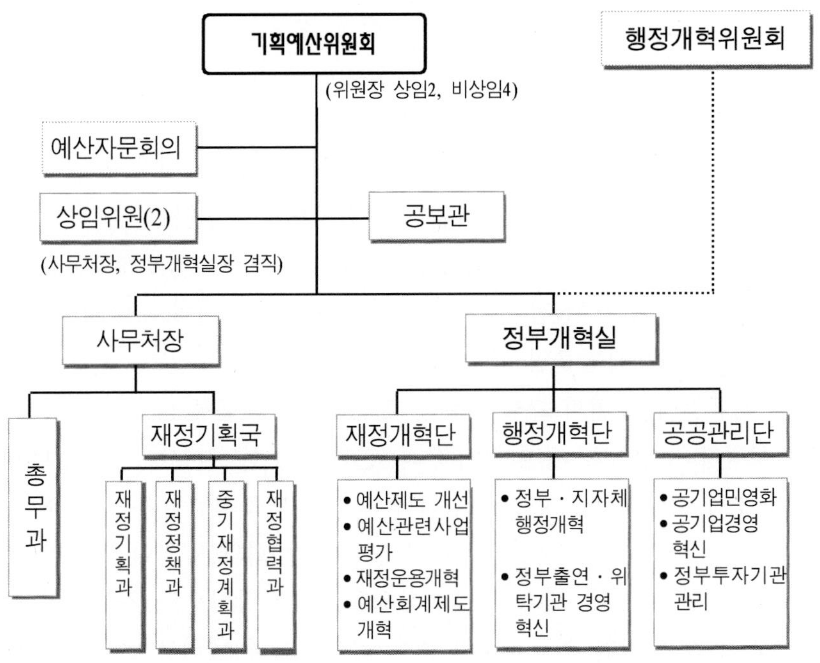

출처: 기획예산처. (2002: 11).

[그림 5-1] 기획예산위원회 조직구조

3) 경영진단조정위원회

경영진단조정위원회는 기획예산위원회가 정부조직 개혁을 위한 경영진단 사업을 진행하는 과정에서 경영진단 활동을 지도하고 조정하는 임무를 수행하도록 하기 위하여 구성한 조직이다. 정부조직에 대한 경영진단은 1998년 11월부터 1999년 2월까지 총 4개월 동안 이루어졌으며, 경영진단조정위원회는 경영진단 사업이 시작된 이후 1998년 11월 27일에 발족되었다.

경영진단조정위원회는 기획예산위원회의 규정에 의거해 설치되었으며, 주요한 기능은 ① 경영진단의 기본 방향과 원칙에 관한 사항, ② 경영진단 분야 간 평가·조정·통합, ③ 경영진단의 범위에 관한 사항, ④ 기타 경영진단 과정에서 필요하다고 인정하여 위원회에 부의하는 사항을 연구·심의하고 그 결과를 기획예산위원장에게 건의하는 것이었다. 경영진단조정위원회는 위원장을 포함하여 총 11인의 위원으로 구성되었는데, 그 구성은 기획예산위원회 정부개혁실장과 행정자치부 기획관리실장 등 정부의 1급 공무원 2인과, 기업인 1인, 민간의 컨설팅회사원 1인, 교수 7인 등으로 이루어져 있다. 민간위원들의 전공분야를 살펴보면, 교수는 경영학 2인, 경제학 1인, 법학 1인, 행정학 3인이고, 경제·경영학과 관련이 있는 컨설팅회사원 1인으로 경제·경영학적 성향이 강하다. 경영진단조정위원회는 1998년 11월 27일부터 대개 1주일에 한 차례 정도씩 회의를 열어 상황파악과 경영진단 조정에 필요한 준비작업을 하는 방식으로 진행되었는데, 정부 측 위원인 공무원들의 경우 불출석이나 대리출석이 다반사였고, 출석을 하더라도 자리를 뜨거나 들락거리는 일이 빈번했다. 위원회의 출범, 구성, 활동과 관련된 여러 가지 정황들로 미루어 볼 때, 경영진단조정위원회의 역할은 그다지 중요시되지 않았으며 형식적인 도구로 생각되었을 공산이 크다(오석홍, 1999: 77-79).

4) 행정개혁위원회

행정개혁위원회는 민간인을 초대 위원장으로 하여 학계, 전문경영인, 언론계, 여성계 등 각계각층의 민간인 전문인사 19명으로 구성되었으며, 위원회의 원활한 활동을 위하여 총괄기획, 공기업, 출연기관, 보조지원기관, 기타 정부산하 단체 등 5개의 분과위원회를 두도록 하였다. 행정개혁위원회의 조직적 성격은 정부개혁실의 자문기구이며,

1998년 2월 기획예산위원회의 출범과 함께 발족하여 2000년 7월까지 개혁추진기구로 활동하였다. 행정개혁위원회는 발족 후 총 22회의 전체회의와 28회의 분과회의를 통해 공기업·산하기관의 경영혁신 계획, 출연 연구기관 운영시스템 개선, 중앙행정기관 경영진단 등 김대중 정부 집권 초기의 주요 공공개혁 조치들을 심의하고 이를 기획예산위원장에게 건의하는 역할을 담당하였다(기획예산처, 2002: 12).

하지만 타 정권과 비교해 보았을 때 행정개혁위원회의 역할은 대단히 미미했다. 행정쇄신위원회가 개혁의제를 발굴 및 선정하여 대통령에게 건의하고 대통령 의제로 반영하도록 했다면, 행정개혁위원회는 이미 선정된 100대 과제를 심의하여 수정안을 건의하거나 정부개혁실에서 준비한 안을 심의하고 토론하여 개혁안을 추천하는 정도의 역할을 하였을 뿐이다(김판석, 2000: 223−224).

5) 정부혁신추진위원회

정부혁신추진위원회는 2000년 8월에 발족한 개혁추진기구로 정부개혁실의 자문기구인 행정개혁위원회가 대통령 소속의 자문기구로 확대·개편된 조직이다. 기획예산위원회가 기획예산처로 개편된 이후 여러 가지 개혁추진의 한계가 노출되었고, 이를 보완하기 위하여 관련부처와의 협조 및 민간의견 수렴 기능을 보다 강화시킬 수 있는 추진체계의 필요성이 제기됨에 따라 정부혁신추진위원회가 출범하게 된 것이다. 정부혁신추진위원회 역시 민간인을 위원장으로 하여 학계, 시민단체, 언론계 등 사회 각 분야에서 선정된 민간위원 10인과 기획예산처 장관, 행정자치부 장관, 정보통신부 장관 등 정부위원 7인으로 구성되었다. 위원회의 효율적인 운영을 지원하기 위해 실무위원회가 설치되었으며, 인사·조직개혁반 및 재정개혁반 등 분야별 작업반을 통해서는 신규 개혁과제의 발굴·추진이, 점검평가특별위원회 및 전자정부특별위원회 등을 통해서는 전자정부 구축을 위한 개혁이 추진되었다.

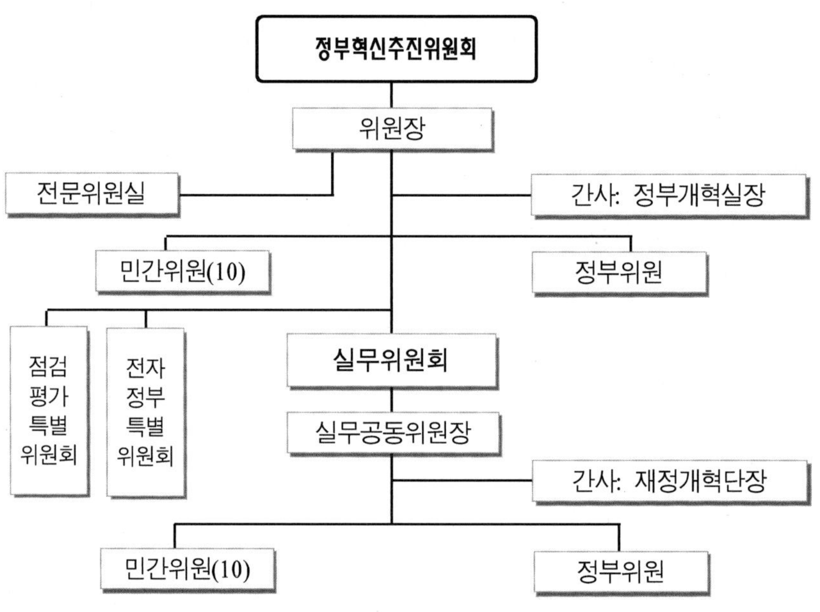

출처: 기획예산처. (2002: 15).

[그림 5-2] 정부혁신추진위원회의 구성

    정부혁신추진위원회는 발족 이후 총 14차례의 회의와 28차례의 실무위원회를 개최하여 공공개혁의 기본 방향과 기관별 추진계획을 수립하고, 공공개혁 추진계획을 조정·점검·평가하는 역할을 수행하였으며, 분야별 신규 개혁과제의 발굴과 관련하여 총 71건의 안건을 심의·의결하였다.

    정부혁신추진위원회의 추진체계상의 특징은 개혁과제의 선정방식이 바뀌었다는 점이다. 즉 종전까지는 기획예산처가 과제를 선정하고 각 기관에게 이행을 지시하는 '하향식·타율적 개혁' 방식을 취했다면, 정부혁신추진위원회 출범 이후부터는 각 기관이 개혁과제를 스스로 선정하고 추진하도록 하는 '상향식·자율적 개혁' 방식으로 전환되었다.

제4절 개혁과제

1. 개혁로드맵

정권 초기는 IMF 위기라는 국가적 경제·재정난으로 인해 작고 효율적인 정부에 대한 요청을 누구나가 공감하던 시기였다. 따라서 김대중 정부는 당시 팽배해져 있던 경제위기의 극복에 대한 요구, 행정에 대한 전반적인 쇄신에 대한 요구, 고통분담의 차원, 그리고 가시적인 개혁효과의 산출 등을 고려하여 정부규모의 축소로 개혁방향을 설정하게 된다. 즉 김대중 정부의 행정개혁의 방향은 기존의 '통제중심의 국가운영방식'에서 '성과중심의 국가경영방식'으로 전환하는 '기업형 정부'가 그 기본 방향이라고 볼 수 있다(박수경, 2005).

김대중 정부는 5대 국정지표와 그에 따른 분야별 목표 26개를 선정함으로써 행정개혁의 큰 틀을 제시하고, 공공부문 개혁을 위한 4대 목표와 10대 추진전략을 구체적인 방향으로 제시하였다. 또한 김대중 정부는 '국민의 입장에 선 새로운 정부' 구현을 정부개혁의 기본 방향으로 설정하고 다음과 같은 구체적 방향을 제시하고 있다. 첫째, 선거에 의한 초유의 평화적 정권교체에 따른 민주주의의 실질적 정착과 내실화, 둘째, 개방화, 민주화, 다양화, 분권화, 자율화 등의 행정환경 변화의 추이에 걸맞은 정부 위상의 정립, 셋째, 시장경제의 정착과 민간부문의 자율성 신장, 넷째, 정부조직의 비효율 시정을 통한 정부생산성의 제고, 다섯째, 최근의 경제위기의 적극 대처를 통한 경제의 활로를 도모하는 생존전략의 모색 등이 그것이다(정부조직개편심의위원회, 1998. 1).

또한 이를 위한 정부조직개편의 기본원칙으로서 첫째, 행정의 종합성·전략성·기동성의 제고, 둘째, 유사기능의 통폐합과 기능의 재정립, 셋째, 규제완화를 통한 시장경제 지원체제로의 전환, 넷째, 정책수행에 있어서 시장원리와 경영효율성 개념의 도입, 다섯째, 고객지향적이고 수요자 중심적인 조직체제의 설정, 여섯째, 중앙기능의 지방이양 및 적극적인 민영화·민간위탁, 일곱째, 환경·사회복지 분야의 확충과 통일대비체제 구축 등을 제시하고 있다(정부조직개편심의위원회, 1998. 1).

김대중 정부에서는 개혁의 대상과 주체가 모두 관료들이었으며, 특히 주체적으로 개혁추진을 담당했던 기관이 중앙부처조직이었다는 점이 특징적이다. 따라서 개혁의제의 선정방법이나 추진방법도 하향식 접근방법을 취하는 것이 일반적이었다.

2. 행정개혁 추진 현황

김대중 정부가 위기극복을 위해 추진한 4대 부문 개혁의 핵심은 시장메커니즘의 회복을 통한 효율성 제고에 있으며, 이를 위해 공공부문의 슬림화, 민간경제 영역의 확대, 공공부문에의 경쟁과 성과원리의 도입 등을 통해 경쟁력 있고 생산성 높은 정부를 만드는 것을

기본 방향으로 하고 있다. 김대중 정부는 '작지만 효율적으로 봉사
하는 정부 구현'을 공공개혁의 모토(motto)로 삼고, 작은 정부를 위
한 구조조정 방안과 효율적인 정부를 위한 운영시스템 혁신방안, 그
리고 봉사하는 정부를 위한 대국민서비스 개선방안을 다음과 같은
개혁체계로 구축하였다.

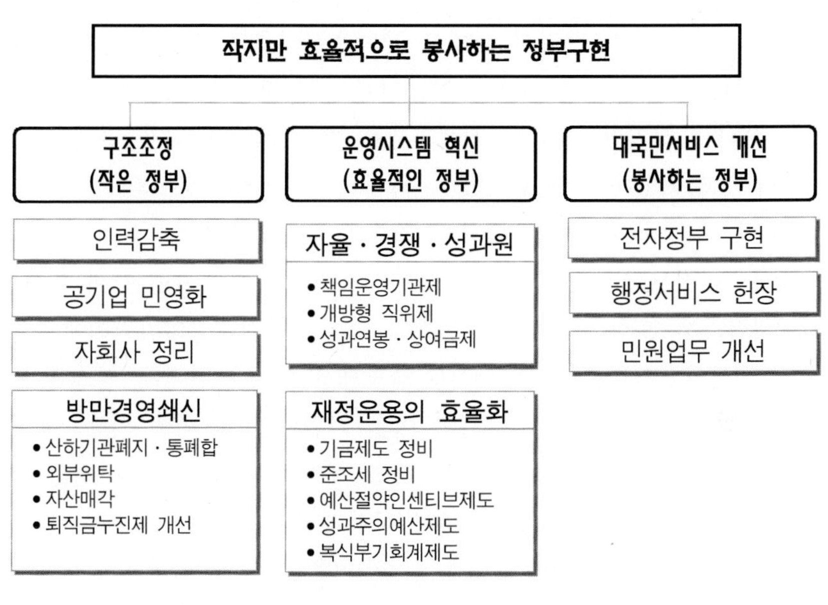

출처: 기획예산처. (2002: 7).

[그림 5-3] 공공부문 개혁추진 방향

김대중 정부는 IMF 사태라는 한국 경제의 위기적 상황을 우리 경
제가 도약할 수 있는 새로운 기회라 여기며 정부 출범과 함께 「김대
중 정부 경제청사진」이라는 개혁청사진을 제시했다. 비록 논리적으
로는 금융, 기업, 노사, 공공 등 4대 부문을 중심으로 개혁을 추진해
나가겠다고 표명했지만, 경제대란이라는 위기적 상황 속에서 다른 3

개 부문(금융, 기업, 노사개혁)에 비해 공공부문은 상대적으로 급박성이 덜했기 때문에 우선순위에서 밀려났던 것이다. 따라서 개혁과제의 선정에 있어서도 공공부문의 개혁과제는 다른 부문의 개혁과제에 비해 그 비중이 낮은 편이었다.

김대중 정부는 출범과 함께 제1차 정부조직개편이 단행되었고, 이 개편에서 개혁추진기구로 기획예산위원회와 자문기구인 행정개혁위원회가 설치되었다. 따라서 이러한 개혁추진기구를 통해서 행정개혁의 비전과 계획이 수립되고, 이에 따른 개혁과제가 선정될 것으로 기대되었다. 하지만 실제로 개혁과제는 행정개혁위원회가 설치되기 이전에 선정되었다고 볼 수 있다. 왜냐하면 김대중 정부의 경우 정부 출범 이전에 만들어진 비공식 조직인 정부조직개편심의위원회에 의해서 새 정부가 출범하자마자 1차 정부조직개편이 단행된 바 있으며, 개혁과제 또한 정권인수위원회와 정부조직개편심의위원회에 의해서 작성된 '김대중 정부 100대 국정과제'라는 개혁과제 리스트가 있었기 때문이다. 물론 정부 출범 이후 기획예산위원회에 의해 부분적으로 새로운 과제가 선정되기도 하고 개혁안이 수정되기도 하였지만, 기본적으로 '김대중 정부 100대 국정과제'가 김대중 정부의 개혁과제 리스트 역할을 하였다고 볼 수 있다(김판석, 2000).

1997년 말 IMF와 맺은 협정서에는 공공개혁에 관한 부분이 포함되어 있지 않았음에도 불구하고, 공공부문의 고통분담과 경쟁력 제고로 타 부문의 개혁을 선도할 필요가 있다는 인식하에 김대중 정부는 공공부문의 개혁을 추진하였다. 또한 전반적인 개혁의 추진방법도 정부주도에 의한 하향적 추진방식을 택하였다.

김대중 정부의 행정개혁은 신공공관리주의적 개혁기조에 근거하고 있으며, 주요 선진국에서 시도되었던 개혁수단들을 활용하는 방식으로 개혁을 추진하였다. 김대중 정부의 공공부문 개혁은 1998년 제1차 정부조직개편에서 하드웨어적인 개혁을 시작으로 하여 책임운영기관제와 성과주의예산제 등을 도입하는 소프트웨어적인 개혁으로 추진되었다. 즉 김대중 정부의 조직개편은 제1차로 기구폐지와 신설, 통합 등 하드웨어적인 개편에 역점을 두어 추진되었고, 제2차에서는 일하는 방식의 개선과 정부기능의 합리적 조정 등 소프트웨어적 개편에 역점을 두고 진행되었다(윤태범 외, 2002).

〈표 5-1〉 김대중 대통령 공약 사항

구분	대통령 공약 사항(17개 항목 170개 공약 제시)
핵심 공약 사항	1. IMF체제의 극복과 세계 5강 경제 진입을 위한 기반조성 2. 참여와 통합의 21세기 민주정치 구현 3. 과학기술대국과 정부주도국가 구현 4. 경제발전의 주역으로 벤처기업과 중소기업 및 자영업 육성 5. 희망의 농어촌사회 건설과 동북아 해양중심국 건설 6. 국토의 효율적이고 균형 있는 개발 7. 삶의 질 향상과 국가경쟁력 강화를 위한 교통대책 추진 8. 참여·협력의 신노사관계 확립과 적극적인 고용안정대책의 수립 9. 국제수준의 환경보호와 환경친화적 산업체제 구축 10. 과외비와 입시난 해소를 통한 열린교육사회의 실현 11. 세계 속의 한국문화 창출과 문화대국 건설 12. 정의롭고 생산적인 복지공동체 건설 13. 양성평등을 실현하는 남녀공동의 참여사회 구축 14. 청소년과 청년이 꿈과 희망을 이루는 사회 건설 15. 자주적 강군육성과 다자 간 안보협력 강화 16. 남북기본합의서 실천을 통한 화해와 협력으로 점진적 평화통일의 실현 17. 획기적 외교역량 강화로 세계평화와 경제발전의 주도

구분	대통령 공약 사항(17개 항목 170개 공약 제시)
정치	1. 정경유착 부패구조 척결—의식개혁 차원에서 '국민청정운동' 전개, 제도개혁 차원에서 '부패방지법' 제정, '특별검사제' 도입, 공직자 윤리위원회의 기능 강화 2. 정치개혁의 차원에서 선진정치의 구현과 국회기능의 활성화—선거공영제 실시, 정치자금의 모금과 지출을 투명화 3. 내각제 추진, 공동정부 출현. 즉시 내각제개헌위원회 설치 4. 3금(禁)법 제정, 정치보복, 차별대우금지 등을 법률로 규정 5. 사법제도 개혁·인권보호정책 확대, 국가인권위원회 설치—불구속 수사 원칙과 기본권 보장, 재정신청제도의 확대 6. 경찰제도 개선 및 국가안전관리시스템 구축—경찰중립화, 지방자치경찰제 실시, 경찰수사의 독자성 확보를 위한 제도화 작업
행정	1. 정부·민간의 역할과 기능을 조정, 작은 정부 지향—작고 효율적인 정부 구현을 위한 정부조직과 기능 개편, 각종 행정규제 철폐, 정부업무의 민간이양 추진 2. 규제법정3주의, 경제규제 완화, 사회규제 강화 3. 중앙인사위원회 설치·인사청문회 도입 등 인사행정의 합리화 4. 공직내부 비리고발 보호, 자금세탁규제 등 부패방지법 5. 공무원 신분보장 및 처우개선—급여수준 인상, 직무급·성과급제 도입, 교육훈련 현실화
행정	6. 지방행정계층 2단계 축소 및 지방분권 추진을 통한 지방자치제도의 발전—읍·면·동 행정효율성 증대, 출장소 개소, 지역정보센터 설치, 내무부 폐지와 지방자치처 설치 7. 지방재정제도 개선—지방재정발전위원회 설치, 국세의 지방세 이양, 지방양여금재원의 확보, 지방교부세율 13.27%에서 18.90% 이상으로 상향 조정, 특별교부세 개선 8. 2000년부터 내각책임제 실시—공동정부 출범 시 '내각책임제개헌추진위원회' 설치·운영

김대중 대통령은 총 170개의 공약 사항 중 행정분야의 개혁을 위해 8개의 공약 사항을 제시하고 있다. 정부개혁을 위해 추진된 개혁과제들은 다양하지만, 행정개혁과 관련하여 특히, 관리개혁과 관련하여 김대중 정부가 추진한 개혁을 크게 조직, 인사, 재무, 행정관리의 측면으로 나누어 살펴보고자 한다.[45]

1) 조직·인력 변화

(1) 조직변화

김대중 정부의 정부조직개편은 3차에 걸쳐서 이루어졌으며, 시기별로 변화된 조직의 형태는 다음과 같다.

<표 5-2> 정부조직개편에 따른 조직형태

개편 회차	중앙정부의 조직형태	
제1차 정부조직개편	17부 2처 16청	('98. 02)
제2차 정부조직개편	17부 4처 16청	('99. 05)
제3차 정부조직개편	18부 4처 16청	(2001. 01)

김대중 정부의 '제1차 행정개혁'은 준비기간이 짧았고, 기능에 대한 사전진단 없이 주로 정부기구 개편과 인력조정이라는 구조적 측면에서 시행되었다(박용우, 2000). 1998년 2월 28일 정부조직개편 법률안이 국회를 통과하면서 2원 14부 5처 14청이었던 정부조직 형태가 17부 2처 16청으로 개편되었다. 하지만 중앙행정기관의 숫자는 여전히 35개를 유지하고 있는데, 이는 '부'와 '처'급의 조직숫자는 줄이면서 '청'급 조직의 숫자는 늘렸기 때문이다. 즉 기존의 정부기능 자체를 근본적으로 재편하는 구획개편적인 조직개편이 아니라, 기존기관의 소속이나 옮기는 주소변경식의 조직개편이 되었기 때문이다(황성돈, 1998). 김대중 정부의 1차 정부조직개편에서는 작은 정부라는 슬로건과는 달리 양적으로나 기능적으로 규모의 축소가 이루어지지 않았으며, 작고 효율적인 정부를 주창한 이후 공무원 감축에 대한 이야기는 많았지만 뚜렷한 성과는 없었다(한정희, 1998).

---

45) 내용의 정리를 위하여 대통령직인수위원회(1998), 박용우(2000), 윤태범 외(2002), 이성복(2004), 참조.

제1차 정부조직개편으로 인한 구체적인 조직의 변화를 살펴보면, 대통령 직속기구로 기획예산위원회가 신설되었고, 국무총리실에 법제처와 국가보훈처가 차관급 부서로 흡수되었다. 국무총리 행정조정실을 국무조정실로 개편하였으며, 공보처를 공보실로 축소하였다. 정무제1장관과 제2장관은 없애고, 대신 제2장관실에 대통령 직속의 여성특별위원회 사무처를 설치했다. 또한 대통령 소속기관으로 중소기업특별위원회를 설치하였다. 재정경제원과 통일원을 장관급인 재정경제부와 통일부로 각각 개편하고, 재정경제부 산하에 예산청이 신설되었다. 또한 민주평화통일자문회의 사무처는 통일부로 이관되었다. 외무부는 통상교섭 기능을 신설해 통상교섭본부를 만들고 명칭을 외교통상부로 하였다. 내무부와 총무처를 행정자치부로 통합하였으며, 통상산업부를 산업자원부로 변경하였다. 해양경찰청은 해양수산부 산하로 이관되었으며, 문화체육부는 공보처의 방송행정 업무를 흡수하여 문화관광부로 확대 개편되었다. 과학기술처는 과학기술부로 승격되었고, 보건복지부 소속으로 식품의약안전청이 신설되었으며, 금융감독위원회가 국무총리 산하기관으로 신설되었다. 또한 중앙기능의 지방이양 등을 지속적으로 추진하기 위하여 행정개혁실에 총리실을 신설하였다(목진휴, 2003: 66, 박용우, 2000). 여기서 한 가지 주목할 만한 사실은 행정자치부라는 또 하나의 거대 공룡부처가 탄생하였다는 것이다. 즉 김영삼 정부 시절에 경제기획원과 재무부를 통합한 재정경제원이라는 기형적인 거대 부처가 생기면서 기관의 성격이 보수적 정향으로 바뀌어서 경제정책의 균형이 깨진 경험이 있는데, 김대중 정부 역시 내무부와 총무처를 합친 행정자치부라는 거대 부처를 탄생시킴으로써 같은 실수를 번복할 가능성을 높였다(황성돈, 1998).

김대중 정부는 제1차 정부조직개편 이후 공공부문의 개혁을 가속화시켜 나가기 위해 1998년 11월~1999년 2월까지 정부조직에 대한 경영진단을 실시한다. 경영진단의 목적은 행정분야에 전략경영 개념을 도입하여 행정업무를 고객중심으로 재설계하고, 경영진단에 근거하여 기능을 재조정함으로써 정부의 효율성을 향상시키기 위한 것이었다. 경영진단의 대상은 중앙정부 17부, 4위원회, 2처, 16청과 지방자치단체 9개 기관이었으며, 총 9개 분야 10개 팀으로 나누어 실시되었다. 1999년 2월 민간의 전문 진단기관에 의해서 정부조직 진단에 대한 최종보고서가 산출되었고, 경영진단조정위원회는 심의·조정하여 공청회를 거친 후, 이를 기초로 '경영진단조정위원회 건의안'을 작성하여 행정자치부 장관 및 기획예산위원장에게 제출하였다. 이 건의안은 1999년 5월 정부운영 및 조직개편 시안으로 작성되었고, 이를 근거로 1999년 5월 17일 「정부조직법 및 직제개정안」이 공포되었다(박용우, 2000).

1999년 5월에 단행된 제2차 정부조직개편의 목적은 21세기 지식·정보화 사회에 대비한 지식창조형 행정체제를 구축하고 1차 개편의 미비점을 보완하여 정부의 운영시스템을 개선하는 데 초점이 있었다. 이에 정부는 국가경쟁력의 약화 원인을 정부의 비효율성과 낮은 생산성에 있다고 보고 중앙부처 기능의 핵심역량 강화, 인력감축 및 개방임용의 확대, 행정서비스 질 향상 등에 중점을 두고 2차 개편을 단행하였다.

제2차 정부조직개편에서는 국정홍보처를 부활시키고, 기획예산위원회와 예산청을 통합하여 기획예산처(장관급)로 발족하였으며, 중앙인사위원회를 신설하고 문화재청을 설치하였다. 아울러 재경부와 산자부로 이원화되어 있던 외국인 투자기능을 산자부로 일원화시키고, 보건복지부의 식품안전 기능은 식품의약청으로 이관하여 일원화하였다(이성복, 2004: 460). 2차 개편의 의도는 1차 개편에서 의견조정의 실패로 불가능했던 일부 조직의 구축을 통해 인사기능을 대통령에게 집중시키고, 중앙인사위원회와 기획예산처의 신설로 대통령의 권한을 강화시키려 했던 것으로 해석된다(목진휴, 2003: 66).

2001년 1월에 단행된 제3차 정부조직개편에서는 여성부가 신설되어 정부조직 형태가 18부 4처 16청으로 재편되었다. 1차 개편 당시 작은 정부를 내세우며 부총리제도를 폐지하고 국무총리실 산하에 국무조정실을 신설하였으나, 기대와는 달리 정책 간 연계성과 일관성의 결여로 인한 문제점이 대두되고 정책의 종합조정 기능의 필요성이 제기됨에 따라 경제부총리제도를 재도입하고 교육부총리제도를 신설하였다(목진휴, 2003: 67, 이성복, 2004: 460). 이러한 조직개편의 결과는 초기의 작은 정부의 지향과 상반되는 결과이며, 1차 개편에서 폐지한 부총리제도와 국정홍보처를 재도입함으로써 1차 개편의 문제점을 스스로 반증하는 개편이었다고 볼 수 있다.

김대중 대통령 재임기간 동안 많은 개혁이 있었지만, 중앙정부의 조직형태는 크게 달라지지 않았고, 이념적으로 작은 정부를 지향했던 것과는 달리 기구가 오히려 늘어나는 양상을 보였다. 김대중 정부 들어서 늘어난 위원회만도 5개 기구이며, 금융감독위원회나 전기위원회 등과 같이 사무국이 있는 위원회의 수는 이보다 많다. 또한 행정위원회의 경우 97년 25개에서 2002년 35개로 이 정부 들어서 10개가 늘어났다(김광웅, 2003: 61). 다음의 표는 김대중 정부 들어서 신설된 기구들의 현황을 나타낸 것이다.

〈표 5-3〉 김대중 정부 들어 신설된 기구들

구 분 기관별	계급별 인원 현황											예산 (단위: 백만 원)
	총계	정무	1급	2급	3·4급	4급	4·5급	5급	6-9급	기능직	기타	
합 계	429	18	5	11	11	35	32	98	137	74	1	
중앙인사위원회	83	1	1	2	1	6	6	21	32	13		7,810
방송위원회	4	4										5,343
국가인권위원회	180	4	1	5	2	16	10	44	66	32		18,919
부패방지위원회	139	3	1	3	5	11	15	32	39	29	1	16,921
의문사진상규명 위원회	23	1	2	1	3	2	1	1				

출처: 김광웅. (2003: 62).

(2) 인력변화

김대중 정부의 인력감축 계획은 상당한 효과를 거둔 것으로 평가되고 있다. 즉 공무원의 수가 김영삼 정부에 비하여 전체적으로 감소되었으며, 1990년대 초반 수준의 공무원 규모로 감축되었다. 정부조직법 개정 후 직제개정을 통하여 국가일반직공무원 161,855명 중 정원의 10.9%에 해당되는 17,579명을 감축(김권집·박수경, 2005: 439)하였고, 공공부문 전체로는 1997년 말 현재 1,263,914명이던 공공인력을 4년 동안 166,629명인 13.2%(공무원 9.5%, 공기업 등 24.7%)를 감축(윤태범 외, 2002: 12)하여 짧은 기간 동안 상당한 감축성과를 보인 것으로 나타났다. 하지만 그 속을 들여다보면, 지방직공무원의 수는 줄어들고 있는 반면 중앙공무원과 정무직공무원은 증가한 것을 알 수 있으며, 또한 일반직공무원은 증가 추세에 있고 기능직공무원은 감소 추세에 있는 것을 알 수 있다(이성복, 2004: 462). 더구나 감축기준으로 능력이나 성과보다는 정년단축 등 연령을 우선 적용하였다는 측면에서 개혁의 취지나 목표에 부합하지 않는 구조조정이었다. 이처럼 인력수요에 대한 정확한 산정이나 해당기관의 충분한 의견수렴 없이 이루어진 인력감축은 업무 과다부서와 과소부서 간의 인력조정 문제, 행정서비스의 질 저하, 행정수요에 대한 대응력 저하 등의 문제점으로 나타났다(윤태범 외, 2002: 12).

〈표 5-4〉 김대중 행정부의 정부인력 변화

연도	합 계	구분	소 계	정무직	별정직	계약직	특정직	일반직	기능직	고용직
2001	849,971	국가	547,942	103	2,347	61	389,936	90,610	63,556	1,390
	0	지방	302,029	1	5,187	0	25,228	188,649	80,714	2,250
2000	850,761	국가	545,690	98	2,360	50	387,567	90,456	63,610	1,549
	0	지방	305,071	1	5,427	0	24,069	24,069	83,557	2,533
1999	857,616	국가	547,563	93	2,430	38	385,139	90,454	67,666	1,743
	0	지방	310,053	1	6,242	32	23,643	190,513	86,710	2,912

연도	합 계	구분	소 계	정무직	별정직	계약직	특정직	일반직	기능직	고용직
1998	870,871	국가	555,501	89	3,003	0	384,726	91,862	74,050	1,771
	0	지방	315,370	1	8,295	0	23,200	190,580	89,964	3,330
1997	917,642	국가	561,952	101	3,140	0	382,706	93,769	79,647	2,589
	0	지방	355,690	1	9,210	0	23,856	209,451	107,114	6,108

출처: 이성복. (2004: 462).

김대중 정부의 정부개혁에서 특기할 만한 한 가지 사항은 여성공무원의 증가 비율이 높은 비율로 증가하고 있다는 것이다. 이는 김대중 행정부가 여성의 권익신장과 보호를 위해 여성특별위원회 및 여성부를 신설하고, 정책적으로 여성채용 목표제 등을 시행함에 따라 나타나게 된 결과로 보인다.

〈표 5-5〉 여성공무원 수의 증감현황

(단위: 명, %)

연도	전체 공무원			행정부					
						국가공무원		지방공무원	
	총원	여성	비율	총원	여성	총원	여성	총원	여성
2001	852,329	282,028	32.8	843,329	278,030	540,751	200,784	302,578	77,246
2000	849,152	267,647	31.5	833,609	263,871	526,708	187,261	306,901	76,610
1999	865,650	257,191	29.7	849,020	253,322	534,223	176,357	314,797	76,965
1998	888,217	263,853	29.7	871,813	259,953	542,428	182,048	329,385	77,905

출처: 이성복. (2004: 463).

종합적으로 볼 때, 김대중 정부의 개혁에서 조직의 변화는 크지 않았고, 오히려 정권 말기로 갈수록 기관의 수가 증가되는 경향을 나타냈다. 공공부문의 인력은 양적으로 상당한 감축성과가 있었으나 행정수요를 제대로 반영하지 못한 구조조정이어서 많은 문제점들을 낳았고, 정부부처 간의 기능중복으로 인한 문제점들이 지적되었다.

김대중 정부에서 추진된 공공부문의 주요 개혁내용을 정리하면 다음과 같다.

〈표 5-6〉 김대중 정부에서 추진한 공공부문 개혁내용

주요 부문별 정책			내 용
공공부문 구조조정	정부조직개편 및 인력감축		• 1998년 2월, 1999년 5월 1, 2차 개편 • 1998년 11월, 1999년 2월 경영진단 실시
	공기업 민영화, 자회사 정리		• 1998년 7~8월 1,2차 공기업민영화 계획
조직·인력 운영체계 개편	중앙정부 운영시스템 개선	책임운영기관제	• 1999년 1월 책임운영기관설치관련법 제정
		개방형 직위제	• 2000년 2월 개방형 직위운영관련규정 공포
		성과급보수제	• 1998년 12월 공무원보수규정 개정
	공기업 및 산하기관 운영시스템 개선		• 1998년 8월 2차 경영혁신 계획 확정 • 1998년 10-11월 경영공시계획 수립 • 1998년 11월 정부투자기관관리기본법개정 • 1998년 5월 출연 연구기관 경영혁신안수립
조직·인력 운영체계 개편	공기업 등 퇴직금누진제폐지 등 경영혁신		• 1998년 7월 명예퇴직금제도 개선
	공기업 등 감사원지적사항 개선		• 2000년 4-6월 감사원 특별감사 실시 • 2000년 11-1월 점검평가단 점검활동
재정 운영체계 개선	기금정비 및 제도 개선		• 2001년 기금관리기본법 개정
	준조세 정비		• 2000년 11월 준조세정비방안 수립
	예산운용제도 개선	예비타당성제	• 1999년 예산회계법 개정
		예산절약성과금제	• 1998년 9월 실시
		총사업비관리강화	• 2000년 사업강화
	발생주의회계제도 도입		• 1999년 5월 복식부기 도입계획 발표 • 2003년 중앙정부 전면도입계획
	성과주의예산제도 도입		• 1999년 5월 성과주의예산제도 도입확정 • 2000년 시범사업 추진
대민서비스 개선	증명민원서류 대폭 감축		• 2000년 7월 민원사무처리기준표 개정
	민원처리온라인시스템 도입		• 2000년 1월 계획수립
	민생개혁과제		• 2001년 12월 과제 확정
	행정서비스헌장		• 1998년 시범실시 • 1999년 중앙정부 실시

출처: 윤태범 외. (2002: 5).

끝으로 김대중 정부의 정부개혁의 특징은 정부조직개편작업이 정치권에 의해 주도되었다는 것이며, 학자들의 참여도 실질적인 편이었다. 또한 정부조직개편작업도 공개적으로 이루어졌다고 평가된다(목진휴, 2003).

2) 인사행정개혁

먼저 인사행정분야의 개혁에서 가장 큰 변화는 중앙인사위원회의 설치를 들 수 있다. 1999년 2차 정부조직개편에서 국가공무원법에 따라 대통령 직속기관으로 설치되었으며, 주요 기능으로 인사행정에 관한 기본정책의 수립, 고위직공무원의 인사 심사, 개방형 직위 제도의 운영, 인사 감사 등의 기능을 수행하도록 하였다. 이러한 변화와 관련하여 김대중 정부에서 추진된 인사관련 제도의 변화를 살펴보면, 첫째, 고위직공무원에 대한 개방형 임용제도의 도입이 있다. 개방형 임용제도의 도입으로 계약직임용제가 확대되었으며, 계약직공무원이 종사할 수 있는 업무의 범위를 확대하였다. 더불어 전문직공무원의 명칭을 계약직공무원으로 변경하였으며, 국장급 이상 중 20% 이내에서 민간전문가를 특별 채용할 수 있도록 하였다. 둘째, 성과급제도의 강화이다. 즉 3급 이상 고위직공무원에 대하여 연봉제를 실시하고, 3급 이하의 공무원에 대해서는 성과상여금제도를 실시하도록 하였다. 또한 성과관리를 위하여 목표관리제(Management By Objective: MBO)를 도입하였다. 셋째, 총정원관리제도의 도입이다. 총정원관리제도를 통해 각 부처 장관의 재량권을 확대하고, 이를 위해 공무원의 정년제도를 개선하거나, 명예퇴직 등과 같은 다각적인 제도를 추진하였다. 이 외에도 공무원의 단체활동 기반을 조성하기 위해 직장협의회를 설립·운영하고, 공무원과 교육공무원의 정년 단축 및 신분보장을 완화하였으며, 4급 이상 공무원에 대한 근무성적 평정제도를 실시하였다. 또한 5급 이하 공무원의 정보제한 기간을 연장하고, 교육훈련 바우처(voucher) 제도를 도입하였다.

3) 재무행정개혁

재무행정개혁 분야에서 가장 큰 변화는 거대 공룡조직이었던 재정경제원을 기획예산위원회와 재정경제부로 분리하고, 재정경제부를 부총리급 부처에서 장관급 부처로 격하시킨 점이다. 이에 따라 예산실이 청와대 기획예산위원회와 재경부 예산청으로 분리되었으며, 예산업무의 두 축인 기획조정과 편성집행 기능을 분리시켰다. 하지만 이러한 분리는 김대중 정부가 표방하는 '작지만 효율적인 정부조직 구성'과 거리가 먼 개편이었으며, 예산의 기획·편성 및 감독기능에 문제점을 빚어 내는 기형적인 구조였다.

재무행정개혁과 관련하여 김대중 정부에서 추진된 정책 및 제도의 변화를 살펴보면, 첫째, 재정적자감축특별법의 제정이다. 이것은 재정적자 감축을 위한 제도적 장치를 마련하기 위한 것으로서, 연차별 재정적자에 대해서는 관리목표를 설정하여 운영하도록 하였고, 세계잉여금 및 당 연도 세수초과분을 국채상환에 우선 사용하도록 하였다. 둘째, 조세지출예산제도를 단계적으로 확대하여 간접세로 대상세목을 확대하였다. 또한 예산의 관리적 측면에서 5년 단위의 중기재정계획을 매년 수립하여 적자관리를 체계화하고 당 연도 예산의 한계를 극복하고자 하였다. 셋째, 성과중심의 재정운용체계로 개편하였다. 즉, 예산투입 대비 지출효과를 측정할 수 있도록 개편하고, 성과주의 예산제도를 단계적으로 도입하도록 하였다. 또한 예산과목체계를 간소화하고, 계속비·이월제도 등을 확대하여 예산편성 및 집행의 신축성 및 자율성을 높였다. 넷째, 기금제도를 새롭게 정비하였다. 즉 1999년 기금의 수를 75개에서 55개로 감축하고, 기금운영과 예산의 연계를 강화하여 재정운용의 효율성을 높이고자 하였다. 또한 이 제도의 운영시스템을 개선하기 위하여 '기금정책심의회'와 '기금운용평가단'을 도입하였는데, 2000년부터 민간전문가 30여 명으로 구성되는 기금운용평가단을 운영하여 매년 실적을 점검·평가하고 그 결과를 국회에 제출함으로써 기금혁신을 제도화하고자 하였다. 다섯째, 성과주의 예산제도의 도입이다. 이를 위해 1999년 2월 5일 '예산회계법'을 개정하여 부처 자율로 예산을 편성하도록 하고, '정부회계제도개선추진협의회'를 구성하여 성과중심의 예산편성과 집행, 감사의 실시, 정보관리 등 재정운용의 투명성을 제고하고자 하였다. 여섯째, 예산인센티브제도의 도입이다. 이것은 공직사회의 예산집행에 있어서 창의와 경쟁을 촉진시킴으로써 재정지출을 효율화하여 국민부담을 경감시키려는 목적으로 도입되었다. 즉 예산을 절약하는 공무원이나 기관에 대하여는 절약한 예산의 10~50%(1천만 원) 범위 내에서 개인당 기본급의 200%까지 인센티브보상금을 줄 수 있도록 하였으며, 1998년 9개 부서에서 시범적으로 실시되었다. 일곱째, 복식부기제도의 도입이다. 이것은 중앙 및 지방정부의 재정상태, 예산집행 실적 등 재정에 관한 정보를 투명하게 공개하고, 비용과 성과의 연계를 통하여 성과중심의 개혁기반을 마련하는 데 그 목적이 있다. 중앙정부의 경우 재정경제부를 중심으로 1999년 중 회계기준 수립 작업 시 추진하도록 하고, 2000년부터 특별회계 등에 단계적으로 확대·적용한다는 방침으로 도입되었다. 여덟째, 투명하고 효율적인 재정제도의 마련을 위하여 총사업비 한도제를 시행하도록 하였다.

4) 행정관리개혁

행정관리개혁 분야에서 가장 주목할 만한 변화는 책임운영기관제도의 도입을 들 수 있다. 이는 민간부문의 경영원리를 정부기능에 도입하고자 한 것으로, 행정기관에도 경쟁과 시장원리를 도입하고 기관장의 책임경영을 위해 자율성을 부여하여 공무원들 간에 경쟁을 유발시키려는 목적으로 도입되었다. 1999년 1월 「책임운영기관 설치 운영에 관한 법률」이 제정됨에 따라서 총 25개의 대상기관이 발굴되어 이 중 10개 기관에 대해 책임운영기관을 설치·운영하고, 17개 부·처·청의 31개 행정서비스 기능을 민간에 외부 위탁하였다.

또 다른 변화로는 각 행정기관별로 행정서비스헌장을 제정하도록 한 것을 들 수 있다. 즉 중앙행정기관의 장은 각 부처별로 1개 이상의 헌장을 제정하도록 의무화하고, 부처별로 고객만족도 평가결과를 국민에게 공개하도록 하였으며, 이것의 측정을 위하여 행정품질 지수를 개발하였다. 김대중 행정부는 1998년 6월 중앙행정기관 중 10개 기관에 대하여 '행정서비스헌장'을 제정하도록 하고 이를 시범운영하도록 하였다. 1999년부터는 중앙부처의 기관별로 1개의 헌장을, 지방자치단체는 분야별로 1~2개의 헌장을 제정하도록 하였고, 2000년부터는 기관별·업무별로 확대하여 실시하였다.

한편, 공무원의 부정부패 척결을 위해 '민원처리 온라인 공개시스템' 도입을 의무화하였는데, 이는 민원접수, 처리과정, 처리결과를 인터넷으로 제공하는 것으로, 2000년 1월 시스템 개발계획을 수립하여 6월에 시스템을 개발하고, 시범운영을 거쳐서 각 중앙행정기관과 지방자치단체에 보급하였다. 시스템 도입을 통해 처음에 처리에 4일 이상 소요되는 민원업무 1367종을 대상으로 처리과정과 결과를 공개하고, 여기에 추가적으로 2일 이상 소요되는 610여 종을 추가하여 총 1986종의 민원에 대해 처리과정과 결과를 공개하도록 하였다.

김대중 행정부의 정부개혁은 과감하고 많은 개혁이 진행된 것에 비추어 볼 때, 기능변화의 폭은 그리 크지 않았던 것으로 보인다. 그 중 몇 가지 주목할 만한 기능의 변화가 2차 정부조직개편에서 나타나게 되는데 먼저, 재경부와 산자부로 이원화되어 있던 외국인 투자 기능을 산자부로 일원화시켰다는 것과 보건복지부의 식품안전 기능을 식품의약청으로 이관하여 일원화시켰다는 것을 들 수 있다. 금융감독 기능을 재정경제부에서 금융감독위원회로 이관시켰고, 야생보호 기능을 산림청에서 환경부로 이관시켰으며, 소비자보호 기능을 산업자원부에서 공정거래위원회로 이관시켰다. 또한 대통령 직속기관으로 중앙인사위원회를 신설하여 인사기능을 대통령에게 집중시켰다는 사실도 주목할 만하다. 이 외의 변화로는 과학기술정책국을 실로 확대·개편하여 과학기술 정책기능을 보강하였고, 재정경제부의 경제정책 조정기능과 외교통상부의 통상교섭 기능을 보강하였다. 또한 전통문화의 계승·발전을 위해 한국전통문화학교를 신설하고 국립민속박물관의 기능을 보강하였다. 특히, 1차 조직개편 당시 부총리제도의 폐지로 국무조정실로 이관되었던 기능들이 3차 개편 이후 부총리제도가 다시 부활하면서 원상 복구되었다는 사실은 특기할 만하다.

한편 김대중 정부조직의 특징 중 하나는 정부부처 간 기능의 중복이 유난히 많다는 것이다. 예를 들어, 통일정책의 경우 통일부에서만 맡고 있는 것이 아니라 청와대, 총리실, 외교부, 국방부에서 함께 맡고 있으며, 공직기강 기능의 경우 대통령비서실, 국무조정실(조사심의관), 감사원, 부패방지위, 행자부(감사관), 그리고 각 부처의 감사부서에서 공동으로 그 기능을 맡고 있다. 또한 대외통상과 교섭업무의 경우 통상교섭본부와 재경부(경제협력국), 산자부(무역투자실), 각 부처 국제협력담당(복지부, 정통부, 농림부, 해수부 등)에게 그 기능이 산재되어 있다(김광웅, 2003: 69). 정부부처 간의 기능중복이 반드시 나쁘다는 것은 아니다. 각 부처 간에 유사기능을 부여함으로써 부처 간 경쟁과 견제를 도모할 수 있다는 장점도 있다. 하지만 이러한 조직 간 기능의 중복은 조직과 인력의 낭비, 그리고 부처 간 갈등과 조정에 따른 비용 문제를 수반하며, 경쟁과 견제의 역할보다는 부처 간 갈등을 심화시키는 부정적 측면이 강하기 때문에 문제점으로 지적될 수 있다(목진휴, 2003: 77). 김대중 정부의 부처 간 기능중복 양태는 다음과 같다.

<표 5-7> 김대중 정부의 부처 간 기능중복 현황

기능내용	해당기관
통일정책 수립	● 대통령비서실, 총리실, 통일부(통일정책실), 외교부(특수정책과), 국방부(군비기획담당관)
지역경제 지원	● 행자부(지역경제과), 각 부처(산자부, 중기청, 농림부 등), 자치단체
공직기강	● 대통령비서실, 국무조정실(조사심의관), 감사원, 부패방지위, 행자부(감사관), 각 부처 감사부서
경제정책 조정	● 재경부(정책조정심의관), 국무조정실(경제조정관), 경제정책자문회의
소비자 보호정책	● 재경부(소비자정책과), 공정위(소비자보호국)
중소기업 정책자금 지원	● 중기청(자금지원과), 각 부처(산자부, 정통부, 과기부, 복지부 등), 자치단체, 중진공
벤처기업 창업ㆍ경영 지원	● 중기청(벤처기업국), 산자부(산업혁신과), 정통부(정보통신정책국), 과기부(과학기술정책실)
대외통상ㆍ교섭업무	● 통상교섭본부, 재경부(경제협력국), 산자부(무역투자실), 각 부처 국제협력담당(복지부, 정통부, 농림부, 해수부 등)
평생직업교육ㆍ진흥 직업능력개발ㆍ훈련	● 교육부(평생직업교육국), 노동부(능력개발심의관)
차별행위에 대한 조사ㆍ구제 ① 차별행위 일반(인권위) ② 남녀차별(여성부) ③ 여성ㆍ청소년ㆍ아동 고용 차별(노동부)	● 국가인권위(차별조사국), 여성부(차별개선국), 노동부(고용평등국)

출처: 행정자치부 내부자료. (2002), 김광웅. (2003: 70)에서 재인용.

이 외에도 규제개혁과 관련하여 정부의 시장개입을 축소하고 민간의 경쟁을 촉진하여 경제활동의 자율성과 창의력을 제고시키려는 목적하에 '행정규제기본법'을 제정하고 1998년 3월 1일부터 시행하도록 하였다. 이에 따라 대통령 소속의 규제개혁위원회가 신설되었으며, 1998년 5월 「'98 규제개혁추진 종합지침」을 의결하고, 1998년 7월 제8차 규제개혁위원회에서 「'98 부처별 기존규제 정비계획 종합 및 심사계획」을 보고함으로써 개혁안을 확정하였다. 이후 과감한 규제개혁을 추진함으로써 해마다 규제개혁 관련 법률의 개정을 가져왔다.

또한 1998년 7월 3일 '1차 공기업 민영화 계획'을 발표하고 공기업민영화를 위한 개혁에 착수했으며, 부패방지제도를 강화하기 위해 1999년 6월 공직자 10대 준수사항을 발표하고 1999년 9월 반부패특별위원회를 구성하였으며 반부패기본법의 제정을 추진하였다.

1차 정부조직개편 이후 국무총리 직속 기구체제가 모두 바뀌고 부총리제도가 폐지되는 등 정부조직체계에 다소 큰 폭의 변화가 있었다. 특히 부처가 부처를 지배하는 옥상옥의 폐단을 줄이고자 총액예산제도, 총조직제도, 총인원제도 등을 도입하여 각 부처 장관의 재량권을 확대하였다. 하지만 한 달도 채 안 되는 짧은 기간 동안 만들어진 졸속의 개혁안이어서인지 입법과정에서 개편안의 일부가 포기·좌절되는 등 정치적 이해관계에 따라서 변질되거나 폐기될 수 있는 문제점이 있었다.

제5절 김대중 정부의 개혁평가

김대중 정부의 행정개혁에는 외환위기라는 경제적인 환경이 가장 큰 개혁의 동인으로 작용했다. 과거 정권들에서의 행정개혁이 정치적인 이해관계나 권력의 장악 등과 같은 권력적·관료적 요인에 의한 동인에서 출발되었다면, 김대중 정부의 경우에는 전 정권의 국가정책의 실책으로 야기된 외환위기라는 경제적 환경이 다른 정치·사회적 환경에 의한 요인보다 우선적으로 작용하였다. 개혁의 동인은 다르더라도 김대중 정부의 개혁결과 역시 긍정적인 측면과 부정적인 측면을 동시에 가지고 있다.

먼저, 김대중 정부의 행정개혁 추진 과정에 대한 긍정적인 측면을 몇 가지 관점에서 살펴보고자 한다. 첫째, 김대중 정부는 작고 효율적인 정부를 지향하면서, 개혁목표를 '고객중심의 기업형 행정'에 두고 정부기구와 인력은 감축하되 시장메커니즘과 성과는 중시하며, 고객지향적인 원리를 기본원칙으로 하는 능률성 위주의 개혁을 단행하였다(김판석, 2000: 221, 김병문, 2004: 18). 이것은 시장경제와 관련하여 민간의 자율성을 신장시키고 유연성과 투명성의 개념을 정부활동에 도입하였다는 측면에서 긍정적으로 평가될 수 있다.

둘째, 김대중 정부의 제2차 정부조직개편은 민간경영 진단을 통해 공공부문을 개혁하는 방식을 취하였다. 민간기관을 통해 정부조직의 경영진단을 하는 방식은 이때까지만 해도 매우 이례적이고 새로운 것이었다. 게다가 제1, 2차 정부조직개편과정에서 공청회와 같은 공개토론의 장을 마련하여 의견수렴 절차를 거쳤다는 점에서 개혁과정의 민주성을 높이는 데 기여했다고 볼 수 있다.

셋째, 행정개혁의 범위가 과거와는 달리 중앙행정기구와 인력감축 등 하드웨어적인 측면에서 그치지 않고 더 나아가 운영시스템을 포함한 소프트웨어적인 측면까지 확대(박용우, 2000)되었다는 점에서 긍정적으로 평가할 수 있다.

넷째, 신공공관리론에 입각한 개혁방식을 통해 공공부문에 기업적인 관리방식을 과감히 도입함으로써 기존 관료제모형의 변화를 시도하였다는 점과 조직관리 방식의 변화를 꾀하였다는 점에서 긍정적인 영향이 크다(김근세, 1999, 김재훈, 1999, 김병섭 외, 2000, 박수경, 2005).

이 외에도 공기업민영화를 통해 외화수입 및 재정수입을 확보하여 경제위기를 극복하였다는 점과 매각수입 극대화를 위해 노력하였다는 점, 그리고 경영성과를 개선하고 공기업부문을 축소·조정하였다는 점(곽채기, 2000) 등을 긍정적인 영향으로 평가할 수 있다.

다음으로 김대중 정부의 행정개혁 추진 과정에서 나타난 부정적인 측면은 다음과 같다. 첫째, 김대중 정부는 자민련과의 공동정권으로 출범하였기 때문에 개혁의 추진 과정에서 한계를 가져오게 된다. 즉, 개혁안이 공동정부 내의 심의과정을 거치면서 양당 간의 이해관계 및 해당 부처의 반발 또는 로비 등으로 인해 왜곡되었고, 심지어 국회심의를 거치면서는 근본적인 개혁도구가 바뀌기까지 하였다(박용우, 2000).

둘째, 정부의 기구개편 과정에서 지나치게 경영마인드를 강조하고, '목적론적 개혁관'에 과다하게 의지하는 경향을 보였다. 특히, '민간수준의 고통분담'과 '기능중복의 제거'라는 목적의 달성을 위해서라면 모든 것이 정당화되는 경향이 있었다(박용우, 2000). 또한 공공관료조직의 감축률이 획일적으로 적용되었고, 잉여인력 부서와 부족인력 부서 간의 조정이 미흡했으며, 고급인력의 관리방안에 대한 고려가 부족했다(송희준, 2001). 즉, 정부의 인력감축 계획이 객관적인 기준에 의해서라기보다는 총량적인 개념(중앙은 10%, 지방은 30%)에 의해서 추진(김태룡, 1999)되었으며, 공무원의 성과와 능력을 제고하기 위한 노력은 상당히 부족한 편이었다. 이러한 총량적 개념의 인력감축 방법은 역대 정권의 기구축소 및 인력감축 과정에서 흔히 나타나는 현상으로 개혁이념 및 추진방식의 변화에도 불구하고 여전히 같은 현상을 발견할 수 있다. 이것은 역대 정권부터 이어져 오는 조직개편의 제도적 특성에서 기인한 결과로 볼 수 있다.

셋째, 신공공관리론에 의한 정부개혁 과정에서 민간경영의 관리방식을 무리하게 도입한 나머지 행정의 기본적인 가치가 무시되고 관료집단의 저항과 무관심을 불러일으키는 결과를 초래하였다(박수경, 2005). 이러한 능률성 위주의 개혁방향은 경제위기 상황에서는 저항의 정도가 약했지만 경기가 회복국면에 접어들자 강한 저항을 가져왔다.

넷째, 경제위기 수습에 몰입한 나머지 비민주적인 요소를 척결하는 데에는 상대적으로 소홀했다(김판석, 2000: 221, 김병문, 2004: 18). 민주주의를 신장시키는 정책, 즉 민주화·분권화·다양화·자율화 등과 관련된 정책들은 상대적으로 큰 진전이 없었기 때문이다.

다섯째, 제1차 정부조직개편 당시 치밀한 진단과 분석 없이 조직개편과 인력감축을 단행하고, 이후 다시 정부조직을 경영 진단하는 방식을 취하고 있어서 그 과정과 절차상에 문제점을 나타내고 있다. 게다가 제2차 정부조직개편에서는 1차의 개편결과를 다시 되돌리는 형태로 개편이 진행되었기 때문에 개혁과정의 문제점을 스스로 노정하고 있다.

결과적으로 김대중 정부의 행정개혁은 신공공관리론에 근거하여 공공부문에 경쟁의 개념을 도입하고, 시장메커니즘과 성과지향성, 고객지향의 원리와 같은 능률성 위주의 개혁을 단행함으로써 민간부문의 자율성을 신장시키고, 공공부문의 유연성 및 투명성을 확대시키려는 개혁을 시도하였다. 하지만 지나친 경영마인드의 강조가 오히려 관료들의 개혁에 대한 저항 및 무관심을 부추기는 결과를 가져왔고, 행정의 기본가치가 무시되는 결과를 초래하였다. 또한 미흡한 준비과정과 속전속결식의 개혁추진으로 인해 의도했던 개혁의 성과는 성취되지 못했으며, 신공공관리론에 입각한 획기적인 제도의 도입도 그 효과를 거두지 못하였다. 한 제도의 변화는 그것과 함께 작동하는 집합적 제도들의 변화가 함께 이루어질 때 가능한 것이며, 새로운 제도가 성공적으로 정착되기 위해서는 그것과 맞물린 기존 제도의 정비가 뒷받침되어야만 가능한 것이다.

제 6 장 노무현 정부의 정부혁신

제1절 행정환경

1. 정치적 환경

정부 출범 초기, 정치적 입지라는 측면에서 노무현 정부는 김대중 정부와 비슷한 상황에 놓여 있었다. 노무현 대통령은 김대중 대통령과 마찬가지로 의회 다수당의 후보인 이회창 씨와 선거 막판까지 접전을 벌여서 대통령에 당선되었다. 또한 김대중 대통령이 당선을 위해 김종필 총재가 이끌던 자유민주연합과 공동연합을 하였다면, 노무현 대통령은 국민통합21의 정몽준 씨와 후보단일화를 추구하여 연합정당의 형태로 경선을 치렀다. 두 정권 모두 정치적 이익을 양당이 공유해야 하는 상황이었기 때문에, 새 정부 출범을 위한 준비과정에서 적잖은 어려움이 있었다. 게다가 대통령의 이념적 성향이 기존의 관료집단과 분명한 차이를 가지고 있었기 때문에 내부적인 갈등과 대립이 있어 왔다.

노무현 정부는 여소야대라는 취약한 정치적 지지기반을 가지고 출범하였다. 정부 출범 초기에 대내적으로는 국론의 분열, 역대 정부에서부터 지속되어 온 국민들의 개혁피로감 가중, 공직사회의 부패, 빈부격차의 심화, 이데올로기의 갈등문제 등과 같은 복잡한 문제들에 대해 개혁이 요구되는 상황이었으며, 대외적으로는 북핵문제, 미국 부시행정부의 '악의 축' 발언과 강경한 대북관계, 이라크전쟁의 발발 등과 같은 문제 때문에 국제적으로 한국정부의 입지가 불안한 상황이었다. 더욱이 대통령의 민주당 탈당과 2004년 3월 12일 국회에 의해 단행된 대통령의 탄핵결정이 대통령의 개혁활동에 장애가 되었다. 다만 이후 국회의원 선거에서 대통령이 속한 정당인 열린우리당이 과반수의 의석을 확보하게 되고, 헌법재판소가 대통령의 탄핵심판 사건에 대해 국회의 청구를 기각함으로써 정치적 환경이 보다 유연성을 발휘할 수 있는 방향으로 조금 호전되었다고 볼 수 있다(김태룡, 2004, 박수경, 2005).

하지만 2005년 4월 30일에 있었던 재·보궐선거에서 열린우리당의 참패와 상임중앙위원의 사퇴 등으로 정당에 대한 지지도가 하락하고 당정 간에 갈등이 심화되는 양상을 보였으며, 대통령의 지지도도 하락하고 있어서 개혁활동에 어려움을 겪고 있다(박수경, 2005: 11). 또한 '코드정치' 및 '코드인사'라는 용어가 생길 정도로 개혁에 관한 대통령의 이념적 성향과 의지가 강해서 내부적인 갈등과 반목 현상마저 나타나고 있다. 전세계 65개국의 정치 상황을 모니터하고 있는 유라시아그룹[46]이 최근 발간한 '한국보고서'는 노 대통령의 레임덕 현상과 한국에 닥칠지 모를 일본식 장기불황에 대해 경고하면서, 25%대로 하락한 지지도의 원인으로 측근비리, 대연정 제안의 실패, 정부부처 간 갈등 심화, 여당인 열린우리당 내의 심각한 내부 갈등 등을 제시하고 있다(중앙일보, 2005. 10. 5. 2면).

---

46) 유라시아그룹은 1988년에 설립된 컨설팅회사로 미국·유럽·아시아 등 550여 명의 전문가들이 각국의 정치적 위험도를 분석하는 일을 하고 있다. 미국 뉴욕에 본부를 두고 있으며, 한국보고서를 작성한 브루스 클링거는 미 중앙정보국(CIA) 등에서 20년간 한국과 아시아 문제를 다루어 왔다(중앙일보, 2005. 10. 5. 2면).

2. 경제적 환경

노무현 정부는 취임 전부터 경제성장률이 계속해서 저하되는 불리한 상황 속에서 출범하였다. 국가재정은 외환위기 직후부터 연속적으로 적자를 면치 못하는 상황이었고, 국가경쟁력 또한 하락하는 상황이었다. 특히 소득증가가 둔화된 상태에서 국내총생산(gross domestic product: GDP)에 대한 조세부담률이 높아지고 있어서 재정건전성에도 심각한 문제가 우려되고 있는 실정이었다(김태룡, 2004: 5).

계속적인 적자재정으로 균형재정이 무너지고 있고, 국가채무 상환능력이 다소 떨어져 있는데도 재정경제부는 이 같은 적자재정의 문제가 걱정할 문제는 아니라는 입장이다(국정홍보처, 2004). 그 이유는 세계경제의 개선에 따라서 수출호조세가 지속되고 내수가 점차 회복국면으로 접어들고 있기 때문에 경제여건이 전년보다 개선될 것이라는 전망 때문이다.

하지만 IMF 시절보다 더 살기 힘들다는 말이 나올 정도로 국민들이 느끼는 고통과 경제적 위기감은 더 큰 것으로 보인다. 이병천(2004)은 지금의 이러한 한국 경제의 상황을 저성장, 양극화, 그리고 대외종속 및 외향화라는 '삼중고' 현상으로 집약하고 있다. 이는 현 정부의 잘못만도 아니며 김대중 정부 시기로부터 물려받은 신자유주의 구조개혁의 모순들이 표면화되고 확대·심화된 잔상이라고 설명한다. 또한 현 정부가 지향하는 분배우선주의, 평등주의 또는 포플리즘의 경향 때문에 현 정부의 경제정책이 보수세력들로부터 '좌파적'이라는 평가를 받고 있다고 말한다.

근본적인 원인제공자가 누구이냐에 상관없이 보다 중요한 것은 지금의 경제적 현실이다. 중국의 경제가 급부상하고 있고 일본의 경제가 회생기미를 보이고 있는 현실에서, FTA에 의한 시장개방의 압력은 현시점의 경제적 상황을 더욱 어렵게 만들고 있다. 노무현 정부는 '기업하기 좋은 나라', '국민소득 2만 달러 시대' 등의 구호를 내세우며 구조개혁과 성장정책의 측면에서 왕성한 개혁의지를 보여주고 있으나 아직 그 효과는 미미하며, 계속되는 부동산시장 안정화 대책 등의 역효과로 국민들이 느끼는 경제적 어려움과 불안은 더욱 심화되는 경향이 있다.

3. 사회적 환경

노무현 정권 초기의 사회적 환경은 심각한 선거 후유증과 소위 코드정치로 인해서 세대 간, 계층 간, 지역 간에 심각한 이데올로기적 균열 양상을 띠고 있는 환경이라고 할 수 있다(김태룡, 2004: 5). 국제적으로는 WTO의 DDA(Doha Development Agenda)협상, FTA(Free Trade Agreement), 신흥 공업국가의 부상 등에 의해 국경 없는 무한 경쟁시대가 이미 시작되었고, 국내적으로는 교육문제, 환경문제, 농어촌문제, 노사문제, 그리고 빈부격차 등 사회적인 갈등이 급증하고 있는 상황이었다. 또한 북핵문제, 사스, 재해 및 재난, 물류대란 등으로 인해 국민들의 일상화된 위기감조차 고조되고 있는 실정이었다(정부혁신지방분권위원회, 2003).

지금의 사회는 세계화·지식화·지방화 추세로 사회적 환경이 빠르게 변화하고 있다. 각 행정기관에게는 환경대응적인 학습형 조직의 구축과 국민들의 만족 및 효용감을 충족시켜 줄 수 있는 수준 높은 서비스 창출이 요구되고 있으며, 다양하고 복잡한 정책문제의 해결을 위해서 시민사회와의 협치가 중요시되고 있다. 또한 다원화·집단화·세력화되어 있는 시민사회에 대응하기 위해 행정권한의 분권과 자율화가 요구되고 있다(정부혁신지방분권위원회, 2005).

현 정부에서는 이러한 행정환경의 변화에 따라 새로운 정책문제와 행정수요가 급증하고 있으며, 효과적인 대응을 위해서 기존의 행정 패러다임이 아닌 새로운 패러다임으로 시대적 요구에 부응해야 할 필요가 있다. 즉 증대된 시민들의 참여욕구를 충족시켜 줄 수 있는 현실적인 제도적 장치를 마련하고, 현실적인 규제의 완화 및 민간부문에의 간여범위를 축소하는 방향으로 정부의 역할을 축소해 나갈 필요가 있다.

제2절 개혁 패러다임

1. 행정이념 및 가치

1970년대 말부터 주요 선진국들을 중심으로 시작된 정부혁신의 물결은 1990년대부터는 개발도상국을 포함해 전세계로 확산되어 가고 있다. 2005년 5월에 141개국이 참여한 가운데 개최된 제6차 정부혁신세계포럼에서도 느낄 수 있는 것처럼, 21세기에 있어서 정부혁신은 국가경쟁력 확보를 위한 필수조건이 되고 있다. 한국정부 역시 1990년대부터 정부혁신의 조류에 편승해 오고 있으며, 노무현 정부는 지난 5월 서울에서 개최된 제6차 정부혁신세계포럼에서 '참여적 거버넌스'를 정부혁신의 새로운 모델로 제시하고 UN 거버넌스 센터 서울 유치를 위한 준비작업에 들어가기도 하였다(은재호, 2005).

정부혁신의 목적은 법, 규정, 절차와 같은 공식적인 시스템뿐만 아니라 관행이나 문화와 같은 비공식적인 시스템까지도 획기적으로 혁신함으로써, 국민에게 고품질의 정책과 서비스를 제공하고 국가경쟁력을 증진시키는 데 있다고 할 수 있다. 이에 노무현 정부는 출범과 더불어 정부혁신의 비전을 '21세기 혁신국가의 건설'로 정하고 대대적인 정부혁신 작업에 착수한 바 있다. 여기서 말하는 21세기 혁신국가란 정부는 물론 기업과 국민 개개인이 모두 혁신하는 국가, 끊임없이 문제를 발견하여 시정해 나가는 혁신 자동장치가 구축된 국가, 모든 구성원의 잠재능력을 극대화하여 국가의 IQ와 EQ를 더욱 높이는 국가를 의미한다(윤성식, 2005: 7−8).

공공부문의 개혁과 관련하여 노무현 정부가 지향하는 기본이념과 방향은 '국민과 함께하는 일 잘하는 정부'로 압축될 수 있으며, 분권, 자율, 혁신, 참여, 책임과 같은 개념들로 대표될 수 있다. 이와 관련한 노무현 정부의 비전과 전략은 다음과 같이 세 가지로 요약될 수 있다. 첫째, 성장과 분배, 인간과 환경, 지역 간, 성·계층·세대 간, 정부−시장−시민사회의 균형 추구로 균형발전 사회의 기반을 구축하는 것이다. 둘째, 균형발전 사회의 양대 축으로 '혁신'과 '통합'을 설정하고, 한국 경제사회의 역동성과 안정성을 확보하는 것이다. 셋째, 지역·계층 간 통합, 사회적 약자에 대한 배려, 인간적 삶의 여건 조성을 통해 사회적 통합기반을 구축하는 것이다(정책기획위원회, 2004).

또한 노무현 정부가 행정과 정부혁신을 통해 이루고자 하는 5년 후 한국 행정의 미래상은 첫째, 효율적인 행정으로 세계 10위 이내의 경쟁력을 갖춘 정부, 둘째, 봉사하는 행정으로 고객 감동의 서비스를 실천하는 정부, 셋째, 투명한 행정으로 국민의 알 권리가 확대된 열린 정부, 넷째, 함께하는 행정으로 참여 민주주의가 활성화된 정부, 다섯째, 깨끗한 행정으로 TI지수 20위권의 도덕성을 갖춘 정부를 구현하는 데 있다(정부혁신지방분권위원회 2003, 2005).

2. 국정목표

'국민과 함께하는 일 잘하는 정부'를 지향하는 노무현 정부의 국정기조는 대통령직인수위원회에서 작성한 '3대 국정목표'와 '4대 국정원리'에 그 의미가 함축되어 있다. 노무현 정부의 3대 국정목표는 ① 국민과 함께하는 민주주의, ② 더불어 사는 균형발전 사회, ③ 평화와 번영의 동북아시대이고, 4대 국정원리는 ① 원칙과 신뢰, ② 공정과 투명, ③ 대화와 타협, ④ 분권과 자율이다. 또한 이와 관련하여 외교·통일·국방, 정치·행정, 경제, 사회·문화·여성 등 4대 부문별로 노무현 정부가 추진해야 할 12대 국정과제로 ① 한반도 평화체제 구축, ② 부패 없는 사회 봉사하는 행정, ③ 지방분권과 국가균형발전, ④ 참여와 통합의 정치개혁, ⑤ 자유롭고 공정한 시장질서 확립, ⑥ 동북아 경제중심 국가 건설, ⑦ 과학기술 중심사회 구축, ⑧ 미래를 열어가는 농어촌, ⑨참여복지와 삶의 질 향상, ⑩ 국민통합과 양성평등의 구현, ⑪ 교육개혁과 지식문화 강국 실현, ⑫ 사회통합적 노사관계 구축 등의 과제를 선정하였다(청와대 홈페이지 참조).

또한 노무현 정부는 이에 기초한 4대 분야별 정책추진 목표를 상정하였는데, 첫째, 경제분야에서는 국민소득 2만 불 달성을 위한 '혁신주도형 경제기반 구축'을, 둘째, 국토분야에서는 '수도권과 지방의 상생발전'을, 셋째, 사회분야에서는 국민 모두가 더불어 잘사는 '차별 없는 사회 구현'을, 넷째, 대외관계 분야에서는 '평화와 번영의 동북아시대 구현'을 추진목표로 제시하고 있다. 더불어 이를 위한 5대 실천전략으로 ① 지속적 개방·개혁, ② 지방화·국토균형발전, ③

사회통합·차별시정, ④ 장기(長期)주의, ⑤ 원칙(原則)의 정부를 설정하고 있다(정책기획위원회, 2004).

3. 개혁기초 이론

노무현 정부가 기초하고 있는 개혁이론을 김대중 정부의 시장지향적 모형처럼 규정하기는 어렵다. 다만 경제정책 등에서 알 수 있듯이 자유주의에 부합하는 경제정책을 추구하면서, 동시에 소수정권의 약점 때문에 대중에 영합하려는 신자유주의적 포플리즘(neo-liberal populism)의 성격을 지닌 것으로 볼 수 있다(김일영, 2003, 안병진, 2004). 즉 노무현 정부 역시 김대중 정부처럼 출범 초기에 소수정권으로 인해 경제적인 어려움에 처했으며, 이를 극복하기 위해 대의제도보다는 인터넷 등을 통한 국민들의 직접참여 방식을 택했다는 점에서 포플리즘적인 성향이 강하다고 볼 수 있다(김태룡, 2004).

노무현 정부 출범 당시 한국정부가 안고 있는 근본적인 문제들을 시장지향적인 개혁방식으로만 해결하기에는 그 범위가 너무 넓었다. 더구나 정부 출범 초기에 노무현 정부의 개혁환경은 신공공관리론에 근거한 시장모형에 의해 개혁을 추진했던 김대중 정부에 대한 반감이 증폭되고, 개혁대상 집단들의 상대적 박탈감이 가중되던 시기였다(박수경, 2005). 이러한 행정문화적·환경적 여건의 차이로 노무현 정부가 신공공관리모형을 지속적으로 적용하기에는 적실성에 문제가 있었다. 따라서 노무현 정부는 이전 정부들에 비해 시장지향적인 모형에 대한 의존도를 상대적으로 낮추고, 출범 초기부터 시장성과 공공성의 조화, 작은 정부가 아닌 효율적인 정부의 지향 등과 같은 가치를 강조하였다. 하지만 노무현 정부의 개혁사조나 이론적 배경 역

시 작은 정부를 지향하는 이전 정권들의 신자유주의 사상 및 신공공
관리모형에서 크게 벗어나고 있지는 못한 것으로 보인다(김태룡,
2004: 박수경, 2005).

이러한 노무현 정부의 기초개혁 이론에 대해 여러 명의 학자들이
다양한 의견을 제시하고 있다.[47] 먼저 김태룡(2004: 6-7)과 박수경
(2005: 12)은 노무현 정부의 개혁기초 이론을 변동관리에 초점을 맞
춘 조직문화모형(Organization Culture Model)으로 보고 있다. 이는
Ferlie et al(1996)가 OECD국가에 적용되었던 신공공관리모형을 특성
에 따라 네 가지로 유형화한 것 중 하나이다. Ferlie et al(1996: 10-
15)는 신공공관리모형을 특성에 따라 효율성모형(the efficiency
drive), 조직축소와 분권화모형(downsizing and decentralization), 조직
문화모형(in search of excellence), 공공서비스지향모형(public service
orientation)으로 분류하고 있는데, 첫째, 효율성모형은 공공부문에 기
업적 방식을 적용시키고자 한 것으로, 주로 재정적 통제, 비용절감,
효율성, 재정기능의 강화 등의 전략을 사용한다. 둘째, 조직축소와
분권화모형은 조직의 분권화와 축소를 통해 조직의 탄력성을 회복하
고자 한 것으로 영향력에 의한 관리나 조직 간의 전략적 제휴 등과
같은 전략을 강조한다. 셋째, 조직문화모형은 변동관리에 초점을 맞
추어 사람들이 작업에서 어떻게 행동해야 하는가를 결정하는 데 있
어서 가치·문화·권리·상징의 역할을 강조한다. 따라서 이를 위해서
는 조직문화의 영향력이 중요하다고 본다. 넷째, 공공서비스지향모형

---

47) 다양한 의견 중 일부의 학자(이종수, 2004, 김태영, 2004)들은 노무현
    정부의 경우 그 이념적 기초가 불분명하다고 말한다. 즉 현 정부는 어
    떤 특정 이념적 정향에 매몰되지 않으려는 성향이 있으며, 노무현 정부
    가 추진하고 있는 정부혁신은 어떤 의미에서 가치가 배제된 순수한 의
    미의 정부개혁 작업이라고 평한다. 또한 정부혁신이란 것이 본질적으로
    이념에 기초한 것이 아니고, 혁신이 개혁에 비해 상대적으로 가치중립
    적인 개념이기 때문에 특정 이념에 기초한다는 사실 자체에 대해 회의
    적이다.

은 사기업에서 성과가 있는 수단이나 제도들을 공공부분에 투영시키
고자 한 것으로, 주된 수단으로 TQM의 부활, 사용자(user)의 관심과
가치 반영, 정형화된 서비스의 전달에 대한 끊임없는 사회적 학습의
개발을 강조하는 것 등을 들 수 있다.

다음으로 은재호(2005)와 황혜신(2005)[48]은 노무현 정부의 혁신을
'굿 거버넌스(Good Governance) 모형'으로 보고 있다. 노무현 정부의
혁신모형에는 최근 서유럽에서 NPM 모형을 보완하기 위해 개발하
여 사용하고 있는 Good Governance 모형의 요소가 많이 섞여 있기
때문인데, 실제로 2004년도 대통령 국정말씀이나 2005년도 국무총리
세계정부혁신포럼 축사 등과 같은 노무현 정부의 혁신 홍보자료에는
현 단계의 정부혁신이 굿 거버넌스를 지향하고 있음을 명시적으로
밝히고 있다.

2001년도 유럽연합백서에 의하면 굿 거버넌스 모형은 공개, 참여,
책임성, 효과성, 일관성 등의 5개 요소들을 포함하고 있는데, 첫째,
공개의 원칙은 정책결정 과정과 정부기관에 대한 일반의 접근성을
높이고 보다 이해하기 쉽게 하는 것을 말하며, 둘째, 참여의 원칙은
정책과정의 전 사이클에 이해당사자들의 광범위한 참여를 보장함으
로써 정부기관에 대한 신뢰를 높이는 것을 의미한다. 셋째, 책임성의

---

48) 황혜신(2005: 22−23)에 의하면 두 가지 견해, 즉 '신공공관리론과 거버
넌스 이론을 연속선상의 변화로 이해하는 것'과 '신공공관리론이 거버
넌스에 포함되는 것으로 이해하는 것'에 따라서 노무현 정부의 개혁 이
론적 토대가 달라질 수 있는데, 만약 양자를 별개로 인식한다면 노무현
정부의 혁신은 신공공관리론적 특징과 거버넌스의 특징을 모두 가진다
고 보고 있다. 또한 Minogue·Polidano·Hulme 등의 학자들이 Good
Governance의 개념 속에서 공공관리의 효율성에 대한 관심과 거버넌스
의 책임성에 대한 관심이 조화될 수 있다고 한 점 등을 강조하면서, 정
부의 효율성 추구도 Good Governance를 추구하는 것의 일부로 이해할
수 있기 때문에 노무현 정부의 혁신을 거버넌스 개혁으로 볼 수 있다
고 주장한다.

원칙은 정책입안과 집행과정에서 각 기관의 역할을 명확히 규정하는 것을 말하며, 넷째, 효과성의 원칙은 정책목표를 명확히 하고 평가체계를 도입하여 현장의 수요에 부응하는 것을 뜻한다. 마지막으로 일관성의 원칙은 정책내용과 집행내용 사이에 정합성이 있어야 한다는 것을 의미한다(은재호, 2005: 15).

이러한 굿 거버넌스 모형이 갖는 5가지 특성으로부터 Bauer(2004)는 다음과 같은 함의를 도출하고 있다. 첫째, 중앙정부는 물론 지역 및 지방정부가 갖는 행정행위의 정치적 성격을 인정하고 이를 행정행위 전면에 부활시키고자 하는 것으로, 외부참여자들과의 상호작용이 없이는 정부조직의 능률화도, 정책목표 달성도 불가능하다는 것이다. 둘째, NPM 모델이 추구하는 3E(Economy, Efficiency, Effectiveness)를 넘어서 상대적으로 경시되었던 기존의 가치들, 즉 균형(equity), 윤리(ethics), 투명(transparency), 신뢰(trust) 등의 전통적인 가치를 정책현장에서 구현하고자 하는 시도이다. 셋째, 다양한 주체와 이해 당사자가 공공서비스의 디자인, 생산, 평가 등에 접근할 수 있도록 하는 것으로, 예를 들어 지방정부와 해당 지역주민들로 하여금 정책결정 과정에 참여하게 함으로써 보다 넓은 수요자들과 나아가 미래 세대까지도 정책내용 형성에 참여할 수 있도록 배려하자는 것이다. 넷째, 복잡한 문제일수록 다양한 의견조율(coordination) 기술을 동원하여 최대한 합의를 이끌어 내기 위해 노력해야 한다는 것이다(은재호, 2005: 15).

한편, 김병섭·박상희(2005: 20-22)는 '한국의 정부개혁'에 관한 연구에서 행정학의 이론적 변화에 대해 기술하고 있다. 먼저, 1960년대 말 미국의 젊은 학자들을 중심으로 일어났던 신행정학(New Public Administration: NPA)은 행태주의에 대한 반발로 등장한 것으로, 사회적 약자의 이익이 반영된 정책결정이 이루어지지 않는 것에 대해 문제의식을 제기하며, 일선 관료에게 재량권을 부여하는 방식으로 행정개혁을 시도하였다. 다음으로 1970년대 후반부터 대두되기 시작하여

1980년대와 1990년대를 통해 전세계적으로 정부개혁의 근간을 이루었던 신공공관리론(New Public Management)에서는 X이론적인 인간관을 전제하고 일선관리자에게 권한을 부여하여 성과 달성의 책임을 지도록 하는 방식으로 개혁을 시도하였다. 최근 들어 새롭게 등장하고 있는 '뉴 거버넌스(New Governance) 모형'은 세계화와 NPM의 영향으로 등장한 것으로, 하나의 조직이 모든 것을 결정하고 집행하는 구조가 아니라, 어떤 특정한 정책결정 및 집행에 관해 여러 개의 조직(many-hands)이 연계되어 있는 구조를 취하고 있다. 즉 이러한 모형은 NGO을 비롯한 다양한 행위자들이 상호 신뢰를 기반으로 상당히 자율적이고 다중심적인 연결망(network)을 형성하여 정부서비스에 참여하고 협조한다는 특징을 갖는다. 뉴 거버넌스 모형은 참여, 분권, 시민과 같은 개념을 기본원리로 하되, 정부의 역할은 할 수 있도록 도와주는 방향잡기(steering)의 역할을 강조한다. 임기의 중반을 넘어선 노무현 정부의 개혁활동의 방향을 살펴보면 이러한 뉴 거버넌스적 색채를 띠고 있음을 알 수 있다. 즉 노무현 정부의 국정 이념, 목표, 원리 등을 보면 참여, 분권, 자율, 신뢰, 타협 등의 개념이 강조되어 있고, 일선기관의 서비스 공급역량 강화와 관-민 협업체제(partnership) 구축, 분권형 조직설계 지향 등과 같은 원리들이 강조되고 있음을 알 수 있다.[49]

이와 같은 내용들을 종합해 볼 때, 노무현 정부의 개혁이론은 신공공관리모형을 기초로 하되 행정환경의 변화에 맞게 거버넌스적 요

---

49) 이 외에도 노무현 정부의 행정개혁의 이론적 토대를 뉴 거버넌스(New Governance)적 접근으로 보는 학자들에는 정용덕(2005), 권해수(2005) 등이 있다. 그 근거로 정용덕(2005)은 노무현 정부의 개혁이 '참여', '신축성', '탈 내부규제' 등을 강조하는 점을 지적하고 있으며, 권해수(2005)는 노무현 정부가 신공공관리론의 '경쟁과 고객지향성'을 강조하면서도 New Governance의 협력체제(partnership), 시민, 기업 등의 참여, 조정자로서의 정부의 역할을 보다 강조한다는 점에서 노무현 정부의 이론적 토대가 New Governance에 보다 가깝다고 보고 있다.

소들을 가미하는 복합형 이론구조를 취하고 있는 것으로 보인다. 또한 향후의 행정개혁이 국민이 원하는 바를 실현할 수 있는 정부, 정치행정체제에서 민주성과 효율성이 동시에 추진될 수 있는 개혁이어야 함을 고려할 때, 정부에 의한 정부만의 개혁이 아니라 국민과 함께하는 협력적 체제에 의한 개혁이 되어야만 하며, 따라서 거버넌스이론이 더욱더 강조될 것으로 보인다.

4. 개혁목표

노무현 정부의 행정개혁은 '국민과 함께 일 잘하는 정부'로 함축된다. 즉 행정개혁의 당면과제는 행정개혁 시스템 구축, 고품질 행정 서비스 제공, 공개행정 확대, 국민참여 활성화, 국민신뢰 회복 등 체계적인 행정개혁을 통해서, 경쟁력을 갖춘 정부, 고객감동의 서비스를 실천하는 정부, 국민의 알 권리가 확대된 열린 정부, 참여민주주의가 활성화된 정부, 도덕성을 갖춘 정부를 구현하는 데 있다. 행정개혁의 비전과 목표를 달성하기 위한 정부혁신의 5대 목표는 ① 효율적인 행정, ② 봉사하는 행정, ③ 투명한 행정, ④ 함께하는 행정, ⑤ 깨끗한 행정 등이다.

<표 6-1> 노무현 정부 행정개혁의 비전과 목표

국민과 함께하는 일 잘하는 정부				
능력 있는 정부		참여하는 정부	신뢰받는 정부	
탄력적 행정 시스템 구축	고품질 행정 서비스 제공	공개 행정 확산	국민참여 확대	국민신뢰 회복
효율적인 행정	봉사하는 행정	투명한 행정	함께하는 행정	깨끗한 행정

출처: 정부혁신지방분권위원회. (2005: 15)

노무현 정부의 경우 다른 정권과 비교했을 때, 정부개혁 목표의 범위가 광범위하고 구체성의 정도가 상대적으로 낮다는 특성을 보인다. 또한 미국보다도 개혁의 범위와 연계성이 넓고 개혁과제도 많은 편이다. 개혁의 대상과 연계성이란 측면에서, 부시 정부를 포함한 유럽의 주요 국가들은 최근 들어 주로 관리개혁(management reform)에 해당되는 과제들만을 대상으로 한정적인 개혁을 시도하는 것이 일반적이다. 하지만 우리의 경우 노무현 정부에 이르는 동안 관리개혁보다는 행정개혁, 행정개혁보다는 정부개혁, 정부개혁보다는 공공부문 개혁 등으로 개혁의 범위가 계속 확대되는 특징을 나타내고 있다(김태룡, 2004). 다음은 노무현 정부의 정부개혁 목표를 최종목표에서 하위목표까지 단계적으로 정리한 것이다.

〈표 6-2〉 노무현 정부 정부개혁의 목표구조

목표구조	내 용
최종목표	개혁과 통합을 바탕으로 국민과 함께하는 민주주의
상위목표	국민과 함께 일 잘하는 정부
중간목표	•부패 없는 사회 •봉사하는 행정
하위목표	•효율적인 행정 •봉사하는 행정 •투명한 행정 •함께하는 행정 •깨끗한 행정

출처: 김태룡. (2004: 8). 재구성.

제3절 개혁추진체계

1. 개혁추진기구

노무현 정부의 행정개혁 추진기구는 대통령직인수위원회에서 출발한다. 노무현 대통령은 당선 직후인 2002년 12월 30일에 대통령직인수위원회를 발족하고 정권인수 및 정부개혁을 위한 준비에 착수했다. 대통령직인수위원회는 2003년 1월 7일에 정부개혁을 위한 10대 국정과제를 발표하고, 2월 20일에 최종보고서를 발표한 후 역할을 종료하였다(박수경, 2005).

이후 노무현 정부의 본격적인 개혁활동은 2003년 4월 9일에 대통령자문기구인 정부혁신지방분권위원회가 설치되면서 시작되었다. 정부혁신지방분권위원회는 「정부혁신·지방분권위원회규정」에 근거하여 발족되었으며, 출범 당시 위원장 1인을 포함해 24명으로 구성되었다. 하부에는 5개의 전문위원회와 행정개혁과제의 사전심의를 위한 행정개혁전문위원회 및 위원회의 안건관리 등을 지원하기 위한 기획운영실이 설치되었다. 정부혁신지방분권위원회는 '국민과 함께 일 잘하는 정부'를 정부개혁의 목표로 설정하고, 개혁목표 달성을 위한 하위목표로 행정, 인사, 지방분권, 재정세제, 전자정부 등 5대 분야 10대 아젠다 및 30개 세부과제를 설정하였다. 2003년 7월 22일에는 행정개혁 로드맵을 발표하고, 노무현 정부의 구체적인 정부개혁의 비전과 목표, 개혁일정 등을 확정하였다.

노무현 정부의 개혁추진체계는 중층적인 구조로 되어 있다. 즉 수립부서, 주관부서, 실천부서, 실천책임자와 같이 계층화된 양상을 보이는데, 정부혁신지방분권위원회는 이중 수립부서에 해당하며 정부개혁의 총체적인 기획부서의 역할을 담당하고 있다. 주관부서로는 행정자치부의 정부혁신지방분권추진단과 정부혁신기능분석단 그리고 기획예산의 재정개혁추진단 이렇게 3개의 조직이 설치되어 있다. 행정자치부는 내각 차원에서 행정개혁과제에 대한 추진과 집행을 주도할 개혁의 주관부처로서의 역할을 담당하는 부서이다. 그리고 정부혁신지방분권추진단은 정부혁신과 지방분권을 지원하는 역할을 하고 있고, 정부혁신기능분석단은 행정개혁과제의 종합관리 및 추진을 지원하고 있다. 또한 기획예산처의 재정개혁추진단은 재정개혁 부문을 담당하고 있다. 개혁의 실천부서로는 각 부처별로 업무혁신팀50)이 구성되어 있으며, 실천책임자는 주로 4, 5급으로 구성된 비공식 스터디 그룹인 주니어보드51)가 맡고 있다. 이처럼 노무현 정부의 개혁추진체계는 이전 정부들과 비교해 보았을 때 뚜렷한 계층제적 구조로 형성되어 있다. 이는 미국 클린턴 정부의 개혁추진체계와 상당히 유사한데, 개혁의 확산과 지지를 유도하기 위해 기획조직뿐만 아니라 하부의 실천조직까지 계층별로 구체화된 조직구성의 형태를 형성한 것으로 보인다(김태룡, 2004).

노무현 정부가 공무원을 주체로 한 개혁추진체계를 형성하게 된 이유는, 노무현 정부의 경우 역대 정부들이 공무원을 개혁의 대상으

---

50) 업무혁신팀은 각 부처별로 행정개혁의 내부동력 확보와 개혁과제 실천을 위해 구성된 조직으로, 대체로 기획관리실장을 주축으로 구성되어 있다.

51) 비공식적 개혁추진체계인 주니어보드는 4, 5급을 주축으로 5~10명으로 구성된 비공식 스터디그룹이다. 이 그룹은 노무현 대통령과 직접 통신망을 통해 건의도 하고 지시도 받는 쌍방향 대화채널을 통해 운영되고 있는 것으로 알려져 있다. 이 그룹은 행정규제의 철폐, 타 부처나 자치단체로의 권한 이양, 인사행정시스템의 개선 등의 관제에 관해 청와대 홈페이지의 업무혁신방에서 각 부처 업무혁신팀들과 의견을 교환하고 있는 것으로 알려져 있다(김태룡, 2004: 10).

로 간주한 결과 냉소적인 분위기의 확산으로 개혁의 효과가 반감되어 온 것을 보아왔고, 지원세력이 없는 상황에서 공무원들을 개혁의 주체로 만들 필요성이 있었다. 노무현 정부는 취임 초기부터 기존의 사회주류와 갈등을 빚어왔고, 또한 개혁추진 과정에서 자신의 지지층과도 갈등이 생겼다. 때문에 노무현 정부는 정책을 추진할 동력으로 관료들을 염두에 두고 이와 같은 접근방법을 택한 것으로 볼 수 있다. 더구나 과거 정권과는 달리 당정분리를 강조했기 때문에 행정부와 공무원조직을 국정운영의 축으로 활용할 수밖에 없었다는 것이다(김태룡, 2004, 중앙일보, 2003년 6월 16일).

노무현 정부의 개혁추진을 위한 담당부서들의 형성과정을 시간의 흐름에 따라 정리하면 아래의 표와 같다.

〈표 6-3〉 노무현 정부의 개혁추진체계 형성과정

설립시기	추진체계명	목 적
2003년 4월	정부혁신지방분권위원회	정부혁신의 방향과 전략 구상, 혁신과제 발굴 및 실행을 위해
2003년 12월	(대통령비서실) 혁신관리비서실	부처 혁신을 포괄적으로 관리하고 지원하기 위해
2004년 3월	(행정자치부) 행정개혁본부	상설화된 혁신추진체계 구축을 위해
2004년 3월	(각 부처) 혁신인사담당관 (현재 혁신기획관)	부처 혁신을 총괄하기 위해
2004년 5월	혁신관리위원회	정부혁신의 가속화 및 성공적 추진을 위한 체계적인 혁신관리를 위해
2004년 8월	(각 지방자치단체) 혁신분권담당관	부처혁신 총괄기능 지방자치단체까지 확산
2004년 10월	(행정자치부) 정부혁신본부	행정개혁본부가 정부혁신에 집중할 수 있도록 혁신기능 중심으로 재편

설립시기	추진체계명	목 적
2004년 12월	(대통령비서실) 혁신관리실	민원제안과 제도개선비서관실을 통합하여 혁신관리실로 개편
2005년 4월	(대통령비서실) 혁신관리수석	지원강화를 위해 혁신관리수석 신설

※ 각 추진주체들은 실무협의를 통해 상호간에 유기적인 네트워크를 형성하고 있으며, 각 부처에서도 부처 추진주체를 중심으로 소속기관, 산하기관, 민간전문가 등이 혁신네트워크를 구축하고 있다.

출처: 윤성식. (2005: 12)을 토대로 작성.

2. 개혁추진기구의 구성

1) 대통령직인수위원회

노무현 정부의 행정개혁 추진기구는 2002년 12월 30일 구성된 대통령직인수위원회에서 출발한다. 노무현 정부의 제16대 대통령직인수위원회는 '대통령직인수위원회 설치령(대통령령 제17820호, 2002. 12. 26.)'에 의해 설치되었으나, 2003년 2월 4일 '대통령직인수에관한법률(법률 제06854호)'이 제정됨에 따라 설치근거[52]가 변경되었다.

---

[52] 과거 대통령직인수위원회에 관한 규정은 제13대 대통령 선거 이후 처음으로 '대통령 취임준비위원회 설치령'(대통령령 제12378호, 19888. 1. 18.)을 공포해 대통령직 인수준비를 위한 근거를 마련했었다. 하지만 당시의 역할은 정부 이양과 이·취임식을 협의하는 정도에 불과하였다. 김영삼 정부인 제14대에 이르러서야 비로소 '대통령직인수위원회 설치령'(대통령령 제13794호, 1992. 12. 28.)이 만들어져 정부인수에 관한 업무가 다루어지기 시작했다. 이어서 제15대 인수위원회 때도 대통령령으로 설치령이 공포되어서 비교적 원활한 인수위의 활동이 이루어지긴 하였지만 '인수위원회 설치령'은 6개월간의 한시적인 효력을 가지는 대통령령에 근거해 운영되기 때문에 효율적인 활동에 한계를 노정할 수밖에 없었다. 또한 대통령당선인 확정 후 취임 전까지 당선인의 지위와

대통령직인수위원회는 위원장과 위원을 합해 26명, 민주당 및 선대위 등의 인력으로 111명, 공무원 파견인력 110명 등 총 247명으로 구성되었으며, 이 외에 28명을 근무지원 형식으로 배정하였다.[53] 또한 새 정부 국정운영의 직·간접적인 자문을 위해 전문가 그룹 700명을 위촉하여 자문위원회를 구성하였다. 대통령직인수위원회 조직은 2003년 1월 3일 70명의 실무진을 임명하면서, 기획조정분과, 정문분과, 외교통일안보분과, 경제1분과, 경제2분과, 사회문화여성분과, 국민참여센터, 대변인실, 행정실 등으로 구성되었다.

대통령직인수위원회의 구체적인 일정은 2003년 1월 2일까지 파견자 인선을 완료하고, 1월 31일에는 부처별 현안 정리와 대안을 마련하여 국정철학 및 주요 국정과제를 정리하여 발표하는 것이었다. 이후 2월 초에는 구체적인 실천방안을 마련하여 공개세미나를 통해 검토를 거친 후 2월 중순에 주요과제를 발표하는 것이었다.

대통령직인수위원회가 맡은 구체적인 활동은 정부 각 부처의 업무보고 및 국정현황 파악을 위한 국정토론회 개최, 국정목표와 국정원리의 도출, 취임행사 준비 등으로 요약될 수 있다. 인수위는 차기정부의 명칭을 '노무현 정부'로 확정하고, 3대 국정목표 및 4대 국정원리를 확정하였다. 그리고 2003년 1월 7일에 10대 국정과제를 발표하고, 2월 20일에 최종보고서를 발표한 후 그 역할이 종료되었다.

권한 등에 관한 규정이 미비하여 각계에서 법률제정에 대한 필요성이 제기되어 왔다. 이에 2002년 12월 27일, 민주당과 한나라당 양당은 법제정에 대한 합의를 갖고 '대통령직 인수에 관한 법률'을 행자위 발의안으로 추진하기로 의견을 모았다. 2003년 1월 22일 국회 본회의에서 만장일치(재적 194 / 찬성 194)로 의결됨으로써 2003년 2월 4일 법률이 공포되었다(제16대 대통령직인수위원회, 2003).

53) 제15대 인수위원회는 위원을 포함해 총 208명이 정원으로 구성되었으나, 이 외에 207명이 지원형식으로 근무한 바 있다.

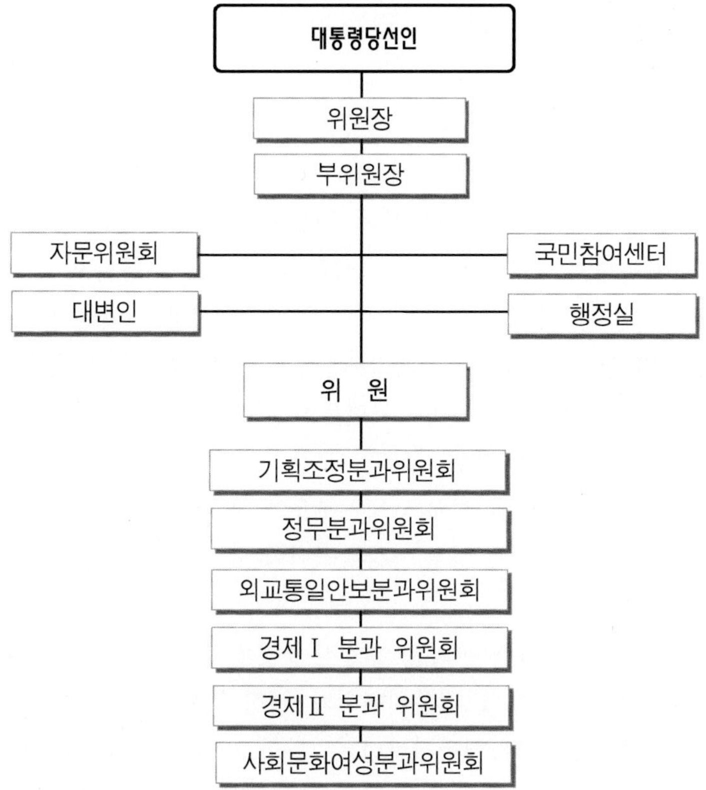

출처: 제16대 대통령직인수위원회. (2003: 444).

[그림 6-1] 제16대 대통령직인수위원회 기구표

2) 정부혁신지방분권위원회

정부혁신지방분권위원회는 2003년 4월 7일 「정부혁신·지방분권위원회규정」이 제정·공포되면서 2003년 4월 9일 공식적으로 출범하였다.[54] 정부혁신지방분권위원회는 정부혁신과 지방분권에 대해 대통령을 자문하기 위한 목적으로 설치되었으며, '투명하고 일 잘하는 정부'를 정부혁신의 비전으로 하여, 이를 달성하기 위한 5대 목표로 ① 효율적인 정부: 자원의 최적배분을 통하여 최고의 역량을 수행하는 정부, ② 봉사하는 정부: 국민들이 원하는 최고 서비스를 제공하는 정부, ③ 투명한 정부: 정부의 모든 것이 국민들에게 알려지는 열린 정부, ④ 분권화된 정부: 모든 부문이 권한과 책임을 함께 공유하는 정부, ⑤ 함께하는 정부: 모든 국민이 골고루 참여하는 정부를 설정하였다.

정부혁신지방분권위원회는 위원장 1인을 포함해 24명으로 구성되었으며, 하부에 5개의 전문위원회와 행정개혁과제의 사전심의를 위해 15명으로 구성된 행정개혁전문위원회, 그리고 위원회의 안건관리 등의 지원을 담당할 기획운영실이 설치되었다. 이후 2004년 5월에 혁신관리전문위원회가, 2004년 11월에 기록관리혁신전문위원회가 추가로 설치되었다. 정부혁신지방분권위원회는 2005년 12월 현재 본위원회와 전문위원회로 구성되어 있으며, 위원회의 조직구조는 다음과 같다.

---

54) 이후 2003년 12월에 「지방분권특별법」이 제정됨에 따라 정부혁신지방분권위원회는 정부혁신·지방분권위원회규정과 지방분권특별법에 설치 근거를 두게 되었다.

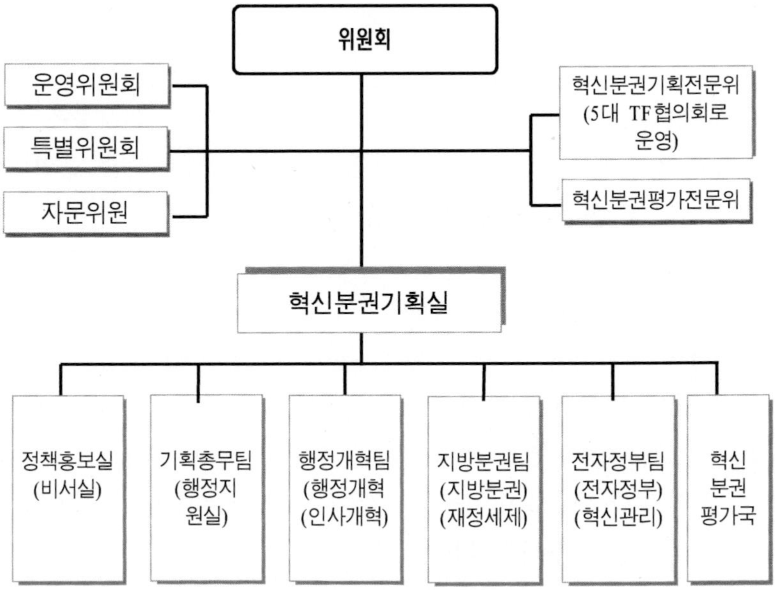

출처: 정부혁신지방분권위원회 홈페이지(2기 2005년 12월 현재).

[그림 6-2] 정부혁신지방분권위원회 조직도

먼저 본위원회의 기능은 정부혁신·지방분권의 방향 및 전략을 논의하고, 정부혁신·지방분권 관련 과제의 추진 및 점검·평가에 관한 사항을 논의하는 것이며, 위원의 구성은 정부혁신 및 지방분권에 관한 학식과 경험이 풍부한 전문가 중에서 대통령이 위촉하도록 되어 있다. 두 번째로 전문위원회의 기능은 본회의의 심의사항을 사전에 분야별로 전문적으로 연구·검토하는 것인데, 혁신분권기획전문위원회의 경우 분야별 개혁과제의 발굴 및 추진에 관한 사항을 연구·검토하되 분야별로 TF협의회로 운영하고, 혁신분권평가전문위원회의 경우는 분야별 개혁과제의 점검 및 평가에 관한 사항을 연구·검토하고 있다. 전문위원회의 구성은 간사위원의 경우 전문위원회당 1명씩 본회의 위원 중 위원장이 지명하도록 되어 있고, 위원장과 각 전문위원회 간사위원이 협의하여 위원을 위촉하도록 되어 있다. 마지막으로 T/F협의회의 기능은 각종 과제 TF에서 마련한 분야별 개별과제에 대해 검토 및 심의하는 것인데, TF협의회의 심의사항은 전문위원회의 심의에서 제외된다. T/F협의회의 구성은 담당 운영위원(본회의 위원), 전문위원회 위원, 관리팀장, 과제TF 및 관계부처 공무원으로 구성된다.

정부혁신지방분권위원회는 2003년 4월~8월까지 정부혁신을 위한 5개 분야별 로드맵을 발표하였는데, 특히 2003년 7월 22일에 행정개혁 로드맵이 발표됨에 따라서 노무현 정부의 구체적인 정부개혁의 비전과 목표, 개혁일정이 확정되었다. 그리고 이와 관련하여 개혁목표 달성을 위한 5대 분야 10대 아젠다 30개 세부과제가 설정됨으로써 개혁의 방향이 구체화되었다.

제4절 개혁과제

1. 개혁로드맵

노무현 정부의 정부혁신의 방향은 2003년 4월~8월에 걸쳐 발표된 정부혁신지방분권위원회의 「정부혁신지방분권 로드맵」에 잘 나타나 있다. 노무현 정부의 개혁추진기구인 정부혁신지방분권위원회는 정부개혁을 위해 5대 분야, 즉 행정개혁, 인사개혁, 지방분권, 재정세제개혁, 전자정부 각각에 대한 로드맵을 발표함으로써 노무현 정부 개혁의 청사진을 제시한 바 있다. 그중 행정개혁을 위한 구체적 방향은 2003년 7월 22일에 발표한 「행정개혁 로드맵」에 근거한다.

노무현 정부는 행정개혁의 비전으로 '국민과 함께 일 잘하는 정부'를 내세우며, 행정개혁 로드맵을 발표하였다. 여기에는 노무현 정부의 3대 국정목표와 4대 국정원리의 구현이라는 의지가 담겨 있다. 노무현 정부의 행정개혁은 '능력 있는 정부', '참여하는 정부', '신뢰받는 정부'의 구현을 지향하며, 이를 위한 행정개혁의 5대 목표로 ① 효율적인 행정, ② 봉사하는 행정, ③ 투명한 행정, ④ 함께하는 행정, ⑤ 깨끗한 행정을 제시하고 있다. 또한 이를 달성하기 위한 구체적인 하위목표로 5대 분야 10대 아젠다 30개 세부과제 제시하여 개혁청사진을 가시화하고 있다.

노무현 정부의 개혁청사진은 당초 계획과 임기 중반을 넘어선 현재의 계획에 큰 변화는 없어 보인다. 다만 행정개혁 로드맵의 경우 당초 30개 세부과제가 통합·조정되어 26개의 과제로 줄어들었을 뿐이다. 하지만 정책기획위원회를 중심으로 한 국정과제위원회가 선정한 「100대 국정과제 로드맵」에 7개의 행정개혁과제가 추가 선정된 것을 감안할 때 오히려 세부과제는 더 늘어난 셈이다.

최근 각종 사회서비스의 효과적인 집행수단으로 국가와 시민사회 간에 협업이 크게 증가하면서 계약(contracting)이나 바우처(voucher)가 중요한 공공관리수단으로 사용되는 것이 세계적인 추세이다. 또한 대부분의 나라에서 진행되고 있는 혁신의 방식은 강력한 공공부문 개혁전략을 취하면서도 한편으로는 이를 보완해 줄 수 있는 건전한 시민사회로 관심을 돌리고 있다. 노무현 정부의 혁신의 방향 또한 신공공관리론의 효율성과 더불어 시민사회의 자발성에 대한 조화도 고려하고 있는 것으로 보이는데, 노무현 정부의 행정개혁 아젠다를 보면 개혁의 대상으로 '공공부문의 개혁'뿐만 아니라 '시민사회의 활성화'에 관한 부분도 함께 포함하고 있다(정광호, 2005).

노무현 정부개혁의 특징적인 측면이라면 과거의 정권에서 공무원을 개혁의 대상으로 보아온 데 반하여 공무원을 개혁의 동반주체로서 인식하고 있다는 것이다. 노무현 정부는 행정개혁의 기반으로서 공무원, 국민, 그리고 정부와 시민사회의 파트너십을 상정하고 있는데, 먼저 개혁 주체로서의 공무원을 통해 개혁의 내부동력을 창출하고 변화와 개혁의 문화를 확산하여 개혁역량을 강화하며, 둘째, 국민적 공감대의 형성을 통해 개혁추진 환경을 조성하고, 셋째, 정부와 시민사회 간에 협력형 파트너십을 형성함으로써 행정개혁의 기반을 구축해 간다는 것이다. 또한 개혁의 추진방식도 분권적 개혁, 상향식 또는 양방향식 개혁, 상시적인 개혁, 그리고 자기 학습적 개혁과 같은 방식을 추구한다고 명시하고 있다.

또한 노무현 정부 행정개혁의 추진절차는 행정개혁의 5대 목표와 10대 아젠다 간의 연관성을 고려하여 아젠다별 로드맵 및 추진방법을 설정하고, 2003년도에는 제1단계로서 행정개혁의 추진체계 구축 및 행정시스템 진단·분석을 통해 개혁기반을 구축하고, 2004~2005년까지는 제2단계로서 기존시스템의 개선, 새로운 시스템의 개발·도입, 그리고 성공사례의 벤치마킹 등을 통해 개혁을 확산시킨 다음, 2006년도 이후에는 제3단계로서 종합적인 평가와 피드백, 시스템의 내실화 등을 통해 개혁을 제도화해 나가겠다는 계획이다.

2. 행정개혁 추진 현황

노무현 정부는 '21세기 혁신국가의 건설'이라는 비전을 가지고 정부혁신 작업에 착수하였다. 대통령직인수위원회가 2003년 1월 7일 발표한 10대 국정과제를 토대로 정부 출범 초기의 개혁과제가 확정되었고, 2003년 4월 발족한 정부혁신지방분권위원회가 행정개혁, 인사개혁, 지방분권, 재정세제, 전자정부 등 5대 분야에 대한 '정부혁신지방분권 로드맵'을 발표하면서 정부개혁을 위한 청사진이 제시되었다. 특히 2003년 7월 22일 '행정개혁 로드맵'이 발표되면서 노무현 정부 행정개혁 전반에 대한 밑그림이 제시되었다. 노무현 대통령은 총 16개 분야 258개의 공약 가운데 행정분야의 개혁을 위해서 총 10개의 공약 사항을 제시하고 있다.

〈표 6-4〉 노무현 대통령 공약 사항

구 분	대통령 공약 사항(16개 분야 258개 공약 제시)	

핵심
공약
사항
	1. 바로 선 대한민국
	 - 통합과 원칙의 바른 정치
	 - 특권과 차별의 시정
	 - 부정부패의 척결
	 - '좋은 정부'의 구현
	 - 자율과 분권의 지방화 시대
	2. 잘사는 대한민국
	 - 동북아 중심국으로의 도약
	 - 7% 신성장 달성
	 - 기업하기 좋은 나라
	 - 재벌개혁 등 공정한 경쟁질서
	   확립
	 - 신산업 정책으로 산업강국 실현
	 - 정보화와 과학기술 대국 실현
		3. 따뜻한 대한민국
		 - 빈부격차 해소와 70% 중산층 시대
		 - 수준 높은 삶의 질
		 - 자율과 다양성의 교육
		 - 행복한 가정·양성 평등한 사회
		 - 노인이 존경받는 사회
		 - 경쟁력 있는 농어업·잘사는 농
		   어촌
		
		4. 당당한 대한민국
		 - 평화와 번영의 신한반도시대
		 - 당당하고 자주적인 외교
		 - 강한 군대·튼튼한 안보

	1. (국민통합을 위한 헌법개정) 임기 내에 국민의 뜻에 따라 권력구조 개편을 위한 개헌 실시 2. (국민참여 정치와 정당 민주화) 조직과 동원 중심의 정당에서 탈피하여 원내정당화, 정책정당화 도모 3. (선거제도와 운동방식의 개혁) 지역갈등과 고비용 저효율의 정치를 극복하고, 국민의 의사가 충분히 반영되도록 선거구제와 선거운동 방식 개혁 4. (정치자금의 투명성 확보) 투명한 정치자금의 조달과 집행으로 깨끗한 정치 실현 5. (의회의 행정부 견제 기능 강화) 국회의 행정부 견제기능을 강화하여 생산적 정치 구현 6. (검찰의 정치적 중립성 확보) 검찰의 중립성과 독립성을 확보하고 검찰권이 엄정하게 행사될 수 있도록 제도개혁	

구 분	대통령 공약 사항(16개 분야 258개 공약 제시)
정 치	7. (부정부패의 척결) 엄정한 법집행으로 부정부패를 척결하고 법과 질서를 지키는 사람이 제대로 대접받는 진정한 법치주의 구현 8. (인권보장과 신속·공정한 권리구제) 국민의 기본적인 인권을 철저히 보장하고 신속·공정하게 권리를 구제받을 수 있도록 사법제도 개선 9. (국민의 법률복지 증진) 모든 국민이 골고루 법률서비스를 받을 수 있도록 법률구조제도를 확충하여 국민의 정당한 권익을 보호하고 법률복지 증진
행 정	1. (국정운영 방식의 효율화) 대통령, 대통령비서실, 국무총리, 각 부 장관의 역할과 기능을 명확히 조정, 국정운영의 효율성 제고 2. (정부조직개편) 중앙정부의 역할과 기능의 조정 등을 통해 국민에게 봉사하는 효율적이고 생산적인 정부조직 구축 3. (공정하고 투명한 인사의 정착) 연고주의와 정실주의에서 탈피하여 능력과 전문성에 기초한 공정하고 투명한 인사 구현 4. (전자정부 구현과 행정 투명성 확보) 전자정부의 구축과 투명한 행정으로 효율성과 신뢰성 제고 5. (공직자 처우개선) 공무원의 처우와 보수를 지속적으로 개선하여 공직사회의 활력과 안정 도모 6. (공직사회의 비리 척결) 공직사회 비리와 부패 척결, 국민의 신뢰받는 깨끗한 공직사회 구현 7. (민방위제도 개선) 민방위제도를 '재난재해대비 체제'로 전환하여 재난재해 대처능력 강화, 민방위 교육 훈련제도 개선 8. (효율적인 재난재해 관리체계 구축) 효율적인 재난재해 관리체계 구축으로 국가적 재난재해로부터 국민생활 안정, 국가기반시설물 보호 9. (민생치안 강화) 국민의 안녕을 위한 민생치안 강화 10 (신행정수도 건설과 지역균형발전 추진) 새로운 행정수도 건설 등 강력한 지방분권화 정책을 통해 수도권 과밀을 해소하고 지역균형발전 실현

5대 분야별 정부혁신지방분권 로드맵의 개요는 다음과 같다.

〈표 6-5〉 정부혁신지방분권 로드맵 개요

로드맵	비 전	목 표	아젠다
행정개혁 로드맵 (2003. 7. 22.)	국민과 함께하는 일 잘하는 정부	• 탄력적 행정시스템 구축(효율적 행정) • 고품질 행정서비스 제공(봉사하는 행정) • 공개행정 확산(투명한 행정) • 국민참여 확대(함께하는 행정) • 국민신뢰 회복(깨끗한 행정)	10대 분야 30개 세부 과제
인사개혁 로드맵 (2003. 4. 9.)	공정성과 전문성에 기초한 참여형 인사시스템	• 자율과 참여에 기초한 인사시스템 • 투명하고 공정한 인사운영 • 공무원과 함께하는 인사관리 • 전문성과 역량을 강화하는 인사제도	4대 분야 10개 아젠다
지방분권 로드맵 (2003. 7. 4.)	지방활력을 통한 분권형 선진국가	• 주민과 함께하는 가까운 정부 • 아래로부터 지속적인 자기혁신이 가능한 정부 • 지방의 책임성과 다양성이 존중되는 사회 • 자율과 책임, 공동체정신을 바탕으로 한 사회	7대 분야 20개 과제
재정세제로드맵 (2003. 7. 29.)	성장·분배의 상승효과를 창출하는 분권형 국가재정	• 세제·세정 합리화 • 재정투명성 제고 • 재정분권 추진 • 지출 효율성 제고 • 재정 건전성 견지	15개 과제
전자정부로드맵 (2003. 8. 14.)	세계 최고수준의 열린 전자정부의 구현	• 대민 서비스 수준의 획기적 제고 • 행정 효율성 극대화 • 행정의 민주성 제고	10개 아젠다 31개 과제

출처: 정부혁신지방분권위원회. (2003a), (2003b), (2003c), (2003d), (2003e), 윤성식. (2005: 10) 재구성.

정부혁신지방분권위원회(2003a, 2005)에 의하면 노무현 정부의 행정개혁 추진방식은 과거의 추진전략과 많은 차이점을 갖는다. 먼저 공무원에 대한 인식의 측면에서 볼 때, 과거의 정부가 공무원을 개혁의 대상으로 보았다면, 현 정부에서는 공무원을 개혁의 주체로 보고 있다. 다음으로 개혁방식의 측면에서 과거의 정부가 집권적·하향식 개혁방식을 취했다면, 현 정부는 분권적·상향식(양방향) 개혁방식을 취하고 있다는 것이 다르다. 또한 과거의 정부가 일방적이고 일회적인 개혁을 해왔다면, 현 정부는 그와 비교하여 자기학습적인 개혁을 유도하고 있으며, 비교적 장기적인 계획에 따라서 상시적이고 점진적인 개혁을 추진하고 있다.

<표 6-6> 노무현 정부의 행정개혁 추진방식

그동안은 (과거)	앞으로는 (현재 이후)
● 개혁대상으로서의 공무원	● 개혁 주체로서의 공무원
● 집권적·하향식 개혁	● 분권적·상향식(양방향) 개혁
● 일회적·성과과시형 개혁	● 상시적·내실추구형 개혁
● 일방적·주입식 개혁	● 자기학습적 개혁
● 공급자(官) 위주의 개혁	● 수요자(民) 위주의 개혁

출처: 정부혁신지방분권위원회. (2003a: 13).

노무현 정부의 공공부문 개혁은 성과향상과 성과관리 측면에 초점이 있으며, 변화의 수준은 미시적이고, 변화의 영역 또한 조직 내부나 소프트웨어 차원의 조직운영 및 관리를 개선하는 데 주안점이 있다. 과거의 정부들과는 달리 이례적으로 '작은 정부' 이데올로기를 벗어버리고, '큰 정부·작은 정부를 떠나서 효율적으로 일 잘하고 많은 서비스를 제공하는 정부가 좋은 정부(Good Government)다'라고 생각하며, 일을 잘하기 위해서 필요하다면 정부의 규모가 확대될 수 있다는 입장을 취한다. 이와 같은 정부의 혁신마인드로 인해 노무현 정부 들어서 중앙부처 공무원 수와 정무직공무원 수가 크게 증가하였고, 혁신을 명분으로 하는 관료주의 기구가 급속하게 팽창하고 있는 실정이다(권해수, 2005).

노무현 정부에서 최초로 개혁의제가 형성된 시점은 2002년 12월 30일 대통령직인수위원회가 공식 출범한 후, 2003년 1월 7일 10대 국정과제를 발표하면서부터이다. 당초 발표한 10대 국정과제에는 ① 한반도 평화체제 구축, ② 동북아 경제중심 국가건설, ③ 자유롭고 공정한 시장질서 확립, ④ 과학기술중심 사회구축, ⑤ 참여복지와 삶의 질 향상, ⑥ 국민통합과 양성평등사회의 구현, ⑦ 교육개혁과 지식문화강국 실현, ⑧ 지방분권과 국가균형발전, ⑨ 부패 없는 사회와 봉사하는 행정, ⑩ 정치개혁의 실현 등이 포함되지만, 2003년 2월 20일 확정된 최종보고서에는 10대 국정과제 가운데 정치개혁 실현과제가 제외되고, 대신 개방화 시대의 농어촌 대책과 사회통합적 노사관계 구축이 추가되었다. 그리고 최종적인 정부개혁의 목표는 2003년 7월 4일 정부혁신지방분권위원회에 의해 발표된 지방분권 로드맵과 7월 22일 발표된 행정개혁 로드맵에 의해 구체화되었다(김권집·박수경, 2005).

행정개혁 로드맵은 '국민과 함께 일 잘하는 정부'를 모토(motto)로 하여 5대 분야 10대 아젠다 30개 세부과제로 설정되었다.

정부혁신지방분권위원회는 2003년도 행정개혁 로드맵 발표 당시 정부혁신의 5대 목표 및 10대 아젠다별로 총 30개의 행정개혁 세부과제를 설정했었다. 하지만 2005년 3월에 발표된 「정부혁신을 위한 행정개혁과제 추진 매뉴얼」에 의하면 당초 과제 중 4개의 과제가 통합·조정되어서 총 26개의 과제로 축소되었다. 구체적인 내용을 보면, 첫째, 1번 과제인 평가인프라 구축과 2번 과제인 통합적 성과관리체제 구축이 합쳐져서 국가평가인프라 구축이라는 하나의 과제로 통합되었다. 둘째, 10번 과제인 사회적 약자 서비스 형평성 제고는 국정과제위원회 중 차별시정위원회의 「기초생활보장 내실화 등 취약계층보호지원강화」 과제에 통합되었다. 셋째, 25번 과제인 부조리 유발 제도·규제 개선과 26번 과제인 분야별 반부패 대책 마련이 합쳐져서 부조리 유발 제도·규제 개선 및 분야별 반부패 대책 마련이라는 하나의 과제로 통합되었다. 마지막으로 30번 과제인 권위주의 행정문화 청산은 당초 4번 과제였던 유연하고 탄력적인 조직문화 조성에 통합되어서 유연하고 탄력적인 조직문화 조성 및 권위주의 행정문화 청산이라는 하나의 과제가 되었다.

<표 6-7> 정부혁신 5대 목표별 행정개혁 아젠다(Agenda)

목 표	아젠다	당초과제(2003)	현행 과제(2005)	주관부처
효율적 인행정	성 과 중 심 의 행정시스템 구축	1. 평가인프라 구축	1. 국가평가인프라구축	혁신위원회
		2. 통합적 성과관리체제 구축		혁신위원회
		3. BPR을 통한 일하는 방식 개선	2. BPR을 통한 일하는 방식 개선	행정자치부
		4. 유연하고 탄력적인 조직문화 조성	3. 유연하고 탄력적인 조직문화 조성 및 권위주의 행정문화 청산	행정자치부
	정 부 기 능 과 조직의 재설계	5. 정부조직 재설계	4. 정부조직 재설계	혁신위원회
		6. 수평적 정책조정체계 강화	5. 수평적 정책조정체계 강화	국무조정실
		7. 위기관리시스템 제도화	6. 위기관리시스템 제도화	행정자치부
		8. 분권형 조직설계	7. 분권형 조직설계	행정자치부
봉사하는 행정	행 정 서 비 스 전달체계 개선	9. 서비스 스탠더드 추진	8. 서비스 스탠더드 추진	혁신위원회
		10. 사회적 약자 서비스 형평성 제고	「기초생활보장 내실화 등 취약계층 보호지원 강화(차별시정위)」에 통합	혁신위원회
		11. 일선기관 서비스 공급역량 제고	9. 일선기관 서비스 공급역량 제고	행정자치부
		12. 행정서비스 민간위탁제도 개선	10. 행정서비스 민간위탁제도 개선	행정자치부
	고 객 지 향 적 민원제도 개선	13. 소외민원 처리제도 개선	11. 소외민원 처리제도 개선	고충처리위
		14. 전국적 민원연계시스템 구축	12. 전국적 민원연계시스템 구축	혁신위원회

목 표	아젠다	당초과제(2003)	현행 과제(2005)	주관부처
투명한 행정	행정의 개방성 강화	15. 행정정보 공개 확대 및 접근성 제고	13. 행정정보 공개 확대 및 접근성 제고	행정자치부
		16. 정책실명제 및 주요사안 기록의무화	14. 정책실명제 및 주요사안 기록 의무화	행정자치부
	행정행위의 투명성 제고	17. 인터넷 민원서비스 확대	15. 인터넷 민원서비스 확대	행정자치부
		18. 행정절차의 투명성 강화	16. 행정절차의 투명성 강화	행정자치부
		19. 재량행위의 투명화	17. 재량행위의 투명화	법제처
함께하는 행정	시민사회와 협치 강화	20. 정책공동체 활성화	18. 정책공동체 활성화	혁신위원회
		21. 전문옴부즈맨 제도 도입	19. 전문옴부즈맨 제도 도입	고충처리위
		22. 시민평가제도 활성화	20. 시민평가제도 활성화	혁신위원회
	공 익 활 동 적극 지원	23. 자원활동 인프라 구축	21. 자원활동 인프라 구축	행정자치부
		24. 시민단체 활동여건 개선	22. 시민단체 활동여건 개선	행정자치부
깨끗한 행정	공직부패에 대한 체계적 대응	25. 부조리 유발 제도·규제 개선	23. 부조리 유발 제도·규제 개선 및 분야별 반부패 대책 마련	부패방지위
		26. 분야별 반부패 대책 마련		부패방지위
		27. 감찰기관 간 견제와 균형	24. 감찰기관 간 견제와 균형	혁신위원회
	공직윤리의식 함양	28. 행동강령 내실화	25. 행동강령 내실화	부패방지위
		29. 공직자 윤리제도 개선	26. 공직자 윤리제도 개선	행정자치부
		30. 권위주의 행정문화 청산	※ 3번 과제에 통합	혁신위원회

주: ※ 매뉴얼에는 '4. 정부조직 재설계', '24. 감찰기관 간 견제와 균형', '사회적 약자 서비스 형평성 제고' 등은 제외함.
출처: 정부혁신지방분권위원회. (2005: 49).

한편, 노무현 정부는 대통령자문기구인 정책기획위원회를 중심으로 '혁신과 통합의 균형발전 사회' 건설이라는 비전을 가지고, 경제, 국토, 사회, 대외관계 등 4대 분야별 정책을 추진하고 있다. 이와 관련하여 정책기획위원회는 11개의 국정과제위원회와 함께 100대 국정과제 로드맵을 설정하고 단기, 중기, 장기 과제로 나누어 국정과제를 추진해 나가고 있다.[55]

정책기획위원회(2004)에 따르면 현재 대통령 직속의 12개 위원회에서 선정·추진하고 있는 100대 국정과제 로드맵 중에서 행정개혁 분야는 정부혁신지방분권위원회에서 선정한 23개 과제 중 7개 과제가 선정되어 추진 중에 있다. 구체적인 과제의 내용은 아래의 표와 같다.

<표 6-8> 100대 국정과제 로드맵 중 행정개혁과제 추진 현황

분 야	과제명	관계부처
행정개혁	정부기능과 조직의 재설계 및 성과중심의 행정시스템 구축	감사원, 행자부 국조실, 예산처
	행정서비스 전달체계 강화 및 민원제도 개선	행자부, 고충위
	행정의 개방성 및 투명성 강화	행자부, 법제처
	시민사회와 협치기제 강화 및 공익활동 지원	행자부, 고충위
	공직부패에 대한 체계적 대응 및 공직윤리의식 함양	행자부, 부방위
	국가인사기능 통합과 자율·분권화	인사위, 행자부
	자율적 혁신체계 구축 지원	행자부

정부는 2006년까지 100대 국정과제의 정책화 작업을 완료할 예정이며, 그중 48개 과제는 노무현 정부 임기 내에 실행을 완료할 계획이다. 노무현 정부의 관리개혁과 관련하여 2005년 상반기에 정부혁신·지방분권과 관련된 20개 주요 핵심과제의 정책화 작업을 완료하였고, 점검평가체제로 전환하였다. 정부혁신 작업의 주요한 추진실적으

---

55) 국정과제위원회의 현황과 100대 국정과제 로드맵에 대한 구체적인 사항은 부록 참조.

로는 먼저 정부기능 재조정이란 측면에서 금융감독체계의 개편, 외교
통상기능 강화방안 마련, 차별시정기구 일원화, 소비자보호·공정거래
기능 재조정 등과 같은 조치가 있었고, 다음으로 정부운영시스템의
효율화라는 측면에서 디지털예산회계시스템 구축방안 마련, 통합전산
환경 구축 등과 같은 작업이 진행되었다(정책기획위원회, 2004).

노무현 정부는 이제 임기 중반을 넘어섰으며, 현재에도 개혁이 계
속해서 진행 중에 있다. 따라서 각 과제별 개혁의 진행정도를 구체
화하거나 평가하기에는 아직 이르다. 다만 지금까지 가시화된 개혁
내용들에 대해서는 부분적으로나마 개혁의 특성 및 결과에 대한 평
가가 가능하리라고 본다.

1) 조직·인력 변화

(1) 조직변화

노무현 정부는 2006년 2월 현재까지 약 6차례에 걸쳐 정부조직법
을 개정하였으며, 2006년 2월 현재 중앙정부조직의 형태는 18부 4처
17청으로 지난 정권 말기와 비교했을 때 2개의 청이 늘어난 상태다.
하지만 각 정권의 정부 출범 초기를 기준으로 비교했을 때, 아래의
<표 5-4>에서 보는 바와 같이 노무현 정부의 중앙정부조직 및 인
력이 과거의 정권보다 상당히 늘어나 있는 것을 확인할 수 있다.

<표 6-9> 각 정권별 중앙정부조직 및 중앙공무원인력 규모

각 정권	중앙정부기구	중앙공무원인력
김영삼 정부(1993년 기준)	2원 14부 6처 15청	568,413명
김대중 정부(1998년 기준)	17부 2처 16청	555,501명
노무현 정부(2006년 2월)	18부 4처 17청	574,400명

출처: 행정자치부 기구정원통계자료.

노무현 정부의 정부조직개편에 있어서 조직을 재설계하는 원칙으로는 환경적응적인 유연조직, 국정관리·조정역량의 극대화, 열린 조직문화, 기능재분배 등과 같은 것이 적용되었다. 또한 그 구심점은 정부조직에 대한 상시적인 진단체제를 구축하고, 수평적 정책조정체계를 강화하며, 분권형 조직을 설계하는 데 있었다(김병섭·박상희, 2005).

노무현 정부의 구체적인 조직개편 내용을 살펴보면 다음과 같다. 첫째, 청와대 조직개편이다. 청와대 조직은 1년 남짓한 시간 동안에 세 차례에 걸쳐서 조직개편이 단행되었는데, 이러한 잦은 개편은 심각한 기능과 작동상의 문제 때문이라는 지적을 받기도 하였다(함성득, 2003). 둘째, 법제처와 국가보훈처가 장관급 기구로 격상되었으며, 문화재청은 차관급 기구로 격상되었다. 셋째, '청' 단위 부처의 이양 및 신설이 있었다. 먼저 건설교통부 소속기관이었던 철도청을 2004년 12월 30일 정부조직법 개정과 함께 공사로 이양하였으며, 2006년 1월에는 인구·산업·경제력의 지나친 수도권 과밀화 현상을 해소하기 위해 건설교통부 장관 소속하에 행정중심복합도시건설청[56]

---

56) 행정중심복합도시건설청은 인구 및 경제력의 지나친 수도권 집중과 그로 인한 심각한 국토의 불균형 문제를 해결하기 위해 설립되었으며, 노무현 정부가 야심 차게 준비했던 신행정수도건설의 후속대책이라고 할 수 있다. 노무현 정부는 2003년 4월 14일 신행정수도건설추진기획단 및 지원단을 발족하고 행정수도 이전을 추진했지만, 여러 차례 반대와 난관에 부딪혔다. 결국 2004년 10월 21일 헌법재판소가 신행정수도의 건설을위한특별조치법에 대해 위헌판결을 내림으로써 정부는 더 이상 신행정수도 이전을 추진할 수 없게 되었고, 이에 대한 궁여지책으로 2004년 11월 18일 신행정수도후속대책위원회가 발족하게 되었다. 신행정수도후속대책위원회는 신행정수도의 후속대책으로 '행정중심복합도시건설'을 추진하였는데, 이것은 공공기관의 지방이전 및 지방분권, 수도권 발전전략 등 국가균형발전을 핵심과제로 하고 있다. 2005년 3월 18일 「행정중심복합도시건설특별법」이 공포되면서 2006년 1월 1일 건설교통부 장관 소속하에 행정중심복합도시건설청이 개청하였고, 현재 행정중심복합도시건설청은 행정중심복합도시건설을 위한 부지선정 및 제반준비 작업들을 추진해 나가고 있다(행정중심복합도시건설청 홈페이

을 신설하였다. 또한 소방·방재·민방위 운영 및 안전관리에 관한 사무를 관장하기 위하여 2004년 3월 11일 행정자치부 소속하에 소방방재청을 신설하였고, 방위력 개선사업, 군수물자 조달 및 방위산업 육성에 관한 사무를 관장하기 위하여 2005년 7월 22일 국방부 장관 소속하에 방위사업청을 신설하였다. 넷째, 인사행정조직과 관련하여 인사행정조직의 이원화 문제를 해소하고, 인사권의 부처 및 지방자치단체로의 위임을 확대하였으며, 다면평가제의 시행과 고위공무원단의 구성 등 중앙인사위원회를 중심으로 인사행정분야의 커다란 변화를 일으키고 있다. 이 외에도 장관정책보좌관제도가 시행되었고, 부패방지위원회를 강화시켜 공직윤리지원부서를 신설하고 공무원 행동강령을 강화하였으며, 국민고충처리위원회의 기능강화를 위해 국민고충처리위원회를 국무총리 소속기관에서 대통령 소속기관으로 그 위상을 격상시켰다. 또한 부처 하부조직 편성의 자율권을 확대하였다. 다음은 중앙행정기관의 하부기관에 대한 현황이다.

<표 6-10> 중앙행정기관의 하부기관 현황

하부 기관	실	국 (부)	과 (팀)	차관보	담당관						
					1급	2급	3급	3·4 급	4급	기타[*]	
										국장급	과장급
계	38	180	818	10	4	110	36	260	74	20	65

주: *기타는 특정직 또는 연구 및 지도직임. (2005년 1월 기준).
출처: 행정자치부 홈페이지.

김대중 정부 시절인 2001년도 중앙행정기관의 하부기관은 '36실 168국 760과'였고, 담당관 수는 525명이었으나, 2005년 1월 현재 중앙행정기관의 하부기관은 '38실 180국 818과'이고, 담당관 수는 559

지: http://www.macc.go.kr).

명으로 상당히 큰 폭으로 증가된 것을 확인할 수 있다. 노무현 정부의 정부규모가 확대된 증거는 중앙행정기관의 확대 외에도 3만 명 이상 되는 중앙정부 공무원의 증원, 정부조직의 격상, 장관정책보좌관제 도입, 복수차관제 도입, 대통령 직속위원회의 확대 등에서도 나타난다. 특히 현 정부는 각종 위원회가 유난히 증가하고 있는데, 2005년 9월 현재 대통령 직속위원회는 23개로 노무현 정부 이후 12개가 늘었고, 국무총리가 위원장인 위원회도 48개로 무려 20개가 신설되었다(조선닷컴, 2005. 09. 29.). 게다가 대통령 직속위원회의 예산도 2004년에는 약 914억 원에서, 2005년에는 약 2655억 원으로 약 2.9배가 증가될 예정이어서(동아일보, 2004. 11. 19.) 예산의 규모도 큰 폭으로 증가하고 있는 것을 알 수 있다.

(2) 인력변화

2006년 2월 말 현재 노무현 정부의 중앙정부기구는 18부 4처 17청이며, 중앙공무원의 인력규모는 574,400명이고, 전체 공무원의 인력규모는 933,920명에 달한다. 노무현 정부 들어서 전체 공무원의 수는 전 정부인 김대중 정부와 비교했을 때 상당히 큰 폭으로 증가된 것을 알 수 있는데, 특히 철도청이 공사로 이양되기 직전인 2004년 12월 말을 기준으로 했을 때 중앙공무원의 인력규모는 555,501명에서 589,148명으로 약 33,600여 명에 달하는 인원이 증원되었다. 또한 당시 전체 공무원 수는 93만 6387명으로 역대 정권 중에서 가장 많은 것으로 나타났다. 이는 전 정부까지 중 최고였던 김영삼 정부 시절인 1997년 93만3899명보다 많은 규모이다.

작은 정부 이데올로기와 함께 90년대 중반 이후 그 증가율이 둔화되거나 감축추세였던 공무원의 수는 노무현 정부 이후 다시 대규모로 증원되고 있는 것을 알 수 있다. 역대 한국정부의 공무원 수의 변화를 비교하면 아래의 <표 6-11>과 같다.

<표 6-11> 역대 한국정부의 공무원 수의 증가율

구 분 년 도	전체 공무원	전년대비 증가율(%)
1989	781,346	6
1992	886,179	3.8
1993	899,826	1.5
1994	907,598	0.9
1995	905,390	−0.2
1996	925,794	2.3
1997	935,759	1.1
1998	888,334	−5.1
1999	875,672	−1.4
2000	869,676	−0.7
2001	868,120	−0.2
2002	889,993	2.5
2003	915,945	2.9
2004	936,387	2
2005. 7	916,481	−2
2005.12	931,025	1.5
2006. 2	933,920	0.3

출처: 행정자치부 기구정원통계자료(1989~2006).

2005년 7월 말 현재 공무원 총규모는 91만 6481명으로 큰 폭의 감축이 있었던 것으로 보이나, 사실 이것은 2005년 초 철도청이 공사로 이양되면서 잠시 공무원의 총수가 줄어들었던 것뿐이었다. 이후 2005년 말에는 93만 1025명, 2006년 2월 현재에는 933,920명으로 전체 공무원 수는 꾸준히 증가하고 있다.

특히 장·차관급의 수가 눈에 띄게 증가한 것을 알 수 있는데, 2005년 9월을 기준으로 했을 때 장·차관급은 148명으로 이는 역대 정부 중 장·차관급이 가장 많았던 노태우 정부 시절의 139명(1992

년)보다도 9명이 더 많은 인원이다. 또한 바로 전 정부인 김대중 정부 말기의 127명(2002년)보다는 무려 21명이나 많은 수이다.[57] 이는 노무현 정부가 그간 5차례의 정부조직법 개정을 진행해 오면서 377차례가량 직제를 개정해 각종 기구와 위원회의 인원을 늘린 결과라고 할 수 있다. 이와 관련하여 국민고충처리위원장이 장관급으로, 사무처장이 차관급으로 격상되었고, 게다가 방위사업청의 신설로 차관급 공무원은 더 늘어난 실정이다.

이와 같은 공무원의 증원은 예산지출 증가의 원인이 되기 때문에, 이는 국민들의 세금부담으로 이어질 수밖에 없다. 실제로 노무현 정부 들어서 공무원 증원으로 2003년에는 4396억 원이, 2004년에는 4660억 원이 초과 지출되었다. 공무원 조직과 인력 증대의 문제는 단순히 국민들의 세금부담이 늘어나는 것으로 끝나지 않는다. 즉 공무원 조직의 특성상 한번 늘어나면 다시 줄어들기 어려우며, 정부의 힘과 능력이 증대될수록 시장에 간섭하려는 경향이 강해지기 때문에 이는 결국 정부실패로 이어질 가능성이 높다는 데 문제가 있다(조선닷컴, 2005. 09. 29.). 다음은 1992년부터 2005년까지 전체 공무원 수의 증감추이를 그림으로 나타낸 것이다.

---

57) 장·차관급의 수는 노태우 정부 139명(1992년), 김영삼 정부 109명(1997년), 김대중 정부 127명(2002년), 노무현 정부 2003년 136명, 2004년 141명, 2005년 9월 현재 148명으로 꾸준히 증가하고 있다(조선닷컴, 2005.09.29).

출처: 조선닷컴, 2005. 09.29.

[그림 6-3] 공무원 총정원 증감 추이

2005년 9월 말 현재 노무현 정부의 공무원의 수는 약 2만 6000여 명이 늘어났으며, 예산도 1조 2700여억 원이 초과 지출된 것으로 보고되고 있다. 또한 인건비도 당초 예산보다 1조 2700여억 원이 초과 지출된 것으로 보고되고 있다. 한편, 2005년 현재 공무원연금의 적자규모는 약 7330억 원이며, 2006년에는 8996억 원, 2007년에는 1조 4779억 원으로 적자규모가 점차 증가될 것으로 예측되고 있다. 세계은행에 의하면 우리나라의 국가경쟁력 순위는 전 정부 말년인 2002년 50위에서 2005년 현재 세계 209개국 가운데 60위로 10위 정도가 떨어진 상태이다(조선닷컴, 2005. 09. 28.).

2) 인사행정개혁

먼저 인사개혁부문은 타 분야보다 상대적으로 개혁의 성과가 높았던 분야로 평가된다. 부분적이기는 하지만 부처기능 조정이 자율적으로 이루어졌으며, 중앙인사위원회와 행정자치부에 분산되어 있던 인사행정의 중복적인 기능문제를 조정하였다. 또한 부처의 조직편성과 인사에 대한 자율권이 강화되었다. 각 부처에 위임된 조직자율권에는 직렬별 정원관리권, 과 단위의 정원관리방식을 국 단위의 정원관리방식으로 전환(정원이체와 전보권을 국장에게 위임), 기능직 정원의 통합관리권 부여, 부령으로 개방형 직위를 정함, 부처의 직제개정 요구 내용 및 처리현황을 홈페이지에 공개하는 것 등이 있으며, 인사자율권에 대한 주요 내용으로는 부처에서 4급 이하의 전직, 면직, 해임, 전보 등을 할 수 있도록 위임, 특별채용, 전직, 전입 시험을 각 부처에 위임, 승진, 파견, 교육훈련 관련 각종 협의 승인권을 위임 또는 폐지한 것 등이 포함된다.

인사행정개혁과 관련하여 11대 아젠다에 대한 주요 개혁내용은 다음과 같이 요약될 수 있다. 첫째, 중앙인사관장기관 일원화와 분권화, 둘째, 직무분석과 성과지표 개발, 셋째, 다면평가제 시행, 넷째, 성과계약제 도입, 다섯째, 선택형 후생 확대, 여섯째, 균형적 인재 도입, 일곱째, 부처 간 내부 인사 교류센터 설치, 여덟째, 고위공무원단 도입, 아홉째, 집단 성과급제 도입 등이다.

3) 재무행정개혁

재무행정개혁과 관련하여 주요한 변화는 재정사업에 대한 성과관리시스템을 구축하였다는 것이다. 즉 부처별로 성과목표와 지표개발이 완료된 재정사업에 대해서는 2005년도 예산편성부터 성과계획서를 함께 제출하도록 하여 성과보고서를 재정운용에 활용할 수 있도록 하였다.

재무행정개혁과 관련하여 15대 아젠다에 대한 주요 개혁내용은 다음과 같이 요약될 수 있다. 첫째, 중앙과 지방의 기능조정 및 재원이양, 둘째, 성과중심의 재정시스템 구축, 셋째, 재정운용의 자율성, 넷째, 재정과정 참여확대, 다섯째, 성과중심의 재정시스템 구축, 여섯째, 지방재정 운용의 자주성 확보, 일곱째, 자주재원 확대 및 균형발전 등이다.

4) 행정관리개혁

행정관리개혁과 관련하여 10대 아젠다에 대한 주요 개혁내용은 다음과 같이 요약될 수 있다. 첫째, 통합적 성과관리체제 구축, 둘째, 정부조직 재설계, 셋째, 서비스 스탠더드 구축, 넷째, 정책실명제 실시, 다섯째, 시민평가단 도입, 여섯째, 감찰기관 간 견제와 균형, 일곱째, 주식백지신탁제도 도입 등이다. 특히 주목할 만한 변화는 2005년 3월 조직운영의 간소화와 성과의 극대화를 목적으로 행정자치부가 시범 도입한 '본부제·팀제'인데 연말까지의 성과를 토대로 각 부처에의 도입여부를 선택하기로 하였다.

노무현 정부의 정부조직법 개정은 주로 기능의 조정에 관한 사안이 많은데, 특히 2004년 3월 2일에 처리된 정부조직법 개정 사안을 보면 첫째, 영육아 업무를 보건복지부에서 여성부로 이관하고, 둘째, 행정개혁 기능을 기획예산처에서 행정자치부로 이관하였으며, 셋째, 전자정부 기능은 일원화하여 행정자치부로 이관하였다(김태룡, 2004: 15).

그리고 인사개혁부문과 관련하여 중앙인사위원회와 행정자치부에 분산되어 있던 인사행정의 중복적 기능문제를 조정하였고, 부처의 조직편성과 인사에 대한 자율권을 강화하였다. 각 부처에 위임된 조직자율권의 주요 내용으로는 ① 직렬별 정원관리권, ② 과 단위의 정원관리방식을 국 단위의 정원관리방식으로 전환(정원이체와 전보권을 국장에게 위임), ③ 기능직 정원의 통합관리권 부여, ④ 부령으로 개방형 직위를 정함, ⑤ 부처의 직제개정 요구 내용 및 처리현황을 홈페이지에 공개하는 것 등이다. 또한 인사에 대한 자율권의 주요 내용으로는 ① 부처에서 4급 이하의 전직, 면직, 해임, 전보 등을 할 수 있도록 위임, ② 특별채용, 전직, 전입 시험을 각 부처에 위임, ③ 승진후보자 명부작성 시 평가요소 간 반영비율을 각 부처로 위임, ④ 승진, 파견, 교육훈련 관련 각종 협의 승인권을 위임 또는 폐지한 것 등이 있다. 이는 부분적이기는 하지만 부처기능 조정이 자율적으로 이루어졌다는 측면에서 상대적으로 개혁성과가 높았던 것으로 평가된다(박수경, 2005: 22). 이 외에도 장관의 국정업무를 돕고 공직사회의 개혁을 보좌하기 위한 목적으로 2003년 4월 장관정책보좌관제도를 도입하였으며, 고위공무원단[58)]의 부분적 구성과 이들에 대한 22개 부처 간의 전보 확대 조치 등이 있었다.

이 외에도 장관의 국정업무를 돕고 공직사회의 개혁을 보좌한다는 취지에서 2003년 4월에 장관정책보좌관제도를 도입한 바 있으며, 2005년 4월에는 재정경제부, 외교통상부, 산업자원부, 행정자치부 등 4개 부처를 대상으로 복수차관제도를 도입하였다. 또한 인건비의 자율성을 높이고 성과시스템제로 전환하기 위하여 2005년 7월부터 10개 부처를 대상으로 총인건비제도를 도입하기로 하였다. 분권개혁부

---

58) 고위공무원단제도는 중앙부처 간 국장급 인사교류를 통해 유관 부처 간에 이해와 협력을 증진시키고 국가정책의 결정과 집행의 효율성을 높임으로써 부처이기주의와 핵심 관료들 중심의 보직독점 등과 같은 관료사회의 고질적인 병폐를 시정하고자 2005년 12월 29일 법개정과 함께 도입되었으며, 2006년 7월 1일부터 시행에 들어간다.

문과 관련하여서는 지방일괄이양법 제정, 주민투표제 도입, 특별지방
행정기관통폐합, 재정분석 자료의 공개 확대, 지방채발생 시 승인제
도 폐지 등과 같은 주요 개혁내용들이 있었는데, 3대 특별법안 가운
데 국가균형발전특별법과 지방분권특별법이 국회에서 통과됨으로써
분권개혁의 기초가 마련되었다.

제5절 노무현 정부의 개혁평가

1990년대 이후 한국의 행정개혁은 신자유주의의 논리를 수용하고
작은 정부를 지향하는 개혁을 단행하여 왔다. 하지만 노무현 정부로
접어들면서 작은 정부보다는 일 잘하는 '효율적인 정부'로 그 방향
이 구체화되었다. 즉, 참여와 분권을 내세우면서도 관료제 및 조직의
운영 면에서는 신공공관리론적 요소를 상당부분 포함하고 있고, 정
부의 규모축소보다는 효율적인 작동에 중심을 두고 있다.

노무현 정부는 이제 임기 중반을 넘어서고 있고, 지금도 개혁이
진행 중이며 앞으로도 임기 말까지 개혁 작업은 계속될 것이다. 이
시점에서 노무현 정부의 개혁을 종합적으로 평가하기에는 다소 이른
감이 있고, 정확한 평가 또한 어려울 것으로 생각된다. 다만 지금까
지 진행된 개혁을 중심으로 개혁의 방향을 짚어보고 개혁에 관한 긍
정적 또는 부정적인 의견들을 정리해 봄으로써 개혁이 갖는 함의를
끌어내고자 한다.

먼저, 지금까지 추진된 노무현 정부의 행정개혁 추진 과정에서 나
타난 긍정적인 측면은 다음과 같다. 첫째, 개혁목표 및 의제 설정이

라는 측면에서 볼 때, 역대 정부의 행정개혁이 하드웨어적인 개혁에 초점을 두고 진행되었다면, 노무현 정부의 개혁은 소프트웨어적인 개혁에 그 중심을 두고 있다는 점이 다르다. 전시적인 행정개혁의 효과를 노리기보다는 조직관리 방식 및 운영체계 개선에 초점을 두고 일하는 방식을 개선하려는 시도를 한다는 점에서 긍정적인 평가를 할 수 있다.

둘째, 개혁추진체계 및 추진방식의 측면에서, 노무현 정부는 역대 정부와 비교해 볼 때 개혁추진체계가 공식적인 추진체계와 비공식적 추진체계로 상당히 계층화되어 있다는 특징을 갖는다. 비록 비공식적으로 운영되는 조직이긴 하지만 '주니어 보드' 같은 실천책임자급 그룹을 통해서 보다 광범하고 객관적인 정보 및 의견수렴 채널을 확보하려 했다는 점에서 바람직하다고 볼 수 있다.

셋째, 인사개혁과 관련하여, 노무현 정부의 인사시스템은 어느 정도 정착되었다고 평가되는데, 이것은 역대 정권에 비해서 고위공무원의 인선에 소위 정치권의 연고나 몇몇 대통령 측근들에 의해 인사가 좌우되는 현상이 줄고 있다는 평가 때문이다(정광호, 2005).

다음으로 행정개혁 추진 과정에서 나타난 부정적인 측면들을 살펴보면, 첫째, 개혁목표 및 의제와 개혁대상과의 연계성이라는 측면에서 볼 때 포괄하고자 하는 개혁의 대상이 너무 넓다. 즉, 개혁의제 수가 너무 많고 그 범위가 너무 광범하다. 행정기관의 과업특성과 운영절차의 특수성을 무시한 채 단기간에 너무 많은 개혁과제를 쏟아내고 있어서 이로 인한 개혁피로감을 가중시키는 결과를 낳았다.

둘째, 개혁추진체계 및 추진방식의 측면에서 비공식적인 개혁추진체계나 개혁세력들의 확대는 오히려 공무원조직을 분열시키거나 저항세력을 유발시킬 수 있다는 문제점을 내포하고 있다. 또한 개혁로드맵을 구축하고 전담개혁부서를 설치하고 있음에도 불구하고 대통령이 전면에 자주 나서는 편이며, 너무 많은 대통령 직속위원회가 정부부처들을 지나치게 직할하고 있어서 시스템을 무력화시킬 우려가 있다. 게다가 노무현 정부가 지향하는 가치와 달리 개혁의제가 위원회 중심으로 지시적인 관리방식에 의해 형성되고 있어서 개혁집행의 순응성을 떨어뜨릴 우려가 있다(박수경, 2005).

셋째, 관료들의 개혁행태에 관한 문제이다. 노무현 정부에 들어서 우리의 환경이나 문화에 대한 고려 없이 대통령의 말 한 마디로 모든 부서에 획일적으로 개혁이 강요되는 경향이 있으며, 관료들은 무비판적으로 개혁을 집행하려는 경향이 있다. 공무원 패널이나 주니어보드와 같은 개혁 주체 세력에 의해 개혁이 추진되고 있는 것처럼 보이지만, 사실상 혁신의 과정에서 공무원이 주체가 되어 혁신과제를 적극적으로 발굴해 나갔다기보다는, 각종 위원회의 주도하에 혁신과제가 발굴되어 오고 공무원들은 이를 수동적으로 보조하는 역할을 했다(정광호, 2005: 326). 이러한 하향식 개혁방식은 노무현 정부가 행정개혁 로드맵을 통해 상향식 또는 양방향식 추진방식을 취하겠다고 한 것과 상호 모순되는 것이며, 문민독재라고 불렸던 김영삼 정부 시절의 개혁추진 과정과 비슷한 양상을 보이고 있다.

넷째, 인사개혁과 관련하여 정무직 인사의 경우 각종 정부 산하기관에 지난 대선과정에 기여한 사람들에 대한 보상형태로 낙하산 인사가 이루어지고 있다는 문제가 제기되고 있으며, 또한 관료제 개혁추진 과정에서 소위 '코드인사'로 불릴 만큼, 대통령과 정책성향을 같이한 정치인이나 전문가만을 고용하고 있어서 그들만의 개혁이라는 냉소주의를 자아내고 있다(정광호, 2005). 엽관제적 전통에 기인한 낙하산식 인사는 능력과 성과중심의 공직문화를 형성하는 데 저해요인이 되며, 성과중심의 행정시스템을 구축하려는 정부의 개혁방향과 상호 모순되는 형태이다.

노무현 정부의 행정개혁은 역대 정부들에 비해 상대적으로 체계적이고 점진적인 방식을 통해 진행되고 있다. 과거보다 충분한 진단 및 분석 시간을 가지고 개혁로드맵을 구축하였으며, 개혁전담부서를 통해 개혁을 추진하고 있는 것으로 보인다. 하지만 대부분의 개혁과제가 추진단계에 있거나 개혁추진 경과가 전반적으로 늘어지는 경향이 있어서 단기적인 변화나 성과를 확인하기 어렵고, 개혁전담부서에 대한 대통령과 대통령 직속위원회들의 직할(直轄)이 지나쳐서 오히려 공무원들의 행태를 수동적으로 만드는 경향이 있다. 또한 표방하는 개혁이념 및 추진방식과 상관없이 실질적으로는 역대 정권에서 보아온 제도적 특성들이 속속 나타나고 있다. 그러므로 현시점에서 노무현 정부의 행정개혁에 의한 변화 및 제도적 속성을 판단하기에는 다소 어려움이 있다.

제 7 장 정부혁신과 경로의존성 분석

제1절 각 정권별 행정개혁 비교분석

1. 각 정권의 행정개혁에 관한 요약 및 분석

앞서 논의한 김영삼, 김대중, 노무현 정부의 행정개혁은 다양한 측면에서 차이점과 유사성을 내포하고 있다. 먼저 행정환경과 배경적 측면에서 볼 때, 김영삼 정부 때부터는 이전의 군부정권과는 달리 정통성을 확보한 김영삼 정부가 시작된다. 또한 김영삼 정부는 3당의 통합정당으로 출범하였고, 김대중 정부는 내각제를 전제한 공동정부의 형태로 출범하였으며, 노무현 정부 역시 당선을 위해 연합정당의 형태로 시작되었다는 점에서 유사한 정치적 배경을 가진다. 하지만 김영삼 정부의 경우 구여권세력의 흡수로 개혁에 대한 반대나 저항이 그리 크지 않았던 반면, 김대중과 노무현 정부는 여소야대라는 취약한 정치적 기반과 함께 개혁을 진행하는 동안 당내에서도 마찰과 갈등이 존재하게 된다.

경제적 환경의 경우, 김영삼 정부는 세계화, OECD 가입 등과 같은 무난한 출발에서 금융외환위기라는 경제적 위기를 맞이하였다면, 김대중 정부는 IMF라는 최악의 경제적 환경에서 출발하였고, 노무현 정부 역시 경제성장률이 계속 저하되는 불리한 상황 속에서 출범하여 어려움을 겪게 된다. 사회적 환경의 경우, 김영삼과 노무현 정부는 세계화, 지방화, 분권화, 민주화에 대한 요구가 증대하고, 노사

문제나 이익집단 간의 갈등문제와 같은 사회적 갈등이 급증하였다면, 김대중 정부의 경우에는 위기의식의 고조로 무엇보다 우선적으로 경제를 살리기 위한 국민적 공감대가 형성되고 금 모으기 운동과 같은 범국민적 경제 살리기 운동이 전개되었다. 하지만 김대중 정부 역시 경기가 회복국면에 접어들자 고용불안정과 고실업, 빈곤문제, 지역 간·계층 간 갈등이 심화되는 양상을 보이게 된다. 다음은 각 정부의 행정환경과 개혁 패러다임을 요약해 놓은 것이다.

〈표 7-1〉 김영삼 정부의 행정환경 및 개혁 패러다임 요약

구 분	영향요인	
	요 소	내 용
행정 환경	정 치	● 정통성의 확보 (군부정권 → 김영삼 정부로 출발) ● 3당 통합으로 출범 (구여권세력, 전임정권의 부채, 차별화된 정책 필요) ● '한국병' 심화 ● 신권위주의 확산
	경 제	● 세계화 · 국제화 · 개방화 압력 ● UR협상 타결(쌀 시장 개방) ● OECD 가입 ● 국민소득 1만 불 달성 ● 경기 악화, 대기업의 부도 ● 금융외환위기와 IMF 지원
	사 회	● 지방화, 분권화, 민주화 추세 ● 노사 간 갈등 완화 ● 한약분쟁, 지방세 도세(盜稅)사건, 한총련사태 ● 대형사건 · 사고빈발 ● 개방화 · 세계화 추세
개혁 패러 다임	이념 가치	● 신한국 창조 －깨끗한 정부, 튼튼한 경제, 건강한 사회, 통일된 조국, 국가 경쟁력 강화 ● 민주성 · 효과성 · 형평성 ● 문민화, 민주화, 작은 정부, 깨끗한 정부 지향

구 분	영향요인	
	요 소	내 용
개혁 패러 다임	국정 목표	●4대 국정지표 - 깨끗한 정부, 튼튼한 경제, 건강한 사회, 통일된 조국, ●국정목표 - 부정부패의 척결, 부정적 유산의 청산, 민주화의 실질적인 정 착, 21세기 조류에 적응하기 위한 창조적 개혁 ●3대 개혁노선 - 정상화를 위한 개혁, 21세기 준비를 위한 개혁, 살기 좋은 사회를 위한 개혁 ●개혁목표 - 한국병의 치료와 신한국 건설, '작고 강력한 정부' 지향, 신 한국 창조, 행정의 민주성·효과성·형평성, 세계화에 대한 대응, 삶의 질 향상
	기초 이론	●작은 정부론 - 효율성 추구, 시장모형, 탈규제화·분권적·다원적 정부조직 지향 ●신우익주의 또는 신보수주의 - 시장경제 원리의 신봉(신공공관리론의 영향) - 민영화, 규제완화, 복지감축의 전략 추구 - 보다 강한 국가의 권위 회복을 위한 공공부문 개혁

먼저, 김영삼 정부의 행정환경을 살펴보면, 첫째, 정치적 환경의 측면에서 정통성을 확보한 김영삼 정부의 출발이었으며, 3당 통합으로 출범한 통합정당의 형태였다. 또한 군부세력이었던 전직 두 대통령의 부정축제를 비롯하여 관료 및 정치지도층의 비리가 만연하고, 안전불감증으로 인한 대형사고의 빈발 등 한국병이 심화되던 시기였다. 둘째, 경제적 환경의 측면에서 세계화·국제화·개방화의 압력으로 UR협상이나 OECD 가입 등과 같은 변화가 있었고, 임기 초 비교적 탄탄한 경제성장을 이루는 듯하더니 임기 말에 가서는 경기악화와 대기업의 부도, 금융외환 위기 등으로 외환위기를 맞이하게 된다. 셋째, 사회적 환경의 측면에서 지방화, 분권화, 민주화에 대한 요구가 증가하는 추세였고, 노사 간 갈등, 한약분쟁, 한총련사태 등 사회혼란이 급속히 가중되던 시기였다.

다음으로 개혁 패러다임에 관해 살펴보면, 첫째, 이념적 측면에서 문민화, 민주화, 작은 정부, 깨끗한 정부를 지향하고, 민주성·효과성·형평성과 같은 가치가 강조되었다. 둘째, 국정목표에서는 깨끗한 정부, 튼튼한 경제, 건강한 사회, 통일된 조국 등의 4대 국정지표를 비롯하여, 부정부패의 척결, 부정적 유산의 청산, 민주화의 정착 등이 강조되었다. 셋째, 개혁의 기초이론으로는 작은 정부론, 신우익주의 또는 신보수주의, 신공공관리론 등이 영향을 끼쳤다.

이와 비교하여 김대중 정부는 다소 열악한 환경에서 출발한다. 먼저 행정환경의 측면에서 첫째, 공동정부의 출범과 여소야대라는 다소 불리한 정치적 환경이었고, 둘째, 대기업의 연쇄부도 확산, 외환위기로 인한 총체적 구조조정에 대한 요구, 그리고 세계화·국제화·개방화·자유화에 대한 압력 등으로 경제적으로도 상당히 어려운 처지에 놓여 있었다. 셋째, 사회적 환경은 초기의 경제위기로 인해 국민적 공감대가 형성되기도 했었지만, 경제위기가 완화되어 갈수록 구조조정과 고실업 등으로 인한 국민들의 피해의식과 정부에 대한 불신이 심화되고, 지역 간·계층 간 갈등이 심화되는 양상을 보였다.

<표 7-2> 김대중 정부의 행정환경 및 개혁 패러다임 요약

구 분	영향요인	
	요 소	내 용
행정 환경	정 치	• 헌정사상 최초의 여야 간 정권교체 • 공동정부 출범 • 국회의 여소야대 • 구여당의 강력한 저항과 공동 여당 내부의 양당 간 마찰 존재, 집권세력 내부의 이념적 응집성 감소 － 집권경험의 부재로 관료에 대한 통제가 서툴고, 장관의 관료 장악력이 떨어짐

구 분	영향요인	
	요 소	내 용
행정 환경	경 제	• 대기업 연쇄부도사태 확산 • IMF압력에 의한 총체적 구조조정 요구 　– 국가경제적 위기상황이 유리한 개혁환경을 조성 　– 국민적 공감대 형성, 관련 이해집단의 저항·갈등 극복 　　의 명분 • 세계화·국제화·개방화·자유화 압력 　– 국제수준의 준수를 위해 다음에 합의: 통화 및 재정긴축 　　을 통한 경상수지 개선과 물가상승 억제, 금융산업 구조 　　조정과 자기자본 확충, 금융시장기능 및 감독기능 강화, 　　기업지배구조 개선, 자본시장 자유화 가속, 무역자유화 　　촉진, 정보공개
	사 회	• 범국민적 경제 살리기 운동 전개 　– 고통분담의 차원, 외환위기 극복을 위한 국민적 공감대 　　형성 • 전 국민 금 모으기 운동 전개(외환위기 극복을 위한 사회 　적 정당성 획득) • 지역 간·계층 간 갈등 심화(지역감정 문제 지속) • 노동의 유연화 추진(정리해고제, 연봉제 도입) 　– 고용불안정, 여전한 빈곤율 　– 기업구조조정, 고실업 문제로 인한 일반국민들의 피해 　　의식이 가중되면서 정부에 대한 불신이 심화
개혁 패러 다임	이념 가치	• 작은 정부, 강한 정부, 서비스 정부 • 3대 국정이념 　– 국민이 함께하는 사회, 민주주의와 시장경제의 병행 발 　　전, 21세기 정보화 사회의 준비 • 정치개혁과 참여민주주의 실현 강조 • 국정운영의 공동선: 민주주의와 시장경제의 병행발전 • 정부의 역할: 자유방임형 정부는 아니며, 공정한 시장경쟁 　을 가능하게 하는 시장질서의 유지자 • 공공부문 개혁의 기본 방향 　– 국민의 정부, 즉 작지만 봉사하는 효율적인 정부 지향

구 분	영향요인	
	요 소	내 용

개혁
패러
다임
	국정
	목표
		• 5대 국정지표
		 - 국민적 화합정치, 민주적 경제발전, 자율적 시민사회,
		  포괄적 안보체제, 창의적 문화국가
		• 개혁목표
		 - 고객우선의 성과주의, 기업가적 정부운영, 유연하고 투
		  명한 행정, 조직구성원의 창의성 극대화
		• 10대 추진전략
		 - 정부역할의 재정립, 정부부문의 경쟁촉진, 책임경영기관
		  의 도입, 정보기술의 활용 극대화, 능력중심의 경쟁촉진
		  적 인사보수제도 확립, 권한과 책임의 하부이양, 지방으
		  로 대폭적 권한이양, 성과에 바탕을 둔 예산운용, 투명
		  한 행정, 새로운 조직문화의 창출

	기초
	이론
		• 신공공관리론
		 - 시장중심의 관리방식과 가치를 공공부문에 보다 적극적
		  으로 적용
		 - 민영화, 규제완화, 정부운영에 시장적 기제를 활용한 성
		  과관리 도입 등

다음으로 개혁 패러다임에 대해 살펴보면, 첫째, 작은 정부, 강한 정부, 서비스 정부를 지향하면서 3대 국정이념으로 국민이 함께하는 사회, 민주주의와 시장경제의 병행 발전, 21세기 정보화 사회의 준비 등의 가치를 강조하였다. 둘째, 국정목표에서는 국민적 화합정치, 민주적 경제발전, 자율적 시민사회 등 5대 국정지표와 더불어, 고객우선의 성과주의, 기업가적 정부운영, 유연하고 투명한 행정, 조직구성원의 창의성 극대화 등과 같은 개혁목표가 강조되었다. 셋째, 개혁기초 이론으로는 시장중심의 관리방식과 민영화, 규제완화, 그리고 성과관리 등이 강조되는 신공공관리론이 근간이 되었다.

노무현 정부의 경우에는 앞의 두 정권과 다소 차이점을 보인다. 먼저 행정환경의 측면에서 첫째, 정치적 환경은 여소야대의 취약한 정치적 기반과 국론분열 및 이데올로기의 갈등문제, 국회에 의한 대통령의 탄핵결의 사건 등 초기부터 상당한 혼란이 지속되었다. 둘째, 경제적 환경은 경제성장률이 계속 저하되고, 국가재정은 연속적인 적자를 보였으며, 저성장·양극화 등으로 매우 불안정한 상태가 이어지고 있다. 셋째, 사회적 환경은 코드정치로 인해 세대 간·계층 간·지역 간 심각한 이데올로기적 균열양상을 보이고, 교육·환경·농어촌 문제·노사문제·빈부격차 등으로 사회갈등이 급증하고 있다. 또한 시민사회의 참여 요구가 증대하고 있다.

다음으로 개혁 패러다임의 측면에서 볼 때 첫째, 분권, 자율, 혁신, 참여, 책임 등과 같은 이념이 강조되고, 국민과 함께 일 잘하는 정부를 구현하는 것이 정부개혁의 목표이다. 둘째, 국정목표에서는 국민과 함께하는 민주주의, 더불어 사는 균형발전 사회, 평화와 번영의 동북아시대 등의 3대 국정목표와 원칙과 신뢰, 공정과 투명, 대화와 타협, 분권과 자율 등의 4대 국정원리가 강조되고 있다. 마지막으로 개혁의 기초이론으로는 신공공관리론과 거버넌스 이론에 근간을 두고 있다.

<표 7-3> 노무현 정부의 행정환경 및 개혁 패러다임 요약

구 분	영향요인	
	요 소	내 용
행정 환경	정 치	• 국민통합과의 연합정당 형태로 경선에 임함 • 여소야대의 취약한 정치적 지지기반으로 출범 • 개혁요구 증대: 국론분열, 공직사회부패, 이데올로기의 갈등문제 등 • 불안한 한국정부의 입지: 북핵문제와 강경한 대북관계, 미국 부시행정부의 악의 축 발언, 이라크전쟁 발발 등 • 대통령의 민주당 탈당 • 국회에 의한 대통령의 탄핵결정(2004년 3월): 헌법재판소 탄핵심판 사건 기각 • 2005년 4월 재·보궐선거 패배 이후, 정당 지지도 및 대통령 지지도 하락

구 분	영향요인	
	요 소	내 용
행정 환경	경 제	●취임 전부터 경제성장률이 계속 저하되는 불리한 상황 속에서 출범 ●외환위기 직후부터 국가재정의 연속적인 적자 ●균형재정이 무너지고, 국가채무 상환능력이 떨어진 상태 ●저성장, 양극화, 대외종속 및 외향화 현상 ●계속되는 부동산시장 안정화 대책의 역효과 ●비정규직 근로자 문제로 인한 갈등 심화
	사 회	●코드정치로 인한 세대 간, 계층 간, 지역 간 심각한 이데올로기적 균열양상 ●무한경쟁 시대 (WTO의 DDA협상, FTA협상, 신흥 공업국가의 부상) ●사회갈등 급증(교육문제, 환경문제, 농어촌문제, 노사문제, 빈부격차 등) ●국민들의 일상적 위기감 고조(북핵문제, 사스, 재해 및 재난, 물류대란) ●세계화 · 지방화 · 지식화 ●수준 높은 서비스 공급을 위한 시민사회와의 협치 중요성 부각 ●다원화 · 집단화 · 세력화되어 있는 시민사회에의 대응
개혁 패러 다임	이념 가치	●정부혁신 비전: 21세기 혁신국가의 건설 ●기본 이념과 방향: 국민과 함께하는 일 잘하는 정부 -분권, 자율, 혁신, 참여, 책임 ●노무현 정부의 비전과 전략 -성장과 분배, 혁신과 통합, 사회적 통합기반 구축 ●5년 후 한국 행정의 미래상 -효율적인 행정, 봉사하는 행정, 투명한 행정, 함께하는 행정, 깨끗한 행정

구 분	영향요인	
	요 소	내 용
개혁 패러 다임	국정 목표	• 3대 국정목표 　－국민과 함께 하는 민주주의, 더불어 사는 균형발전 사회, 평화와 번영의 동북아시대 • 4대 국정원리 　－원칙과 신뢰, 공정과 투명, 대화와 타협, 분권과 자율 • 12대 국정과제 　－한반도 평화체제 구축, 부패 없는 사회 봉사하는 행정, 지방분권과 국가균형발전, 참여와 통합의 정치개혁, 자유롭고 공정한 시장질서 확립, 동북아 경제중심 국가건설, 과학기술 중심사회 구축, 미래를 열어가는 농어촌, 참여복지와 삶의 질 향상, 국민통합과 양성평등의 구현, 교육개혁과 지식문화 강국 실현, 사회통합적 노사관계 구축 • 4대 분야별 정책추진 목표 　－경제: 혁신주도형 경제기반 구축 / 국토: 수도권과 지방의 상생발전 / 사회: 차별 없는 사회구현 / 대외관계: 평화와 번영의 동북아시대 구현 • 5대 실천전략 　－지속적 개방·개혁, 지방화·국토균형발전, 사회통합·차별시정, 장기주의, 원칙의 정부
	기초 이론	• 신자유주의적 포퓰리즘의 성격 • 신공공관리론(NPM)＋거버넌스 이론 　－시장성과 공공성의 조화, 효율적인 정부 지향 　－굿 거버넌스 모형의 요소: 공개, 참여, 책임성, 효과성, 일관성 　－뉴 거버넌스 모형의 요소: 참여, 분권, 시민, 자율, 신뢰, 타협

이상에서 살펴본 각 정권의 행정환경과 개혁 패러다임에 관한 비교분석 내용을 토대로 이들 간의 영향관계를 살펴보면, 정치·경제·사회적인 환경과 이념·목표·개혁이론과 같은 개혁 패러다임은 각 정권의 행정개혁에 영향을 미치는 것으로 보인다. 특히, 개혁 패러다임은 개혁추진방식과 개혁추진체계의 운영방식에 영향을 미치는 것

으로 보인다. 또한 개혁의 내용적 측면에서 대통령의 공약 사항과 개혁목표의 설정, 개혁과제의 선정, 조직개편 및 제도 도입에 상당한 영향을 끼치는 것으로 나타났다.

각 정부는 개혁의 추진배경이나 목표, 대상, 추진체계 및 추진방법 등에서 외형적으로는 많은 차이를 보이고 있다. 각 정권의 개혁을 요인별로 비교해 보면 다음과 같다.

<표 7-4> 각 정권 정부혁신의 요인별 비교분석

구 분	김영삼 정부	김대중 정부	노무현 정부
개혁환경	• 민간인 대통령	• 평화적 정권교체 • 외환위기	• 사회갈등 • 북핵위기
개혁목표	• 민주화 • 능률성 • 작은 정부	• 작은 정부 • 효율적인 정부 • 봉사하는 정부	• 신뢰받는 정부 • 일 잘하는 정부
개혁초점	• 구조와 인력 • 기구 축소	• 구조와 인력 • 기구 축소	• 운영체계와 조직문화 • 성과향상
개혁범위	• 하드웨어 차원의 조직구조 • 정부 간, 조직 간 관계	• 하드웨어 차원의 조직구조 및 일하는 방식의 개선 • 정부 간, 조직 간 관계	• 소프트웨어 차원의 조직운영 및 관리 • 조직 내부
개혁추진체계	• 행정쇄신위원회 - 국무총리 소속 실무위원회 설치 - 3개 분과위원회 및 대책반 구성	• 기획예산위원회 (→ 기획예산처) • 정부혁신추진위원회	• 정부혁신지방분권위원회 - 청와대 혁신비서관실 - 행자부 정부혁신본부 - 각 부처 혁신기획관
개혁성격	• 일회적	• 일회적	• 장기적, 상시적 (로드맵) • 실천과 사례 중시 • 학습과 교육 중시 (포럼과 매뉴얼)

먼저 개혁의 기본 방향과 환경적 측면에서 살펴보면, 김대중과 김영삼 정부의 정부조직개편 방향은 행정조직의 효율성과 민주성을 동시에 추구하며 작고 강력한 정부를 구현하는 데 초점이 있었다. 즉

정부의 경쟁력 강화에 역점을 두었다. 반면, 노무현 정부의 개편 방향은 작은 정부론에 대한 탈 이데올로기적 관점에서 효율적으로 일 잘하는 정부를 구현하는 데 초점이 있다. 즉 조직 내부의 운영체제 혁신에 역점을 두고 있다. 김영삼, 김대중 정부가 기구축소 및 감축관리에 초점을 두었다면, 노무현 정부는 성과향상 및 성과관리에 역점을 두고 있다.

개혁추진 방법에 있어서 김영삼과 김대중 정부가 거시적 수준에서 단발적인 개혁을 단행하였다면, 노무현 정부의 경우는 미시적 수준에서 장기적이고 상시적인 개혁을 진행하고 있다. 또한 정부혁신을 위한 개혁의 범위로 김영삼 정부가 하드웨어 차원의 조직구조를 택하고 있다면, 김대중 정부는 하드웨어 차원의 조직구조와 일하는 방식의 개선을 변화의 대상으로 삼고 있으며, 노무현 정부는 소프트웨어 차원의 조직운영 및 관리에 중심을 두고 있다.

다음의 <표 7-5>는 4장, 5장, 6장에서 살펴본 각 정부의 행정개혁 내용을 비교·요약하여 정리한 것이다. 첫째, 각 정부개혁의 기본 방향은 김영삼, 김대중 정부의 경우 작은 정부의 구현, 즉 능률성에 초점이 있고, 노무현 정부의 경우는 일 잘하는 정부, 즉 효율성에 초점이 있다. 둘째, 조직구조는 김영삼, 김대중 정부의 경우 초기 개혁으로 축소·감축된 규모가 점차 확대되는 경향을 보이나, 노무현 정부의 경우 별다른 감축 없이 점차 확대되는 경향을 보인다. 셋째, 인사행정의 경우 김영삼 정부에서 노무현 정부로 갈수록 점차 공직제도의 개방성을 높이는 제도들의 도입이 늘어나고 있다. 넷째, 재무행정의 경우 재정의 효율성과 성과를 높이려는 시도가 지속되고 있다. 다섯째, 행정관리의 경우 규제완화, 민간위탁, 민간이양, 성과중심, 자율성 증대 등 민간기업의 관리기법이 늘어나고 민간과의 협력체제가 증대되는 경향을 보인다.

<표 7-5> 각 정권별 행정개혁 비교표

구 분	김영삼 정부 (행정쇄신위원회)	김대중 정부 (기획예산위원회, 기획예산처)	노무현 정부 (정부혁신지방분권 위원회)

기본
방향
	• '작고 강력한 정부'
	  지향
	• 투명성(부정부패 척결)
	  / 민주성·생산성(민주
	  적·효율적 행정체제 구
	  축) / 정당성(권위주의
	  청산, 역사 바로 세우
	  기) / 국민편의 위주의
	  행정제도·관행 개선
		• 작지만 효율적으
		  로 봉사하는 정
		  부구현
		• 수요자 및 결과중
		  심적 행정개혁
		• IMF 국난 극복
		  을 위해 정부부
		  문의 효율성·생
		  산성 제고
			• 국민과 함께하는 일
			  잘하는 정부
			  - 분권, 자율, 혁신,
			  참여, 책임

조직
변화
	• 정부조직개편
	  -2원 13부 5처 15청
	  2외국(1994)
	  -2원 14부 5처 14청
	  1외국(1996)
	• 감축관리와 민간화영역
	  확대를 위한 12·3개편
	  (1994)
	• 부처별 자율개편 방식
	  도입(1994)
	• 재정경제원 신설
	• 국민고충처리위원회 신
	  설(행정규제 및 민원사
	  무기본법 제정)
	• 조직·인사 분야 내부
	  규제 개선(인사자율권
	  논의)
		• 정부조직개편
		  -17부 2처 16청
		  (1998)
		  -18부 4처 16청
		  (2001)
		• 대대적인 조직·
		  인력감축
		  -1차 개혁: 2원
		  14부 5처 14청
		  에서 17부 2처
		  16청으로 개편
		• 기획예산위원회
		  →기획예산처
		• 중앙인사위원회,
		  문화재청, 여성
		  부 신설 / 국정홍
		  보처 부활
		• 기능중심 정부조
		  직개편(집행기능
		  책임운영기관화
		  확대)
		• 핵심역량 위주 규
		  제·관리기능 대
		  폭 축소, 기능 통
		  폐합
			• 정부조직개편
			  -18부 4처 17청
			  (2005)
			• 분권형 조직설계
			• 정부조직재설계 원
			  칙(환경적응적 유연
			  조직, 국정관리·조
			  정역량 극대화, 열
			  린 조직문화, 기능
			  재분배)
			• 정부조직에 대한 상
			  시적 진단체제
			• 수평적 정책조정체
			  계 강화
			• 부패방지위원회 강화
			  - 공직윤리지원부서
			  신설, 공무원행동
			  강령 강화
			• 중앙인사위원회 개
			  편방안 논의
			• 국민고충처리위원회
			  기능 강화

구 분	김영삼 정부 (행정쇄신위원회)	김대중 정부 (기획예산위원회, 기획예산처)	노무현 정부 (정부혁신지방분권 위원회)
인사 제도	●공직자 재산공개와 등록의 제도화 ●부처별 인사자율권 확대 ●공무원 인사제도 개선(공직사회의 자율성·창의성·사기진작·생산성 향상) 　－공무원 총조사, 채용시험제 개선, 공무원 처우개선 노력, 복수직급제 도입, 민간분야 근무경력 우대, 기업연수 실시 ●보수 현실화(민간임금연동제 도입, 근무성적 평정에 기초한 성과급제 도입 논의)	●중앙인사위원회 설치 　－대통령 직속 인사제도 개혁추진 전담기구, 국가인사조직 이원화 ●개방형 직위제 도입 　－계약직공무원의 업무범위 확대, 전문직공무원의 명칭을 계약직으로 변경 ●총정원관리제도 도입 　－각 부처 장관의 재량권 확대, 정년제도 개선, 근무성적 평정제도 실시, 직장협의회 설립·운영, 교육훈련 바우처제도 도입 ●성과급제도 강화 　－연봉제 실시, 성과상여금제 도입	●부처의 조직 및 인사 자율권 강화 ●전문성 강화 　－개방형 직위제도 확대, 정책공동체 활성화, 민간전문가 참여확대, 공무원 교육훈련 강화 ●인사행정의 중복적 기능조정 ●유연·탄력적인 조직문화 조성, 소프트웨어 개혁 　－팀제, 탄력근무시간제, 행정기관 주5일 근무제 ●성과중심 인사평가제도 ●고위공무원단제도의 도입
재정 운용	●재정경제원 예산실 설치(1994) ●특별회계·기금의 통폐합 ●세부담 형평성의 제고 ●농어촌부문 투자확대 ●세출예산과목의 단순화	●재정적자감축특별법 제정／조세지출예산제도 확대／탄력적 재정운용제도(중기재정계획 실시)	●재정사업에 대한 성과관리시스템 구축(성과계획서 제출 및 성과보고서 재정운용에 활용)

구 분	김영삼 정부 (행정쇄신위원회)	김대중 정부 (기획예산위원회, 기획예산처)	노무현 정부 (정부혁신지방분권 위원회)

재정
운용
	• SOC확충을 위한 민자
	유치제도 도입
		• 성과중심의 재정운
		용체계로 개편(예산
		절약 인센티브제,
		성과주의 예산제도
		도입, 복식부기회
		계제도 도입 추진)
		• 기금제도의 정비(기
		금 수 감소, 기금운
		영과 연계 강화)
		• SOC 민자유치제
		도 개선
			• 재정운용의 자율성
			및 재정과정의 참여
			확대
			• 국고보조금 정비
			• 지방교부세제도 개선
			 - 법정교부세율 인상
			   15.0% → 18.3%
			• 국가균형발전 특별
			회계 신설
			• 성과예산제도
			 - 복식부기 · 발생주
			   의정부회계 도입

행정
관리
	• 행정규제 완화
	• 행정행태와 관행의 개선
	• 민원행정의 개선
	• 중앙과 지방 간의 기
	능과 역할의 재정립
	• 사무자동화 교육
	• 통합OA시스템 구축
	• 제안제도의 활성화 시도
	• 행정종합전산망
	  (NATIS) 구축
		• 규제개혁(행정규
		제기본법 제정) /
		자율성 확대(민영
		화 적극추진, 민
		간위탁: 자율책
		임경영체제) / 정
		부 출연 연구기
		관(연합이사회체
		제), 정부보조기
		관 예산지원방식
		개선 / 고객헌장
		제도 / 시민만족
		도 평가
		• 공공부문의 강도 높
		은 구조조정 실시
		 - 정부투자기관
		   관리기본법 개
		   정(공기업 및
		   산하기관 운영시
		   스템 개선), 명예
		   퇴직금제도 개
		   선(공기업 등 퇴
		   직금누진제 폐
		   지 등 경영혁신)
			• 행정서비스 민간위
			탁제도(정부 - 민간
			의 협업체제 구축)
			• 성과중심(통합적
			성과관리체제 구축,
			평가인프라 구축,
			BPR 통한 일하는
			방식 개선)
			• 중앙기능과 재원의
			지방이양
			• 자율성 강화
			 - 총액인건비제, 보
			   수결정권을 소속장
			   관에게 위임
			• 지방의 자율성 제고
			(지방양여금 제도,
			폐지, 예산편성기본
			지침 폐지, 보완)
			• 책임성 제고(지방재
			정평가 강화)
			• 주민감사청구제도
			확대

구 분	김영삼 정부 (행정쇄신위원회)	김대중 정부 (기획예산위원회, 기획예산처)	노무현 정부 (정부혁신지방분권 위원회)
행정 관리		• 운영시스템 혁신 (핵심역량 위주 개편·간소화, 민 간이양, 지방이양) • 책임운영기관제 도입 • 목표관리제 (MBO) 도입 • 부패방지기본법 제정 • 정보자원 관리 (DB구축) • 전자정부 구축	• 공기업 경영혁신, 정부산하기관관리기 본법 제정 • 중소기업 지원방식 개선 • 시민평가단, 전문옴 부즈만제도, 전자정 부, 인터넷 민원서 비스

　개혁추진의 전략적 관점에서 각 정권의 개혁방식을 비교해 보면, 김영삼과 김대중 정부는 정부주도에 의해 집권적이고 하향적인 추진 방식을 통해 개혁을 단행하였다. 특히 김영삼 정부의 경우 대통령의 독단적 결정과 지시에 의한 추진사항이 많았다. 반면, 노무현 정부는 거버넌스적 개혁을 강조하며 국정운영에 관여하는 모든 주체들의 참여를 유도하고, 분권적이고 상향적인 추진방식을 통해 개혁을 시도하고 있다. 부분적으로 하향적 추진방식을 보이기도 하지만 이전 정권과 비교해 보았을 때 상대적으로 분권적이고 상향적인 추진방식을 취하고 있다. 다음으로 공무원에 대한 인식과 개혁의 성격을 살펴보면, 김영삼, 김대중 정부의 경우 공무원을 개혁의 대상으로 하였기 때문에 관료들의 외면과 저항이 심했고 개혁의 지속성도 결여되는 양상을 보였다. 반면, 노무현 정부는 공무원을 개혁의 주체로 유인하여 관료들의 참여를 높이고 있으며, 이를 통해 개혁의 지속성 및 일관성 확보를 시도하고 있다.

<표 7-6> 각 정부의 개혁추진전략 비교분석

구 분	개혁추진방식	공무원에 대한 인식	행정개혁의 성격
김영삼 정부	● 집권적·하향적 추진체계 ● 정부주도적·일방적 개혁 ● 공급자 중심의 개혁	● 개혁의 대상 ● 대통령 리더십 → 신권위주의, 독단적	● 지속성 결여 ● 비일관성
김대중 정부	● 집권적·하향적 추진체계 ● 정부주도적 개혁	● 개혁의 대상 → 기업경영방식 도입	● 지속성 결여 ● 비일관성
노무현 정부	● 분권적·상향적 추진체계 ● 거버넌스적 개혁강조 → 개혁 주체들의 참여 확대	● 개혁의 주체 → TFT활성화 (각 부처 혁신담당관 설치)	● 행정개혁 로드맵 구축 ● 지속성·일관성 확보 노력

2. 각 정권별 개혁목표 및 개혁과제 비교분석

분석에 앞서 각 정권에서 제시했던 개혁의 목표 및 과제에 대한 사전분석이 요구되는데, 각 정권이 공식적으로 제시하였던 행정개혁의 목표는 다음과 같이 정리될 수 있다.

〈표 7-7〉 각 정권의 행정개혁목표 비교

구 분	김영삼 정부	김대중 정부	노무현 정부
정책기조	작은 정부의 구현	작지만 봉사하는 효율적인 정부 구현	국민과 함께하는 일 잘하는 정부
공식적인 개혁목표	• 민간중심의 행정 • 경쟁체제의 도입 • 작은 정부	• 고객우선의 성과주의 • 기업가적 정부운영 • 유연하고 투명한 행정 • 조직구성원의 창의성 극대화	• 효율적인 행정 • 봉사하는 행정 • 투명한 행정 • 함께하는 행정 • 깨끗한 행정
세부사항	• 획기적인 정부규제 완화로 정부조직의 기능을 축소하여 민간부문의 자율성·창의성을 신장 • 급변하는 행정수요에 능동적으로 대처하기 위해 각 분야의 정부기능을 체계화·효율화시킴 • 정부기관 간의 통합·조정기능 강화로 부처할거주의 타파, 기관 내부의 경쟁 촉진 • 삶의 질 향상을 위해 환경정책과 복지 기능 보강 • 유사·중복기능의 과감한 축소·정비로 작지만 강력한 정부 구현	• 정부역할의 재정립 • 정부부문의 경쟁촉진 • 책임경영기관의 도입 • 정보기술의 활용 극대화 • 능력중심의 경쟁촉진적 인사보수제도 확립 • 권한과 책임의 하부이양 • 지방으로 대폭적 권한 이양 • 성과에 바탕을 둔 예산운용 • 투명한 행정 • 새로운 조직문화의 창출	• 탄력적 행정 시스템 구축 • 고품질 행정 서비스 제공 • 공개행정 확산 • 국민참여 확대 • 국민신뢰 회복

또한 각 정권별 개혁의 연관성을 살펴보기 위해, 각 정권의 대통령 선거공약 사항과 주요 개혁과제, 개혁성과들을 비교 분석해 보면 다음과 같이 정리될 수 있다.

1) 선거공약 사항

〈표 7-8〉 각 정권의 선거공약 사항 비교

구 분	김영삼 정부	김대중 정부	노무현 정부
행 정	1. 엄정한 법집행으로 민생치안에 주력하는 강력한 정부 실현 2. 지방자치 기반을 지속적으로 확충하고 내실화하여 지방화 시대를 엶 3. 획기적인 행정쇄신으로 능률행정을 구현 4. 긍지와 보람을 가지고 공직사회를 만듦	1. 정부·민간의 역할과 기능을 조정, 작은 정부 지향—작고 효율적인 정부 구현을 위한 정부조직과 기능 개편, 각종 행정규제 철폐, 정부업무의 민간이양 추진 2. 규제법정3주의, 경제규제 완화, 사회규제 강화 3. 중앙인사위원회 설치·인사청문회 도입 등 인사행정의 합리화 4. 공직내부 비리고발 보호, 자금세탁규제 등 부패방지법 5. 공무원 신분보장 및 처우개선 — 급여수준 인상, 직무급·성과급제 도입, 교육훈련 현실화 6. 지방행정계층 2단계 축소 및 지방분권 추진을 통한 지방자치제도의 발전 — 읍·면·동 행정효율성 증대, 출장소 개소, 지역정보센터 설치, 내무부 폐지와 지방자치처 설치	1. (국정운영 방식의 효율화) 대통령, 대통령비서실, 국무총리, 각 부 장관의 역할과 기능을 명확히 조정, 국정운영의 효율성 제고 2. (정부조직개편) 중앙정부의 역할과 기능의 조정 등을 통해 국민에게 봉사하는 효율적이고 생산적인 정부조직 구축 3. (공정하고 투명한 인사의 정착) 연고주의와 정실주의에서 탈피하여 능력과 전문성에 기초한 공정하고 투명한 인사 구현 4. (전자정부 구현과 행정 투명성 확보) 전자정부의 구축과 투명한 행정으로 효율성과 신뢰성 제고 5. (공직자 처우개선) 공무원의 처우와 보수를 지속적으로 개선하여 공직사회의 활력과 안정 도모 6. (공직사회의 비리 척결) 공직사회 비리와 부패 척결, 국민의 신뢰받는 깨끗한 공직사회 구현

구　분	김영삼 정부	김대중 정부	노무현 정부
행　정		7. 지방재정제도 개선 　—지방재정발전위원회 설치, 국세의 지방세 이양, 지방양여금재원의 확보, 지방교부세율 13.27%에서 18.90% 이상으로 상향 조정, 특별교부세 개선 8. 2000년부터 내각책임제 실시—공동정부 출범 시 '내각책임제개헌 추진위원회' 설치·운영	7. (민방위제도 개선) 민방위제도를 '재난재해대비 체제'로 전환하여 재난재해 대처능력 강화, 민방위 교육훈련제도 개선 8. (효율적인 재난재해 관리체계 구축) 효율적인 재난재해 관리체계 구축으로 국가적 재난재해로부터 국민생활 안정, 국가기반시설물 보호 9. (민생치안 강화) 국민의 안녕을 위한 민생치안 강화 10 (신행정수도 건설과 지역균형발전 추진) 새로운 행정수도 건설 등 강력한 지방분권화 정책을 통해 수도권 과밀을 해소하고 지역균형발전 실현

먼저, 행정개혁에 관한 3개 정권의 대통령 공약 사항에 대한 내용을 분석해 보면 네 가지 사항으로 요약될 수 있다. 첫째, 국정운영의 효율성 제고라는 측면에서 행정의 능률성 또는 효율성을 강조하고 있다. 표현은 조금씩 다르지만 목표는 효율적이고 생산적인 정부조직의 구축에 있으며, 이를 위해 행정쇄신, 행정규제 완화 또는 철폐, 민간이양 추진 등과 같은 대안을 제시하고 있다. 둘째, 민생의 안정과 민생치안의 강화를 강조한다. 셋째, 지방자치의 추진 및 강화를 강조한다. 지방분권 또는 지역균형발전을 통해서 지방자치제도를 발전시키고, 지방화 시대에 맞는 체제로의 전환을 제안한다. 넷째, 공직사회의 개선 및 공직자 처우개선을 강조한다. 공직사회의 부정부패 및 비리 척결을 통하

여 국민들에게 신뢰받을 수 있는 공직사회를 구현하고, 보수·승진·훈련 등에 관한 처우개선을 통해 공직자들이 보람과 긍지를 가지고 근무할 수 있는 공직환경의 구현을 강조한다. 그 이외의 공약 사항은 환경적 변화와 행정수요에 따른 정책 및 제도 도입에 관한 내용이 있다.

다음으로 각 정권에서 실제로 선정 및 추진되었던 개혁과제들을 비교 분석해 보면, 주로 세 가지 현안에 공통적인 개혁의 초점이 있다. 첫째, 행정정보의 공개 및 행정의 개방성 강화를 통해 투명하고 열린 정부를 구현하는 것이다. 둘째, 공직 및 인사제도의 개선을 통해 공직의 전문성과 경쟁력을 강화하는 것이다. 특히 김대중 정부에서는 경쟁과 인센티브제도의 도입으로 공직사회의 생산성 제고를 강조하고 있고, 노무현 정부에서는 국가인사기능의 통합과 자율화 및 분권화, 경쟁력 강화를 위한 임용제도의 다양화, 전문화를 위한 경력개발체계 구축, 보수의 합리화 등을 강조하고 있다. 셋째, 부정부패 방지 및 감사기능 강화를 통해 투명하고 건전한 공직사회를 구현하는 것이다. 전두환, 노태우 두 전직 대통령에서부터 하급 공무원에 이르기까지 공직사회의 부정부패는 오랫동안 해결할 수 없었던 난제였으며, 이를 위해 각 정부는 부정부패방지법과 공직자윤리법의 제정 및 강화, 내부고발자 보호제도 도입 등 다양한 조치들을 개혁과제로 채택하고 있다. 한편 각 정부는 행정환경 및 이념에 따라서 차별화된 개혁과제들을 제시하고 있는데, 김영삼 정부는 조세제도 및 행정체계의 개선과 관련하여 준조세 정리방안, 조세구제제도 개선, 예산제도 쇄신, 특허·교정·조달 행정의 쇄신, 행정사무자동화 추진 및 정부기관 간 업무협조사무 개선 등에 관한 과제를 개혁과제로 채택하였으며, 김대중 정부는 불합리한 행정규제의 철폐, 정부기능의 민간·지방이양 확대, 경쟁과 인센티브제 도입 등 공직의 생산성 제고를 위한 기업경영방식의 도입과 민간기능의 활성화를 위한 과제를 채택하고 있다. 또한 노무현 정부의 경우는 성과 중심의 행정시스템 구축과 시민사회와의 협치, 지방분권 및 자치권 강화 등에 중심을 두고 있는데, 정부기능과 조직의 재설계 및 성과 중심의 행정시스템 구축, 시민사회와의 협치기제 강화 및 공익활동 지원, 전자적 업무처리의 정착, 중앙권한의 지방이양 및 사무 구분체계 개선, 교육자치제도 개선 및 자치경찰제도 도입, 지방자치권 강화 및 지방정부의 책임성 확보, 중앙－지방 및 지방정부 간 협력체제 강화, 지방재정 운용의 자율성 확대 및 교부세제도 개선 등과 같은 과제들을 주요 개혁과제로 채택하고 있다.

2) 실제 선정된 개혁과제

〈표 7-9〉 각 정권의 행정개혁과제 비교

구 분	김영삼 정부	김대중 정부	노무현 정부
행정 개혁	1. 공무원 인사제도 개선 2. 행정공개와 주민참여 확대방안 3. 부동산등기와 대장관리업무 일원화 4. 준조세 정리방안 5. 정부기관 간 업무협조사무 개선 6. 공직사회의 자율성 및 창의성 제고방안 7. 행정사무자동화 추진방안 8. 행정심판제도 개선 9. 특허행정 쇄신 10. 교정행정 쇄신 11. 조달행정 개선 12. 예산제도 쇄신 13. 인·허가, 신고 등 제도 쇄신과제 14. 신설규제 사전심사제도 개선 15. 국가기록물 관리 및 보존제도 개선	1. 불합리한 행정규제 철폐 2. 정부조직·인사관리에 기업경영방식 도입 3. 정부기능의 민간·지방이양 확대 및 일선기관 정비 4. 경쟁과 인센티브제 도입으로 공직사회 생산성 제고 5. 정책실명제와 행정정보 공개 확대로 열린 정부 구현 6. 감사중점을 예방과 적극적 행정을 조장하는 방향으로 전환 <정무, 법무> 7. 지방자치단체의 자율성과 주민의 직접참정제도 확대 8. 지방행정 계층구조 개편과 조직축소 추진	1. 정부기능과 조직의 재설계 및 성과중심의 행정시스템 구축 2. 행정서비스 전달체계 강화 및 민원제도 개선 3. 행정의 개방성 및 투명성 강화 4. 시민사회와 협치기제 강화 및 공익활동 지원 5. 공직부패에 대한 체계적 대응 및 공직 윤리의식 함양 6. 국가인사기능 통합과 자율·분권화 7. 자율적 혁신체계 구축 지원 8. 차별 없는 균형적 인재등용 및 공직경쟁력 강화를 위한 임용제도 다양화

구 분	김영삼 정부	김대중 정부	노무현 정부
행정 개혁	16. 군사보호구역 내 각종 행정규제 완화 17. 조세구제제도 개선 18. 부정부패방지제도 개선	9. 지역 간의 분쟁조정 기능 강화 10. 지방재정 확충과 지방세제의 전면적 개편 11. 지방소재 기업의 경쟁력 강화 지원 12. 재난관리체계의 획기적 개선 13. 민간운동의 체계적 추진과 지원 강화)	9. 투명·공정한 선발시스템과 전문화 강화를 위한 경력개발체계 구축 10. 보수 합리화와 공무원 삶의 질 향상 11. 전자적 업무처리의 정착 12. 정보자원 통합관리 및 전자정부 관련 법제 정비 14. 중앙권한의 지방이양 및 사무구분체계 개선 15. 교육자치제도 개선 및 자치경찰제도 도입 16. 특별지방행정기관 정비 17. 지방자치권 강화 및 지방정부의 책임성 확보 18. 지방의정활동기반 정비·강화 19. 중앙-지방, 지방정부 간 협력체제 강화 20. 세제개편 21. 지방재정 운용의 자율성 확대 및 교부세제도 개선 22. 국가재정운용계획 수립 및 총액배분자율편성 도입)

　　그런데 이러한 행정개혁과제의 수립 및 개혁추진기구의 활동과 관련하여 한 가지 특징적인 사실을 발견하였다. 각 정부는 대체로 집권 초에 개혁추진기구를 설립하고 개혁과제를 수립하게 되는데, 김영삼 정부의 행정쇄신위원회의 경우 노태우 정부의 행정개혁위원회

가 준비해 두었던 개혁시안을 토대로 논의와 심의를 거쳐 초기의 개혁과제를 선정하였다면, 김대중 정부의 경우에는 김영삼 정부가 1997년 10월에 행정쇄신위원회와는 별도로 조직한 '정부구조조정심의위원회'라는 기구를 통해 작성해 두었던 정부 측 시안을 토대로 정부조직개편심의위원회가 논의 및 심의를 거쳐 1차 개혁과제를 선정한 바 있다. 더구나 정부조직개편심의위원회가 활용한 개혁과제 리스트는 소위 '김대중 정부 100대 국정과제'라는 것으로 후에 김대중 정부개혁의 주요한 개혁과제 목록으로서 역할을 하게 된다. 결국 김대중 정부까지는 전 정부의 개혁과제 시안을 근간으로 하여 새 정부의 개혁과제 수립이 이루어졌다는 것이며, 이는 새 정부의 개혁과제 수립 시 행정환경 및 행정 패러다임의 영향 외에도 전 정부의 영향력이 존재하고 있음을 반증해 주는 것이다.

하지만 노무현 정부의 경우는 이전 정권들과는 다소 다른 모습을 보여주고 있다. 대통령직인수위원회를 통해서 사전개혁준비 작업을 진행했지만 개혁과제를 성급하게 수립하지는 않았다. 새 정부의 개혁추진기구인 정부혁신지방분권위원회가 출범한 뒤, 2003년 4월~8월까지 약 5개월에 걸쳐서 5대 분야에 대한 정부혁신지방분권 로드맵을 발표하면서 개혁청사진을 제시했고, 행정개혁 분야의 경우 새 정부 출범 후 약 6개월이 지난 2003년 7월에 행정개혁 로드맵을 발표함으로써 새 정부의 개혁과제를 수립하였다. 제도적 특성상 노무현 정부 역시 전 정부의 영향력을 전혀 배제할 수는 없겠지만, 적어도 개혁과제의 발굴과정에서 현 정부의 이념, 목표, 그리고 방향성을 보다 충실히 담아낼 수 있었을 것으로 여겨진다.

3) 개혁성과

〈표 7-10〉 각 정권의 개혁성과 비교

구 분	김영삼 정부	김대중 정부	노무현 정부
행정 개혁	1. 정부조직개편 2. 행정사무자동화 　-사무자동화 기기 　　의 활용도 제고 　-마이크로필름 　　및 광파일 시스 　　템 도입 　-사무자동화 교육 　-행정종합전산망 　　(NATIS) 구축 　-통합 OA시스템 　　구축 　-행정정보 공동 　　활동 및 유통활 　　성화 3. 공직사회의 자율 　성·창의성 제고 　-집담회 실시 　-1인1제안운동 　　실시 　-공무원 신원증명 　　제도 개선 　-공무원 숙직 제 　　도 개선 　-국유재산의 운용 　　·관리제도 개선 4. 민원행정의 개선 　-국민고충처리위 　　원회 설치·운영 　-주민등록제도 　　개선 　-운전면허 행정 　　제도 개선	1. 정부조직개편 1. 불합리한 행정규제 　철폐 　-행정규제기본법 　　제정 　-규제개혁위원회 　　신설 2. 정부조직·인사관리에 　기업경영방식 도입 　-개방형 임용제도 　　도입 　-성과상여금제도 　　실시 　-연봉제 실시 　-목표관리제(MBO) 　　도입 　-총정원관리제도 　　도입 　-공무원정년제도 　　개선 　-근무성적 평정제 　　도 실시 　-재정적자감축특별 　　법 제정 　-조세지출예산제도 　　확대 　-기금제도의 정비 　-성과주의 예산제도 　　도입 　-예산인센티브제도 　　도입	1. 정부기능과 조직의 재 　설계 및 성과중심의 　행정시스템 구축 　-분권형 조직설계 　-성과중심의 재정 　　시스템 구축(2005 　　년 현재 25개 기 　　관 재정사업 성 　　과평가 실시 中/ 　　2007년까지 시스 　　템 완성계획) 2. 행정서비스 전달체 　계 강화 및 민원제 　도 개선 　-서비스 스탠더드 　　추진(2005년 현재 　　청 단위 중앙행 　　정기관 시범사업 　　中/2006년 전 부 　　처 확산 계획) 　-전국적 민원연계 　　시스템 구축 　-행정서비스 민간 　　위탁제도 개선 3. 행정의 개방성 및 　투명성 강화 　-정책실명제 및 주 　　요 사안 기록의 　　무화

구 분	김영삼 정부	김대중 정부	노무현 정부

행정
개혁
	– 행정심판제도 개선
	5. 조세구제제도 개선
	6. 특허행정제도 개선
	7. 예산회계제도 개선
	8. 행정문화·행정절차의 개선
	  – 권위주의적 행정 풍토와 관행 개선
	  – 행정절차법 및 정보공개법 제정
	  – 개인정보보호법
	9. 행정쇄신 및 규제완화 조치
	  – 신설규제 사전심사제 도입
	  – 행정규제 및 민원사무 기본법 제정
	  – 총 19439건의 과제를 접수받아 1,557건을 확정과제로 선정·처리
	10. 부패억제 장치의 제도화
	  – 공직자윤리법 개정
	  – 공직자 재산등록제 도입
	  – 금융실명제 도입
	  – 부동산실명제 도입
	  – 보안감사 제도 개선
	  – 세무비리 등 부정부패방지제도 개선
	11. 지방자치제 실시
		3. 정부기능의 민간·지방이양 확대 및 일선기관 정비
		  – 책임운영기관제도 도입
		  – 공기업민영화 추진
		4. 경쟁과 인센티브제 도입으로 공직사회 생산성 제고
		  – 개방형 임용제도 도입
		  – 성과상여금제도 실시
		  – 근무성적 평정제도 실시
		5. 정책실명제와 행정정보 공개 확대로 열린 정부 구현
		  – 행정서비스헌장 제정
		  – 민원처리 온라인 공개시스템 도입
		6. 감시중점을 예방과 적극적 행정을 조장하는 방향으로 전환
		  – 부패방지제도 강화
		  – 반부패특별위원회 구성
			4. 시민사회와 협치기제 강화 및 공익활동 지원
			  – 시민평가제도 활성화
			5. 공직부패에 대한 체계적 대응 및 공직윤리의식 함양
			  – 주식백지신탁제도
			6. 국가인사기능 통합과 자율·분권화
			  – 중앙인사관장기관 일원화와 분권화
			  – 민·관 및 정부기관 간 인사교류 활성화
			  – 고위공무원단 도입(2006년 일부 부처를 중심으로 시범실시 예정)
			7. 자율적 혁신체계 구축 지원
			  – 총액인건비예산제도 도입(2006년 일부부처에서 시범실시 이후 2007년 이후 전 부처를 대상으로 실시예정)
			
			※ 기준: 2005년 말까지

각 정권의 개혁성과를 비교해 볼 때, 대통령 선거 당시 제시했던 공약 사항과 실제로 선정된 개혁과제, 그리고 개혁의 결과가 어떤 일관성을 유지하고 있지는 못한 것으로 보인다. 게다가 어떤 현안에 대한 개혁과제의 확정이 개혁의 성과로 이어지는 것은 더욱 아니다. 각 정권에서 주시할 만한 개혁성과를 살펴보면, 첫째, 김영삼 정부의 경우 행정종합전산망(NATIS) 구축과 통합 OA시스템 구축 등을 통한 행정사무의 자동화, 국민고충처리위원회 설치 및 운영을 통한 민원제도의 개선, 행정쇄신위원회의 규제완화 조치, 금융실명제 및 부동산실명제의 도입, 공직자 재산등록제 도입 등을 들 수 있다. 둘째, 김대중 정부의 경우 기업경영방식을 공공부문에 도입함으로써 공직의 개방성을 높였다는 측면과 정부의 효율성을 제고하기 위해 다양한 제도들의 도입을 시도하였다는 점을 긍정적으로 평가할 수 있다. 구체적으로 개방형 임용제도의 도입, 성과상여금제도의 실시, 목표관리제(MBO)의 도입, 성과주의 예산제도 도입, 예산인센티브제도 도입, 책임운영기관제도의 도입, 공기업민영화 추진, 정책실명제 도입, 행정서비스헌장의 제정 등을 성과로 들 수 있다. 셋째, 노무현 정부의 경우 성과중심의 행정시스템을 구축하려는 노력과 일하는 방식의 개선, 분권화라는 측면에서 긍정적으로 평가될 수 있는데, 구체적으로 분권형 조직설계, 성과중심의 재정시스템 구축, 서비스 스탠더드 추진, 민원통합콜센터 구축, 온라인 국민참여 포탈시스템 구축, 시민평가제도 활성화, 주식백지신탁제도 도입, 고위공무원단제도의 도입, 총액인건비제도 도입 등을 성과로 들 수 있다. 다만, 노무현 정부의 경우 일부 부처에서 시범시행 중이거나 진행단계에 있는 과제가 대부분이다. 따라서 아직 임기가 끝난 것이 아니므로 중간평가 정도로 이해하는 것이 타당할 것이다.

3. 행정개혁의 경향성 분석

새 정부가 들어서면 새로운 국정이념과 목표 아래 어김없이 행정개혁을 단행한다. 지금까지 단행되어 온 우리나라의 행정개혁은 몇 가지 경향성을 보여주는데, 첫째, 초기에 의도했던 개혁의 방향과 결과가 일치되지 못했으며 행정개혁의 주된 대상은 주로 정부조직개편과 공무원의 행태개선이 되어 왔다. 둘째, 개혁의 추진행태는 주로 상의하달식이었기 때문에 공무원들은 개혁에 수동적인 입장을 취해 왔고, 이러한 이유로 행정개혁이 공무원들의 적극적인 참여로 이루어지기보다는 최고통치권자의 개혁의지에 따라 좌우되는 경향이 있었다. 또한 공무원들은 주로 개혁의 대상이 되어 왔기 때문에 변화와 개혁에 적극 동참하려는 의지가 결여되어 있었고, 실천의지 또한 부족했었다. 셋째, 개혁의 시점을 기준으로 볼 때, 각 정권은 정권교체와 더불어 집권 초기에 대대적인 개혁을 단행하는 경향을 보였다. 다만, 정치·경제·사회적인 행정환경의 여건에 따라서 개혁의 초점이 정치개혁 중심 또는 행정개혁 중심 등과 같이 그 우선순위가 바뀌었을 뿐, 정권변동을 알리고 권력 장악을 위한 상징적 의미의 개혁이 일반적으로 단행되었다. 넷째, 정부규모의 변화라는 관점에서 볼 때, 각 정권은 집권 초기에 보여주기 위한 다양한 개혁을 시도하기 때문에 조직의 통폐합이나 기능 축소로 조직의 규모가 줄어들고 인원이 감축되는 경향을 보이나 정권 말기가 되면 조직규모와 인원이 다시 늘어나 개혁 전과 같이 원상 복구되거나 오히려 증가되는 경향을 보였다.

이러한 행정개혁의 경향성들은 본 논문이 살펴보고자 하는 행정개혁의 경로의존성과 깊은 관련이 있을 것으로 판단되며, 본 절에서는 앞서 살펴본 각 정권의 행정개혁의 내용을 토대로 제도적 제약에 따른 경로의존성을 분석하고자 한다.

제2절 개혁추진체계의 경로의존성 분석

우리나라는 김영삼 정부 이후 행정환경의 급격한 변화와 행정개혁에 대한 사회적 요구가 증대되면서 행정개혁을 전담하는 개혁추진기구에 의한 본격적인 개혁이 시작되었다. 개혁추진기구는 세 정권 모두 이원적 체제로 구성되어 있는데, 먼저 대통령 취임 전에 개혁준비위원회가 결성되어 개혁준비를 위한 제반조사, 자료수집, 조직 및 기능 분석 등을 통해 개혁시안을 작성하였다. 정권인수조직인 대통령직인수위원회는 노태우 정부 때 최초로 근거 법[59]이 만들어져서 14대인 김영삼 정부 때부터 활동이 시작되었다. 하지만 김영삼 정부 때는 대통령직인수위원회가 준비한 국정개혁안이 정권출범 후 실질적인 국정개혁안에 반영되지 못했다. 이후 김대중 정부 때에는 대통령직인수위원회의 부설기구 격인 정부조직개편심의위원회에서 작성한 시안을 통해 취임하자마자 제1차 정부조직개편이 추진될 만큼 그 역할이 커졌고, 노무현 정부 때에도 체계적인 개혁준비기구로 자리매김하게 된다.

정권출범 이후에는 개혁을 담당하는 주체적인 개혁기구가 결성되는데, 이러한 개혁기구들은 보통 민간인 전문가들을 주축으로 하는 대통령 직속기관의 형태로 구성된다. 이는 대통령 직속기관일 때 타 기관들보다 영향력 및 위상이 높아 개혁의 추진이 순조롭고, 대통령과의 커뮤니케이션이나 건의, 추진력에 훨씬 더 힘을 받기 때문이다.

특이한 것은 김대중 정부의 기획예산위원회가 타 정권과 달리 대

---

59) 노태우 정부는 1992년 12월 24일 국무회의를 통해 '대통령직인수위원회 설치령'을 의결하고 대통령령 제13,794호로 동년 12월 28일에 공포함으로써 제14대 대통령직 인수·인계의 근거를 마련하였다(대통령직인수위원회, 2003).

통령 소속의 위원회 형태가 아니라 정부조직법에 근거한 대통령 소속의 정부기구로 만들어졌다는 것인데, 기획예산위원회는 출범 1년 만에 대통령 직속기관에서 기획예산처로 개편되면서 그 위상 및 영향력이 줄어들게 되어 개혁추진체계로서 한계를 드러내게 된다. 즉, 기획예산처로 개편되면서 일반 중앙행정기관과 같은 위치로 그 위상이 하향 조정됨에 따라 행정개혁을 위한 공공개혁 의제가 부처수준의 과제로 오인되어 대통령 의제로 채택되지 못하는 경우가 많았고, 개혁추진 과정에서 타 부처에 대한 영향력이 이전 같지 않았다. 결국 다시 1년 후인 2000년 8월 김대중 정부는 기획예산위원회의 자문기구였던 행정개혁위원회를 확대·개편하여 대통령 소속 기구인 정부혁신추진위원회로 개혁추진기구를 재출범시키게 된다.

〈표 7-11〉 행정개혁추진체계의 경로의존성 분석

구 분		김영삼 정부	김대중 정부	노무현 정부
개혁추진 기구	개혁준비 위원회	대통령직인수위원회	정부조직개편심의위원회 (대통령직인수위원회)	대통령직인수위원회
	주체적 개혁기구	행정쇄신위원회	기획예산위원회	정부혁신지방분권위원회
			정부혁신추진위원회	
개혁추진체계의 운영방식		집권형	집권형	(분권형)
개혁추진방식		하향식	하향식	(상향식)
개혁추진체계의 구성방식		계층제 방식	계층제 방식	계층제 방식

주: ( )는 잠정적인 판단을 의미함.

각 정부의 행정개혁추진체계는 <표 7-11>에서 보는 바와 같다. 먼저, 개혁추진기구의 형태에서 김대중 정부가 시행착오를 겪는 과정에서 주체적 개혁기구를 전후기에 따라 바꾼 것만 제외하고는 각

정부가 같은 형태인 이원적 체제로 개혁추진기구를 구성하고 있음을
알 수 있다.

다음으로, 개혁추진체계의 운영방식 및 구성방식을 살펴보면, 김영
삼 정부의 경우 '대통령-대통령비서실(행정쇄신비서관)-행정쇄신위
원회-국무총리 행정조정실(행정쇄신실무위원회)-행정실-6개 팀(기
획총괄팀, 생활민원팀, 노동환경팀, 산업경제팀, 사회복지팀, 행정관
리팀)'의 수직적 체제로 연결되는 집권형의 계층제 방식의 조직구성
방식을 취하고 있다. 또한 김대중 정부 역시 '대통령-기획예산위원
회-정부개혁실-행정개혁단'의 수직적 체제로 연결되는 집권형의
계층제 방식의 조직구성방식을 취하고 있는데, 김대중 정부의 경우
에는 경제적 행정환경의 영향으로 인한 외환위기를 극복하기 위해서
행정수반의 개혁의지를 보다 강하게 반영해 줄 수 있는 체제가 요구
되었고, 이러한 이유로 개혁추진기구를 애당초 중앙정부기구로 신설
하였던 것으로 보인다. 때문에 조직적 측면에서 정부관료제의 제도
적 특성60)을 훨씬 더 많이 가지고 있다. 그리고 개혁추진방식이란
점에서 볼 때, 김영삼 정부와 김대중 정부는 커뮤니케이션이나 의사
결정이 위로부터 아래로 일방적으로 전달되는 하향식(top-down) 추
진방식을 취하고 있다.

한편, 노무현 정부의 개혁추진체계는 그 구성방식에 있어서 '수립
부서(정부혁신지방분권위원회)-주관부서(행정자치부)-실천부서(업무
혁신팀)'의 체제로 뚜렷한 계층제적 구조를 형성하고 있다. 따라서
각 정부의 개혁추진체계의 구성방식은 모두 계층제 방식을 취함으로
써, 정권 간 경로의존적인 제도적 특성을 그대로 보여주고 있다. 하

---

60) 2000년 초까지 우리나라의 정부관료제는 전형적으로 기계적 조직과 계
   급제의 제도적 특성을 띠고 있었다. 하지만 김대중 정부의 신공공관리
   론적 개혁과 공공부문에의 기업경영방식 도입 등으로 정부관료제 내에
   유기적 조직의 특성과 직위분류제의 특성이 점차 늘어나게 되었다.

지만 노무현 정부의 개혁추진체계는 운영방식 및 추진방식이란 점에서 이전 정부들과 다소 차이를 보이고 있다. 각 체계는 각각의 역할에 따라서 적정한 권한을 위임받는 분권형 구조로 설계되었으며, 커뮤니케이션이나 의사결정 방식도 '양방향'적이거나 아래로부터 위로 전달되는 상향식(bottom-up) 추진방식을 표방하고 있다.

일례로 4, 5급으로 구성된 실천책임자급의 비공식 그룹으로서 개혁추진체계의 계층제상 최하위 조직에 속하는 주니어보드는 대통령과 직접 통신망을 통해 건의도 하고 지시도 받는 쌍방향 대화채널을 통해 운영되고 있는 것으로 알려져 있다.61) 또한 각 부처의 조직들은 청와대의 업무혁신공유방을 통해서 혁신의 내용을 서로 공유하고, 상시적이고 자기학습적인 개혁을 추진하도록 유도하고 있다. 이러한 점으로 미루어 보아 이전 정권까지 집권적이고 하향적인 방식으로 경로의존적인 특성을 따라왔던 행정개혁추진체계는 현 정권에 들어오면서 경로의존적인 특성이 다소 완화되고 있는 것으로 보인다.

이것은 참여의 요구가 증대된 행정환경의 영향, 분권과 참여를 강조하는 노무현 정부의 이념적 영향, 그리고 거버넌스 이론에 기초한 노무현 정부의 행정개혁 패러다임의 영향에 의해 기존 제도와 다른 제도적인 속성이 나타나고 있는 것으로 보인다. 하지만 이러한 변화가 노무현 정부의 개혁으로부터 기인한 단절적인 변화가 될 것인지는 아직 알 수 없으며, 이제 임기 중반을 막 넘어선 현재의 시점에서 이러한 변화가 일시적으로 끝날 것인지, 아니면 임기 말까지 지속되거나 차기정권까지로 계속 이어질 것인지를 속단하기는 아직 이르다.

결과적으로 우리나라 행정개혁추진체계의 구성방식은 행정환경이나 개혁 패러다임의 변화와는 무관하게 계층제적 방식으로 구성되어

---

61) 물론 주니어보드는 내부적으로 활성화되어 있는 비공식조직이라는 점에서 논란의 여지는 있다.

왔는데, 이는 우리나라 기존의 행정조직 대부분이 계층제적 구조로 구성되어 왔다는 제도적 특성과 강한 기계적·계급제적인 제도적 특성으로부터 기인한 것으로 볼 수 있다. 즉 제도적 맥락에서 경로의존적인 성격을 갖는 것으로 판단할 수 있다. 또한 개혁추진체계의 운영방식과 개혁추진방식은 집권형·하향식 방식에서 분권형·상향식 방식으로 점차 그 제도적 속성이 변화되고 있는 것으로 보인다. 이와 같은 제도변화의 관점에서 볼 때, 노무현 정부에 들어서면서 이념 및 패러다임의 변화가 제도변화의 기회를 촉발하고, 이것이 기존 제도의 경로의존적인 성격을 다소 완화시킴으로 인해서 나타난 변화로 인식할 수 있다.

다만, 김영삼 정부의 행정쇄신위원회의 경우도 초기에는 행정의 민주화를 표방하며 '밑으로부터의 개혁' 즉, 상향식 접근방법을 개혁의 기본 방향으로 삼았다. 하지만 결과적으로 대통령과 핵심개혁추진세력들에 의해 집권적이고 하향적인 방식으로 개혁추진체계가 운영되는 결과를 낳았다. 노무현 정부 역시 현재까지 겉으로는 분권적이고 상향적인 추진방식을 통해서 개혁추진체계를 운영하고 있는 것으로 보이나, 대통령의 말 한 마디로 개혁이 강요되거나 23개나 되는 각종 대통령 직속위원회의 주도하에 혁신과제가 발굴되고 공무원들은 이를 수동적으로 보조하는 역할을 하는 등의 방식으로 개혁이 추진되는 경향이 있어서 분권적·상향식 방식으로 개혁추진방식이 완전히 변화하였다고 단정하기는 힘들다. 그러므로 현시점에서 노무현 정부의 개혁추진체계의 운영방식 및 개혁추진방식에 관한 제도적 특징에 대한 판단은 잠정적인 결과일 수밖에 없다는 사실을 밝혀둔다.

제3절 행정개혁의 경로의존성 분석

1990년대 초반까지만 하더라도 우리나라의 공직제도는 기계적인 조직[62]의 특성과 계급제[63]적인 특성이 뚜렷한 제도적 특성을 가지고 있었다. 그러나 김영삼 정부 이후 본격적인 행정개혁이 추진되면서 신공공관리론에 입각한 다양한 제도들의 유입으로 이러한 제도적 특성에 변화를 보이고 있다. 본 절에서는 이러한 변화에 착안하여 행정개혁의 관리개혁 차원에서 경로의존성을 분석하려 한다.

관리개혁의 측면에서 한국행정개혁의 경로의존성을 분석하기 위해 조직변화, 인사제도, 재정운용, 행정관리의 4가지 수준을 분석단위로 정하고, 각 분석단위별로 구체적인 제도적 성분을 기준으로 분석이 이루어진다. 첫째, 조직변화에서는 정부조직개편과 인력규모를 중심으로 확대 또는 축소 경향을 분석한다. 둘째, 인사제도에서는 집권적 인사기구의 설치에 따른 인사제도의 변화와 성과급제도의 도입에 따른 보수체계의 변화에 대해 제도적 특성을 분석한다. 셋째, 재정운용에서는 재정운용방식의 차이에 따른 중앙재정기구의 개편 경로와 재정운용의 자율성 확대라는 측면에서 지방채 제도의 변화에 대해 제도적 관점에서 분석한다. 넷째, 행정관리에서는 공공부문에의 기업적 경영방식의 도입과 관련하여 책임운영기관제도의 도입과 정부운영방

---

62) 기계적 조직은 집권적·계층적 권위구조를 가지며, 환경에 대한 폐쇄성이 강하고, 하향식(top-down)·수직적인 커뮤니케이션 방식을 취한다. 또한 의사결정 방식은 매우 집권화되어 있다(유민봉, 2005: 382).

63) 계급제적 성격이 강한 조직의 경우, 계급/계급군 간의 수직이동이 곤란하며, 일반행정가가 요구되고, 폐쇄형 충원방식을 취하는 것이 일반적이다. 또한 인적자원의 채용과 인사이동에 탄력성이 있고, 교육훈련·승진·평가·보상 등과 같은 인사관리는 연공서열을 중심으로 이루어지는 것이 일반적이다(유민봉·임도빈, 2003: 104-105).

식의 변화에 대해 제도적 변화를 중심으로 분석한다.

1. 조직변화

전통적인 행정개혁의 관점에서 볼 때, 행정개혁의 핵심적 대상은
주로 조직구조의 변경에 있었다. 즉 전통적인 행정개혁운동이 채택
한 지도원리는 능률성[64]에 초점이 있었고, 이러한 이념에 따라 기능
조정을 통해 조직을 통합하거나 폐지하고 직위를 감소함으로써 작은
정부를 만드는 데 주력하였다. 우리나라의 행정개혁에서 작은 정부
의 개념이 본격적으로 도입되기 시작한 것은 제5공화국 시절인 전두
환 정부 때부터이다. 이후 제6공화국 시절인 노태우 정부, 김영삼 정
부는 물론 김대중 정부에 이르기까지 '작은 정부'의 구현을 개혁의
기본 방향으로 하였기 때문에 개혁의 과정에서 이러한 변화를 엿볼
수 있다.

개혁의 과정을 보면 대체로 제4공화국 시기까지 단행되었던 정부
조직개편은 행정개혁에 의한 것이라기보다는 주로 정권변동 및 이와
관련된 정부형태의 변화에 따라서 조직개편이 이루어졌다는 것을 알
수 있다. 따라서 정권 내에서 개혁으로 인한 조직구조의 확대 또는
축소 경향은 뚜렷하게 나타나지 않는다. 하지만 제5공화국 시기부터
는 작은 정부의 이념 표방과 더불어 조직구조의 변화를 가시화하는
움직임이 나타나기 시작한다. 즉 이전 정부까지 정부조직이 꾸준히
확대되어 온 것과는 달리 정부조직개편이 대통령 비서실의 축소를

---

64) 행정개혁의 지도원리는 행정환경의 변화로 인해 초기에 주로 능률성에
　 만 초점이 맞추어져 있던 것이 차츰 민주성과 형평성의 이념까지 더해
　 지게 되었다.

비롯하여 실무부처를 축소하는 방향으로 전개된 것이다. 여기에는 12·12사태와 같은 외적인 자극(external shock)에 의한 중대한 전환점(critical junctures)의 발생과 오일 쇼크와 같은 우연한 사건이 정부조직개편의 방향을 바꾸는 새로운 경로로 작용하게 된다. 한편, 제6공화국에서는 정부조직개편이 실무부처의 확대라는 새로운 경로를 형성하게 되는데, 여기에는 1987년 6월 민주항쟁과 6·29선언[65]과 같은 사건으로 인한 민주화의 영향, 그리고 이익집단 및 관료들의 내부저항이 새로운 제도적 제약 요인으로 작용하게 된다. 이처럼 노태우 정권까지는 군부정권에 대한 갈등으로 정권의 정통성 자체가 문제시되었고, 국가 이념에 근거한 행정개혁 자체가 어려운 상황이었다. 하지만 김영삼 정부로 출발한 김영삼 정부부터는 과거보다 계획적이고 안정적인 행정개혁이 전개된다.

1) 정부조직개편

김영삼 정부는 신한국 창조를 위한 국정목표로 부정부패 척결을 통한 깨끗한 정부구현을 내세우며 개혁의 필요성을 강조한다. 박정희 정권 말기부터 시작된 공직사회의 부패와 부조리는 노태우 정권에 와서는 걷잡을 수 없는 상태에 도달하였고, 전두환, 노태우 두 전직 대통령의 비자금 사건이 터지면서 김영삼 대통령은 공직사회의

---

65) 전두환 정권의 폭압적인 정치에 대한 반감으로 김영삼 및 김대중이 지원하는 신민당은 창당 25일 만에 완승을 거두고 제1야당으로 등극했다. 이에 위기감을 느낀 전두환 정권은 '4·13 호헌조치'를 선언하고 직선제를 하지 않겠다는 발표를 한다. 하지만 '민주헌법쟁취 국민운동본부'의 발족과 더불어 권인숙 성고문사건, 박종철 고문 치사사건 등에 대한 규탄 등 학생과 시민들의 대규모 규탄과 시위가 계속되자, 당시 여당인 민정당의 대표이자 대통령 후보였던 노태우가 6·29선언을 통해 대통령 직선제를 관철시킬 것을 약속한 사건이다. 이를 통해 한국은 민주화에 대한 여망과 열기가 더욱 뜨거워졌다.

정화에 대한 더욱 강력한 의지를 표명할 수밖에 없는 상황이었다. 게다가 1970년대 후반부터 서구 선진국들의 행정개혁에 영향을 주었던 작은 정부 이데올로기가 축소지향적인 정부개혁의 경로를 형성하게 된다. 김영삼 정부는 행정개혁을 통해 총 4회에 걸친 정부조직개편을 단행한다.

1993년 3월에 단행된 제1차 정부조직개편은 취임준비위원회를 통해 제시된 개혁안을 토대로 단행된 것이며, 작고 강력한 정부 구현이라는 개혁의지를 조기에 가시화한다는 차원에서 행정조직의 축소·통합을 추진하였다. 동력자원부와 상공부의 통합은 1970년대 석유파동으로 불안정했던 에너지 수급 문제가 해결되면서 본래 상공부에 속해 있던 동력자원부의 기능을 더 이상 독립적으로 운영해야 할 필요가 없어졌기 때문이며, 필요자원의 안정적 확보라는 차원에서 종래에 이원화되어 있던 산업 및 통상정책과 자원정책 간의 연계성 확보의 필요성이 인정되었기 때문이다. 또한 체육청소년부와 문화부의 통합은 88올림픽의 성공적인 수행을 위해 설치되었던 체육청소년부가 그 소임을 다함에 따라서 조직의 낭비적 요소를 제거한다는 목적과 종래의 국가체육·엘리트체육 중심에서 생활체육·사회체육 위주로 전환한다는 의미를 가지고 있다. 결과적으로 2개 부(部)가 폐지되고 3실, 7담당관, 12과의 하부조직이 감축되었고, 총 139명의 공무원 정원이 감축되었다. 1차 정부조직개편은 출범과 동시에 새 정부의 개혁의지를 조기에 가시화하려는 의도를 가지고 있었으며, 부처 상호간의 기능적 연관성에 대한 고려와 이를 위한 여론수렴 과정들을 생략한 채, 하향식(top-down) 접근방법을 채택한 과정적 특징을 보였다. 그 결과 공무원들의 불안감과 심한 반발을 초래하였고, 이 때문에 후속되어야 할 개편작업이 지연되는 등 영향을 받았다(이종수, 1996: 21-22).

제2차 정부조직개편은 1994년 1월~11월에 걸쳐 단행되었다. 1차 정부조직개편으로 인해 공무원 사회가 동요하자, 중앙정부의 통·폐합과 같은 대규모의 개편 작업은 잠정적으로 중단되었으며, 대신 정부는 행정쇄신위원회를 중심으로 국민편의를 위한 행정제도와 관행의 쇄신에 역점을 두는 개혁과 일부 부처의 국·과를 축소·조정하는 미시적인 조정에서 개혁을 진행했다. 관료들의 저항과 동요가 심해지자 2차 조직개편에서는 부처별 자율개편 방식과 같은 상향식(bottom-up) 접근방식을 통해 개혁이 추진되었으며, 28개 부처에서 1실, 3국, 11심의관, 35개 과의 하부조직을 감축하고 정원을 212명가량 축소하는 데에서 조직개편을 마무리하였다(이종수, 1996: 23).

제3차 정부조직개편은 1994년 12월에 단행되었다. 김영삼 정부 출범 이후 두 차례에 걸친 정부조직개편이 있었음에도 불구하고, 당시 우리 정부조직은 30여 년 전의 정부주도 개발경제시대에 짜인 골격을 그대로 유지하고 있었으며, 규제와 통제 위주의 정부기능도 변하지 않은 상태였다(이종수, 1996: 24). 때문에 정부는 과거 정부주도의 국가발전 체제를 새롭게 개편해야 할 필요성을 느끼고 있었다. 게다가 1995년부터 실시될 지방자치제도의 도입으로 중앙-지방 간 새로운 관계정립의 필요성이 제기되었다. 이러한 이유로 김영삼 정부는 시드니의 세계화 선언을 계기로 놀라울 만큼 대대적인 정부조직개편 작업을 추진하게 된다. 3차 조직개편의 초점은 경제정책의 계획과 수단을 통합한 재정경제원의 출범과 사회간접자본을 담당하고 있는 건설부와 교통부의 통합에 있었다. 3차 조직개편으로 중앙행정기관은 1부(部) 1처(處)가 줄어들어 2원 13부 5처 15청 2외국이 되었고, 하부조직은 장·차관급 5개, 차관보 5개, 국장 26개, 과장 115개의 직위가 감축되었으며, 공무원 정원은 총 1,002명이 감축되었다(공보처, 1996). 총무처 조직기획과(1995)의 통계에 따르면, 3차 정부조직개편으로 중앙부처 과 단위 이상의 조직이 8.1% 감축되었고, 행정부의 인력도 0.11% 축소된 것으로 나타나고 있다(이종수, 1996: 28).

하지만 김영삼 정부가 대폭적인 3차 조직개편을 단행하게 된 배경에는 이러한 표면적인 이유 외에 개혁을 통해 어수선했던 사회 분위기를 반전시키려는 정치적 의도[66]가 내재되어 있었다. 즉 많은 인명피해를 가져왔던 성수대교 붕괴사건과 충주호 유람선 화재사건, 그리고 공무원들의 조직적인 세금비리 사건 등으로 정부에 대한 국민들의 신뢰가 급격히 하락했으며, 두 전직 대통령의 비자금 사건 폭로로 인해 정치적으로 어려운 상황이었다. 때문에 새로운 개혁 드라이브를 통해 사회 분위기를 반전시키고 정권에 대한 신뢰를 회복할 수 있는 계기가 필요했던 것이다. 결국 작은 정부 구현이라는 이념과 정권적 이익 창출의 목적, 그리고 관료 통제의 필요성이라는 이해관계가 맞물리면서 김영삼 정부는 출범 직후부터 지속적으로 축소지향적인 정부조직개편 경로를 유지하게 된다.

1996년 2월~8월까지 단행된 제4차 정부조직개편에서는 3차 조직개편까지와는 다른 확대지향적인 조직개편 경로가 뚜렷하게 나타난다. 이렇게 조직개편의 방향이 바뀌게 된 표면적인 이유는 행정관리적 측면에서 행정수요의 변화가 증가했기 때문에 이러한 환경변화에 적응하기 위해 기능을 확대 조정한 것으로 볼 수 있다. 우선 체계적이고 효율적인 중소기업지원체계의 구축과 중소기업의 경쟁력 증대라는 목적을 가지고 중소기업청이 신설되었다. 이는 본래의 공업진흥청과 국립기술품질원(구 국립공업기술원)을 합쳐서 조직을 크게 확장한 것인데, 이러한 조직 확대를 통해 기존보다 6개 국과 7개 과

---

66) 당시 한국사회는 전두환, 노태우 두 전직 대통령의 수천억 원대의 비자금사건이 폭로되면서 사회지도층에 대한 불신과 불만이 팽배해 있던 시기였다. 행정개혁은 종종 정치적인 수단으로 악용되기도 하는데, 지도층이 자신들의 인기유지를 위해 개혁을 결정하는 경우도 그에 속한다. 이러한 경우 지도부는 개혁의 구체적인 내용에서 정치권의 이익을 고려하게 되며, 이때 관료장악을 위해 비합리적인 방법으로 조직개편과 인원감축 등의 개혁을 추진하는 경우 실적관료제의 근본을 흔들어 행정능력을 크게 손상시키게 된다(정정길, 2003).

가 새로 늘어나게 되었다(이종수, 1996: 30-31). 우리나라는 70년대 이후 정부주도적인 산업지원 정책을 통해서 중화학공업 등을 육성하기 위해 정책금융을 제공하면서 일반 시중 은행의 금리보다 훨씬 낮은 금리를 적용하거나 해당 기업들에게 대출되는 여신의 실질금리가 마이너스가 되도록 하는 방법으로 재벌 기업을 육성하게 된다. 이러한 이유로 우리나라는 정부우위의 정부·기업 관계의 역사적 유산을 가지게 되었고, 이후 대통령의 권력을 바탕으로 한 초법적인 정치적 압력이 기업정책에 지속적으로 영향을 미치는 국가주의적 관행으로 유지되었다. 하지만 1980년대 중반부터 시작된 경제자유화와 정치민주화로 정부의 정책금융은 점차 축소되고 시장중심의 금융시스템이 정착되었으며, 특히 김영삼 정부의 세계화 정책으로 정부의 시장개입 입지는 줄어들게 되었다. 결국 정부의 정책금융을 통해 육성된 재벌구조는 정부의 통제가 불가능할 만큼 비대해졌고, 이는 역으로 정부정책의 범위와 방향을 결정짓는 제약으로 작용하게 되었다(장지호, 2003). 이러한 이유로 정부는 새로운 견제세력으로서 중소기업을 적극적으로 지원하고 육성할 필요가 있었던 것이다.

또한 급변하는 국제 해양환경에 능동적으로 대처하기 위해서 해양 관련 정책을 종합적으로 전담할 기관이 필요하다는 취지하에 1996년 8월 해양수산부가 신설되었으며, 아울러 해양경찰청이 해양수산부의 외청으로 승격되었다. 이로써 해양수산부는 2실 6국의 본부조직에 정원 8,937명의 독립부처로 출범하게 된다. 이 외에도 내무부, 통상산업부, 환경부, 건설교통부, 법무부, 경찰청, 국세청, 기상청, 재정경제원 등이 95년부터 직제개편을 통해, 기능강화와 국·과 신설을 이유로 조직과 정원을 계속적으로 확대·개편하였다. 결과적으로 김영삼 정부의 조직형태는 2원 14부 5처 14청 1외국의 형태가 되었으며, 1, 2, 3차 개편을 통해 꾸준히 감소하였던 실, 국, 과의 수는 <표 4-4>에서 보는 바와 같이 3차 개편 당시와 비교했을 때, 확연히 증가된 것을 알 수 있다. 특히, 국에 속하는 2, 3급의 담당관 수는 1차 개편 당시보다도 큰 폭으로 증가했음을 알 수 있다.

이렇게 확대지향적인 정부조직개편 경로가 나타나게 된 이유는 행정수요의 증대에 따른 행정기능의 확대·조정이라기보다는 집권 후반기가 되면 일상적으로 일어나는 조직 확대 현상과 관련이 깊으며, 이는 시간이 지날수록 조직·인력·예산을 증대시키려고 하는 관료제 조직의 근원적인 제도적 속성에 의한 제약이라고 볼 수 있다.

1997년 말에 터진 외환위기는 김대중 정부의 경제 및 행정분야의 개혁방향을 제약하는 중대한 전환점이 된다. 당시 김대중 정부가 해결해야 할 시급한 당면과제는 경제위기 극복이었으며, 경제회복을 통해 국민에게 안정감과 신뢰감을 심어 줄 수 있는 정부의 역할이 무엇보다도 중요했다. 김대중 정부는 1998년 2월 출범과 동시에 제1차 정부조직개편을 통해 공공부문 개혁을 단행하였다. 개혁안은 대통령직인수위원회의 부설기구 격인 정부조직개편심의위원회에서 작성하였으며, 정부조직개편의 방향은 물론 축소지향적인 경로를 따르게 된다. 1차 정부조직개편 결과 정부조직 형태는 2원 14부 5처 14청이었던 것이 17부 2처 16청으로 바뀌었고, 외형적으로는 확연하게 축소된 것을 느낄 수가 있다. 그리고 이러한 결과는 전시적인 행정개혁의 효과라는 측면과 민간부문에 대한 공공부문의 고통분담 차원이라는 점에서 충분한 의미를 가졌다. 하지만 정부조직개편심의위원회의 논의는 김영삼 정부가 1997년 10월에 구성한 정부구조조정심의위원회의 정부조직개편 시안을 바탕으로 진행되었고, 조직 간의 관계나 기능에 대한 분석 없이, 50일도 채 안 되는 짧은 시간 안에 개혁안이 작성되기 때문에 실질적인 감축은 그리 크지 않았다. 즉, '부'와 '처'급의 조직숫자는 줄이면서 '청'급 조직의 숫자는 늘렸기 때문에 중앙행정기관의 숫자는 여전히 35개를 유지하고 있었고, 인력감축의 폭도 그리 크지는 않았다.

1999년 5월에 있었던 제2차 정부조직개편에서는 국정홍보처의 부활과 기획예산처의 신설로 오히려 2개의 처가 늘어서 17부 4처 16청의 조직형태가 되었다. 이는 1차 조직개편의 성급한 처리로 조직 간 기능연계에 차질이 생기자 이를 바로잡은 측면이 강하다. 즉 공보처에서 공보실로 축소되었던 조직을 총리실에서 다시 분리시켜 국정홍보처를 만들게 됨으로써 1년 전의 상태로 되돌리는 결과를 가져왔으며, 1차 조직개편에서 부처 간의 갈등으로 예산기능을 기획예산위원회와 재정경제부로 나누어 놓았던 것을 2차 개편을 통해 기획예산위원회와 예산청을 통합하여 기획예산처를 만들게 됨으로써 기획과 예산의 기능을 다시 연계시키는 결과를 가져왔다.

이러한 외형적인 변화로 보면 김대중 정부의 2차 정부조직개편이 확대경로를 따르고 있는 것으로 보인다. 하지만 내용적인 측면을 들여다보면 오히려 1차 조직개편 때보다 더 감축지향적인 개편이 단행된 것을 알 수 있다. 즉 2차 개편에서는 신공공관리론적 개혁이념을 더욱 적극적으로 수용하여 조직개편, 인원감축, 인사 및 재무관리방식 개편 등 보다 더 많은 조직 및 관리방식을 개혁의 대상으로 하였는데, 이 과정에서 2차 조직개편과 관련하여 부처별 차관보급, 국장급, 과장급의 대폭적인 직위감축이 이루어졌다. 즉 1급 17명, 2~3급 56명, 4급 168명으로 과장급 이상의 직위를 총 241개 감축하였다(정정길, 2003: 398). 사실 이러한 개혁은 공공부문의 개혁을 가속화하려는 목적으로 1998년 11월~1999년 2월까지 실시된 경영진단 결과를 바탕으로 경영진단조정위원회가 작성한 건의안을 근거로 「정부조직법 및 직제개정안」이 공포되면서 실시된 것이었다. 하지만 진단기간이 너무 짧았고, 아무리 면밀한 분석이 이루어졌다고 하더라도 실무자가 아닌 민간전문가팀이 기능의 경중을 객관적으로 판단하기란 어려운 문제이기 때문에 결국 부처별로 감축 퍼센트(%)를 할당했을 가능성이 높다(정정길, 2003: 399).[67)

  2001년 1월에 단행된 제3차 정부조직개편에서는 여성부가 신설되면서 정부조직이 18부 4처 16청의 형태로 확대되었다. 게다가 1차 조직개편 당시 작은 정부를 내세우며 폐지되었던 부총리제도는 경제부총리제도가 도입되면서 다시 부활하였고, 교육부총리제도까지 신설되었다. 이는 1차 조직개편 당시 부총리제도를 폐지하는 대신 국무총리실 산하에 국무조정실을 신설하여 정책조정 기능을 담당하게 하였으나, 기대와는 다르게 정책 간의 연계성과 일관성이 떨어지는 문제점이 지속적으로 발생하였기 때문에 다시 재도입되었던 것이다. 또한 부처를 중심으로 한 중앙정부조직 외에 중앙인사위원회나 국가인권위원회 같은 각종 위원회들이 지속적으로 신설되면서 인력규모를 비롯한 정부조직 규모는 점차 확대되는 결과를 가져왔다.

  김대중 정부 역시 김영삼 정부에서와 마찬가지로 집권 후기에 접어들면서 뚜렷한 확대지향적인 정부조직개편 경로가 나타났다. 이러한 경로가 나타나게 된 이유를 1차 조직개편 당시 보여주기 식의 무리한 기구축소 위주의 개혁을 단행하였기 때문에 원활한 기능회복을 위해 뒤따른 후속조치로 인식할 수도 있을 것이다. 하지만 제도적 관점에서 보았을 때 이러한 확대 경로가 나타나게 된 이유는, 집권 후기로 갈수록 전시적인 효과를 위한 행정개혁의 외적인 자극과 정권적 이익 창출의 필요성 같은 제도적 영향요인이 줄어들게 되면서 관료제 조직의 근원적인 속성인 확대지향적인 제도적 속성이 더 많은 영향을 끼쳤기 때문이다. 이는 결국 김대중 정부 역시 관료제 조직의 근원적인 제도적 속성에 의해 제약받고 있음을 의미하며, 군부정권인 박정희 정권에서 나타나게 된 '축소→확대'라는 행정개혁의 제도적 속성이 각 정권의 행정개혁을 지속적으로 제약하고 있기 때문인 것으로 보인다.

---

67) 본 연구자 역시 노무현 정부가 2004년도에 실시한 정부조직 진단에 참여한 경험이 있으며, 이러한 의견에 공감한다.

2003년 2월에 출범한 노무현 정부는 2006년 2월 현재까지 약 6차례에 걸친 부분적인 정부조직법 개정이 있었지만 대대적인 정부조직 개편이 있지는 않았다. 김대중 정부 임기 말이었던 2002년 당시 18부 4처 16청이었던 정부조직 형태는 2006년 2월 현재 18부 4처 17청의 조직형태를 띠고 있다. 이러한 변화의 원인은 건설교통부 산하의 철도청을 공사로 이양하였고, 2004년 3월에 소방방재청과 2005년 3월에 방위사업청을 신설함으로 인해서 2개의 청이 늘어났기 때문이다. 이 외에 법제처와 국가보훈처가 장관급 기구로 격상되었으며, 문화재청이 차관급 기구로 격상되는 등 확대지향적인 조직개편 경로가 나타나고 있다. 또한 노무현 정부의 중앙행정기관의 하부기관은 김대중 정부 시절인 2001년 '36실 168국 760과'보다 '2실 12국 58과'가 늘어서 '38실 180국 818과'가 되었으며, 담당관 수도 525명에서 559명으로 34명이 증가된 상태이다. 노무현 정부의 이러한 개혁방향은 이전 정부까지의 조직개편 경로와 차이가 있다. 즉 정권 초기에 축소지향적인 조직개편 경로는 나타나지 않았으며, 출범 이후 확대지향적인 조직개편 경로를 따르고 있다.

노무현 정부는 제5공화국 시절부터 우리나라 행정개혁의 핵심 이념으로 대두되었던 작은 정부 이데올로기를 공식적으로 포기했다. 그리고 정부의 규모가 작고 큰 것은 문제가 되지 않으며 효율적으로 일 잘하는 정부가 좋은 정부라는 입장을 표명했다. 이는 집권자의 강한 개혁이념의 영향으로 이전 정부까지 영향을 주었던 전시적인 효과를 노린 행정개혁의 제도적 속성이나 정권이익 창출의 필요성과 같은 제도적 제약이 현 정부의 조직개편에 영향을 주지 못하기 때문인 것으로 판단된다. 결국 집권자의 개혁이념과 확대지향적인 기존 제도 및 관료제의 근원적인 제도적 속성이 더욱 강력한 영향력을 미치고 있기 때문에, 애초부터 조직개편의 축소 경로를 따르지 않고 확대 경로를 따르고 있는 것으로 보인다.

2) 인력의 규모

각 정권의 인력규모의 변화가 정부조직개편 결과와 반드시 일치하는 것은 아니지만, 조직의 확대에는 정원의 증가가 뒤따르고 조직의 축소에는 정원의 감축이 수반되기 때문에 대체로 인력의 규모는 정부조직개편과 비슷한 경로를 따라가게 된다. 우리나라 역대 정권들의 인력규모의 변화를 보면 집권 초에 비하여 집권 후기로 갈수록 인력의 규모가 확대되어 온 것을 알 수 있다. 김영삼, 김대중, 노무현 정부에서도 역시 비슷한 현상이 나타나고 있는데, 각 정권별로 구체적인 인력의 변화에 대한 경로를 분석하면 다음과 같다.

먼저 김영삼 정부의 경우 1993년 12월 1차 정부조직개편 이후 행정부 공무원의 총규모는 7635명이 증가되었다. 1차 조직개편 이후 일반직공무원은 고위직(1~3급), 중위직(4~5급), 하위직(7~9급) 모두 감소하여 총 978명이 감축되었으나, 일반직 중 연구직이나 교원, 경찰, 법관 및 검사와 같은 특정직공무원이 증가되었기 때문이다. 이후 1994년 1월과 12월에는 2, 3차 정부조직개편이 있었고, 특히 3차 조직개편에서 대폭적인 조직축소 현상이 나타났다. 이러한 영향으로 행정부 공무원의 총규모는 1994년과 비교하여 1995년에 2,701명이 감축되었는데, 특히 일반직공무원의 경우는 8,846명이나 감원되었다. 하지만 교원 및 경찰을 비롯한 특정직공무원은 계속 증원되었다. 3차 정부조직개편으로 잠시 줄어들었던 조직 및 인력의 규모는 4차 조직개편을 통해서 대대적인 증가현상을 보이는데, 1996년 말 행정부 공무원의 총규모는 전년도와 비교하여 20,040명이 증가한 909,802명이 되었다. 기능직 및 고용직을 제외하고는 거의 모든 직급에서 대폭적인 증원 현상이 나타났기 때문인데, 특히 일반직의 경우 고위직에서 하위직까지 모두 증가하여 2,056명이 증가하였다.[68] 이상에서 살펴본 바와 같이 김영삼 정부의 인력규모는 집권 중반기까지 축소지향적인 경로를 따르다가 3차 조직개편 이후 집권 후반기로 접어들면서 확대지향적인 경로를 따라간다. 이는 역대 정부에서 나타나고 있는 인력규모의 변화에 대한 경로와 일치하는 현상이며, 김영삼 정부가 전 정권까지의 제도적 특성에 의해 제약받고 있다는 것을 의미한다.

김대중 정부의 행정부 공무원의 총규모는 1차 정부조직개편이 있었던 1998년부터 3차 조직개편이 있었던 2001년 1월 이전까지 지속적인 감소현상을 나타낸다. 1차 조직개편 이후 1998년 말 공무원 총규모는 46,771명이 감원되어 870,871명이 되었으며, 1999년 말에는 13,255명이 줄어서 857,616명이 되었다. 이후 지속적인 감원으로 2000년 말 공무원의 총규모는 850,761명으로 축소되었다. 하지만 2001년 1월 3차 정부조직개편 이후 집권 후기로 접어들면서 정부조직개편은 확대경로를 따르게 되는데, 인력변화도 증가 현상을 나타내고 있다. 즉 전년도보다 약 790명 정도가 증원되어서 2001년 말 공무원 총규모는 849,971명이 되었다. 따라서 전체적으로 보았을 때 집권 초기부터 3차 정부조직개편 전까지는 축소지향적인 경로를 따라가다가 3차 조직개편 이후 집권 후기로 접어들면서 확대지향적인 경로로 전환된 것을 알 수 있다. 그런데 이러한 변화는 기능직이나 고용직, 그리고 지방직공무원의 감축과 관련이 깊다. 즉 인력규모가 축소경로를 따르고 있을 때도 정무직, 계약직, 특정직의 경우는 지속적으로 증가현상을 보였으며, 일반직 중앙공무원의 경우도 2차 조직개편 이후부터는 증가된 것을 알 수 있다.[69] 그리고 김영삼 정부에서와 같이 인원감축은 주로 하위직급과 기능직 및 고용직 등을 대상으로 이루어졌다는 것을 알 수 있다. 또한 김대중 정부의 인력규모 또한 집권 초의 축소경로에서 집권 후기 확대경로로 전환된 것을 확

---

68) <표 4-5> 참조.
69) <표 5-4> 참조.

인할 수 있다.

노무현 정부의 인력규모는 전 정권과는 다소 다른 경로를 따른다. 즉 집권 초기부터 인력규모가 확대지향적인 경로를 따르고 있다는 것이다. 전 정부였던 김대중 정부 말기(2002년 말)의 전체 공무원 규모는 889,993명이었다. 이는 노무현 정부 출범 1년이 경과한 2003년 말 915,945명으로 증원되었으며, 2004년 말에는 936,387명으로 역대 정권 중에서 가장 높은 인력규모를 나타냈다. 그런데 2005년 7월 말 전체 공무원 수가 갑자기 916,481명으로 축소되어 마치 인력규모가 축소경로로 전환된 것처럼 보인다. 하지만 조직개편의 영향이나 제도적 요인으로 인해서 경로가 전환된 것이 아니라 철도청이 공사로 이양되면서 그 인력이 대거 빠져나갔기 때문에 나타난 현상이었다. 이후 2005년 12월 말 전체 공무원 수는 다시 93만 명 수준으로 회복되었으며, 2006년 2월 현재 933,920명으로 인력규모가 확대되었다. 실질적으로 노무현 정부의 인력규모는 지속적으로 확대지향적인 경로를 따라가고 있으며, 증가 폭도 전 정부와는 비교도 안 될 만큼 크다는 것을 알 수 있다.

조직개편과 인력규모에 대한 이러한 변화를 보다 거시적인 관점에서 바라보면 행정개혁의 경로의존적인 특성을 끌어낼 수 있다. 즉 집권 초기부터 대대적인 개혁을 통해 축소되었던 각 정권의 조직과 인력의 규모는 집권 말기가 되면 어김없이 집권 초 개혁 이전의 규모를 회복하거나 오히려 증가한다는 것이다. 정부관료제 조직은 민간기업과는 달리 근원적으로 각 부처의 예산과 인원을 확대하려는 속성을 가지고 있다. 각 정권에서 새로운 이념과 개혁 패러다임에 근거해 개혁이 이루어진다 하더라도 결과적으로 변화되지 못하고 이전의 모습을 회복하거나 유지하게 되는데, 이는 결국 관료제 조직의 근원적인 제도적 속성이 정부조직개편의 경로를 제약하고 있기 때문인 것으로 이해할 수 있다. 즉, 집권 초기에 전시적인 효과를 위해서

단행되는 행정개혁의 외적인 자극과 정권적 이익 창출, 그리고 관료
통제를 위한 집권자의 근무조건통제와 같은 제도적 영향요인에 의해
축소경로를 따르던 정부조직구조는, 집권 후반기에 접어들면서 이러
한 제도적 요인들의 영향이 줄어들게 됨으로 인해서 조직의 규모를
확대시키려는 관료제 조직의 근원적인 제도적 속성의 영향을 더 많
이 받게 되고, 결국 정부조직개편은 확대경로를 따르게 되는 것이다.

2. 인사제도

　조직의 업무수행방식을 변화시키기 위해서는 인사관리방식의 변화
가 매우 중요하다. 우리나라는 실적주의제도에 근간을 두고 있지만
지난 수십 년 동안 공무원들의 정실주의가 문제로 지적되어 왔다.
실적주의제도가 활성화되기 위해서는 폐쇄적인 인사관리방식이 아닌
개방형의 인사관리방식이 요구되며, 관료들에 대한 지나친 통제는
무사안일주의나 소극적 자세를 불러오기 때문에 효율적인 조직운영
을 위해서는 관료들의 재량권을 적당히 확대시켜 줄 필요가 있다.
1990년대 중후반까지 우리나라의 공직제도는 계급제적인 특성이 강
했다. 계급군 간의 폐쇄성과 차등화가 존재하여 계급·계급군 간의
수직적 이동이 곤란하였고, 전문계약직보다는 일반행정가가 강조되
었다. 폐쇄형 충원방식을 취하고 있었기 때문에 일반적으로 행정고
시제도와 같은 공무원 시험을 통해서만 충원이 가능했고, 계급과 신
분을 동일시하여 계급을 신분화하는 특성이 있었다. 교육훈련, 승진,
평가, 보상 등과 같은 인사관리의 측면에서 볼 때, 능력이나 실적과
같은 객관적인 기준에 의하기보다는 대체로 연공서열에 의한 결정이
일반적이었다. 이러한 우리나라 인사제도의 특성은 각 정권의 행정

개혁 이후에도 제도의 변화를 제약하는 요인으로 작용할 가능성이 높다. 특히, 인사권한의 구조와 성과급 등과 같은 보수체계의 변화는 이들의 관계를 이해하는 데 도움이 될 수 있을 것으로 보인다.

좋은 조직의 구성과 운영에 있어서 제도와 시스템의 역할은 매우 중요하다. 하지만 그보다 더 중요한 것은 인적자원의 역할일 것이다. 원활한 인적자원의 관리를 위해서는 중앙인사기관의 역할이 무엇보다 중요하며, 인사기구의 구성에 따라서 제도적 특성과 권한구조에 차이를 가져오게 된다.

우리나라의 근대 행정사적인 관점에서 볼 때, 최초의 인사행정기관[70]은 미군정 시대(1945~1948년)에 설립된 인사행정처를 들 수 있을 것이다. 당시 인사행정처는 입법·행정수립에 관한 권한을 가지고 있었으며, 실제적인 운영은 각 부처에 있는 인사과에 분권되어 있었다. 그리고 총무처 고시서, 보임서, 훈련서, 은공서 등을 두어서 행정사무의 종류와 난이도에 의한 분류, 정부공무원의 채용 조치를 위한 적성조사, 공무원의 교육양성, 문관시험의 준비 등을 하도록 하였다.

이후 제1·2공화국(1948~1961년) 시절에는 국가공무원법(1949년)이 제정됨에 따라서 비교적 실적주의적인 요소를 내포한 민주화된 제도적 구성을 갖추게 된다. 당시 중앙인사행정기관의 역할은 총무처가 맡고 있었으며 국무총리 산하에 소속되어 있었고 처장은 국무위원이 아니었다. 그리고 총무처는 실적제를 중심으로 인사행정을 추진하여야 했지만 실제로는 무력하였다. 이후 제2공화국 들어서 국무총리와 국무위원의 지위를 강화하였고 국무원 사무국이 국무원 사무처로 승격되었다. 그리고 여기에 연금급여과, 연금기금과, 기획과, 인사과, 고시과로 구성된 인사국을 두었다. 즉 이 시절의 중앙인사기

---

70) 역대 인사행정기관의 변천에 관한 내용은 주로 임승빈(2000: 36-60)을 토대로 정리함.

관의 형태는 '총무처와 고시위원회→국무원 사무국 인사과와 고시국→국무원 사무처 인사국'으로 변화한다. 이 시기에는 정부조직법과 국가공무원법의 제정을 통해 공무원의 정치적 중립성을 선언하고 공무원 임용상의 기회균등원칙을 명기하는 등 실적주의에 바탕을 둔 인사행정제도의 확립을 위한 시도가 있었지만, 우리의 실정과 다른 제도의 도입, 인사행정에 대한 인식 부족, 비정상적으로 비대한 행정부의 권한 등으로 인해 정실주의 엽관주의적인 경향이 강했다.

박정희 정권에 해당하는 제3·4공화국(1961~1979년) 시절에는 직위분류법(1963년 11월 1일)과 공무원훈련법(1963년 5월 3일) 등의 제정이 있었으며, 중앙인사기관을 강화시키려는 움직임이 나타났다. 국무원사무처는 내각사무처로 명칭이 변경되었고, 사무처 아래에는 인사행정을 담당하는 행정관리국이 신설되었다. 이후 1963년 12월 14일 정부조직법의 전면적인 개편에 따라서 내각사무처는 총무처로 명칭이 바뀌었고, 총무처의 부설기관으로 소청심사위원회와 인사위원회가 설치되었다.[71] 제5공화국(1981~1986년)에 접어들면서 중앙인사행정기관의 권한을 강화하려는 시도가 나타나는데, 5급 이상의 공무원 임용에 대하여 총무처 장관과 협의하도록 한 것이다. 그리고 부처 간 인사교류의 확대 강화와 겸임 및 파견제도의 확대 등과 같은 개혁이 시도되었다. 제6공화국(1987~1992년) 시절에는 주로 정부조직개편을 위주로 행정개혁이 이루어졌기 때문에 인사행정개혁은 상대적으로 소홀한 편이었으며, 중앙인사행정기관의 역할은 여전히 총무처가 맡고 있었다.

---

71) 소청심사위원회는 공무원의 소청을 의결하는 합의제기관으로서 공무원의 권익보호를 담당하는 역할을 하였으며, 인사위원회는 인사행정에 관한 자문위원회의 역할을 하였다.

1) 집권적 인사기구의 설치와 인사제도의 변화

김영삼 정부(1993~1997년)에서도 중앙인사행정기관은 여전히 총무처였다. 즉 역대 정부들과 마찬가지로 단독부처형의 1원적 구조를 띤다. 김영삼 정부의 인사행정개혁이 과거의 제도들과 크게 상치되는 것은 아니었지만, 세계화 선언 등과 관련한 공공부문의 국가경쟁력 강화와 작은 정부의 이념과 같은 맥락에서 효율적이고 생산적인 조직 추구를 위해 다양한 제도의 도입을 시도하였다. 먼저, 기존의 근무성적 평정제도가 실적주의에 입각하여 운영되고 있었으나 실제 평정은 근무실적과 관계없이 연공서열에 따라 이루어지는 문제점이 있었으므로 이를 극복하고자 근무성적 평정제도를 목표관리제로 개선하고자 노력하였다. 하지만 목표관리제는 공무원들에게 매우 생소한 개념이었을 뿐만 아니라, 이에 대한 철저한 연구나 준비 없이 무리하게 도입하고자 하였기 때문에 결국에는 시행되지 못하였다. 다음으로 승진기준의 객관성을 확보하고 승진적체를 완화하고자 복수직급제와 근속승진제를 확대하여 시행하고 명예퇴직의 요건을 완화하였다. 하지만 이는 공무원들의 능력평가를 더욱 어렵게 만들고 연공서열의식을 더욱 팽배하게 만드는 등의 역효과를 가져왔다. 또한 중앙부처 간 파견근무제를 도입하였으나, 파견자의 적응능력 부족과 부처 이기주의로 인한 파견 기피현상으로 인해 일시적으로 시행되는 데 그쳤다(임승빈, 2000: 51-53). 이처럼 김영삼 정부에서는 다양한 제도의 도입을 통해 인사개혁을 단행하였지만, 대부분 소기의 목적을 달성하지 못했다. 이는 신설된 제도에 대한 공무원의 인식 부족과 새로운 제도에 대한 준비가 미흡했던 탓도 있지만, 기존의 제도에 익숙한 공무원들의 저항이 심했기 때문에 변화를 가져오지 못했던 것이다. Krasner(1984)의 지적처럼 변화의 압력하에서도 구성원들의 내부저항은 기존 제도를 유지하도록 기여하게 된다. 결국 기존의 조직문화, 관습이나 루틴 같은 비공식적인 제도적 특성이 신제도의 경로를 제약함으로 인해서 제도의 변화를 가져오지 못하고 지속되는 현상을 보이고 있는 것이다.

김대중 정부(1998~2002년)는 경제위기라는 환경적 요인과 신공공관리론에 기초한 개혁의 영향으로 특히 인사제도 분야에서 시장중심적인 관리방식과 가치를 보다 많이 도입한 것으로 평가된다. 가장 큰 변화는 중앙인사위원회의 설치를 들 수 있다. 김대중 대통령은 행정분야의 대통령 공약 사항으로 집권적 인사기구인 중앙인사위원회의 설치와 성과급제도의 도입을 제시한 바 있다. 1998년 2월에 있었던 제1차 정부조직개편 당시 중앙인사위원회의 설립이 추진되었으나 정치적인 갈등이 심하여 설립되지 못하였다. 그 후 1999년 5월 제2차 정부조직개편을 계기로 결국 중앙인사위원회가 출범하게 되었지만 업무영역에 대한 논란이 심하여 당초의 예상보다 작은 규모로 설립되었다(송하중, 1999: 14).

이에 따라서 김대중 정부의 중앙인사기관은 중앙인사위원회와 행정자치부[72]로 구성되는 2원적 구조를 가지게 되었다. 1999년 설치된 중앙인사위원회는 독립성을 가지고 합의형 결정방식을 취하는 대통령 직속의 위원회형이며, 행정자치부는 비독립의 단독부처형이지만 독립합의형의 소청심사위원회를 소속기관으로 두고 있는 절충형 기구이다. 중앙인사위원회는 과거 총무처와 같은 단독부처형 1원적 구조에 비해 독립성이 한층 강화되었다. 중앙인사위원회와 행정자치부는 각 기관의 관련사항에 대하여 정책결정기능과 집행기능을 담당하고 있으나, 중앙인사위원회는 인사행정의 기본정책을 결정하는 데

---

72) 행정자치부는 김대중 정부의 제1차 정부조직개편이 있었던 1998년 2월에 내무부와 총무처의 통합으로 만들어진 조직이다. 이에 따라 행정자치부는 총무처가 담당하던 인사 관련 기능을 수행하게 되었다.

중점을 두고 있고, 행정자치부는 공무원 시험 및 임용, 교육훈련, 근무성적평정, 후생 등 인사행정 전반의 집행기능에 비중을 두고 있다(유민봉, 2000: 123-125). 중앙인사위원회의 주요한 역할은 인사행정 기본정책 수립, 고위직공무원 인사 심사, 개방형 직위제도 운영, 인사 감사 등에 관한 것이었다(송하중, 1999: 14). 김대중 정부는 중앙인사위원회를 신설함으로써 고위직공무원에 대한 개방형 임용제도73), 계약직공무원의 업무범위 확대, 공무원 연봉제74), 그리고 목표관리제 등 다양한 인사제도의 도입 시도를 통해 인사개혁을 추진하였다. 김대중 정부의 인사행정개혁은 민간경영기법의 도입을 통한 공공부문의 경쟁 활성화와 실적 및 능력확대를 위한 운영시스템의 개혁이었다는 점에서 높이 평가될 수 있을 것이다. 하지만 개혁에 대한 평가는 부정적인 성향이 강하다. 시민단체, 행정학 교수, 공무원들을 대상으로 하는 인식조사에서 연봉제의 성과가 미흡하다는 응답이 높았으며, 3급 이상 고위직에 이어 전체 공무원에 대한 연봉제 도입이 논의되자 이를 둘러싸고 공무원 직장협의화와 전국교직원노동조합 등이 단체행동으로 이를 저지하려는 움직임을 보였다(남궁근, 2002: 315). 또한 개방형 임용제도의 경우 도입 초기에는 긍정적인 평가를 얻었지만, 임기 말의 상황을 보면 개방형 임용제도의 시

---

73) 개방형 임용제도는 직무의 내용 및 성격이 고도의 전문성을 요구하는 직위에 대해 공무원 및 민간을 포함하여 일정한 임용자격 요건을 갖춘 사람에 대한 심사를 거쳐 공직자로 임용하는 제도이다. 이 제도는 1999년 중앙정부를 중심으로 3급 이상 고위직의 약 20%까지를 개방하도록 하였으며, 1999년에 이미 130여 개의 직위를 선정하고 부분적으로 시행에 들어갔다.

74) 연봉제란 개인의 업무실적과 능력에 따라서 보수를 연 단위로 책정하여 계약을 체결하고 이를 1회에 총액 지급하거나 분할 지급하는 제도이다. 기존의 공무원 보수체계는 특별한 사유가 없을 경우 일정한 근속기간에 따라서 호봉이 자동적으로 상승하는 호봉제였으나, 연봉제의 도입을 통해서 근무실적과 능력에 따라 매년 보수가 달라지는 성과중심의 제도적 틀을 갖추게 되었다(임승빈, 2000: 54).

행으로 충원된 외부임용율이 15%에도 미치지 못하였고, 거의 대부
분의 직위가 공직내부에서 충당되는 등 당초 기대와는 다른 운영결
과를 초래했다(남궁 근, 2002: 316). 그나마 개방형 직위가 민간전문
가로 임용된 경우에도 조직 내의 내부적인 갈등이 심하여 공직에 잘
적응하지 못하는 경우가 많았다.

중앙인사위원회의 설치는 정치권력으로부터 독립하여 공정하고 객
관적인 인사를 수행할 수 있는 강력한 제도적 기반을 구축하였다는
점에서 의미가 있다. 또한 그동안 국가공무원의 인사에 대한 통합적
관리 부족이 문제점으로 지적되어 왔는데, 중앙인사위원회가 전 정
부적인 차원에서 인사정책의 기조를 유지하는 데 기여하고 있다는
점에서 높이 평가될 수 있을 것이다. 하지만 우리나라는 정실주의와
연고주의의 오랜 관행으로 인해 외부 정치권의 재집권욕이나 정권연
장욕이 아직까지 인사행정 전반에 반영되고 있기 때문에, 중앙인사
위원회의 설치만으로 과거의 부정적인 인사관행을 막는 데는 한계가
있다(유민봉, 2000: 127-128). 중앙인사위원회에 모든 인사 고유업
무를 전담시키는 1원화 구조가 반드시 타당한 것은 아니지만, 독립
성 및 전문성 강화라는 측면에서 도움이 될 수 있다. 더욱이 두 기
관의 기능배분이 직급을 기준으로 하여 구분되었다는 것은 논리적으
로 타당성이 약하다(정정길·김난도, 2000: 186).[75] 이러한 이원적 인
사행정체계는 미군정 시대부터 생겨난 제도적 유산이며, 김대중 정
부가 순수하게 인사기능만을 전담하는 기구를 신설하는 과정에서도
영향을 미쳤다. 게다가 중앙인사위원회의 위원장은 민간인이며, 1차
에 한해 연임이 가능하긴 하지만 임기는 3년으로 한정되어 있다. 이
러한 구조적 한계와 관습 및 관행 같은 기존 제도의 특성은 신제도

---

75) 중간관리직이라고 볼 수 있는 5급 이상을 분리하여 3급 이상은 중앙인
　　사위원회에서 담당하고 있으며, 4, 5급은 행정자치부에서 인사관리업무
　　를 담당하고 있다.

의 변화방향을 지속적으로 제약하고 결국에는 제도의 도입이 유명무실해지는 결과까지 초래하게 된다.

노무현 정부는 김대중 정부에서 다양한 인사개혁 방안이 시도되었지만, 새로운 개혁방안들이 제도적인 정착으로 이어지지 못한 이유를 구체적이지 못하고 불분명한 개혁청사진, 공무원의 참여 부족, 인사개혁추진조직의 정책 및 집행 기능의 이원화에 있었던 것으로 보고 이를 토대로 한 인사개혁 로드맵을 추진해 나가고 있다. 특히, 중앙의 인사정책과 집행기능을 통합한 강력한 추진체의 구성과 이를 통한 인사개혁의 총괄지휘가 필요하다고 보고 그동안 중앙인사위원회와 행정자치부 인사국으로 이원화되어 있던 인사기능을 중앙인사위원회로 이관함으로써 통합적 인사관장기구를 구축하게 되었다. 이에 따라 중앙인사위원회는 공무원의 선발과 시험, 교육훈련, 복지후생, 성과평가, 퇴직관리 등의 전반적인 분야에 대한 권한을 가지게 되었다(정부혁신지방분권위원회, 2005b: 5-41). 중앙인사관장기관을 일원화함으로써 얻을 수 있는 효과는 다음과 같다(정부혁신지방분권위원회, 2005b: 43). 첫째, 인사관계법령관리권이 중앙인사위원회로 이관됨에 따라서 정부의 인사개혁을 일관성 있게 추진할 수 있게 되었다. 둘째, 중앙인사관장기관이 인사정책 수요자인 각 부처를 일원적으로 직접 상대하게 됨으로써 인사행정의 환류기능이 되살아나게 되었다. 셋째, 과거 중앙인사위원회와 행정자치부를 이중으로 거쳐야 했던 각 부처의 불편이 해소되었다. 하지만 아직까지 개혁이 진행 중에 있기 때문에 중앙인사관장기구를 일원화함으로써 나타나는 결과들이 계속해서 긍정적인 효과를 가져다줄 것인지는 알 수 없다.

노무현 정부는 인사행정개혁과 관련하여 11대 아젠다를 발표하고 인사개혁 로드맵에 따라 개혁을 추진해 나가고 있다. 현재 추진하고 있는 인사개혁의 과제 중 국가 인사기능의 통합, 고위공무원단제도의 도입, 개방형 직위제도 활성화 방안 등은 중앙인사관장기구인 중앙인사위원회와 연관이 깊다. 그리고 분권형 조직설계와 관련하여 팀제의 도입과 인사관리 권한의 분권화 및 부처자율성의 확대라는 측면에서 총액인건비제도의 도입은 인사제도의 변화라는 관점에서 주목할 만하다. 구체적인 변화내용을 보면, 정책 및 집행 기능을 포함하는 전반적인 인사기능이 2004년 중앙인사위원회로 이관되었다는 점에서 국가 인사기능의 통합과제는 어느 정도 가시적인 성과를 보이고 있는 것으로 여겨진다. 그리고 고위공무원단제도의 경우는 2005년 12월 정기국회에서 고위공무원단제도 도입을 위한 국가공무원법 개정안이 통과됨으로써 2006년 7월부터 시행을 앞두고 있는 상황이다(정부혁신지방분권위원회, 2005b: 162). 또한 그동안 부진했던 개방형 직위제도의 활성화를 위해 개방형 직위 임용자의 처우개선이나 임용기간의 연장, 공직내부의 경쟁 촉진 등과 같은 제도 개선의 노력을 하였고, 향후 활성화 방안으로 개방형 직위를 과장급으로 확대 유도하는 방안과 임용기간을 다양화하는 방안, 개방형 직위임용에 대한 부처 자율화 방안 등을 계획하고 있다(정부혁신지방분권위원회, 2005b: 321 -331). 고위공무원단제도 도입 및 개방형 직위제는 중앙인사위원회의 핵심적인 정책과제에 해당하며 제도의 안착을 위해서 위원회의 역할이 매우 중요할 것으로 여겨진다. 실질적으로 고위공무원단제도 도입에 대한 검토는 김대중 정부 시절인 1995년부터 있어 왔고, 1998~1999년 제도 도입에 대한 논의가 있었지만 1999년 개방형 직위제도를 도입하면서 그 일부요소를 제도화하는 데서 그쳤다. 이후 노무현 정부의 인사개혁과제로 고위공무원단제도가 채택·도입되게 된 것이다.

한편, 팀제[76)]는 2005년 3월 24일 행정자치부가 정부기관으로는 최

---

76) 팀제는 모든 구성원의 능력을 개발시키고 이들의 능력과 포부를 결집하여 더욱 고차원의 지식으로 만들어 조직효율과 개인욕구를 동시에 충족시키기 위한 현대적 조직설계 도구라고 할 수 있다(임창희, 2000:

초로 도입하여 시범적으로 운영하고 있는 제도이다. 팀제는 기존의 관료제 구조의 한계에 대한 비판을 토대로 수평형 조직으로 개편하고, 팀에 보다 많은 자율성을 부여하는 조직원리를 반영한 것이다(유민봉, 2001). 우리나라 공직제도는 계급제에 근간을 두고 있는데, 계급제 구조의 특성상 의사결정단계가 너무 많고, 수직적인 조직으로 운영되다 보니 효율성이 낮고 창의성과 책임성이 결여되었다는 문제점이 지적되어 왔다(오영교, 2005: 380). 이러한 문제점에 대한 대안이 곧 팀제였다. 아직까지 팀제의 운영은 시범적인 수준에 머물러 있으며, 팀제 도입으로 인한 제도적 특성의 변화는 좀더 지켜보아야 할 것이다. 민간기업이나 공사에서 도입된 팀제의 경우도 과 또는 부서의 명칭이 팀으로 바뀌고, 부장이 팀장으로 바뀌었을 뿐 조직의 위계질서나 운영절차는 거의 변하지 않은 경우가 많기 때문이다.

중앙인사기관의 인적자원관리 책임을 각 중앙정부나 기관으로 이양하고, 각 부처와 기관에서는 기관장의 인사권한을 각 부서장에게로 위임하는 분권화 현상은 최근 세계 각국의 인사개혁에서 나타나고 있는 중요한 특징 중에 하나이다. 총액인건비제도는 각 부처가 정해진 인건비 한도 내에서 인력의 수와 직급, 기구의 설치뿐만 아니라 인건비 배분까지 자율적으로 정함으로써 인력운영의 유동성을 극대화할 수 있는 제도로, 공무원 인사관리 권한의 분권화 여부를 가늠할 수 있는 가장 좋은 척도이다(남궁 근·서원석, 2005: 440). 총액인건비제도는 2004년 8월부터 정부혁신지방분권위원회 인사개혁분과를 중심으로 구성된 TF 팀이 1년 가까이 논의를 거쳐 2005년 2월에 국정과제회의를 거쳐 확정되었으며, 2005년 하반기부터 시범실시를 거쳐 2007년도에 전면 실시하는 것을 목표로 하고 있다. 이러한 총액인건비제도가 제대로만 정착

오영교, 2005에서 재인용).

된다면 보수체계 및 보수수준 결정의 자율성을 높이고, 조직·정원 관리 및 충원 관리의 자율성을 높일 수 있어서 전체적으로 부처의 자율성을 높이는 데 상당한 기여를 할 수 있을 것으로 보인다(남궁 근·서원석, 2005: 441).

이처럼 노무현 정부의 인사개혁은 기존의 계급제적 조직구조를 깨뜨리고 하부기관으로 권한을 위임하는 수평적·분권적인 제도설계에 초점이 있다. 도입을 시도한 제도들이 제대로만 안착된다면 기존의 제도적 특성을 벗어나는 중대한 전환점이 될 수도 있을 것이다. 하지만 김영삼 정부와 김대중 정부의 개혁에서 보았던 것처럼 기존 제도의 특성은 신제도의 도입에서 그 경로를 제약하기 때문에 제도가 변화되지 못하고 제도의 도입이 유명무실해지는 현상을 보이기도 하였다. 제도의 도입근거 확립과 시범적 운영만으로 제도의 변화를 판단하기에는 시기상조로 보인다.

2) 성과급제도의 도입

성과급(output payment)은 개인이나 집단이 달성한 근로의 성과를 측정하여 그 결과에 따라서 보수를 차등적으로 지급하는 방식의 보수형태를 말한다(유민봉, 2003: 557-558). 신공공관리론에 근거한 개혁의 영향으로 개인이나 조직의 성과 및 책임이 더욱더 중요한 개념으로 등장했으며, 보수체계에서 성과급제도에 대한 논의를 더욱 활발하게 했다.

김영삼 정부에서는 성과급제도에 대한 논의는 있었지만 실제로 성과급제도의 도입을 시도하지는 않았다. 기존의 공무원 보수체계는 특별한 사유가 없을 경우 일정한 근속기간에 따라서 호봉이 자동적으로 상승하는 호봉제였으며, 보수등급에 따라서 봉급과 수당을 지급하는 방식을 취하였다. 우리나라에서 공직에 성과급제도가 처음으로 도입된 것은 김대중 정부 시절인 1999년이었으며, 성과연봉이 적용되지 않는 3급 과장급 이하 공무원을 대상으로 성과급 형태인 성과상여금제도가 도입되었다(유민봉, 2003: 559).

김대중 정부는 신공공관리론에 기초한 인사개혁의 과제로 성과급(performance pay)제도의 도입을 선택함으로써 공무원 보수제도의 변화를 꾀하였다. 구체적인 보수제도의 변화는 3급 이상 고위직공무원에 대해서는 연봉제를 실시하고, 3급 이하의 공무원에 대해서는 성과상여금제도를 실시한다는 것이었다. 공무원들의 성과에 비례하는 보상을 지급함으로써 보수 및 직무수행에 대한 형평성을 제고시키고, 나아가 공공분야에서 낭비를 줄이고 능률성을 제고시킨다는 취지였다. 이를 위해서는 공무원 개개인의 성과에 대한 측정과 개인별 차등지급이 불가피하며, 어느 정도까지는 이것이 장려되어야 한다.

성과급제도는 1999년도에 도입이 되었고 2001년부터 시행에 들어갔는데, 시행 1년 만인 2002년부터 성과급 지급방식에 부분적인 변화가 나타나기 시작했다. 즉 성과급제도의 본래의 취지와는 달리 전체 보수에서 성과급이 차지하는 비중이 매우 낮았다. 보수를 인센티브로 하여 공무원들의 업무능률을 향상시킨다는 제도의 본래 취지를 생각한다면 전체 보수에서 차지하는 성과급의 비중이 커야만 한다. 하지만 당시 성과급으로 책정된 예산은 공무원 전체 보수액의 1.2%에 해당하는 2,300억 원에 불과했다. 더욱이 지급방식에서 문제점이 나타났다. 즉 성과급을 공무원 개개인의 성과에 기초하여 지급하는 것이 아니라 계급을 기준으로 분배하여 지급하는 방식을 취함으로써 성과급제도의 본래 취지를 벗어났다(하태수, 2002: 52−53). 이러한 제도의 변형이 나타나게 된 원인은 공동체주의에 입각하여 조직원들의 화합을 중시하는 한국 조직문화의 관습적 영향과 계층주의적 성격을 띠는 공직제도의 영향에서 찾을 수 있다. 이와 관련한 제도의 변화를 보면 성과급의 차등지급이 일으키는 조직 내의 위화감 조성 같은 부작용을 줄이기 위해서 성과급 지급 대상자를 종전의 상위 70%에서 상위 90%로 확대하였고, 계층 간 지급액의 차이를 줄였다. 즉 최상위 그룹 10%의 경우 종전엔 상여금이 150%였으나 110%로 줄였고, 차상위 그룹의 경우 20%가 상여금 100%를 받았으나 그 대상이 30%로 확대되고 상여금은 80%로 축소되었다. 또한 3위 그룹의 경우는 40%가 상여금을 50% 정도 받았으나, 지급 대상은 50%로 확대되고 상여금은 40%로 줄어들었다(조선일보, 2002. 01. 02.). 결국 공동체주의와 계층주의 같은 관습적 영향과 제도적 특성이라는 기존의 제도가 성과급제도의 도입과 같은 신제도의 경로를 제약하고 있기 때문에, 본래 신공공관리론에 입각한 제도적 변화를 가져오지 못하고 제도의 한국적 토착화[77] 현상을 보이고 있는 것이다.

노무현 정부의 현행 연봉제는 고정급적 연봉제와 성과급적 연봉제로 구분된다. 그중 성과급적 연봉제는 1~4급 과장급 이상 또는 계약직공무원을 대상으로 실시된다. 하지만 성과급적 연봉제의 실시대상이 되는 공무원의 경우 성과연봉지급액의 평균이 기본연봉의 1.3%에 불과하기 때문에 제도의 기본 취지를 제대로 살리지 못하고 있다. 이에 따라서 성과급적 연봉제의 적용대상 및 성과급 비중을 확대하는 방안이 논의되고 있으며, 성과급 확대를 위한 제도적 환경 조성을 위해 성과평가시스템의 설계 및 운용, 총액인건비예산제도의 실시 등이 논의되고 있다(정부혁신지방분권위원회, 2005b: 210-211).

성과급제도는 2001년부터 본격적으로 시행해 오고 있으며, 모든 직종의 복수직 4급 상당 이하를 대상으로 하여 개인별 지급, 부서별 지급, 개인+부서, 부서→개인 등과 같은 4가지 방법 중 각 부처별

---

77) 제도의 한국적 토착화란 역사를 통해서 형성된 한국의 제도적 기반이 이전된 제도들과 정합하지 않아서 새 제도들이 한국의 토대에 적응(adaptation)하는 과정이다(하태수, 2002: 54).

업무의 특성과 구성원의 의견을 고려하여 지급방법을 결정하고 있다. 그런데 이 중 개인별 지급 유형이 전체의 89%를 차지하고 있어서 집단의사결정이 대부분인 중앙정부의 업무특성상 개인별 성과평가와 이를 토대로 한 개인별 지급방식이 바람직하지 않다는 비판이 제기됨에 따라서 집단성과급 등으로 지급방법을 개선하는 방안을 검토하고 있다(정부혁신지방분권위원회, 2005b: 212−214). 하지만 아직까지 별다른 변화는 나타나지 않고 있으며, 다만 중앙인사위원회가 새로운 성과평가 모델을 개발하여 성과평가 체계를 개선하는 방향을 모색하고 있다.

3. 재정운용

과거 우리나라의 재정운용방식은 재정지출의 비효율, 투입 중심의 예산편성, 재정의 형평성 기능 미흡, 재정의 투명성 결여, 재정책임의 결여 등과 같은 문제점들을 내포하고 있었다(윤영진, 2000). 국정관리자들은 예산을 통해서 국가정책의 우선순위를 조정하고, 관료기구를 통제하며, 정책집행을 관리하기 때문에 중앙재정기구를 조직화하는 것은 정권의 통치이념과 관련이 깊고, 행정개혁의 핵심과제가 된다(나중식, 1999). 이러한 이유로 정권이 바뀔 때마다 정권이 표방하는 국정목표나 대통령의 정책의지의 실현을 위해 재정운용방식의 변화와 중앙재정기구의 개편[78]이 나타나게 되는 것이다.

정부 수립 이후 수십 차례의 행정개혁이 진행되는 동안 재정운용

---

78) 현대 민주자본주의 국가의 중앙재정기구는 민주주의, 관료주의, 자본주의의 이념을 바탕으로 구조화되고 운영되어 왔으며, 한국의 경우도 대한민국정부 수립 이후부터 이러한 3가지 국가발전 이념 및 제도발전을 비교적 짧은 기간 안에 경험해 오고 있다(나중식, 1999: 542).

방식, 즉 중앙예산기관(예산기능)과 수입지출총괄기관(회계기능)의 조직화와 관련된 조직개편은 다섯 차례 정도 있었다. 정부 수립 당시 국무총리 산하 기획처-재무부 체제로 출범한 이래, 1955년 이승만 정권에서 1회, 1961년 군사정권에서 1회, 1994년 김영삼 정권에서 1회, 그리고 1998년과 1999년 김대중 정권에서 2회 중앙재정기구가 개편된 바 있다. 개편 시기별로 우리나라 중앙재정기구[79]의 변천 유형을 살펴보면, 1단계 1948~1955년까지는 '국무총리 기획처-재무부' 구조의 참모분리형 형태였고, 2단계 1955~1961년까지는 재무부 구조의 부처통합형 형태였다. 3단계 1961~1994년까지는 '경제기획원-재무부' 구조의 부처분리형이었다가, 4단계 1995~1998년 2월까지는 재정경제원 구조의 부처통합형 형태로 다시 바뀌었다. 5단계 1998년 3월~1999년 5월까지는 '기획예산위원회-예산청-재경부' 구조의 변형된 참모분리형 형태를 취했다가, 6단계 1999년 6월부터는 '기획예산처-재경부' 구조의 부처분리형 형태로 변천되었다(나중식, 1999: 541-543). 각 정부의 재정운용방식은 과도기적 성격을 갖는 1, 5단계를 제외하고는 대체로 예산과 회계 기능을 통합 또는 분리하는 일원적 또는 이원적 재정운용방식으로 구분할 수 있다.

국가발전 이념에 따른 제도발전 단계에서 보았을 때, 우리나라는 정부 수립 이후 관료주의에 토대를 둔 이른바 신중상주의적 산업화에 의한 자본주의가 촉진되어 왔으며, 박정희 정부 시절 근대화 목표를 달성하기 위한 목적으로 '경제기획원(기획, 예산기능)-재부무(회계기능)' 구조의 이원적 재정운용방식을 취해 왔다.[80] 그리고 이

---

79) 여기서 중앙재정기구의 개념은 중앙예산기관(예산기능)과 수입지출총괄기관(회계기능)으로 한정하며, 나중식(1999)의 연구에 의하면 중앙예산기관의 위치가 참모 또는 부처에 위치하는가에 관한 위치변수와, 예산기능과 회계기능이 통합 또는 분리되어 있는가 하는 역할변수의 조합에 따라 참모분리형, 부처분리형, 부처통합형으로 유형화할 수 있다.

80) 당시 민주당정부에서는 좌경적인 구호와 주장들이 학생단체와 몇몇 정

러한 구조는 현재까지 가장 오랜 시간 동안 우리나라의 재정운용방식[81])에 영향을 주고 있다.

1) 재정운용방식의 변화에 따른 중앙재정기구의 개편

김영삼 정부는 세계화라는 목표달성을 위해서 자본주의와 민주주의의 이념을 보다 중시하는 경향이 있었으며, 이를 위해 기획, 예산, 회계의 기능을 모두 가진 재정경제원에 의한 일원적 재정운용방식을 취했다.

전 정부에서 취해 왔던 이원적 재정운용방식에서 일원적 재정운용방식으로 전환하게 된 객관적인 원인은 김영삼 정부의 출범, 기업계 등의 능력신장으로 인한 경제자율화와 정부의 대응능력의 부족, 국제화·세계화 같은 사회적 환경의 변화 때문이었다(민진 1995, 1009).

김영삼 대통령은 선거공약에서 이미 정부조직개편을 공약한 바 있으며, 그 주요 내용은 개발 연대의 경제운용방식을 안정과 민주에 바탕을 둔 재정운용방식으로 변화시키는 것이었으며, 주요 경제부처를 통폐합하는 것에 초점이 있었다. 김영삼 대통령은 1993년 4월 행정쇄신위원회로 하여금 정부조직개편안을 마련하도록 하였는데, 1993년 10월 조직개편안이 신문에 공개되자, 개편 대상부처와 관료들의 반발이 심해졌고, 일단 개편 유보를 선언한다. 하지만 총무처와

당에 의하여 주창되었고, 부정과 부패가 만연된 상태였으며, 경제성장이나 발전을 위한 체계적인 정책집행은 없었다. 이러한 상황 속에서 군사정부가 제일 먼저 착수한 일은 빈곤을 벗어나기 위한 청사진을 제시하는 일이었다. 이와 같은 이유로 중앙재정기구를 개편하는 작업에 착수하게 되었으며, 기획·예산 기능과 회계기능을 분리하는 이원적 체제에 대해 내각의 반대가 심했으나, 대통령의 의지로 이원적 재정운용방식을 채택하게 된다.

81) 우리나라 중앙재정기구의 변천과정은 나중식(1999)을 참조함.

행정쇄신위원회로 하여금 은밀히 자료수집과 연구를 진행시켜, 1994년 10월 초 행정쇄신위원회에 조직개편안을 작성하도록 지시한다. 중앙재정기구 조직개편안의 입안은 주로 행정쇄신위원회와 총무처의 주도로 이루어졌으며, 1994년 12월 4일 개정안이 별 이의 없이 국무회의를 통과하고, 12월 23일 임시국회에서 개정안이 통과됨에 따라서 개편이 이루어졌다. 재정경제원으로의 통합개편 이후 직제개편과 변동인력에 대한 후속조치는 총무처에 의해 주도되었지만, 그 안은 국회에서 정부조직법이 통과되기 이전에 미리 확정지어 놓고 있었다. 이러한 부처통합형으로의 재무행정조직 개편은 것은 재정경제원의 지나친 비대화라는 우려와 함께 비판적 평가를 받기도 하였다.

김대중 정부는 집권 초기에 잠시 '기획예산위원회-예산청-재경부'라는 다원적 재정운용방식을 취해 시행착오를 겪기도 했지만, IMF 관리체제의 극복과 성장재진입이라는 위기관리가 가장 우선적인 목표가 되었기 때문에, 대체로 '기획예산처-재경부' 구조의 이원적 재정운용방식을 취했다.

1997년 가을 외환위기가 시작되면서 김영삼 정부에서 있었던 재정경제원으로의 조직개편이 문제시되기 시작한다. 즉, IMF 사태의 책임은 거대한 재정경제원의 방만한 운영의 결과이며 재정경제원에 그 책임을 물어야 한다는 강한 국민적 여론이 형성된 것이다. 이에 따라 김대중 정부는 정부 출범 이전 정부조직개편위원회를 통해 개편안을 준비하게 된다. 1차 시안은 재정경제원을 기획예산처(대통령 직속)와 재정경제부로 분리하는 안이었는데, 1998년 1월 16일 개최한 공처회의 의견을 참고로 개편안을 확정시켰다. 정부안이었던 2차 시안 역시 1차와 같은 참모분리형이었다.

개정안의 심의과정에서 국민회의는 참모부처형으로 당면한 위기를 극복해야 한다는 입장이었지만, 공동정부를 구성하고 있는 자민련은 내심 총리실의 권한을 강화하고자 하였다. 한편, 한나라당은 대통령의 권한강화를 한사코 반대하는 입장이었는데, 이렇게 각 당의 정치적 이해관계가 충돌되면서 결국 대통령 직속기구로 기획예산위원회를 신설하고, 재정경제원은 재정경제부로 축소하며, 대신 그 산하에 예산청을 신설하는 안으로 조정되었다. 이로써 기획예산위원회는 재정과 관련된 장기기획 및 행정개혁, 예산편성 지침을 작성하는 기능을 담당하게 되었고, 예산청은 예산편성 및 관리업무를 담당하며, 재정경제부는 수입지출 총괄기능인 회계기능을 담당하게 되었다. 이러한 결과는 예산기능이 상하로 이원화되고, 책임이 다원화되는 전례를 찾아볼 수 없을 만큼 특이한 기형적 구조였다. 종종 국회의 심의과정은 각 정당 간의 정치적 이해가 복잡하게 얽혀 있기 때문에, 당초 정부조직개편안의 중요한 내용이 변질되기 쉬운데, 이 사례의 경우도 그러하며, 이 때문에 1년 후 다시 중앙재정기구의 개편이 이루어지게 된 것이다.

다원화된 중앙예산기관은 실제 운영과정에서 이미 예상되었던 많은 문제점들을 노정하게 되었는데, 예를 들어 예산심의 과정에서 재정경제부 장관이 예산정책과 편성방침에 대해 전혀 책임 있는 답변을 못 한다든가, 예산운영의 책임자들이 국회에서 답변할 기회조차 갖지 못하는 일[82] 등이 발생하게 되었다. 결국 학계, 실무계, 정치권 모두에서 이러한 운영체계에 대한 문제점에 공감하게 되고, 김대중 정부는 정부경영진단을 통해 2차 정부조직개편을 준비하게 된다. 1993년 3월 11일 경영진단조정위원회는 '정부운영 및 조직개편방안'에 대한 건의안을 작성하여 행정자치부 장관과 기획예산위원장에게 제출하였는데, 이 안의 성격은 정부운영시스템 혁신을 위한 소프트웨어적 개혁에 초점을 둔 것처럼 보이나, 실제로 가장 역점을 둔 것

---

82) 예산운영의 책임자에 해당하는 기획예산위원회 및 예산청장은 국무위원이 아니며, 답변순서가 서열로 이루어지기 때문에 이러한 해프닝이 발생한 것이다.

은 중앙재정기구의 개편이었다.

개편안은 기획예산위원회를 예산청과 통합하여 기획예산부로 하는 제1안(부처분리형)과 예산청을 재정경제부의 내부 조직화하는 제2안(부처통합형), 그리고 대통령 또는 총리 소속의 예산부(처)를 신설하여 예산부 장관이 경제정책조정회의를 주재하고 중앙예산기능을 총괄하는 제3안(참모분리형 또는 부처분리형) 이렇게 3가지로 제시되었으나, 최종적으로 제1안을 단일안으로 건의했다. 이러한 개편안에 대해 자민련은 기존처럼 재정경제부 산하에 예산청을 그대로 둘 것을 주장했지만, 정부여당의 최종적인 조정과정을 통해 1999년 3월 22일 정부는 국무총리 소속의 기획예산처를 신설하는 안을 최종적으로 확정하고, 3월 30일 국무회의를 거쳐 1999년 4월 1일 '정부조직법중개정법률안'이 임시국회에 상정되었다.

한편, 이와는 별도로 야당은 예산기능을 재정경제부로 통합하는 부처통합형 재무행정조직안을 4월 2일 상정했다. 이후 약 한 달 동안 여야 간의 첨예한 대립이 계속되었고, 소관 상임위원회인 행정자치위원회의 운영은 파행화되었으며, 합의에 의한 의안 심의는 이루어지지 못했다. 결국 시간적 압박과 비판적 여론에 몰린 여당은 임시국회 폐회일인 5월 3일 의장이 직권 상정하여 강행 처리할 계획을 세웠으며, 여야의 극심한 대립 속에서 기립표결을 통해 변칙적으로 통과되었다. 결과적으로 우리나라에서 가장 오랫동안 채택해 온 이원적인 재정운용체제인 부처분리형으로 다시 환원되는 결과를 가져왔다.

노무현 정부의 재정혁신은 김대중 정부와 마찬가지로 적은 비용으로 행정서비스를 제고시키기 위한 공공부문의 개혁 차원에서 추진되고 있다. 즉 재정혁신을 통해 재정운용의 효율성을 높이고, 자율성과 책임성을 강화하며, 투명성을 확보하기 위한 다양한 정책들을 추진하고 있다. 노무현 정부의 행정개혁은 대대적인 정부조직개편에 의

한 하드웨어적인 개혁보다는 운영시스템의 변화를 추구하는 소프트
웨어적인 개혁의 성격이 강하다. 재정혁신과 관련하여 아직까지 중
앙재정기구의 개편은 없었으며, 조직구조적 측면에서 전 정권과 마
찬가지로 예산기능과 회계기능이 분리된 '기획예산처-재정경제부'
형태의 이원적 재정운용방식을 취하고 있다.

노무현 정부의 재정혁신은 정부혁신지방분권위원회가 작성한 '재
정·세제개혁 로드맵'을 기본 틀로 하고 있으며, 성장·분배의 상승효
과를 창출하는 분권형 국가재정제도의 확립을 목표로 하고 있다. 제
도적인 측면에서 특징적인 변화라면, 단연도 예산편성의 한계를 극
복하고 재정운용에 대한 예측가능성과 재정건전성 등을 확보하기 위
해 계획과 예산을 통합한 국가재정운용계획을 수립하였다는 것이다.
그리고 분권화와 권한이양을 위해 결과지향적인 예산제도를 도입하
였다는 것이다. 즉, 2004년부터 'Top-down 제도'를 전면 도입함으
로써 예산편성 과정에서 중앙예산기관인 기획예산처와 각 부처와의
관계를 획기적으로 변화시키는 계기를 가져왔다. 기존의 예산편성
방법은 부처가 예산을 요구하면 기획예산처가 모든 사업의 가부를
결정하던 'Bottom-up 제도'였으나, 'Top-down 제도'의 도입으로
분야별·부처별 지출한도 범위 내에서 부처가 자율적으로 예산을 편
성할 수 있게 된 것이다. 따라서 부처의 자율성과 재량권이 크게 확
대될 것으로 기대된다. 또한 김대중 정부에서 시범 실시되었던 성과
주의 예산제도를 발전시켜서 '재정사업의 성과관리제도'[83]로 발전시
켰다. 즉 성과평가와 예산편성과의 연계를 강화하여 '재정사업 자율
평가제도'를 시행하고, 고질적인 부진사업에 대한 '재정사업 심층평
가제도' 등을 도입함으로써 성과관리제도를 확대·운영하고 있다. 성
과관리제도는 1961년에 최초로 도입하여, 1962년과 1963년에 농림부

---

83) 재정사업이 성과관리제도는 재정사업의 목표와 성과지표를 설정하고, 지
표에 의한 평가결과를 재정운용에 반영하는 제도이다(장병완, 2006: 109).

등 일부부처에서 시범적으로 실시되었으나 운영상의 미비점으로 1964년에 폐지되었다. 그 후 1998년에 '성과주의 예산제도'를 시범적으로 도입하여 2001년까지 시범 실시하였으나 시행준비 부족으로 전면시행이 보류되었었다. 2003년에 노무현 정부는 성과주의 예산제도의 시범사업을 폐기하고, 이를 주요 재정사업 중심의 재정사업 성과관리제도로 전환하여 실시하고 있다(장병완, 2006: 103-116). 하지만 아직까지 대부분의 개혁과제가 진행 중에 있고, 제도 도입 이후에 대한 실증적인 효과분석이 어렵기 때문에 이러한 제도의 도입이 제도적 속성의 변화를 가져왔는지의 여부를 속단하기에는 아직 이른 감이 있다.

2) 재정운용의 자율성 확대에서 본 지방채 제도

1995년부터 실시된 지방자치제도[84]는 과도하게 집중된 중앙정부의 기능 및 권한을 지방정부로 이양하여 지방분권을 보다 활성화함으로써 지역주민들의 수요와 요구에 부합하는 양질의 서비스를 제공하려는 데 그 목적이 있다. 그리고 이러한 목적이 성취되려면 실질적인 권한의 이양과 책임의 부여가 가능해야 하며, 이를 위해서 재원의 이양도 함께 이루어져야 한다.

우리나라 지방의 재정기반은 매우 취약할 뿐더러 지역에 따른 재정격차도 매우 큰 편이다. 이는 지방의 자주재원인 지방세 비중이 20% 정도밖에 되지 않기 때문에 실질적으로 지방재정은 대부분 중

---

84) 우리나라는 대한민국 출범 이후 1961년까지 약 9년 동안 지방자치를 경험한 적이 있었으나, 5·16 이후 중단되었다. 이후 1988년 4월 지방자치법의 전면개정이 있은 후, 제도 보완을 위해 1994년까지 약 12차례의 개정이 더 이루어졌고, 1995년 주민들의 직접투표에 의해 자치단체장이 선임됨으로써 지방자체제도가 부활하게 되었다(신환철, 2001).

앙의 이전재원에 의존하고 있고, 지방정부 또한 과세권 행사를 통한 재정 확충보다는 중앙의 이전재원 확충에 더 많은 노력을 기울이고 있기 때문이다(정부혁신지방분권위원회c, 2005: 29-30). 이와 관련하여 재정분권에 대한 주장이 제기되어 왔는데, 이는 지방재정 운용의 자율성 확대라는 측면과 깊은 관련성을 가지고 있기 때문에 심사숙고해야 할 필요가 있다.

지금까지 우리나라 지방재정의 운영은 사전적 통제를 통한 건전성 확보에 중점이 있었으므로, 사전적 지방재정관리를 통해 지방재정 운영의 건전성을 제고하려는 노력을 기울여 왔다. 즉 중기재정계획, 투용자심사, 지방예산편성 지침, 지방채발행승인 등과 같은 제도적 수단을 통해 지방재정 운영에 대한 사전통제를 가함으로써 건전성을 확보하는 방식을 취해 왔다. 특히, 지방채발행승인제도의 경우 지방채무의 억제라는 측면에서 중앙정부가 대상사업별로 발행규모를 통제하고 있어서 지방재정 운용을 지나치게 경직화시키는 단점을 가지고 있다(정부혁신지방분권위원회c, 2005: 58-59).

지방채란 지방자치단체가 특정한 사업을 수행하는 데 필요한 재원을 조달할 목적으로 발행하는 무담보·무보증의 채무(차입금)를 말한다. 원칙적으로 지방채는 해당 지방정부의 지방세를 당겨쓰는 행위로 이해될 수 있기 때문에 '이자가 붙어 있는 지방세'라고 불리며, 또한 지방정부의 차입은 중앙정부의 엄격한 통제 및 지원하에서 이루어지므로 보조금의 연장선상에서 해석하여 '이자가 있는 보조금'이라고도 해석된다(전상경, 2002: 152).[85] 우리나라는 지방채 발행에 대하여 기채승인제도(起債承認制度)를 채택해 왔기 때문에 지방자치

---

85) 왜냐하면 지방채의 자금원이 이자율이 상대적으로 싼 중앙정부의 자금일 때, 다른 자금 조달원 간의 이자율 차이만큼 지방정부는 혜택을 받을 수 있기 때문에 '눈에 보이지 않는 국고보조금'이라고도 볼 수 있기 때문이다(전상경, 2002:152).

단체는 행정자치부 장관에게 지방채발행계획을 제출하여 승인을 받고, 그 범위 내에서 지방의회의 의결을 거친 후 발행하도록 해왔다. 즉 행정자치부 장관이 매년 '지방자치단체 지방채발행 운용지침'을 시달하여 지방채를 발행할 수 있는 적채단체(適債團體)와 적채사업(適債事業)에 대한 기준과 요건을 제시하면, 지방채를 발행하고자 하는 지방자치단체는 발행 전년도에 다음 연도의 지방채발행계획안을 수립하고 행정자치부 장관에게 제출하여 승인을 얻은 후, 그 범위 내에서 지방의회의 의결을 거쳐 발행하도록 제한해 왔다(성지은·임채홍, 2005: 172-173, 정부혁신지방분권위원회c, 2005: 61). 이러한 방식은 중앙정부가 모든 지방채에 대해 건별로 발행을 승인하고 있기 때문에 중앙정부의 지방정부에 대한 통제수단이 될 수 있고, 취약한 지방재정을 더욱 경직화시킬 가능성이 높다.

우리나라에 지방채 제도가 최초로 형성된 시점은 대한민국정부 수립 이후 지방자치법과 동법 시행령이 공포·시행되면서부터이다.86) 1949년 7월 4일[제정 1949.7.4법률 제32호]에 제정된 지방자치법 제134조에 의하면, 지방자치단체는 부채의 상환, 항구적 이익, 비상재해복구 등의 특별한 필요가 있을 때 의회의 의결을 거쳐 지방채를 발행할 수 있다고 명시되어 있다. 이와 같은 우리나라 지방채 제도의 형태는 1949년 12월 15일 일부개정을 통해 지방의회의 의결을 거친 후, 내무부 장관의 승인을 얻어 지방채를 발행할 수 있도록 한 것만 제외하고는 1988년 4월 6일 지방자치법 전문이 개정되기 전까

---

86) 대한민국정부 수립 직후 만들어진 다른 행정제도들과 마찬가지로 우리나라의 지방채 제도 역시 조선총독부 시절의 행정제도들의 영향을 받아 형성되었으며, 이후 일본의 지방채 제도인 기채승인제도를 지속적으로 유지해 왔다. 즉 단위사업별·자치단체별로 중앙정부가 기채승인권을 행사하여 행정적으로 직접 규제하는 정책의 방향과 비모채주의를 원칙으로 하여 지방채정책을 견지한다는 점에서 일본과 우리나라의 지방채 제도는 동일하다(성지은·임채홍, 2005: 174).

지 지속적으로 유지되었다. 다만, 1961년 5·16군사혁명의 발발로 지방의회가 해산되었고, 1970년대 유신헌법 체제로 지방자치가 억압을 받아 왔기 때문에 사실상 이러한 제도는 명목상 존재하는 제도에 지나지 않았다.[87]

1981년 이후 제5공화국과 제6공화국을 거치면서 계속되는 국가경제개발계획에 따라 사회간접자본시설의 확충을 위해 지방채가 탄력적인 재원으로 활용되기도 하였다. 즉 지방세입 가운데 지방채의 절대 발행 규모 및 지방세입에서 차지하는 비율이 급격히 팽창되는 현상이 나타났다. 1971년 154억 원에 불과했던 지방채 수입은 1981년 4,123억 원으로 급증했으며, 1988년에는 8,819억 원, 그리고 1991년에는 31,930억 원으로 팽창되었다(행정자치부, 1971−1991). 이는 1980년에 있었던 헌법개정에서 재정자립도를 감안하여 순차적으로 지방의회를 구성하도록 한 것과, 1988년 지방자치제 재도입을 목표로 이루어진 지방자치법개정에 의한 변화였다(성지은·임채홍, 2005: 177−178). 하지만 이러한 지방채 발행규모의 확대 및 활용이 시장기구나 지방의 수요 변화에 의한 자율적인 재정운용의 결과가 아니라 중앙집권적인 국가주도의 경제개발계획에 따른 재정운용의 결과라는 점에 주목할 필요가 있다.

건국 초부터 당시까지 중앙집권적인 정치적·행정적인 제도적 특성을 띠어 왔던 우리나라는 재정운용, 특히 지방채 제도의 운영에 있어서도 중앙정부의 기채승인권 행사 아래 직접적인 행정적 규제가

---

87) 그 기간 동안 법령의 제정 및 개정이 전혀 없었다는 의미는 아니다. 1963년 11월 11일에 지방재정법이 제정되면서 5·6·7·8조에서 지방채의 발행과 관련된 절차 및 규정이 구체적으로 포함되기도 했었고, 1988년 전문개정 이전에도 몇 차례 일부개정이 이루어지기도 하였다. 하지만 1972년에 개정된 유신헌법에서 '조국통일이 이루어질 때까지 지방의회를 설치하지 않는다'고 규정함에 따라 현실적으로 지방자치는 불가능하였고, 결국 이름뿐인 제도로 유지되어 왔다고 볼 수 있다.

이루어져 왔으며, 비모채주의를 원칙으로 하는 지방채 정책이 수립되어 왔다. 결국 우리나라의 지방채 제도는 시장기구에 의해 자율적으로 운영되었다기보다는 중앙에 의존적인 공공자금 중심의 '준보조금'적 성격으로 운영되어 왔음을 알 수 있다.

이러한 중앙집권적인 제도적 특성은 김영삼 및 김대중 정부에서도 그대로 지속되는 경향을 보인다. 1995년부터 본격적으로 실시된 지방자치제도는 지역주민들의 다양한 욕구를 표출시키고 지방재정의 부분적인 확대를 촉진시키는 요인으로 작용했으며, 지방정치가들의 무분별한 개발사업의 추진이나 민선 지방자치단체장들의 선심성 행정으로 인한 지방채 남발은 지방재정의 건전성에 대한 우려를 낳기도 하였다. 하지만 김영삼 정부 출범 이후 지방채의 절대규모는 지속적으로 증가하였는데, 건설·치수 및 산업 부문에 지방채 재원의 약 90% 이상을 투자했던 전 정권과는 달리 기타부문에 지방채 재원의 약 50%가량이 지출되었다. 기타 경비의 상당부분이 통상적인 적채사업 경비가 아닌 소모적 경비라는 것을 감안할 때, 이것은 지방채가 투자적 경비의 재원으로 활용되지 못하고 경제적 불황 등으로 인해 경상적 경비의 재원으로 활용되었을 가능성(강태구, 2003)을 설명해 준다.

1997년 말에 발생한 외환위기는 국가경제의 총체적인 위기와 더불어 지방재정을 급속도로 위축시키는 재정위기의 심화요인으로 작용하였다. 이러한 이유로 김대중 정부에 들어서면서 지방세입 중 지방채 수입이 점차 낮아지는 양상을 나타냈다. 즉 1999년 52,937억 원에 달하던 지방채 수입은 2000년 32,276억 원, 2001년 32,163억 원으로 감소했다(행정자치부, 1999~2001). 그리고 정권 초기에는 경제개발 분야에 대한 투자가 상대적으로 높았으나, 2001년도 이후에는 사회개발 분야에 대한 투자사업비가 큰 비중을 차지하는 것으로 나타났다(성지은·임채홍, 2005: 187). 이는 외환위기 이후 지방세 수입만으로 달성하기 어려운 경제의 경기부양을 위해 국가와 지방자치 단체가 적극적으로 공공투자 확대정책을 수행한 결과로 이해할 수 있다.

위에서 살펴본 바와 같이 우리나라 지방채의 공채비는 1980년 이후부터 1990년 중반까지 지속적으로 증가하였고, 지방채의 지출 분야도 환경적 여건과 사회적 수요의 변화에 따라 다소 변화되는 양상을 보였다. 하지만 그 변화의 과정 속에서도 중앙집권적인 제도적 틀은 변하지 않았으며, 다양한 환경적 변화에도 불구하고 오히려 초기에 형성된 고유한 제도적 특성을 그대로 유지하는 자기강화적(self-reinforcing)인 제도적 특성을 나타내고 있다. 즉 정부 수립 초기에 일본의 영향을 받아 형성된 중앙정부의 기채승인제도는 군부정권인 전두환 정부를 거쳐 김대중 정부에 이르기까지 중앙집권적인 제도적 특성을 그대로 지속해 왔으며, 지방채의 활용 면에서도 김대중 정부 때 외환위기로 잠시 지방채의 발행규모 및 비율이 감소했던 것만 제외하고는 1980년대 이후 지속적인 증가현상을 나타냈다.

그동안 지방자치제도의 실시에도 불구하고 지방재정이 지나치게 통제 위주로 운영되고 있다는 점과 지방재정의 취약성 및 경직성이 학계나 일부 전문가들에 의해 문제점으로 대두되기도 하였다. 이와 관련하여 노무현 정부 출범 이후 지방분권과 지역균형발전이 주요한 국정목표로 채택되면서 지방채의 발행과 관리에 관한 중앙정부의 권한과 기능을 지방정부로 이양하기 위한 구체적인 움직임이 나타나고 있다. 즉 지방분권화를 촉진시키고 지방재정 운용의 자율성을 확대한다는 측면에서 지방채 발행 자율화를 추진하고 있다. 바로 '지방채발행 총액한도제'의 도입을 통해 기존의 중앙집권적인 기채승인제도의 문제점을 해결하고, 지방채에 대한 긍정적인 인식과 이것의 활용을 통해 지방재정의 자율성을 확보하겠다는 것이다.

2005년 8월 지방채발행 총액한도제 도입방안이 확정됨에 따라 동년 8월 지방자치단체별 지방채 발행 한도액이 통보되었으며, 2005년 말 현재 2006년 지방채발행 계획 수립기준이 작성된 상태다(정부혁신지방분권위원회c, 2005: 60). 이에 대하여 이해관계자 및 관련 전문가들은 지방재정 운용의 자율성 신장에 기여할 수 있을 것이라는 점에서 바람직하다는 의견이지만, 이에 따른 지방자치단체의 책임성 확보가 필요하다는 견해를 제시하고 있다. 특히 재정경제부는 지방채 발행의 엄격한 규정과 지방채 발행 요건 완화에 따른 지방채 공개 등에 대한 보완책의 필요성을 제시하고 있다(정부혁신지방분권위원회c, 2005: 63).

지방분권은 의사결정권이 중앙에 집중되지 않고 지방의 각 자치단체에게 분산됨으로써 중앙집권적인 권력체계가 요구하는 획일성 대신에 지역사회의 다양한 욕구를 충족시킬 수 있다(신환철, 2001: 88)는 장점이 있으며, 지방분권의 강화는 지방자치제도를 활성화시킬 수 있는 촉매제 역할을 할 수 있다. 또한 지방재정 운용의 자율성을 신장에 기여할 수 있다. 하지만 총액한도제와 같은 단편적인 제도적 도입만으로 기존의 중앙집권적인 제도적 특성이 완전히 변화되는 것은 아니다. 김영삼 정부의 지방자치제 실시 이후, 김대중 정부에서도 '국정개혁 100대 과제' 중 하나로 중앙사무의 지방이양을 선정하고 1999년 1월 '중앙행정권한의지방이양촉진등에관한법률'과 동법 시행령을 제정하여 중앙권한을 지방으로 이양하려는 노력을 기울인 바 있다. 그러나 역사적 사실들에서 현재까지도 중앙집권적인 제도적 틀이 그대로 지속되고 있음을 확인할 수 있다. 기존의 제도적 특성의 변화는 새로운 제도의 도입과 그와 맞물린 기존 제도들의 원활한 관계 형성, 그리고 그것을 보완할 수 있는 보완적 제도의 도입이 충족될 때 가능할 것이다. 따라서 이를 보완하기 위한 지속적인 노력이 있을 때 그에 따른 변화를 기대할 수 있을 것이다.

4. 행정관리

행정관리개혁의 방향은 행정업무의 수행방식을 변경함으로써 업무의 효율성을 높이는 데 주요한 목적이 있다. 즉 집권적인 의사결정방식을 분권화하고, 하향식의 의사전달과 정보처리방식을 상향식 또는 수평적 방식으로 전환하며, 분권화를 통해 일선관리자의 재량권을 확대하고 일선관리자를 제약하는 내부통제 및 인사·예산·회계처리 등과 관련된 규칙 등을 감축시킴으로써 효율성을 제고시킬 수 있다. 이것은 과거 기계적 조직의 특성이 강했던 정부관료제 조직이 다양한 민간기업의 경영관리기법을 도입함으로써 변화를 시도하려는 개혁의 방향성과 밀접한 관련이 있다.

우리나라에서 현대적 의미의 행정개혁의 개념이 등장한 시기는 박정희 정권부터라고 볼 수 있으며, 특히 이 시점에 와서야 관리개혁과 관련된 변화를 찾아볼 수 있다. 또한 박정희 정권 시기의 제도적·문화적 유산이 한국행정관리체제에 미친 영향은 생각보다 크다.

일반적으로 미국식 행정이 역대 정부의 행정관리체제에 더 많은 영향을 주었을 것으로 생각하지만, 일제시대, 특히 조선총독부 시절의 행정제도들이 더 많은 영향을 끼쳤다고 볼 수 있다. 미군정과 건국정부 시기에 일본식과는 전혀 다른 미국식 행정이 한국에 도입되었을 가능성이 높아 보이지만, 현실적으로 조선총독부 시절의 행정제도들이 지속되었다. 즉 행정부 우위 체제가 유지되었고, 지방자치 대신 중앙집권적 체제가 유지되었으며, 행정부 내부에서도 미군정 장관을 중심으로 한 핵심행정부에 모든 권한이 집중되어 있었다. 또한 정부조직의 업무와 역할의 분화가 미진하였기 때문에 치안위주·약탈본위의 8국 1방 정부조직이 그대로 유지되었다(김종성, 1999: i - ii). 이러한 제도적 지속성이 나타나게 된 이유는 인적 지속성[88]과 법령의 지속성에서 그 원인을 찾을 수 있다. 즉 미군정과 건국정부의 핵심 고위직 관료들은 구총독부의 한국인 관료들이었으며, 행정부 내부의 운영절차와 그 원천이라고 할 수 있는 법령들이 지속적으로 강화되었기 때문이다. 특히, 행정부 내부의 운영절차에 관한 법령은 인사행정에 관한 몇 개의 규정 이외에는 새로 제정된 것이 거의 없었고, 총독부의 법령들이 지속적으로 적용되었다(김종성, 1999: ii).

박정희 정권과 군사정권이 계속되었던 1961~1992년까지 시기에는 박정희 정권에 의해 형성된 행정스타일이 그대로 유지되었다고 볼 수 있다. 그런데 박정희 정권의 행정과 정책은 많은 부분에서 2차 대전 이전의 일본행정, 특히 만주국의 행정 및 정책과 매우 비슷한 특성을 갖는다. 이는 만주군관학교를 졸업하고, 도쿄의 일본 사관학교에서 2년간 훈련을 받은 후, 다시 만주에서 육군 장교로 근무하였던 박정희의 개인이력으로부터 상당한 영향을 받은 것으로 보인다. 만주에서 일본 청년장교들에 의해 군사훈련을 받고 그곳에서 근무했던 박정희는 국가주도적 경제발전과 중공업의 발전을 생생하게 목격할 수 있었고, 경제개발의 초기 단계에서 일어나는 일들을 모두 경험할 수 있었다. 또한 국가가 어떻게 자본주의를 조직해야 하는지도 배울 수 있었다. 그래서 이 시기의 경험으로부터 대자본과 전문적인 관리 없이는 한국이 발전할 수 없다는 교훈을 얻었고, 후에 재벌을 육성하게 된다. 이처럼 전전(戰前) 일본의 사회주의-군부식 경제정책 패러다임은 박정희 정권 이후 한국의 경제개발 패러다임으로 정착된다(하태수, 2002: 62-63).

---

88) 이승만 정부의 신생한국관료제는 일제 총독부하에서 하급 서기 직급으로나마 일하면서 근대 행정관리를 경험했던 약 8만 명의 한국인 관료들을 중심으로 편성되었으며, 관리기술상의 이유로 친일관료들을 정치적으로 단죄하지 못한 채 계속해서 승계·활용한 것이 제도를 지속시키게 된 원인이 됨과 동시에 정부에 대한 국민의 신뢰를 크게 훼손하는 원인이 되었다(한영환, 2002: 11-12).

이 외에도 군대식 행정이 정부관료제와 정책 및 행정체제에 미친 영향은 막대하다. 권위주의적인 의사결정, 획일주의적 정책, 반공을 국시로 한 국론통일 강조, 다양한 의견 분출을 국론분열로 매도한 것, 상명하복식 위계주의 등과 정부관료제 내부에서 사용되던 지휘서신, 말씀자료 등과 같은 행정용어 및 문서들은 군대식 행정의 영향을 잘 입증해 준다(Clifford, 1994: 47, 하태수, 2002: 64에서 재인용).

수직적·위계적인 상명하복의 조직문화, 계서주의, 그리고 권위주의 등과 같은 군부정권의 제도적 유산이 여전히 남아 있기는 하지만, 민주화를 위해 한평생을 바쳐 온 김영삼에 의한 김영삼 정부의 출범으로 행정의식과 체제에 변화를 가져올 수 있는 전환기를 맞게 된다. 특히, 1990년대부터 한국행정개혁 이론의 근간이 되고 있는 신공공관리론의 유입으로 공공부문에 경쟁원리가 도입되고 관리의 자율성을 강화하려는 기업가적 정부운영이 시도되는 등 전반적인 관리체제의 변화를 꾀하려는 움직임이 계속되고 있다.

1) 책임운영기관제도의 도입

김영삼 정부의 개혁목표는 한국병 치료와 신한국 건설, 작고 강력한 정부, 행정의 민주성·효과성·형평성 등으로 요약될 수 있으며, 신우익주의 또는 신보수주의의 개혁이론에 기초하여 민영화, 규제완화, 복지감축 등의 전략을 추구하였다. 공식적인 개혁목표로 제시하고 있는 '민간중심의 행정'이나 '경쟁체제의 도입' 등은 김영삼 정부의 개혁이 신공공관리론에 의해 영향을 받고 있음을 알 수 있게 해 준다. 또한 작은 정부 운동을 통한 정부기능의 감소, 정부기능의 민간이양, 중복 및 낭비를 제거하고, 책임운영기관의 도입 및 내부관리혁신을 통해 경비를 절감하려는 시도들은 신공공관리론에 입각한 개혁을 나타내는 증거이다.

김영삼 정부에서 시장원리에 근거한 기업경영방식의 도입을 일부 관찰할 수는 있지만, 아직까지 책임운영기관제도가 논의되거나 도입되지는 않은 상태였다. 경쟁과 성과에 따른 정부운영체제의 개선을 목적으로 도입되는 제도가 바로 책임운영기관제도, 성과급제도, 그리고 개방형 직위제도이다. 하지만 김영삼 정부는 아직까지 이러한 제도를 도입한 관리개혁을 시도하지는 않았다. 이러한 세 가지 제도의 도입은 개혁근거로 신공공관리론을 본격적으로 받아들인 김대중 정부에서부터 이루어진다.

김대중 정부는 신공공관리론적 개혁이념 중에서 내부통제를 대폭 완화하여 일선기관장이 인사·예산 등에서 재량권을 가지고 기업가적인 행정운영을 시도하는 책임운영기관(agency) 제도의 도입을 추진하였다. 책임운영기관제도는 1998년 정기국회에서 「책임운영기관의 설치·운영에 관한 법률」이 통과되면서 새로운 정부조직제도로 도입되었는데, 1999년 3월 11일 기획예산위원회가 발표한 경영진단조정위원회 건의안에 따르면 17개 중앙행정기관의 28개 기관이 책임운영기관의 후보로 선정되었다. 이후 2000년 10개 기관 내외를 시범운영한 후, 2001년 13개 기관을 추가로 선정하여 시행해 오고 있다(한국 행정학회, 2003: 123). 책임운영기관제도의 특성 중 하나인 내부통제의 완화는 성과에 의한 책임확보를 기본 전제로 한다. 따라서 성과지향적인 관리를 위한 제도적 장치와 병행되어야 할 필요가 있다. 이와 관련하여 책임운영기관의 장을 3년 계약직으로 하고, 보수를 성과급제로 바꾸며, 인사권을 부처에 위임하여 부처 책임자의 재량권을 강화하도록 하였으며, 예산관리에서도 성과지향적인 예산제도를 검토하도록 하였다(정정길, 2003: 401).

그런데 우리나라의 책임운영기관제도는 다른 나라와 비교하여 몇 가지 독특한 한국적 특성을 가지고 있었다. 첫째, 적용대상의 측면에서 볼 때, 대상기관의 대부분이 중앙행정기관의 본부보다는 소식기관에 국한되어 있어 상당히 좁은 개념으로 인식되고 있음을 알 수 있다. 둘째, 이 제도를 추진하는 중앙관리기관이 상당히 복잡하다는 것이다. 즉 행정자치부, 기획예산처, 중앙인사위원회 간에 이 제도의 추진 및 감독에 대한 기능이 중첩되어 있고 주무부처 장관의 역할이 상당히 위축되어 있어서, 책임운영기관의 자율성이 크게 위축될 가능성이 높고 책임운영기관제도가 추구하는 분권화 원리를 저해하게 된다는 것이다. 책임운영기관제도는 주무부처 장관과 책임운영기관장과의 협의 및 합의를 기본 원칙으로 하는 제도이다. 그런데 책임운영기관에 대한 중앙관리기관의 직접적인 관리는 책임운영기관의 관리자율성을 훼손하고 국정관리의 집권적 통제성향을 지속시키게 되므로 문제의 소지가 있다. 셋째, 관리권한의 위임이라는 측면에서 상당히 제약적인 특징을 보인다. 즉 중앙관리－주무부처－책임운영기관의 관계를 계서적인(hierarchical) 관계로 설정하고 있기 때문에, 관리권한의 전적인 위임이라는 제도적 특성에도 불구하고 인사, 조직, 예산관리권한의 구체적인 집행 시에 중앙관리기관과 협의를 해야 하며, 주무부처 장관의 사전 승인을 받아야 한다는 것이다. 넷째, 성과통제의 측면이 매우 강하다. 즉 주무부처 장관이 위촉하는 5～9명으로 구성된 '책임운영기관 운영심의회'는 단순히 자문기능만을 하는 것이 아니라, 사업성과 평가 등 심의기능까지 담당하고 있기 때문에 책임운영기관에 대한 높은 통제력을 갖는다. 또한 행정자치부에 설치된 '책임운영기관 평가위원회'는 운영심의회와 함께 책임운영기관의 존속여부 등을 심의하는 역할을 함으로 행정자치부 장관의 권한을 지나치게 강화하는 결과를 초래하였다(김근세, 2000: 221－227). 이러한 특징은 집권화라는 한국 기존의 제도적 유산이 분권화를 핵심명제로 하는 신제도의 경로를 제약함으로 인해서, 본래의 제도적 특성과는 다른 형태로 한국에 토착화된 양상이라고 볼 수 있다.

　　노무현 정부의 개혁은 신공공관리론과 거버넌스 이론에 근거하고 있으며, 분권, 자율, 혁신, 참여, 책임 등의 개념을 강조한다. 이러한 개혁방향에 비추어 보았을 때, 책임운영기관의 확대를 통한 관리개혁의 필요성은 더욱 클 것으로 여겨진다.

　　종전까지는 중앙행정기관의 소속기관만 책임운영기관으로 지정·운영하도록 되어 있었다. 그러나 책임운영기관의 확대운영이라는 차원에서, 성과평가가 용이한 '청' 단위 중앙행정기관도 책임운영기관으로 지정·운영될 수 있도록 책임운영기관을 기관의 지위에 따라 중앙책임운영기관과 소속책임운영기관으로 나누는 방안, 그리고 중앙책임운영기관의 경우 기관장의 임기를 보장하고, 사업목표 등을 부여하기 위하여 국무총리를 위원장으로 하는 중앙책임운영기관운영위원회를 설립하는 방안 등에 관한 근거 마련을 위해서 2005년 10월 현재 '책임운영기관의 설치·운영에 관한 법률 일부개정법률안'을 입법 예고하고 의견을 수렴 중이다(행정자치부 홈페이지). 이는 현행 규정의 운영상에서 나타난 일부 미비점을 개선·보완하여 제도의 원활한 운영을 추구하고자 하는 것이다.

　　그동안 우리나라의 책임운영기관은 설치방식이 주무부처와 책임운영기관에 의한 분권적·자발적인 추진이 아니라 중앙관리기관에 의한 집권적·권위적 추진방식으로 이루어졌다거나, 중앙행정기관장의 권한이 지나치게 강하다거나, 대상기관 대부분이 소속기관에 국한되고 중앙행정기관 자체는 제외되어 있어서 적용대상이 국한되어 있다는 점 등이 문제점으로 지적되어 왔다. 그리고 현재의 책임운영기관제도는 유사한 성격을 지닌 기관들 가운데 선택적으로 일부만 책임운영기관으로 지정됨으로써 제도 도입에 있어서 실험적이고 점진적인 접근을 취해 왔다(한국 행정학회, 2003). 이러한 점에 근거하여 생각해 볼 때, 노무현 정부에서 책임운영기관제도의 변화는 아직까지 미미하며 전 정부에서의 제도적 속성이 그대로 유지되고 있는 것

으로 보인다. 그러나 책임운영기관의 확대가 노무현 정부의 국정과
제로 선정된 만큼, 제도의 취지에 부합되는 성격을 가지고 있는 행
정기관을 대상으로 적용범위가 점차 확대될 것을 기대해 본다.

2) 정부운영방식의 변화

신공공관리론에 의한 정부운영은 기업가적 정부운영방식을 지향한
다. 즉 행정서비스를 제공함에 있어서 경쟁원리를 최대한 도입하고,
경쟁원리를 도입할 수 없는 경우에는 일선관리자들에게 자율성을 최
대한 부여하는 방식을 통해 관리 능률을 제고시키고자 한다. 바람직
하지 못한 일선관리자들의 행태를 통제하기 위해 만들어둔 예산 및
인사 관계에 대한 각종 규정들을 대폭 축소 또는 폐지하는 것이다
(정정길, 2002: 116). 관료제 조직과 같이 내부통제가 심한 운영체제
하에서는 절차와 규정을 따르지 않을 경우 감사에서 처벌을 받기 때
문에, 일선관리자의 재량으로 처리했을 때 연간 막대한 예산을 절감
할 수 있는 경우라고 하더라도 규정과 절차대로 일이 진행될 때까지
아무런 조치를 취하지 않음으로써 엄청난 낭비와 비효율을 초래하게
된다. 따라서 정부운영에 내부통제 및 규제를 대폭 완화하는 기업가
적 운영방식을 도입함으로써 예산의 절감 및 관리 능률의 향상을 기
대할 수 있다는 점에서 신공공관리론에 근거한 정부운영방식의 변화
는 긍정적인 평가를 받을 수 있다.

정부운영체제에 관한 기존의 제도들은 조선총독부 시절에 일본의
영향을 받아 만들어진 행정제도들의 특징과 박정희 정부에 의해 형
성된 군대식 행정체제의 특징이 문화적 유산으로 배태되어 지속되어
온 경향이 있다. 특히, 1948년에 제정된 정부조직법과 각 부처 및
중앙행정기관의 직제통칙은 정부관료제 제도적 기제의 근간을 형성

하는 계기가 되었으며, 각 부처 사무분장과 직위배치의 명시로 행정조직의 지휘감독체계 및 정부관료제 조직시스템의 구조와 기능을 명확히 구분하는 틀을 형성함으로써, 많은 기제 변화의 제도적 맥락으로 작용해 왔다는 점에서 경로의존적 제약과 제도적 지속성을 부여하는 성격을 가진다고 볼 수 있다(염재호 외, 2004: 17).

한국전쟁과 4·19혁명, 유신체제 등과 같은 역사적 사건들 속에서 권력구조상의 커다란 변화가 있었음에도 불구하고 그 제도적 근간은 유지되어 왔으며, 중앙집권적인 통제 위주의 관리체제는 더욱 강화되는 경향을 보였다. 물론 자율성 확대를 위한 노력이 전혀 없었던 것은 아니다. 전두환 정부는 작은 정부 이데올로기를 표방하며 정부의 축소를 강조하고, 정원관리의 자율성을 확대하려는 목적으로 한시조직 운영의 활성화를 시도하거나, 중앙행정기관의 조직관리의 자율성 확대를 위해 사무분장 규정의 제정 및 개정 시에 총무처 장관과 사전 협의하도록 하던 것을 사후에 통보하도록 하는 조치를 취하기도 하였다(염재호 외, 2004: 29). 하지만 당시의 개혁은 공무원 수의 감축처럼 주로 외형적인 정부의 규모를 축소하는 데 초점이 있었기 때문에 정부의 기능과 역할 자체를 축소하고 관리의 자율성을 확대하는 데에는 그다지 효과적이지 못하였다(정용덕, 1998: 8).

역대 정권하에서 예산, 조직, 인사, 법제, 감사, 중앙-지방관계 등을 관리·감독하는 중앙관리기구들의 권한은 결코 축소된 적이 없었다. 그동안 중앙관리기구들의 의한 국정운영의 집권화 현상은 계속되어 왔으며, 사업부처들에 대한 사후적 관리보다는 사전적이고 절차적인 통보가 우선시되어 왔다. 이것은 역대 정권의 행정수반들이 그들의 총괄기능을 통한 집권적인 국정관리방식을 선호했기 때문이며, 중앙총괄기구들이 바로 행정기구 개혁의 주체가 되어 왔다는 제도적 한계에 기인한다(정용덕, 1998: 12). 이처럼 역대 정부들로부터 물려받은 제도적 유산은 중앙집권적인 국정운영체제, 수직적·위계적

인 조직문화와 관리시스템, 통제 위주의 운영방식과 같은 제도적 특
성을 낳게 했다.

김영삼 정부 역시 전 정권과 마찬가지로 작고 강력한 정부의 구축
을 개혁이념으로 삼아 민주적이고 효율적인 행정체제를 구축하고 각
종 행정제도와 관행을 개선하려는 시도를 한다. 먼저, 중앙행정기관
의 자율성 확대와 관련하여 '행정기관의 조직과 정원에 관한 통칙'
개정을 통해 직제가 다수 중앙행정기관과 관련되어 소관기관이 분명
하지 않은 경우, 중앙행정기관장의 기구개편안과 소요정원안의 제출
절차 없이 총무처 장관이 직제의 제정·개정에 필요한 조치를 할 수
있도록 하였으며, 각 중앙행정기관의 조직관리의 자율성 확대를 위해
각 중앙행정기관의 사무분장의 제정 및 개정 시 총무처 장관과 사전
에 협의하도록 하던 것을 사후에 통보하는 방식으로 바꾸었다. 또한
중앙행정기관의 운영관리의 자율성 증대라는 측면에서, 각 부처 정원
관리의 자율성 증대를 위해 소속기관별 정원을 통합하여 운영하도록
하고, 정원을 통합하여 운영할 수 있는 기능직공무원의 등급 범위를
확대하였으며, 한시적 보조기관제도를 보완하는 등 공무원 정원 운영
방식의 일부를 개선하였다(염재호 외, 2004: 31−33). 하지만 군부정
권과 차별되는 패러다임적 변화를 도모하였음에도 불구하고 제도변
화가 경미한 소프트웨어적인 개혁이 주를 이루었다는 점에서 경로의
존적인 제도적·맥락적 성격이 강한 것으로 보인다.

김대중 정부 역시 이전 정부들처럼 작고 효율적인 정부의 구축을
표방하지만 그보다 신공공관리론에 입각한 공공부문 개혁과 기업가
적 정부운영을 더욱 공식화한다. 공기업 민영화와 민간위탁, 규제사
무 폐지와 완화, 연봉제 및 성과급제도의 도입, 그리고 특히 책임운
영기관제도의 도입을 통해 내부통제를 대폭 완화하고 일선기관장의
인사 및 예산에 대한 재량권을 확대하도록 한 시도는 주목할 만한
제도변화의 가능성을 내포하는 것들이었다. 또한 각 부처의 조직관

리에 대한 자율성을 확대하기 위해 과 단위 보조기관의 설치와 사무 분장을 총리령 또는 부령으로 정할 수 있도록 하였으며, 행정기관의 조직과 정원에 관한 통칙 개정을 통해 중앙행정기관의 보조기관 명칭을 단·팀·반 등으로 다양하게 정할 수 있도록 하였다(염재호 외, 2004: 34–35). 이는 기업가적 정부운영이라는 신공공관리론적 개혁이념을 반영한 제도변화라고 할 수 있다.

하지만 제도론적 관점에서 볼 때 김대중 정부의 관리개혁 및 구조개혁이 중앙정부의 운영방식을 근본적으로 변화시킬 정도의 제도변화를 초래했다고는 볼 수 없다. 즉 외환위기 극복이라는 과제를 안고 출발한 김대중 정부의 개혁 작업은 시도는 좋았으나 결국 외형적인 구조개혁에 머물러 개혁피로감만을 가중시켰을 가능성이 높다. 특히, 박정희 정부의 군대식행정으로부터 영향을 받은 기존의 행정시스템은 발전지향적인 체제였기 때문에 중앙정부의 권위적인 특성이 이미 제도화되어 있는 상태였다. 이러한 제도적 맥락 속에서 추진된 신공공관리론의 관리방식 도입을 주축으로 한 관리개혁은 그다지 효과를 보지 못한 것으로 보인다. 처벌위주의 감사풍토, 연공서열 방식에 의한 보수 및 승진체계, 부처 간 이기주의 및 부서별 의사소통 단절 등과 같은 문제는 여전히 개선되지 못했고, 중앙집권적인 통제 위주의 관리시스템의 변화도 발견하기 어렵다. 허전과 김호정 (2000)의 실증연구에 의하면 행정조직의 관리시스템은 기업의 관리시스템에 비해 조직풍토가 여전히 열악한 것으로 분석되고 있다.

노무현 정부의 개혁 역시 신공공관리론을 근간으로 하고 있으며, 개혁의 기본이념과 방향에서 분권, 자율, 참여, 그리고 책임 등과 같은 뉴 거버넌스 모형의 요소들을 강조한다. 개혁의 초점이 지방분권과 국가균형발전에 맞추어져 있어서 관리개혁에서도 이와 관련된 제도의 도입과 다양한 변화의 시도들을 발견할 수 있다. 먼저 행정자치부가 2005년 3월부터 시범적으로 도입·실시하고 있는 '본부제·팀제'는 분권적이고 수평적인 조직구조를 통해 조직운영 절차를 간소화하고 조직운영에 있어서 자율성을 보다 확대하려는 의도가 담겨 있다. 그리고 부처에 위임된 조직자율권을 확대하기 위해 직렬별 정원관리권과 기능직 정원의 통합관리권을 부여하도록 하였으며, 과 단위 정원관리방식을 국 단위 정원관리방식으로 전환함으로써 정원 이체와 전보권을 국장에게 위임하도록 하였다. 또한 인사 자율권의 확대를 위해서 4급 이하는 부처에서 전직·면직·해임·전보를 할 수 있도록 위임하였으며, 특별채용·전직·전입 시험도 각 부처에 위임하도록 하였다. 하지만 이러한 제도들의 도입 및 시행이 아직 초기 단계에 있고, 일부 부처에서 시범적으로 운영되고 있는 단계이기 때문에 운영방식의 제도적인 변화를 판단하기는 어렵다. 더욱이 전 정권인 김대중 정부에서도 신공공관리론에 입각해 분권화와 자율성 확대를 위한 다양한 관리개혁을 시도한 바 있지만, 중앙집권적이고 통제지향적인 기존의 제도적 제약으로 인해 단절적인 제도적 변화를 가져오지 못했기 때문이다. 제도의 개혁이 성공하기 위해서는 초점제도뿐만 아니라 제도집합이 함께 변해야 하며, 이를 위한 다양한 노력들이 수반될 때 총체적인 정부운영방식의 변화를 기대할 수 있을 것이다.

　지금까지 한국행정개혁의 내용에 관한 경로의존성을 분석하기 위하여 조직변화, 인사제도, 재정운용, 행정관리의 4가지 분석수준을 기준으로, 역사적 관점에서 제도의 특징을 분석하였다. 아래의 표는 각 분석수준별로 각 정권의 개혁에 관한 경로를 모형화한 것이다.

〈표 7-12〉 개혁내용의 경로의존성 분석

<table>
<tr>
<th colspan="2">구 분</th>
<th>기존
제도</th>
<th colspan="4">김영삼 정부</th>
<th colspan="3">김대중 정부</th>
<th colspan="3">노무현 정부</th>
</tr>
<tr>
<td>이 념</td>
<td>▶ 개혁 패러다임</td>
<td>-</td>
<td colspan="4">작고 강력한 정부</td>
<td colspan="3">작지만 효율적으로 봉사하는 정부</td>
<td colspan="3">국민과 함께하는 일 잘하는 정부</td>
</tr>
<tr>
<td rowspan="5">조직
변화</td>
<td>▶ 조직개편 회차</td>
<td>-</td>
<td>1</td>
<td>2</td>
<td>3</td>
<td>4</td>
<td>1</td>
<td>2</td>
<td>3</td>
<td>전
정
부</td>
<td>→</td>
<td>현
재</td>
</tr>
<tr>
<td rowspan="2">① 정부조직개편</td>
<td>확 대</td>
<td>축소</td>
<td>축소</td>
<td>축소</td>
<td>확대</td>
<td>축소</td>
<td>확대</td>
<td>확대</td>
<td>확대</td>
<td></td>
<td>확대</td>
</tr>
<tr>
<td>내용상
확대</td>
<td>내용상축소</td>
<td>내용상축소</td>
<td>내용상축소</td>
<td>내용상확대</td>
<td>내용상축소</td>
<td>내용상축소</td>
<td>내용상확대</td>
<td>내용상확대</td>
<td></td>
<td>내용상확대</td>
</tr>
<tr>
<td rowspan="2">② 인력의 규모</td>
<td>확 대</td>
<td>축소</td>
<td>축소</td>
<td>축소</td>
<td>확대</td>
<td>축소</td>
<td>축소</td>
<td>확대</td>
<td>확대</td>
<td>축소</td>
<td>확대</td>
</tr>
<tr>
<td>내용상
확대</td>
<td>내용상축소</td>
<td>내용상축소</td>
<td>내용상축소</td>
<td>내용상확대</td>
<td>내용상축소</td>
<td>내용상축소</td>
<td>내용상확대</td>
<td>내용상확대</td>
<td>내용상확대</td>
<td>내용상확대</td>
</tr>
<tr>
<td rowspan="4">인사
제도</td>
<td rowspan="2">① 집권적 인사
기구의 설치</td>
<td>무</td>
<td colspan="4">무</td>
<td colspan="3">유</td>
<td colspan="3">유</td>
</tr>
<tr>
<td>무
(속성)</td>
<td colspan="4">무
(실제 제도적 속성)</td>
<td colspan="3">무
(실제 제도적 속성)</td>
<td colspan="3">(판단보류)</td>
</tr>
<tr>
<td rowspan="2">② 성과급제도
도입</td>
<td>무</td>
<td colspan="4">무</td>
<td colspan="3">유</td>
<td colspan="3">유</td>
</tr>
<tr>
<td>무
(속성)</td>
<td colspan="4">무
(실제 제도적 속성)</td>
<td colspan="3">무
(실제 제도적 속성)</td>
<td colspan="3">(판단보류)</td>
</tr>
<tr>
<td rowspan="2">재정
운용</td>
<td rowspan="2">① 재정운용방
식의 변화</td>
<td>이원적
부처분리</td>
<td colspan="4">일원적 /
부처통합형</td>
<td colspan="3">이원적 /
부처분리형</td>
<td colspan="3">이원적 /
부처분리형</td>
</tr>
<tr>
<td>이원적
부처분리
(속성)</td>
<td colspan="4">일원적 /
부처통합형
(실제 제도적 속성)</td>
<td colspan="3">이원적 /
부처분리형
(실제 제도적 속성)</td>
<td colspan="3">(판단보류)</td>
</tr>
</table>

구 분	제도적 성분	기존 제도	김영삼 정부	김대중 정부	노무현 정부
재정 운용	② 지방채 제도	중앙 집권적	중앙집권적 / 통제	중앙집권적 / 통제	지방분권적 / 자율화
		중앙 집권적 (속성)	중앙집권적 / 통제 (실제 제도적 속성)	중앙집권적 / 통제 (실제 제도적 속성)	(판단보류)
행정 관리	① 책임운영기관	무	무	유	유
		무 (속성)	무 (실제 제도적 속성)	무 (실제 제도적 속성)	(판단보류)
	② 정부운영방식의 변화	중앙 집권적	중앙집권적 / 통제지향	분권적 / 통제지양	분권적 / 통제지양
		중앙 집권적 (속성)	중앙집권적 / 통제지향 (실제 제도적 속성)	중앙집권적 / 통제지향 (실제 제도적 속성)	(판단보류)

제8장 결론

제1절 연구요약

한국에서의 정권변동은 항상 행정개혁을 동반해 왔으며, 대부분의 정권은 정권변동과 함께 정부기구의 대폭적인 개편과 공무원의 의식개혁운동을 급진적으로 추진해 왔다. 이는 정권변동기가 새 정권의 권력창출기이기 때문이며, 결국 행정개혁에는 새로운 정치세력의 의도가 강하게 반영될 수밖에 없다. 따라서 행정개혁은 정치권력적 성격을 강하게 내포하게 되며, 정부가 내세우는 행정개혁의 공식적인 목표와 실제적인 목표 간에 차이를 가져오게 된다. 행정개혁은 다양한 개인, 집단, 제도 기관들 사이에 이해득실을 초래하게 되므로, 개혁의 공식적인 목표가 성취되기 어렵다. 하지만 행정개혁의 정치권력적인 속성보다 더 근본적인 원인은 제도적인 제약에서 찾을 수 있다. 즉 각 정권은 행정개혁을 통해 다양한 시도와 노력을 기울이지만 결과적으로 변화의 폭은 크지 않다.

본 연구는 '과거에서부터 지금까지 수십 차례의 행정개혁이 단행되어 왔음에도 불구하고 왜 정부는 여전히 변화되지 못하는가?'에 대한 문제의식으로 시작되었다. 매 정부마다 집권 초기가 되면 통과의례의 하나로 행정개혁이 추진되고, 이후에도 서너 차례의 개혁이 단행되는 것이 행정개혁의 일반적인 경향이다. 하지만 우리나라의 경우 행정개혁에 의한 변화가 크지 않았다는 것이 일반적인 평가이다. 행정개혁에 관한 기존의 연구들은 대체로 행정개혁의 접근방법 및 전략, 전개과정, 사례비교, 개혁평가에 초점을 두고 연구되어 왔기 때문에 이러한 의문에 대한 해답을 찾을 수 없었다. 따라서 본 연구는 행정개혁의 목적과 결과 간의 차이 및 변화되지 못하는 원인을 제도 자체가 가지는 특수성에 기인한 것으로 보고 한국행정개혁의 경로의존성을 분석하였다.

본 연구는 행정개혁의 경로의존성을 분석하기 위하여 행정개혁에 영향을 미치는 주요 요인으로 행정환경과 개혁 패러다임을 상정하고, 제도적 관점에서 개혁추진체계와 개혁내용을 분석하였다. 연구범위는 행정개혁추진체계에 의해 온전히 개혁이 추진된 최초의 정부로 인식되는 김영삼 정부에서부터 현 정부인 노무현 정부까지로 하였다.

행정환경의 영향을 살펴보면, 첫째, 정치적 환경에서 세 정부 모두 연합 또는 통합 정당으로 출범하였다는 정치적 배경을 가진다. 취약한 정치적 기반 및 당내의 마찰은 개혁의 장애요인이 되었다. 둘째, 경제적 환경에서 김영삼 정부는 비교적 무난한 출발에서 경제적 위기를 맞이하였고, 김대중 정부는 외환위기라는 최악의 경제적 환경에서 출발하였으며, 노무현 정부는 경제성장률이 계속 저하되는 불리한 상황 속에서 출범하였다. 국가경제의 어려움은 예산의 확보라는 측면에서 개혁의 저해요인이 될 수 있으며, 정부규모의 축소·감축 또는 확대 등 개혁의 방향에 영향을 끼친다. 셋째, 사회적 환경에서 김영삼과 노무현 정부는 세계화, 지방화, 분권화, 민주화 등에 대한 요구와 사회적 갈등의 증가로 개혁에 대한 국민적 공감대를 형성하기 어려웠다면, 김대중 정부의 경우는 외환위기를 통한 위기의식의 고조로 개혁에 대한 국민적 공감대가 쉽게 형성될 수 있었다.

개혁 패러다임의 영향을 살펴보면, 김영삼과 김대중 정부의 경우는 작은 정부 구현에 개혁의 이념과 기본 방향을 두고, 능률성 및 효율성과 같은 가치를 우선시하며, 작은 정부론과 신공공관리론에 근거한 개혁을 추진하였다. 반면 노무현 정부는 작은 정부보다는 효율적으로 일 잘하는 정부 구현에 초점을 두고, 성과 중심의 시스템 구축과 성과향상 및 성과관리에 역점을 두는 개혁을 추진하고 있다. 또한 국민과의 협치를 강조하며 참여, 분권, 자율, 책임 등과 같은 거버넌스 이론에 근거한 개혁방향을 제시하고 있다.

개혁추진체계의 경로의존성 분석 결과에 대하여 살펴보면, 첫째, 개혁추진체계의 구성 및 운영방식의 측면에서, 김영삼 정부의 경우 '대통령-대통령비서실(행정쇄신비서관)-행정쇄신위원회-국무총리 행정조정실(행정쇄신실무위원회)-행정실-6개 팀(기획총괄팀, 생활민원팀, 노동환경팀, 산업경제팀, 사회복지팀, 행정관리팀)'의 수직적 체제로 연결되는 집권형의 계층제 방식의 조직구성방식을 취하고 있다. 김대중 정부 역시 '대통령-기획예산위원회-정부개혁실-행정개혁단'의 수직적 체제로 연결되는 집권형의 계층제 방식의 조직구성 방식을 취하고 있다. 또한 노무현 정부의 개혁추진체계도 '수립부서(정부혁신지방분권위원회)-주관부서(행정자치부)-실천부서(업무혁신팀)'의 체제로 뚜렷한 계층제적 구조를 취하고 있다. 이는 우리나라 행정개혁추진체계의 구성방식이 각각 다른 행정환경이나 개혁 패러다임의 변화에도 불구하고 기존 제도의 경로의존성에 의해 계층제적 방식으로 형성되어 왔다는 것을 의미한다.

둘째, 개혁추진방식이란 측면에서, 김영삼 정부와 김대중 정부는 커뮤니케이션이나 의사결정이 위로부터 아래로 일방적으로 전달되는 하향식(top-down) 추진방식을 취하고 있다. 반면 노무현 정부의 경우는 각 체계가 각각의 역할에 따라 적정한 권한을 위임받는 분권형 구조를 취하고 있으며, 커뮤니케이션이나 의사결정 방식도 '양방향'적이거나 아래로부터 위로 전달되는 상향식(bottom-up) 추진방식을 취하는 것으로 나타났다. 이와 같은 사실에 근거해 판단해 볼 때, 노무현 정부에 들어서면서 개혁추진방식에 기존과는 다른 변화가 나타나고 있는 것으로 볼 수 있으며, 운영체계 및 문화 개선과 같이 조직 내부의 시스템 개혁에 초점을 둔 노무현 정부의 다양한 개혁장치들이 변화를 유발하는 결정적 분기점이 되었을 가능성을 고려해 볼 수 있다. 결과적으로 이것은 기존의 제도적 제약과 경로의존성을 약화시키고 제도적인 변화를 초래하게 된다.

결론적으로 행정개혁추진체계의 구성방식은 외적인 변화와 상관없이 세 정권 모두 계층제적 방식을 취하고 있으며, 이는 행정개혁추진체계의 구성방식이 정권 간에 경로의존성을 가지고 있다는 것으로 이해할 수 있다. 반면, 개혁추진체계의 운영방식 및 개혁추진방식은 행정환경 및 개혁 패러다임의 영향에 의해 집권형 → 분권형과, 하향식 → 상향식으로 점차 변화하고 있어서 경로의존성이 다소 줄어들고 있는 것으로 보인다. 이와 같은 분석결과를 토대로 다음과 같은 경로의존성 패턴을 도출할 수 있다. 즉 행정개혁추진체계는 개혁추진체계가 집권형으로 운영될 때는 하향식 추진방식을 취하며, 분권형으로 운영될 때는 상향식 추진방식을 취하는 것으로 보인다.

관리개혁의 경로의존성 분석 결과에 대해 살펴보면, 첫째, 조직변화의 측면에서 전통적인 행정개혁의 대상은 구조변경에 있었으며 능률성에 초점이 있었다. 따라서 조직의 통·폐합이나 직위 감소를 통해 작은 정부를 만드는 데 주력하게 되는데, 김영삼 정부의 경우 정부조직 축소와 인원감축이라는 개혁으로 작고 강력한 정부 구현을 시도한 바 있으며, 김대중 정부도 집권 초기부터 대대적인 조직개편 및 인력감축을 통해 정부조직 규모를 축소하는 개혁을 단행한 바 있다. 하지만 노무현 정부의 경우에는 기구축소나 감축개혁보다는 주로 운영체계 개선이나 시스템 정비 차원에서 소프트웨어적인 개혁을 진행하고 있다. 정부조직개편과 인력규모의 변화에 대한 역대 정부의 제도적 특성은 대체로 확대지향성을 나타냈다. 이러한 경향은 김영삼, 김대중, 노무현 정부에서도 지속되고 있는데, 발견된 하나의 규칙성은 집권 초기에 개혁으로 축소되었던 조직과 인력의 규모가 집권 말기가 되면 어김없이 집권 초의 규모를 회복하거나 오히려 증가한다는 것이다. 행정개혁의 제도적 속성 및 정권이익 창출의 필요성과 같은 제도적 제약으로 인해 나타나는 이러한 특성은 박정희, 전두환 정부 때부터 나타난 현상이며, 김영삼 정부 때부터 더욱 뚜렷해졌다. 이는 기존 제도의 경로의존적 성격에 의한 제약으로 이해할 수 있다.

둘째, 인사제도의 측면에서 우리나라는 1990년대 중후반까지 공직제도에 계급제적인 특성이 강하게 나타났다. 즉 계급군 간의 폐쇄성과 차등화가 존재하여 계급·계급군 간의 수직적 이동이 곤란하였고, 전문계약직 보다는 일반행정가가 강조되었다. 각 정부의 인사제도 개혁에서는 이러한 폐쇄성을 완화시키려는 시도를 하여 왔다. 김영삼 정부에서는 복수직급제도 도입, 민간분야 근무경력 우대, 민간전문가 공직파견제, 근무평정제도 도입 등과 같은 제도개혁이 있었고, 김대중 정부에서는 신공공관리론에 기초하여 중앙인사위원회의 설치, 개방형 임용제도의 도입, 계약직공무원의 업무범위 확대, 국장급 이상 중 20% 이내에서 민간전문가 특별채용, 성과급제도 도입, 총정원관리제 도입 등 공직의 개방성 확대를 위한 개혁이 시도되었다. 또한 노무현 정부에 와서 신공공관리론과 거버넌스 이론에 근거한 개혁이 진행되면서, 부처의 조직 및 인사 자율권 강화, 자율적인 부처기능 조정, 개방형 직위제도의 확대, 민간전문가의 참여 확대, 고위공무원단제도 도입, 다면평가제 및 성과계약제 도입 등 공직의 개방성과 자율성 확대를 위한 노력은 더욱 활발해졌다.

가장 주목할 만한 변화로 김대중 정부 이후 설립된 중앙인사위원회와 성과급제도를 들 수 있다. 합의제 행정기관인 중앙인사위원회는 정치권력으로부터 독립하여 공정하고 객관적인 인사를 수행할 수 있는 강력한 제도적 기반이라는 점에서 의미가 있다. 하지만 미군정 시대부터 지속되어 온 이원적 인사행정체계에 의한 제도적 유산이 순수 인사전담기관인 중앙인사위원회의 설립에도 영향을 미쳤고, 변

화를 제약하고 있어서 인사행정 전반에서 나타나는 부정적인 인사관
행을 개선하는 데 한계를 보였다. 또한 성과급제도 역시 고유의 제
도적 취지를 잃어버린 채 한국적인 토착화를 나타내고 있다. 이와
같은 현상은 노무현 정부에서도 개선의 의지만 보일 뿐 아직까지 실
질적인 변화를 가져오지는 못하고 있다.

셋째, 재정운용의 측면에서 과거 우리나라의 재정운용방식은 재정
지출의 비효율, 투입 중심의 예산편성, 재정의 형평성 기능 미흡, 재
정의 투명성 결여, 재정책임의 결여 등과 같은 문제점들을 가지고
있었다. 이러한 문제들은 정부의 재정운용방식과 관련이 깊으며, 특
히 역대 정부의 중앙재정기구의 조직화 방법에서 그 특징들을 발견
할 수 있다. 중앙재정기구의 조직화와 관련한 기존의 제도는 이원적
부처분리형의 특징을 따라왔으며, 이러한 체제는 김영삼 정부의 3차
조직개편 이후 재정경제원이라는 기형적 거대 조직이 탄생하면서 잠
시 일원적 체제로 전환되었던 것만 제외하고는 현재까지도 계속되고
있다. 재정운용의 효율성 및 자율성 확대와 관련하여 지방채 제도의
운영에서도 그 특징들을 발견할 수 있는데, 대한민국정부 수립 때
형성된 지방채 제도의 특성은 박정희 정부 때까지도 거의 변화 없이
지속되어 왔으며, 전두환 정부 때부터 구체화되기 시작한 중앙집권
적이고 통제적인 운용방식은 각 정부의 개혁 작업 이후에도 여전히
지속되고 있다.

넷째, 행정관리의 측면에서, 행정관리개혁의 방향은 행정업무의 수
행방식을 변경함으로써 업무의 효율성을 높이는 데 주요한 목적이
있다. 즉 집권적인 의사결정방식을 분권화하고, 하향식의 의사전달과
정보처리방식을 상향식 또는 수평적 방식으로 전환하며, 분권화를
통해 일선관리자의 재량권을 확대하고 일선관리자를 제약하는 내부
통제 및 인사·예산·회계처리 등과 관련된 규칙 등을 감축시킴으로
써 효율성을 제고시킬 수 있다. 이와 관련하여 김영삼 정부는 행정

규제 완화에 초점을 두고 행정행태 및 관행 개선, 사무자동화, 통합 OA시스템 구축, 행정종합전산망 구축 등과 같은 다양한 개혁을 시도하였고, 김대중 정부는 규제개혁, 민영화와 민간위탁, 책임경영체제의 도입, 책임운영기관제 및 목표관리제 도입 등과 같은 개혁을 단행하였다. 또한 노무현 정부에 들어서도 민간위탁제도 도입, 정부 −민간의 협업체제 구축, 시민평가단제도, 분권형 조직설계 및 팀제의 도입 등과 같은 제도 도입을 통해 정부운영방식을 변화시키려는 시도가 계속되고 있다.

행정관리체제상의 제도적 특성은 조선총독부 시절의 영향으로부터 기인한 것이며, 이것은 박정희 정부에 의해 형성된 군대식 행정스타일과 더불어 우리나라 행정관리체제의 제도적 특성으로 고착화되었다. 김대중 정부 이후 신공공관리론에 의한 개혁이 본격화되면서 도입된 책임운영기관제도 같은 경우 이러한 이전의 제도적 특성을 변화시킬 수 있는 결정적 분기점이 될 수 있는 제도이다. 하지만 중앙집권적이고 통제지향적인 우리나라 기존 제도의 특성은 신제도의 경로를 제약하고 있고, 행정관리체제상의 제도적 속성은 여전히 지속되고 있는 것으로 나타났다.

제2절 연구함의

본 연구는 우리나라의 행정개혁을 보다 통시적이고 제도적인 관점에 입각하여 경로의존성을 분석한 논문이라는 점에서 의의가 있다. 행정개혁에 관한 기존의 연구들은 주로 행정개혁의 이념, 배경, 목표, 접근방법, 전략, 전개과정, 그리고 산출물 및 성과 등에 초점을 두고 부문별 또는 사례별로 분석하는 연구가 대부분이었으며, 개혁의 과정이나 사실들을 단지 나열하는 것에 치중하여 온 경향이 있다. 그래서 우리나라 행정개혁의 전반적인 흐름이나 개혁의 속성, 제도적인 변화, 개혁의 경향성 및 방향성에 대해서는 설명해 주지 못했다. 하지만 본 연구는 우리나라의 행정개혁을 제도적 관점에서 분석하고 있기 때문에 조직적 측면에서 행정개혁추진체계의 변화와 내용적 측면에서 관리개혁의 변화 및 흐름을 보여주고 있다. 이를 통해 수십 차례의 행정개혁에도 불구하고 정부가 변화되지 못하는 이유와 향후 나아가야 할 방향을 판단할 수 있는 근거를 제공하고 있다는 데 연구의 유용성과 독창성이 있다고 하겠다.

개혁의 저해요인과 향후 개선방향 설계를 위한 판단의 근거 제공이라는 측면에서 본 연구는 정책적 함의를 가진다. 행정개혁은 단지 정부조직개편이나 개혁과제의 추진, 제도 도입만으로 변화를 유발할 수 없다. 개혁의 설계에 앞서서 행정환경 및 개혁 패러다임 등이 개혁의 방향에 어떤 영향을 끼칠 것인가에 대한 고려가 있어야 하며, 기존 제도의 제약이 어떤 장애로 작용할 것인가에 대한 예측도 있어야 한다. 이러한 관점에서 볼 때 본 연구는 행정환경 및 개혁 패러다임과 행정개혁추진체계 간의 상호 연관성, 그리고 행정환경 및 개혁 패러다임과 개혁내용 간의 영향관계, 행정개혁추진체계와 개혁내용 간의 관련성 등을 분석함으로써 보다 성공적인 행정개혁을 수행할 수 있는 기반조성에 기여하였다고 볼 수 있다.

본 연구는 다음과 같은 이론적 함의를 가진다. 첫째, 각 정권별로 행정개혁을 담당하였던 개혁추진기구와 전체적인 행정개혁추진체계를 체계적으로 설명하고 있다. 우리나라에 개혁추진기구가 공식적으로 수립된 시점과 개혁기구의 역할 및 활동상이 잘 나타나 있다. 특히, 김영삼 정부부터 현 정부까지 행정개혁추진체계의 구성형태, 조직도, 조직의 생성 및 소멸 시점, 그리고 변화의 원인 등에 관한 사항을 구체적으로 담아내고 있어서 향후 행정개혁추진체계의 조직적인 변화를 연구하는 데 도움이 될 수 있다. 둘째, 김영삼 정부 이후 행정개혁 추진 현황을 관리개혁의 측면에서 보다 체계적으로 설명하고 있다. 대다수의 기존 연구들에서 보는 것처럼 정부가 행한 행정개혁의 목표, 접근방법 및 전략, 그리고 전개과정에 대한 단순한 나열로는 정부가 일하는 방식이 어떻게 변화되어 왔는지를 구체적으로 관찰할 수 없다. 이러한 문제점을 극복하기 위해서 본 연구는 조직, 인사, 재정, 관리방식 등과 같은 관리개혁의 내용을 중심으로 각 정부의 행정개혁의 변화를 탐구하고, 제도주의 관점에서 변화요인과 변화되지 못하는 원인에 대해 분석하고 있다. 따라서 관리개혁의 측면에서 역대 정부의 개혁변화를 연구하고 향후 바람직한 변화방향을 모색하려는 후속연구에서 근거자료로 활용될 수 있다. 셋째, 우리나라 행정개혁의 속성 및 경향성을 분석하고 있다. 이를 통해 우리나라 행정개혁이 어떠한 패턴에 따라 진행되어 왔는지를 알 수 있고, 향후의 방향성을 예측할 수 있는 판단의 근거자료로 활용될 수 있다는 점에서 학문적 의의가 있다. 넷째, 개혁추진체계와 개혁의 내용적 측면에서 행정개혁의 경로의존성을 분석하였다는 데 의의가 있다. 먼저, 조직적 측면에서 행정개혁추진체계의 구성방식, 운영방식, 추진방식이 경로의존성에 의해 제약받고 있음을 밝히고 있다. 그리고 내용적 측면에서 각 정권의 개혁과 신제도의 도입이 기존 제도의 제약으로 인해 그 제도 본래의 속성이나 취지를 잃어버리고 한국에 토착화되는 현상을 분석하고 있다. 따라서 향후 신제도주의적 관점에서 제도의 설계 및 변화방향을 모색하려는 후속연구에 도움을 줄 수 있다.

제3절 연구한계

본 연구는 한국행정개혁의 전반적인 속성을 분석하고 제도적 관점에서 경로의존성을 분석하였다. 본 연구가 새로운 접근방법에 의해 행정개혁에 대한 분석을 시도하고 있다는 면에서 의미가 있으나 본 연구 역시 몇 가지 연구의 한계를 가지고 있다.

첫째, 한국의 행정개혁을 분석하는 실질적인 연구의 범위가 초대 이승만 정권에서부터 현 정권까지가 아닌, 김영삼 정부에서부터 현 정부인 노무현 정부까지로 연구의 범위가 제한되어 있다. 이는 초기 정부부터 현 정부까지의 행정개혁을 유형화하는 데 한계가 있었고, 연구범위를 전 정부로 했을 때 심층적인 분석의 어려움과 지면상의 한계가 작용했기 때문이다. 하지만 한국정부의 전 기간을 연구의 범위로 하였다면 제도적 맥락에서 기존 제도의 제약과 영향에 대한 보다 긴밀한 관계를 끌어낼 수 있었으리라 사료된다.

둘째, 행정개혁과제를 분석하는 데 있어서 각 개별 과제에 대한 보다 심층적인 분석이 이루어지지 못했다는 점에서 한계를 가진다. 구체적 개별 과제에 대한 배경 및 선정과정, 추진 현황, 그리고 성과가 보다 심층적으로 분석되고, 각각의 의제설정 과정에 참여한 행위자들과 이들의 현실적인 이해관계를 규명할 수 있었다면, 변화의 기회를 제약하는 기존 제도의 특성을 보다 긴밀한 제도적 연관성을 통해 밝혀낼 수 있었으리라 여겨진다.

셋째, 행정개혁추진체계의 경로의존성을 분석함에 있어서 보다 풍부한 경로의존성 패턴을 찾아내지 못했다는 아쉬움이 남는다. 이것은 문헌상에 나타날 수 있는 조직 및 제도의 특징에는 한계가 있기 때문이다. 이러한 한계를 극복하기 위해서는 각각의 개혁추진기구에서 일했던 경험이 있는 실무담당자들을 직접 인터뷰하여 정보를 수집하거나 실질적으로 개혁과정에 참여해 봄으로써 보다 심층적인 분석을 할 수 있을 것으로 기대되며, 또한 추가적인 경로의존성 패턴도 찾아낼 수 있을 것이라 여겨진다.

넷째, 개혁내용의 경로의존성을 분석함에 있어서 관리개혁의 대상이 되는 조직, 인사, 재정, 관리 부문의 개혁과제 및 제도들 중 핵심적인 몇몇 제도 및 과제들만을 연구의 범위로 제한하였다. 이는 정부가 일하는 방식과 관련된 좁은 의미의 행정개혁만을 대상으로 하였고, 전체 개혁과제 및 제도들을 대상으로 하였을 경우 연구의 대상이 너무 많아진다는 문제점이 있었기 때문이다. 하지만 누락된 전 과제와 제도, 나아가 관리개혁 이외의 규제개혁, 교육개혁, 세제개혁, 공기업 민영화, 지방자치 및 지방행정 개혁 등 정부가 행한 모든 개혁들을 연구의 대상으로 한다면 행정개혁 전반에 대한 보다 정확한 제도적 연구가 가능할 수 있으리라 기대된다.

이러한 한계에도 불구하고 본 연구는 우리나라의 행정개혁을 제도적 관점에서 분석함으로써 새로운 접근을 시도하였다는 것에 의미가 있으며, 한국행정개혁에 대한 보다 포괄적이고 심층적인 제도적 연구는 향후의 연구과제로 남겨두기로 한다.

참고문헌

국내문헌

1. 단행본

강신택. (2002). 「행정학의 논리」, 서울: 박영사.

강태구. (2003). 「지방채의 효율적 관리방안」, 서울: 집문당.

김광웅·강성남. (2003). 「행정변동론」, 서울: 한국방송통신대학교 출판부.

김광웅. (2003). 「바람직한 정부」, 서울: 박영사.

김권집·박수경. (2005). 「한국행정조직론」, 대전: 이화.

김규정. (1998). 「행정학원론」, 서울: 법문사.

김규정. (1999). 「신판 행정학원론」, 서울: 법문사.

김근세. (2000). 「책임운영기관 제도에 관한 비교분석」, 서울: 집문당.

김영종. (1992). 「발전행정론」, 서울: 법문사.

김운태. (1987). 「행정학원론」, 서울: 박영사.

김태동. (2001). 「김대중 정부: 국정성과와 향후과제」, 정책포럼 자료집, 대통령
　　　자문정책기획위원회.

노정현 외. (1994). 「한국 행정론」, 서울: 나남출판사.

민　진. (2004). 「조직관리론」, 서울: 대영문화사.

박명수. (1993). 「한국행정론」, 서울: 대왕사.

박동서. (1993). 「한국행정론」, 서울: 법문사.

박동서. (2000). 「한국행정학」, 서울: 법문사.

박연호. (1984). 「행정학신론」, 서울: 박영사.

박영기. (2004). 「조직관리론 길라잡이」, 서울: 대영문화사.

박우순. (2002). 「행정학의 새로운 패러다임」, 서울: 법문사.

백완기. (1999). 「행정학」, 서울: 박영사.

안병진. (2004). 「노무현과 클린턴의 탄핵 정치학: 미국적 정치의 시대와 민주
　　　주의의 미래」, 서울: 푸른길.

오석홍. (1999). 「행정개혁론」, 서울: 박영사.

오석홍. (2002). 「한국의 행정」, 서울: 법문사.

유민봉. (2000). 「한국인사행정론」, 서울: 문영사.

유민봉. (2005). 「한국행정학」, 서울: 박영사.

유민봉·임도빈 공저. (2003). 「인사행정론」, 서울: 박영사

유종해. (1999). 「현대행정학」, 서울: 법문사.

유호룡 외. (2003). 「조직관리이해」, 대명.

유　훈. (1999). 「행정학원론」, 서울: 법문사.

이성복. (2004). 「한국행정사」, 서울: 아세람.

이종수. (2000). 「행정학 사전」, 서울 대영문화사.

이한빈. (1969). 「국가발전의 이론과 전략」, 서울: 박영사.

임승빈. (2000). 「한, 중 인사개혁」, 한국행정연구원.

전상경. (2002). 「현대지방재정론」, 서울: 박영사.

정용덕. (2002). 「현대국가의 행정학」, 서울: 법문사.

정용덕 외. (1999). 「신제도주의 연구」, 서울: 대영문화사.

정용덕 외. (1999). 「합리적 선택과 신제도주의」, 서울: 대영문화사.

정정길. (2003). 「행정학의 새로운 이해」, 서울: 대명출판사.

하연섭. (2003). 「제도분석: 이론과 쟁점」, 서울: 다산출판사.

최창호. (1999). 「새행정학」, 삼영사.

한국정책학회. (1992). 「정당의 정책설명 자료집」, 한국정책학회.

한국정책학회. (2002). 「제16대 대통령 선거 정책공약 비교분석집」, 한국정책학회.

한국행정연구원. (2000). 국내학술회의 발표 논문집. 「김대중 정부 정부개혁 중
　　　반기평가」, 주최: 한국행정연구원. 서울교육문화회관 별관(2000. 8. 25),
　　　후원: 중앙일보.

한국행정연구원. (2005). 「정부혁신의 이해 : 참여정부의 혁신전략과 실천논리 」,
　　　한국행정연구원 연구보고서.

2. 연구논문

강　민. (1994). "김영삼 '경쟁국가'의 정치논리", 노화준·송희준 (공편), 「세계화와 국가경쟁력: 21세기의 국가경영전략」, 나남출판.

고경훈. (2005). "노무현 정부의 지방행정혁신에 관한 연구: 신공공관리론의 시각에서", 한국행정학회, 2005 한국행정학회 춘계학술대회 발표 논문집.

곽채기. (2000). "김대중 정부 공기업 민영화정책에 대한 평가", 「광주전남행정학회보」, 7.

권인석. (2004). "신공공관리론의 논리, 한계, 그리고 극복", 한국공공관리학회, 「한국공공관리학보」 제18권(2): 31-46.

권해수. (2005). "노무현 정부 행정개혁에 대한 비판적 고찰", 서울행정학회, 「한국사회와 행정연구」 제16권(1): 35-56.

김광웅. (1998). "김대중 정부 초기 정부조직개편에 관한 비판적 성찰", 한국행정학회, 「한국 행정학보」 제32권(2).

김근세·권순정. (1997). "작은 정부?: 김영삼행정부의 정부규모에 관한 실증적 분석", 한국행정학회, 「한국 행정학보」 제31권(3): 275-293.

김근세. (1998). "책임집행기관에 대한 연구: 영국의 사례를 중심으로", 한국정책학회, 「한국정책학회보」 제7권(2).

김만기. (1990). "한국행정개혁의 접근방법과 전략", 1990년 한국행정학회 하계학술대회 발표 논문, 한국행정학회.

김미나. (2002). "국가혁신체제와 경로의존성", 서울대 행정대학원 한국행정연구소, 「행정논총」 제40권(1): 97-121.

김병섭·박상희. (2005). "한국의 정부개혁: 성과, 문제, 그리고 과제", 한국행정학회, 2005 한국행정학회 하계학술대회 발표 논문집.

김윤권. (2005). "제도변화의 통합적 접근: 역사적 신제도주의를 중심으로", 한국정책학회, 「한국정책학회보」 제14권(1): 300-327.

김선명. (2000). "한국 금융제도의 경로의존성에 관한 연구", 한국정책학회, 「한국정책학회보」 제9권(3): 187-215.

김성철. (1999). "복합체계론과 신제도주의의 방법론적 연계: 제도의 속성 및 변화에 관한 논의를 중심으로", 한국정치학회, 「한국정치학회보」 제33권(3): 179-197.

김일영. (2003). "민주화과정에서 신자유주의와 포퓰리즘의 이율배반적 결합", 「디지털시대의 민주주의와 포퓰리즘」, 철학연구회 발표 논문.

김정해. (2004). "정권인수기 조직화의 경로의존성 분석: 카터, 레이건, 클린턴 사례를 중심으로", 서울대학교 행정대학원 한국행정연구소, 「행정논총」 제42권(1).

김종성. (2000). "미군정 행정조직의 경로의존성", 서울행정학회, 「한국사회와 행정연구」 제11권(1): 277－291.

김종성. (2002). "신제도주의의 행정학적 함의: 역사적 신제도주의를 중심으로", 충남대학교 사회과학연구소, 「사회과학연구」 제13권: 59－82.

김종호. (1998). "김대중 정부의 정부조직개편의 문제점과 과제에 관한 연구", 「경희대 사회과학논총」 제16집.

김준기. (1999). "공기업개혁과 민영화: 정책의 부재?", 한국정책학회, 「한국정책학회보」 제8권(1).

김준기. (2001). "김대중 정부의 공기업 민영화 정책에 대한 평가", 서울대학교 행정대학원 한국행정연구소, 「행정논총」 제39권(1): 83－111.

김태룡. (1999). "한국과 미국의 행정개혁에 대한 비교", 한국행정학회, 「한국행정학보」 제33권(1).

김태룡. (2000). "행정학의 신패러다임으로서의 신공공관리모형의 적실성에 관한 연구", 한국행정학회, 「한국 행정학보」 제34권(1): 1－20.

김태룡. (2004). "노무현 정부의 정부개혁에 대한 평가와 방향", 한국행정학회, 2004 한국행정학회 추계학술대회 발표 논문집.

김태영. (2004). "정부혁신의 철학적 기초에 관한 소고", 한국행정학회, 2004 한국행정학회 동계학술대회 발표 논문집.

김태호. (1997). "제15대 대통령 선거 과정 및 결과의 분석과 새 대통령의 국정 과제의 모색", 광주대학교 사회과학연구소, 「사회과학연구」 제7권: 3－21.

김판석. (1994). "관리혁신과 행태변화를 위한 새로운 행정개혁의 방향 모색", 한국행정학회, 「한국 행정학보」 제28권(3): 1015－1032.

김판석. (2000). "김대중 정부의 행정개혁과정 연구", 서울대학교 행정대학원, 「행정논총」 제38권.

김판석. (2003). "정부혁신과 행정학: 외연확장과 정신회복", 한국행정학회, 「kapa@ 포럼」, 기획논단 국정개혁과 행정의 역할.

김항규. (2003). "행정의 합법성 이념과 기타 행정이념과의 관계", 고려대학교 정부학연구소, 「정부학연구」 제9권(2): 153−182.

김현석. (2000). "국민중심의 성과관리시스템 구축을 통한 행정개혁", 한국 행정연구원, (특집)「한국행정연구」.

나중식. (2000). "최근 예산개혁의 경향분석: 기업가적 예산접근방법의 선진사례를 중심으로", 「한국행정논집」 제13권(3).

나중식. (2005). "한국 중앙재정기구 변천의 역사적 분석: 박정희, 김영삼, 김대중 정부의 재무행정조직개편에 관한 사례분석을 중심으로", 한국정부학회, 「한국행정논집」 제11권(3): 541−561.

남궁 근. (2005). "김대중 정부 행정개혁의 성과에 대한 교수, 시민단체, 활동가, 공무원 인식", 한국행정학회, 2002년도 한국행정학회 하계학술대회 발표 논문집.

남궁 근·서원석. (2005). "팀제와 노무현 정부 인사개혁의 정합성 검토", 서울대학교 행정대학원 한국행정연구소, 「행정논총」 제43권(4): 437−458.

목진휴. (2003). "한국 정부조직개편의 평가와 향후 추진방향", 「행정개혁과 국가경쟁력」, 서울: 나남출판.

민 진. (1988). "한국의 행정이념에 관한 연구", 관악행정학회 편, 「행정과 가치」, 법문사.

박대식. (2001). "정부조직개편에 대한 제도─선택적 분석: 김대중 정부 조직개편을 중심으로", 한국행정학회, 「한국 행정학보」 제35권(3).

박동서. (1998). "한국행정의 연구와 개혁", 한국행정학회, 「한국행정학보」 제32권(1): 1−10.

박동서 외. (1992). "작은 정부의 개념논의", 한국행정학회, 「한국행정학보」 제26권(1): 39−55.

박명수. (1995). "행정개혁과 관리혁신에 관한 비교연구: 한국과 미국을 중심으로", 「중앙행정논집」 제9권.

박병수. (2001). "DJ정부의 100대과제: 분야별 전분가가 평가한 100대 국정과제", 한겨레신문사, 「한겨레 21」 제362호.

박수경. (2005). "김대중 정부와 노무현 정부의 행정개혁 비교─정부조직 변화를 중심으로", 한국행정학회, 2005 한국행정학회 하계학술대회 발표 논문집.

박우순. (1998). 21세기 한국의 국가전략─제3회의: 국가반전과 행정개혁, "정부조직개편의 통념적 논리에 대한 몇 가지 이견", 한국정치학회, 98년 국가전략 특별학술회의 발표 논문.

박영기. (1989). "행정이념의 개념과 그 고찰", 대한지방행정공제회, 「지방행정」.

박재완. (1999). "정부개혁의 평가와 과제", 한국정책학회, 「개혁정책의 평가와 과제」, 1999년 추계학술회의 발표 논문집.

박희봉·김상묵. (1998). "외국 행정개혁과 김대중 정부의 행정개혁 비교연구", 한국행정학회, 「한국행정학보」 제32권(4): 19-35.

방민석·김정해. (2003), "대기업규제정책에 대한 신제도주의적 분석", 한국행정학회, 「한국행정학보」 제37권(4): 233-260.

배득종. (1998). "정부예산제도개혁에 관한 비교연구", 「지역발전연구」 8. 연세대.

성지은·임채홍. (2005). "지방채 제도의 역사적 형성과 진화 과정 분석", 서울대학교 행정대학원 한국행정연구소, 「행정논총」 제43권(1): 163-194.

소순창·홍진이. (2004). "신공공관리(NPM)적 측면에서 본 행정개혁", 한국지방자치학회, 「한국지방자치학회보」 제16권(1): 319-342.

송희준. (1999). "김대중 정부 중앙정부개혁의 중간평가", 「행정논총」 제37권(2): 73-98.

송희준. (2000). "행정개혁의 현주소와 과제", 「정부개혁과 행정학 연구」, 2001년도 춘계학술대회 발표 논문집.

신환철. (2001). "한국 지방자치제도의 변천과정과 향후과제", 한국정치·정보학회, 「정치·정보 연구」 제4권(2): 73-94.

안문석. (1995). "김영삼 정부의 행정개혁", 한국정책학회, 「한국정책학회보」 제4권(1): 30-57.

안해균. (1980). "제2공화국 행정체제분석", 서울대학교 행정대학원, 「행정논총」 제18권(1): 171~201.

안해균. (1986). "행정개혁의 이론화를 위한 한 시론: 개념과 접근방법", 서울대학교 행정대학원, 「행정논총」 제24권.

염재호. (1994). "국가정책과 신제도주의", 「사회비평」 제11호.

염재호. (2000). "구조개혁과 단절된 균형: IMF시대 행정개혁의 제도적 분석", 한국정치학회, Post-IMF Governance 하계학술회의 발표 논문.

염재호. (2004). "정부관료제의 역사적 형성과 제도변화", 고려대학교 정부학연구소, 「정부학연구」 제10권(1): 5-49.

오석홍. (1995). "우리나라 행정의 환경", 서울대학교 행정대학원 한국행정연구소, 「행정논총」 제33권(1): 125-143.

오석홍. (1997). "우리나라 중앙행정기구의 변천", 서울대학교 행정대학원 한국행정연구소, 「행정논총」 제35권(1).

오석홍. (1998). "행정개혁의 현안과 전략", 한국행정연구원, 「한국행정연구」 제7권(4).

오석홍. (1999). "김대중 정부 제2차 정부조직개혁 — 경영진단조정위원회의 활동", 서울대학교 행정대학원 한국행정연구소, 「행정논총」 제37권(1): 73-92.

오영교. (2005). "행정자치부의 팀제: 비전과 변화관리", 서울대학교 행정대학원 한국행정연구소, 「행정논총」 제43권(4).

원시연. (2006). "여성에 대한 국가개입의 변천과정에 관한 연구: 역사적 제도주의 관점을 중심으로", 한국정치학회, 2006년 한국정치학회 춘계학술회의 발표 논문집. 29-53.

유민봉. (2000). "행정이념에서 본 한국행정의 회고와 전망", 성균관대학교, 「사회과학」 제39권(1).

윤성식. (2005). "정부혁신의 논리와 과제", 한국행정학회, 2005 한국행정학회 하계학술대회 발표 논문집.

윤태범 외. (2002). "김대중 정부 공공부문 개혁정책의 평가와 바람직한 개혁의 방향과 과제", 한국행정학회, 2002 한국행정학회 하계학술대회 발표 논문집.

은재호. (2005). "노무현 정부혁신의 이론화를 위한 탐색적 연구: 해외 정부혁신 경험을 통해 본 현 시기 정부혁신의 보편성과 특수성", 한국행정학회, 2005 한국행정학회 하계학술대회 발표 논문집.

이대희. (1988). "행정가치의 시대적 변천", 관악행정학회 편, 「행정과 가치」, 법문사.

이명석. (1999). "합리적 선택론의 신제도주의", 정용덕 외, 「합리적 선태과 신제도주의」, 대영문화사.

이명석. (2001). "정부투자기관 임원의 정치적 임용과 경영실적", 「한국행정학보」 제35권(4).

이명석. (2001). "신자유주의, 신공공관리론 그리고 행정개혁", 성균관대학교 사회과학연구소, 「사회과학」 제40권(1): 1-45.

이명석. (2002). "거버넌스의 개념화: '사회적 조정'으로서의 거버넌스", 한국행정학회, 「한국행정학보」 제36권(4): 321-338.

이명석. (2004). "정책분석과 합리적 선택 신제도주의", 한국정책학회, 2004년도 한국정책학회 춘계학술대회 발표 논문집. 55-67.

이승종. (2003). "정부혁신의 지향과 전략", 서울대학교행정대학원, 「행정논총」 제41권(3): 25-50.

이영조. (1997). "김영삼 정부 개혁정치 딜레마", 한국정치학회, 6.10민주화운동 학술회의 발표 논문. 225-243.

이정복. (1993). "신한국 건설을 위한 제도개혁과 통치이념", 한림과학원(편), 「신한국의 정책과제」, 나남.

이종수. (1999). "정부조직개편과 행정개혁: 한국적 개혁론의 모색", 한국정책학회 「개혁정책의 평가와 과제」, 1999년 추계학술회의 발표 논문집.

이종수. (2004). "한국 지방정부의 혁신에 관한 실증분석", 한국행정학회, 「한국행정학보」 제38권(5): 241-258.

이한빈. (1971). "행정개혁에 있어서 리더의 역할", 「행정논총」 제10권.

임도빈. (2000). "행정개혁의 추진체계", 한국행정학회, 「2000년 추계학술대회 발표 논문집」.

심상용. (2005). "과거 성장전략의 경로의존성과 혁신주도 동반성장의 과제에 대한 연구", 한국정책학회, 「한국정책학회보」 제14권(4): 223-399.

장병완. (2006). "우리나라의 재정혁신 정책: 김대중 정부와 노무현 정부의 비교를 중심으로", 한국정책학회, 「한국정책학회보」 제15권(1).

장지호. (2003). "김대중 정부의 대기업구조조정정책 연구: 역사적 제도주의의 적용", 한국정책학회, 「한국정책학회보」 제12권(2): 89-111.

정광호. (2005). "노무현 정부의 관료제 개혁에 대한 평가", 서울대학교 한국행정연구소, 「행정논총」 제43권(2): 301-349.

정승건. (2000). "발전주의와 신자유주의를 넘어서: 한국행정개혁이론의 모색", 한국행정학회, 「한국행정학보」 제34권(2): 35-59.

정용덕. (1998). "국가기구의 제도적 특성과 행정개혁", 한국정치학, 「한국정치학회 특별학술회의 2논문집」.

정용덕. (2005). "행정개혁과 새로운 거버넌스의 지향", 연세대학교 국가관리연구원 발표 논문.

정정길. (2002). "선진제국의 새로운 국정운영방식", 한국행정연구원, 「한국행정연구」 제11권(2): 107－129.

정해용. (1999). "중국의 시장경제체제 전환과 정부―국유기업관계: 제도선택의 경로의존분석을 중심으로", 현대중국학회, 「현대중국연구」 제2권: 231－274.

제갈돈. (1994). "행정학의 패러다임과 비판적 행정이론: 새로운 패러다임 구성을 위한 시도", 경북행정학회, 「대구·경북행정학회보」 제6권 149－168.

조선일. (1999). "중앙정부 경영진단 과정에 관한 비판적 고찰", 「한국행정학보」 제33권(1).

최무현. (2003). "노무현 정부의 행정개혁 방향에 관한 소고", 한국행정연구원, 「Administration Focus 2003 MAY·JUNE」.

하연섭. (1999). "역사적 제도주의", 정용덕 외, 「신제도주의 연구」, 대영문화사.

하연섭. (1999). "김대중 정부의 재정개혁: 추진성과와 향후 과제", 「한국행정연구」 제10권(3).

하태수. (2000). "제도변화의 형태: 역사적 신제도주의를 중심으로", 서울대학교 행정대학원 한국행정연구소, 「행정논총」 제39권(3): 113－137.

한세억. (2002). "정보화의 경로의존성에 관한 연구", 정보통신정책연구원, 「정보사회연구」(2002, 봄호): 1－29.

한종희. (2005). "한국의 신공공관리적 정부개혁과 국가역할의 전환", 고려대학교 정부학연구소, 「정부학연구」 제11권(1): 137－170.

허 범. (1993). "새정부의 개혁기조와 정책방향", 한국정책학회, 한국정책학회 정책토론회 자료집.

3. 학위논문

고혜원. (2002). "직업훈련정책의 형성과 집행에 관한 제도주의적 분석: 영국 사례를 중심으로", 이화여자대학교 박사학위논문.

공병천. (1999). "한국행정개혁의 비교고찰: 공화국별 환경, 이념, 내용을 중심으로", 한국외국어대학교 석사학위논문.

금영호. (1995). "한국행정개혁의 접근방법 및 전개과정에 관한 비교분석: 행정개혁 기구를 중심으로", 경희대학교 행정학 석사학위논문.

김종성. (1999). "한국행정제도의 지속성에 관한 연구", 서울대학교 행정학 박사학위논문.

김현석. (2003). "행정개혁의 효과적 추진전략에 관한 연구", 중앙대학교 정책학 박사학위논문.

김호종. (1995). "한국행정개혁의 변천과정과 발전방향에 관한 연구", 부산대학교 행정학 석사학위논문.

박용우. (2000). "한국의 행정개혁에 관한 연구: 1990년대를 중심으로", 중앙대학교 행정학 박사학위논문.

박윤식. (2003). "행정개혁 추진기구에 관한 비교연구: 제6공화국의 행정개혁위원회와 김영삼 정부의 행정쇄신위원회를 중심으로", 서경대학교 행정학 석사학위논문.

안병용. (1994). "한국행정개혁의 변천과정과 전략에 관한 연구", 동국대학교 행정학 박사학위논문.

이연택. (1997). "한국의 행정개혁에 관한 연구: 미·영·일과의 비교분석을 중심으로", 단국대학교 행정학 박사학위논문.

송영신. (1999). "한국행정개혁에 관한 연구", 강원대학교 행정학 박사학위논문.

신재영. (1996). "역대 행정개혁기구의 특징 및 활동내용에 관한 연구", 중앙대학교 행정학 석사학위논문.

전영주. (1999). "노태우 및 김영삼 정부의 행정개혁에 대한 연구: 행정개혁기구를 중심으로", 고려대학교 행정학 석사학위논문.

조병선. (1992). "한국행정개혁의 논리구조에 관한 연구", 동아대학교 행정학 박사학위논문.

조성택. (2002). "국가와 재벌관계의 제도변화에 관한 연구: 부실기업 정리과정에 대한 신제도주의적 접근", 단국대학교 박사학위논문.

최철화. (1985). "한국행정개혁의 전개과정분석과 개선방향에 관한 연구", 경희대학교 행정학 박사학위논문.

4. 정부간행물

기획예산처. (2002). 「(김대중 정부) 공공개혁백서」.

국정홍보처. (2004). 「변화와 희망의 로드맵」.

국정홍보처. (2004). 「노무현 정부 국정포커스: 대통령 업무보고 자료집 2004」,

국정홍보처.

대통령비서실. (1993). 「대통령지시사항 1993~1997」.

대통령비서실. (1996). 「대통령지시사항: 1995. 5. 1.부터 1996. 4. 30.까지」, 대통령비서실.

대통령비서실. (1995). 「대통령지시사항 1995」.

대통령자문정책기획위원회. (2001). 「(김대중 정부) 국정성과와 향후 과제」, 정책포럼, 통권 28호.

대통령자문정책기획위원회. (2005). 「노무현 정부 2년평가와 3년전망 심포지엄: 민주적 발전모델과 선진한국의 진로」 자료집.

대통령직인수위원회. (1998). 「(김대중 정부 품질혁신을 위한) 100대 국정과제」, 대통령직인수위원회.

대한민국정부. (1998). 「국민과 함께 내일을 연다: 김대중 정부 경제청사진」.

정부혁신지방분권위원회. (2003a). 「행정개혁 로드맵」.

정부혁신지방분권위원회. (2003b). 「재정·세제개혁 로드맵: 성장·분배의 상승효과를 창출하는 분권형 국가재정」.

정부혁신지방분권위원회. (2003c). 「전자정부로드맵」.

정부혁신지방분권위원회. (2003d). 「지방분권의 비전과 추진전략」.

정부혁신지방분권위원회. (2003e). 「노무현 정부 인사시스템 개혁을 위한 ROADMAP」.

정부혁신지방분권위원회. (2005). 「정부혁신을 위한 행정개혁과제 추진 매뉴얼」, 정부혁신지방분권위원회 행정개혁팀.

정부혁신지방분권위원회. (2005a). 「노무현 정부의 행정개혁」, 정부혁신지방분권위원회 백서2.

정부혁신지방분권위원회. (2005b). 「노무현 정부의 인사개혁」, 정부혁신지방분권위원회 백서3.

정부혁신지방분권위원회. (2005c). 「노무현 정부의 재정세제개혁」, 정부혁신지방분권위원회 백서5.

정책기획위원회. (2004). 「노무현 정부 국정과제 추진현황」, 정책기획위원회 내부자료.

정책기획위원회. (2004). 「100대 국정과제 로드맵 추진실적」, 정책기획위원회 국정과제비서실.

제15대 대통령직인수위원회. (1998). 「제15대 대통령직인수위원회 백서」, 정부 간행물제작소.

제16대 대통령직인수위원회. (2003). 「제16대 대통령직인수위원회 백서」, 국정 홍보처 국립영상간행물제작소.

중앙선거관리위원회. (1998). 「'97 정당의 활동개황 및 회계보고」, 중앙선거관 리위원회.

행정자치부. (1971~2001). 「지방재정연감」.

행정자치부. (1998). 「대한민국정부조직 변천사(상·하)」.

행정자치부. (1999). 「선진외국의 정부개혁 동향」.

행정개혁위원회. (1989). 「행정개혁에 관한 건의」.

행정개혁전문위원회. (2005). '행정개혁 필요성 및 매뉴얼 활용', 「정부혁신을 위한 행정개혁과제 추진 매뉴얼」, 정부혁신지방분권위원회 행정개혁팀.

행정쇄신위원회. (1993~1996). 「행정쇄신백서」.

행정쇄신위원회. (1997). 「김영삼 정부의 행정쇄신 5년」.

행정조정실. (1998). 「김영삼 대통령 공약실천: 14대」, 국무총리 행정조정실.

행정조정실. (1994~1996). 「대통령지시사항 추진상황 1996」, 국무총리 행정조 정실.

행정조정실. (1994~1995). 「대통령선거공약사업(2): 1995까지 실적 및 향후계획」. 국무총리 행정조정실.

총무처. (1982). 「행정개혁사」.

총무처. (1998). 「국가경쟁력 제고를 위한 행정생산성 향산 방안」.

국외문헌

1. 단행본

Bauer, Helfried. (2004). *Public Management in Austrian Government*, Contribution to Eploratory Meeting, OECD.

Caiden, Gerald E. (1969). *Administrative Reform*. Chicago: Aldine Publishing Co.

DiMaggio, Paul J. & Walter W. Powell. (1991). *The New Institutionalism in Organizational Analysis*. Chicago: University of Chicago Press.

Ferlie, E., L. Ashburner, L. Fitgerald, A. Pettigrew. (1996). *The New Public Management in Action*. Oxford: Oxford University Press.

Hall, Peter A. (1986). *Governing the Economy: The Politics of State Intervention in Britain and France*. Cambridge: Polity Press.

Ostrom, Elinor. (1990). *Governing the Commons: The Evolution of Institutions for Collective Action*. New York: Cambridge University Press.

Peters, Guy B. (2001). *Institutional Theory in Political Science: The New Institutionalism*. New York: Contiuum.

Preston, Michael B. (1984). *The Politics of Bureaucratic Reform*. Urbana: Univ. of Illinois Press.

Savas, E. S. (1987). *Privatization: The Key to Better Government*. New Jersey: Chatham House Publisher. Inc.

Stinchcombe, Arthur L. (1968). *Constructing Social Theories*. Chicago: University of Chicago Press.

2. 논 문

Béland, Daniel. (2005). "Ideas, Interests, and Institutions: Historical Institutionalism Revisited." in André Lecours(eds.). *New Institutionalism: theory and analysis*. 29−49. Canada: University of Toronto Press.

Immergut, Ellen M. (1992). "The rules of the game: The logic of health policy −making in France, Swizerland, and Sweden."in Sven Steinmo, Kathleen Thelen & Frank Longstreth(eds.). *Structuring Politics: Historical Institutionalism in Comparative Analysis*. 57−89. Cambridge: Cambridge University Press.

Hall, Peter A. (1992). "The movement from Keynesianism to monetarism: Institutional analysis and British economic policy in the 1970s." in Sven Steinmo, Kathleen Thelen & Frank Longstreth(eds.). *Structuring Politics: Historical*

Institutionalism in Comparative Analysis. 90−113. Cambridge: Cambridge University Press.

Hall, Peter A. (1993). "Policy Paradigms, Social Learning, and the State: The Case of Economic Policymaking in Britain."*Comparative Politics.* Vol.25: 275−296.

Hall, Peter A. and Taylor, Rosemery C. R. (1996). "Political Science and the Three New Institutionalisms."*Political Studies,* Vol.44: 936−957.

Hattam, Victoria C. (1992). "Institutions and political change: Working−class formation in England and the United States, 1820~1896." in Sven Steinmo, Kathleen Thelen & Frank Longstreth(eds.). *Structuring Politics*: *Historical Institutionalism in Comparative Analysis.* 155−187. Cambridge: Cambridge University Press.

Ikenberry, G. John. (1988). "Conclusion: An Institutional Approach to American Foreign Economic Policy."in G. John Ikenberry, David A. Lake, and Michael Mastanduno (eds.), *The State and American Foreign Economic Policy.* Ithaca: Cornell University Press.

John, D., D. Kettle, B. Dyer & W. Lovan. (1994). "What Will New Governance Mean for the Federal Government?" *Public Administration Review.* Vol.54 No.2: 170−175.

Katznelson, Ira. (1992). "The State to the Rescue? Political Science and History Reconnect."*Social Research* Vol.59 No.4: 719−737.

Kickert, W. (1997). "Public Governance in the Netherlands: An Alternative to Anglo−American Managerialism." *Public Administration.* Vol.75: 731−752.

Krasner, Stephen D. (1984). "Approaches to the State: Alternative Conceptions and Historical Dynamics." *Comparative Politics.* Vol.16: 223−246.

March, James G. and Olsen, Johan P. (1983). "Organizing Political Life: What Administrative Reorganization Tells Us About Government." *American Political Science Review,* Vol.77: 281−296.

March, James G. (1984). "The New Institutionalism: Organizational Factors in Political Life." *American Political Science Review,* Vol.78: 734−749.

March, James G. (1989). "Rediscovering Institutions: the Organizational Basis of Politics." New York: Free Press.

Montgomery, John D. (1967). "Sources of Administrative Reform: Problems of Power, Purpose and Politics." *CAG Occasional Papers*. Bloomington: Indiana.

Mosher, F. C. (1965). "Some notes on Reorganization in Public Agencies." in R. C. Martin (eds.), *Public Administration and Democracy: Essays in Honor of Paul H. Appleby*. Syracuse: Syracuse Univ. Press.

Musicus, Milton. (1964). "Reappraising Reorganization." *Public Administration Review*, Vol.24 No.2: 107−112.

North, Douglass C. (1998). "Economic Performance Through Time." in Mary C. Brinton and Victor Nee (eds.), *The New Institurionalism in Sociology*. 247−257. New York: Russell Sage Foundation.

Ott, J. Steven and Goodman, Dong. (1998). "Government Reform or Alternatives to Bureaucracy? Thicking, Tides and the future of Governing." *Public Administration Review*, Vol.58 No.6: 540−545.

O'Tool, Laurence J. (1984). "American Public Administration and the Idea of Reform." in Robert Miewald and Michael Steinman(eds.), *Problems in Administrative Reform*. Chicago: Nelson−Hall Inc.

Pierson, Paul. (2000). "The Limits of Design: Explaining Institutional Origins and Change." *Governance* Vol.13 No.4: 475−499.

Ross, Dorothy. (1995). "The Many Lives of Institutionalism in American Social Science." *Polity* Vol.28: 117−123.

Siedentopf, Heinrich. (1982). "Introduction: Government and Administrative Reform." in G. E. Caiden and Siedentopf (eds.), *Strategies for Administrative Reform*. D. C. Heath and Co.

Sewell, William H., Jr. (1996). "Three Temporalities: Toward an Eventful Sociology." in Terrence J. McDonald (ed.), *The Historic Turn in the Human Sciences*. 245−280. Ann Arbor: University of Michigan Press.

Thelen, Kathleen & Sven Steinmo. (1992). "Historical Institutionalism in Comparative Politics." in Sven Steinmo, Kathleen Thelen & Frank Longstreth(eds.). *Structuring Politics: Historical Institutionalism in Comparative Analysis.*

1-32. Cambridge: Cambridge University Press.

Thompson, J. and Ingraham, P. (1996). "The Reinvention Game." *Public Administration Review*, Vol.53 No.3: 291-298.

Wilenski, Peter. (1986). "Administrative Reform-General Principles and the Australian Experience." *Public Administration*, Vol.64.

인터넷 사이트

- 법제처 http://www.moleg.go.kr/
  정부조직법 연혁법령 참고.
  지방재정법 연혁법령 참고.
  지방자치법 연혁법령 참고.
- 정부혁신지방분권위원회 http://www.innovation.go.kr/
  조직도: http://www.innovation.go.kr/intro/organization.htm
- 조선일보
  http://www.chosun.com/editorials/news/200509/200509280475.html
  http://www.chosun.com/politics/news/200509/200509280371.html
- 청와대홈페이지 http://www.president.go.kr/
- 행정자치부 http://www.mogaha.go.kr/
- 행정중심복합도시건설청 http://www.macc.go.kr/

김연수 (金淵秀)

약력
2006. 8. 성균관대학교 일반대학원 행정학과 졸업 (행정관리)
(학위논문: 『한국 행정개혁의 경로의존성 분석』, 『김영삼, 김대중, 노무현
　　　　　　정부를 중심으로』)

2006. 9 ~ 현재　　　　성균관대학교 국정관리대학원 BK사업단 선임연구원
2005. 9 ~ 현재　　　　서울여자대학교 인간개발학부 강사
2004. 6 ~ 2004. 12　국민고충처리위원회 진단변화팀 연구위원
2003. 3 ~ 2006.　8　성균관대학교 국정관리대학원 T.A. 및 R.A.
2003. 1 ~ 2003.　2　한국행정연구원 연구원
2000. 9 ~ 2002. 11　경기개발연구원 위촉연구원
1998. 1 ~ 1999.　1　사단법인 한국정책학회 간사

주요논저

- 논 문 -
『한국행정개혁의 경로의존성 분석: 최근 3대 정부의 정부조직개편 및
인력변화를 중심으로』 2007
『고위공무원단제도 비교 분석: Huddleston 모형을 중심으로』 2007
『NGO와 정부간 관계에 대한 신제도주의적 접근』 2003

- 연구보고서 -
「국제 정보격차해소 사업의 성과측정모델 개발 및 효과 평가. 한국정
보문화진흥원」 2004
「정부조직 변화진단관리」 행정자치부, 2004
「책임운영기관의 다원화방안 연구」 행정자치부, 2004
외 다수

본 도서는 한국학술정보(주)와 저작자 간에 전송권 및 출판권 계약이 체결된 도서로서, 당사
와의 계약에 의해 이 도서를 구매한 도서관은 대학(동일 캠퍼스) 내에서 정당한 이용권자(재
적학생 및 교직원)에게 전송할 수 있는 권리를 보유하게 됩니다. 그러나 다른 지역으로의 전
송과 정당한 이용권자 이외의 이용은 금지되어 있습니다.

정부혁신과 제도

- 초판 인쇄　2007년 9월 15일
- 초판 발행　2007년 9월 15일

- 지 은 이　김연수
- 펴 낸 이　채종준
- 펴 낸 곳　한국학술정보㈜
　　　　　경기도 파주시 교하읍 문발리 526-2
　　　　　파주출판문화정보산업단지
　　　　　전화　031) 908-3181(대표) · 팩스　031) 908-3189
　　　　　홈페이지　http://www.kstudy.com
　　　　　e-mail(출판사업팀사업부)　publish@kstudy.com
- 등　　록　제일산 115호(2000. 6. 19)
- 가　　격　34,000원

ISBN　　978-89-534-7527-4　93340 (Paper Book)
　　　　978-89-534-7528-1　98340 (e-Book)